böhlau

Ernst Bruckmüller

Geschichte kompakt: Österreich

BÖHLAU VERLAG WIEN KÖLN

Bibliografische Information der Deutschen Nationalbibliothek:
Die Deutsche Nationalbibliothek verzeichnet diese Publikation
in der Deutschen Nationalbibliografie; detaillierte bibliografische Daten
sind im Internet über http://dnb.d-nb.de abrufbar.

Umschlagabbildung: Wien, Hofburg, Blick vom Michaelerplatz. © Irena Bruckmüller-Vilfan.

© 2021 Böhlau Verlag, Zeltgasse 1, A-1080 Wien, ein Imprint der Brill-Gruppe
(Koninklijke Brill NV, Leiden, Niederlande; Brill USA Inc., Boston MA, USA; Brill Asia Pte
Ltd, Singapore; Brill Deutschland GmbH, Paderborn, Deutschland; Brill Österreich GmbH,
Wien, Österreich)
Koninklijke Brill NV umfasst die Imprints Brill, Brill Nijhoff, Brill Hotei, Brill Schöningh,
Brill Fink, Brill mentis, Vandenhoeck & Ruprecht, Böhlau, Verlag Antike und V&R unipress.
Alle Rechte vorbehalten. Das Werk und seine Teile sind urheberrechtlich geschützt.
Jede Verwertung in anderen als den gesetzlich zugelassenen Fällen bedarf der vorherigen
schriftlichen Einwilligung des Verlages.

Korrektorat: Vera M. Schirl, Wien
Einbandgestaltung: Michael Haderer, Wien
Satz: Michael Rauscher, Wien
Druck und Bindung: Generaldruckerei, Szeged
Gedruckt auf chlor- und säurefrei gebleichtem Papier
Printed in the EU

Vandenhoeck & Ruprecht Verlage | www.vandenhoeck-ruprecht-verlage.com

ISBN 978-3-205-21312-3

Inhalt

Vorwort 11

1. Vor der Geschichte Österreichs 13
   1.1 Was blieb von den Römern? 14
   1.2 Die Bayern 16
   1.3 Die Karantanen 19
   1.4 Das karolingische Ostland 20

2. Von der Jahrtausendwende bis um 1300 24
   2.1 Kolonisation, Bevölkerungswachstum und Siedlungsverdichtung . 24
   2.2 Die neuen Länder Österreich, Steiermark und Tirol – stabiles Erbe des Hochmittelalters 31
   Die Entstehung des Steirerlandes (32) Von Ostarrîchi zum Herzogtum Österreich. Die Babenberger (35) Tirol – Ein neues Land an Inn, Etsch und Eisack (39) Das Neue an den neuen Ländern (40)

3. Haus Österreich – Die Etablierung der Habsburger im Ostalpenraum . . 42
   3.1 Die Etablierung der Habsburger im Ostalpenraum 42
   Albrecht I. und seine Söhne (42) Rudolf IV., »der Stifter« 1358–1365 (45) Die erste Teilungsperiode (47) Friedrichs III. lange Regierung (51) Das Land der Erzbischöfe von Salzburg (55) Das Land ob der Enns (56) Kärnten (57)
   3.2 Die Krise des Spätmittelalters 58
   Verfolgung der Juden (59) Folgen der Pest (61) Wüstungen, Stadtwachstum, Kunst der Gotik (62)
   3.3 Herrscher an der Schwelle der Neuzeit: Maximilian I. 63

4. Frühe Neuzeit bis 1740 67
   4.1 Reformation und Gegenreformation 67
   Warum scheiterte die Reformation in Österreich? (67) Gegenreformation und Reform der katholischen Kirche (69) Landhäuser und adlige Schlösser (72) Verluste – die Exulanten (74)

4.2 Die Krise des »langen« 17. Jahrhunderts 75
4.3 Höfischer »Absolutismus«, gesellschaftliche Disziplinierung und
Staatsbildung 76
Höfischer »Absolutismus« und Staatsbildung (76) Gesellschaftliche Disziplinierung (77) Was blieb vom höfischen »Absolutismus«? (80)
4.4 Das Barock – die Kunst der Repräsentation 82
4.5 Eine neue Wirtschaftspolitik – der Merkantilismus 84

5. Maria Theresia, Joseph II. und die österreichische Staatsbildung 86
 5.1 Maria Theresia und der Beginn der Staatsreform 86
 5.2 Maria Theresia und ihr Mitregent Joseph II. 89
 5.3 Der aufgeklärte »Absolutismus« Josephs II. 90
 5.4 Die theresianisch-josephinischen Reformen 91
 Veränderungen für die Bauern (92) Die gewerbliche Wirtschaft (93) Die Rechtskodifikationen und die »Erfindung« der Polizei (95) Bildungsreformen (96) Die Reformen auf kirchlichem Gebiet (97) Die Bürokratie (99)
 5.5 Ungarn, Türkenkrieg und Scheitern Josephs II. 100

6. Zwischen zwei Revolutionen: 1790–1848 103
 6.1 Das antirevolutionäre Prinzip 103
 6.2 »System Metternich« – Phantom oder Realität? 107
 Zensur und kulturelle Blüte (111) Erzherzog Johann, der steirische Prinz (113)
 6.3 Biedermeierkultur und Industrielle Revolution 114
 6.4 Das »Erwachen der Nationen« 118
 6.5 Der Weg zur Revolution 119
 6.6 1848 – das Sturmjahr 120
 Die Märzrevolution (121) Die Frage der Verfassung (122) Die nationalen Forderungen – unüberwindbare Gegensätze (123) Die Wahlen. Der Reichstag und die Grundentlastung (124) Radetzky, die Radikalisierung und das Ende der Revolution (125) Italien und Ungarn, die Märtyrer von Arad (127)

7. 1848–1918. Das Zeitalter Kaiser Franz Josephs I. 129
 7.1 Was blieb von der Revolution? 129
 7.2 Der Neoabsolutismus als Umweg zum Konstitutionalismus . . . 130

Solferino und der Verlust der Lombardei (131) Oktoberdiplom und Februarpatent (132) Der Kampf um Deutschland (134) Der Ausgleich mit Ungarn und die Dezemberverfassung 1867 (135)

7.3 Das politische System der Monarchie 1867–1918 138
Der Reichsrat, das österreichische Parlament (138) Die Parteien (139) Die Anfänge der Christlichsozialen (140) Die Deutschnationalen (141) Die Sozialdemokratie (141) Die kaiserlichen Regierungen und das Parlament (142)

7.4 Hochindustrialisierung und Urbanisierung 143
Depression und neuer Aufschwung (145) Die Urbanisierung und ihre Folgen (149) Das Judentum Wiens (150)

7.5 Kultur und nationale Entwicklung 152
Konfliktfelder – Gleichberechtigung oder Majorisierung? (154)

7.6 Außenpolitische Akzente und Konfliktfelder 157
Zwei- und Dreibund (157) Krisenherd Balkan (158) Erzherzog-Thronfolger Franz Ferdinand (158)

7.7 Habsburgs letzter Krieg 159
Habsburgs Ende (162)

8. 1918–1938 Erste Republik und Diktatur 165
8.1 Staatsform und Verfassung, der Name des Staates 165
8.2 Das Staatsgebiet 168
8.3 Hunger, Krankheit, Kälte und Putschversuche 170
Die Parteien (171)
8.4 Die Sozialgesetzgebung der Republik 172
8.5 »Bürgerliche« Regierungen 174
Ignaz Seipel und die Genfer Sanierung (174) Die »Länderregierung« Ramek (178) Die zweite Regierungsperiode Seipels (179) Von Schattendorf zum Justizpalast (180) Der Aufstieg der Heimwehren, die Verfassungsreform 1929 und die letzte Phase der Demokratie (182) Verfassungsreform 1929 (183) Die letzte Phase der demokratischen Republik (184)
8.6 Das »Rote Wien« 186
8.7 Das österreichische Wirtschaftsproblem 188
»Lebensfähig« oder nicht? (188) Stabilisierung, Bankenkrise, Weltwirtschaftskrise (189)
8.8 Kanzlerdiktatur, »autoritärer Ständestaat« oder »Austrofaschismus«? 191

Der Weg in die Diktatur (191) Vom Trabrennplatz zum Bürgerkrieg (193) Die Verfassung 1934 (195) Juliputsch 1934 und Juliabkommen 1936 (196) »Autoritärer Ständestaat«, »Austrofaschismus« oder Kanzlerdiktatur? (198)

9. 1938 – Der »Anschluss« und die Folgen 200
   9.1 Der »Anschluss« 200
   9.2 Das Herrschaftssystem 203
   9.3 Der große Raubzug 205
   9.4 Verfolgung, Vertreibung, Deportation 208
   9.5 Der große Krieg 213
   9.6 Friedens- und Kriegswirtschaft. Zwangsarbeit 215
   9.7 Zustimmung, Skepsis, Widerstand 218
   9.8 Das Ende – Zusammenbruch, Niederlage, Befreiung? 221
      Die »Endphasenverbrechen« (221) Das militärische Ende (222) Befreiungen (223) Besetzung und Besatzungsmacht. Die provisorische Regierung Renner (224)

10. Die Zweite Republik 230
   10.1 Die große Koalition und das Ringen um den Staatsvertrag ... 230
      Regierung Leopold Figl (1945–1953) (230) Entnazifizierung (233) Südtirol (235) Das »deutsche Eigentum« (236) Entschädigung, Rückgabe, Wiedergutmachung? (236) Der Staatsvertrag (237)
   10.2 Wiederaufbau, Wirtschaftswunder, Wohlfahrtsstaat 241
   10.3 Die Krise der Koalition. Die Alleinregierungen Klaus und Kreisky 246
      Krisenjahre der Großen Koalition (246) ÖVP-Alleinregierung unter Josef Klaus 1966–1970 (248) Die Ära Kreisky (249)
   10.4 Von Vranitzky zu Kurz. Österreich und Europa 256
      Der Weg in die EU (256) Der Zusammenbruch des Kommunismus, Ostöffnung und neue Konfliktzonen (259) Das Ende der verstaatlichten Industrie (260) Das Ende des traditionellen Parteiensystems (262)
   10.5 Kritische Begleitung – die Kultur der Zweiten Republik 267
   10.6 Die österreichische Gesellschaft um 2020 271
      Vom Auswanderungs- zum Einwanderungsland (271) Der Wandel in der religiösen Zugehörigkeit (274)

Anmerkungen 277

Literatur 279

Verzeichnis der Infotafeln 297

Zeittafel 298

Abbildungsnachweis 309

Personenregister 310

Ortsregister 319

Vorwort

Die 2019 erschienene Österreichische Geschichte des Autors wurde vom Publikum so freundlich aufgenommen, dass seitens des Verlages eine kürzere Fassung dieses Buches angeregt wurde. Der Autor sagte etwas voreilig zu, merkte aber während der kürzenden Überarbeitung bald, dass es leichter ist, einen langen Text zu verfassen als einen solchen zu kürzen. Vor allem verlangte die Kurzfassung nach einer neuen leitenden Fragestellung. Diese lautet, in aller Kürze:

Was vom historischen Erbe zählt zu den Grundlegungen des heutigen Österreich?

Die Republik Österreich besteht aus Ländern, von denen einige im Hochmittelalter, einige etwas später entstanden sind, zwei stammen erst aus dem 20. Jahrhundert (Wien und das Burgenland). Diese Länder wurden bis um 1500 vom Haus Österreich (mit einigen anderen heute deutschen, italienischen und slowenischen Regionen, aber ohne Salzburg) zu einer stabilen Konfiguration zusammengefügt, die trotz Teilungen und Verlusten doch die heutige Republik präfigurierte. Diese politische Entwicklung war ebenso nachzuzeichnen wie die Voraussetzungen und Folgen der hochmittelalterlichen Expansion, der Krise des Spätmittelalters und der Industriellen Revolution im Hinblick auf die Siedlungsgeschichte und die Verschiebungen in Wirtschaft, Gesellschaft und Kultur. Unter der Herrschaft der Habsburger entwickelten sich zwar starke Elemente eines Rechtsstaates, nicht jedoch Formen politischer Beteiligung der Untertanen bzw. Staatsbürger. Trotz dem Scheitern der Revolution von 1848 wandelte sich die Habsburgermonarchie als Folge der Niederlagen von 1859 und 1866 zu einem konstitutionellen Staatswesen. Schließlich ermöglichte die Niederlage im Ersten Weltkrieg und der Zerfall der Monarchie den Sieg der Demokratie, allerdings unter nicht besonders günstigen Begleitumständen. War die erste Hälfte des 20. Jahrhunderts von Krisen und Brüchen dominiert (1918, 1933/34, 1938, 1945), so gelangte ab etwa 1950 das Schifflein der Republik Österreich in ruhigeres Fahrwasser. Doch auch die Entwicklung im 21. Jahrhundert ist nicht frei von alten und neuen Problemen, von denen gerade die schwersten (Klimakrise, Migration, Covid-19-Pandemie) nicht (mehr) allein im nationalstaatlichen Rahmen gelöst werden können.

Der Autor hat zunächst den Damen vom Verlag Böhlau für ihr Vertrauen zu danken, allen voran Frau Mag. Waltraud Moritz und Frau Dr. Ursula Huber für ihre Ermunterung, dieses Buch zu schreiben, sodann Frau Julia Roßberg für die Betreuung während der Genese des Buches und Frau Vera Schirl für das genaue Korrektorat. Aus der großen Österreichischen Geschichte wurden sieben der von Frau Rihtaršič sogfältig gezeichneten Karten übernommen, ebenso eine Grafik aus der österreichischen Sozialgeschichte des Autors, 1985 umgesetzt von Sigilde Haas-Ortner. Das Foto auf dem Cover stammt von meiner Frau Irena Bruckmüller-Vilfan, die den Autor auch in Zeiten des Zweifels stets ermutigte. Zur Benennung größerer sozialer Einheiten wird im Text das generische Maskulinum verwendet, um die Lesbarkeit nicht zu stören.

Dieses Buch widme ich meiner Frau, unseren Kindern, Schwiegerkindern und Enkelkindern – hoffentlich finden sie zu ihren Fragen an die österreichische Geschichte hier auch einige passende Antworten.

Wien, im Mai 2021

1. Vor der Geschichte Österreichs

Die Wendung »Geschichte Österreichs vor der Geschichte Österreichs« zitiert einen Buchtitel des bedeutenden und für die Entwicklung der Frühmittelalterforschung hoch verdienten Mediävisten Herwig Wolfram. Seit der ersten Jahrtausendwende wird der Name Österreich kontinuierlich verwendet, jedoch für recht verschiedene Regionen. Dennoch hatten diese Gebiete Geschichte, sogar ziemlich viel davon.

Auf die Frage, was denn aus der Urgeschichte im heutigen Österreich so sichtbar übrig geblieben sei, dass es auch für Laien bemerkenswert war, so ist zunächst auf gewisse Geländeformen zu verweisen, die in dieser Form kaum natürlichen Ursprungs sein konnten. Die ältesten erkennbaren größeren Anlagen, von Menschenhand geformt, sind die so genannten Kreisgräben. Sie entstanden im 5. Jahrtausend, waren zuweilen auch von zwei Gräben umschlossen, ihre Funktion ist unklar. Zum kulturellen Welterbe gehören älteste »künstlerische« Artefakte wie die Venus von Willendorf (etwa 27.500 v. Chr.), aber auch die zahlreichen beeindruckenden Funde aus Hallstatt- und La-Tène-Zeit. Besiedelt wurden ab der Mitte des 6. Jahrtausends v. Chr. Gunstlagen im Osten (Weinviertel, unteres Traisental, Burgenland), später weitere Gebiete des Alpenvorlandes. Erst mit dem Beginn des Bergbaues auf Kupfer (4./3. Jahrtausend v. Chr.) drangen die Menschen mit Dauersiedlungen ins Gebirge vor. Aus viel späteren Zeiten erhalten sind große Hügelgräber, die sogar Ortsnamen geschaffen haben wie »Großmugl«, benannt nach dem Leeberg, einem Hügelgrab aus der älteren Eisenzeit, der Hallstattzeit, zwischen etwa 800 und 480/450 v. Chr. Bedeutende Zeugnisse der (östlichen) Hallstattkultur aus demselben Zeithorizont bargen Siedlung und Nekropole auf dem Burgstallkogel zwischen Gleinstätten und Kleinklein (Gem. Großklein) zwischen Sulm- und Saggautal aus der Zeit von 800 bis 600 v. Chr. Die Nekropole ist die größte der kontinentalen Eisenzeit mit ursprünglich mindestens 2000 Grabhügeln (Tumuli). In das 7. Jahrhundert v. Chr. wird der berühmte Kultwagen von Strettweg bei Judenburg datiert – ein mehr als 40 cm hoher Wagen mit vier Speichenrädern, auf dessen Plattform stehend eine größere weibliche Figur, umgeben von kleineren Menschen und Tieren, eine Schale hält. – Für die späte La-Tène-Zeit werden in römischen Quellen die Namen von diversen keltischen Völkern genannt, von denen einige

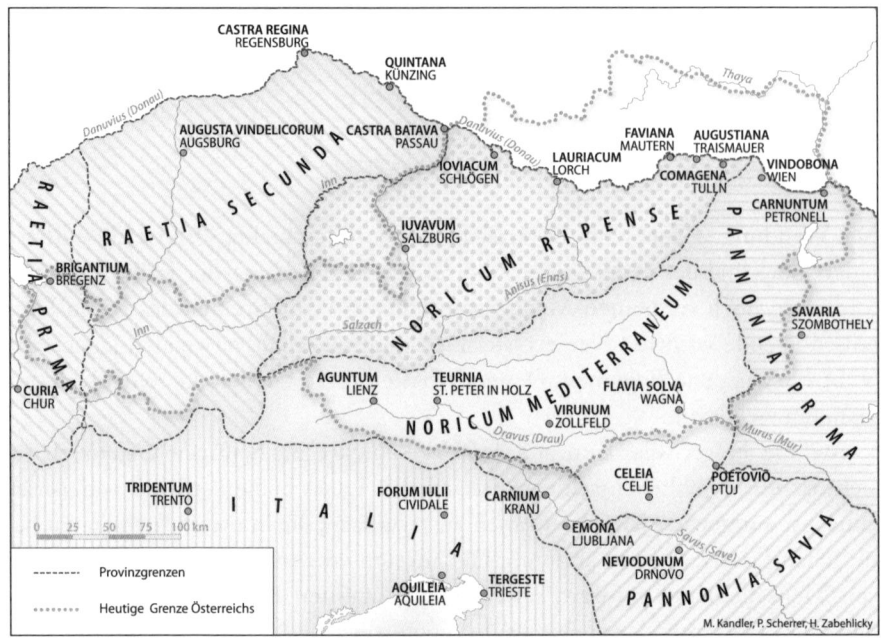

Karte 1 Österreich und seine Nachbargebiete im 4. Jahrhundert n. Chr.

im *regnum Noricum* (wohl in Kärnten) lebten. Wenn sie, wie die *Ambidravi* wirklich an der Drau siedelten, verweist ihr Name wohl auf das hohe Alter dieses Flussnamens.

Unter Augustus wurde das Alpengebiet dem Römischen Reich einverleibt. Am heutigen Bundesgebiet hatten drei Provinzen Anteil: Noricum, Pannonien, Rätien (vgl. Karte 1).

1.1 Was blieb von den Römern?

Zunächst einmal Namen: Aus *Ovilava* wurde Wels, aus *Lentia* Linz, aus *Teriolae* Zirl, aus *Lauriacum* Lorch, aus *Cucullae* Kuchl, aus *Veldidena* Wilten. Östlich der Enns sind solche Übernahmen selten, ebenso in Kärnten und in der Steiermark. Zwar sind inzwischen mehrere noch aufrechte Gebäude aus der Römerzeit entdeckt worden, etwa der so genannte Salzturm in Tulln, aber das imposanteste Bauwerk ist immer noch das »Heidentor« bei Petronell-Carnuntum. Kaiser Constantius II. ließ es um 360 errichten. Es ist das einzige bauliche Großdenkmal, das oberirdisch in Österreich erhalten blieb. Allerdings ist trotz des populä-

Abb. 1 Das Heidentor bei Petronell-Carnuntum wurde um 360 n. Chr. unter Kaiser Constantius II., vielleicht als Monument zur Wiederherstellung der Grenzsicherheit, errichtet.

ren Namens sicher, dass es niemals ein »Tor« war. Es wird derzeit als Monument der Wiederherstellung der Grenzsicherheit interpretiert.

Ein besonders eindrucksvolles Beispiel spätrömischer Kunst ist das Mosaik aus der Friedhofskirche von Teurnia. Die bemerkenswerten Mosaiken sind in das erste Viertel des 6. Jahrhunderts zu datieren, als deren Stifter haben sich ein *Ursus vir spectabilis* und seine Frau *Ursina* verewigt. Das waren Menschen aus der führenden Schicht, vielleicht ein vom Ostgotenkönig Theoderich eingesetzter »Grenzgeneral« für Binnennoricum samt Ehefrau. Das Mosaik ist in situ zu besichtigen, ebenso die beeindruckende Rekonstruktion der Bischofskirche mit ihren Chorschranken, die ganz ähnlich jenen von Grado gestaltet sind.

Dann aber hörte das römisch-christliche Leben auch in Binnennoricum auf, manche Bischöfe flohen ins (ost-)römisch beherrschte Istrien. Neue Namen begegnen in den alpinen Gebieten und im nördlichen Alpenvorland: Bayern und Karantanen – beide wurden von Stammes- zu Landesbezeichnungen, die bis heute existieren. Zahlreiche Romanen lebten weiterhin südlich von Salzburg und im Tiroler Inntal, wo die Namen vieler Dörfer auf diese Herkunft verweisen.

> **Severin von Noricum**
>
> Der heilige Severin starb 482 in Favianis, das mit dem heutigen Mautern identifiziert wird. Er stammte höchstwahrscheinlich aus einer Familie der römischen Oberschicht. Nach einem Bekehrungserlebnis wurde er für einige Jahrzehnte als Mönch zur Zentralfigur im noch römischen Noricum. Seine eindrucksvolle Persönlichkeit genoss nicht nur bei den Römern, sondern auch bei den barbarischen Fürsten Ansehen. Die Lebensbeschreibung Severins enthält viele Angaben über die Verhältnisse der Zeit. Ein »städtisches« Leben im traditionellen Sinne existiert kaum mehr. Die Bevölkerung hatte sich in Militärlager und befestigte Stützpunkte (*burgi*) zurückgezogen. Die Menschen lebten bäuerlich. Zur Versorgung der Armen diente der Zehent, den die Kirche organisierte – manchmal wurden solche Vorräte Beute der Barbaren. Auf der Donau kamen Frachtschiffe mit Getreide bis nach Favianis. Vor dem Druck der Alemannen und der Thüringer organisierte Severin die Rücknahme der romanischen Bevölkerung donauabwärts, bis Lorch. In diesem Restbestand Ufernoricums lebten die Römer dann unter dem Schutz der Rugier. 488 wurde (Ufer-)Noricum auch offiziell aufgegeben und die romanische Bevölkerung nach Italien geführt. Die Mönche von Favianis nahmen den sechs Jahre nach dessen Tod unverwesten Leichnam des als heilig verehrten Mannes mit in ihre neue Heimat bei Neapel. Dort schrieb der Mönch Eugippius bis 511 die *Vita Sancti Severini*, eine einzigartige Quelle für das späte 5. Jahrhundert.
>
> Literatur: Theodor Nüsslein (Hg.): Vita Sancti Severini, Das Leben des heiligen Severin. Lateinisch/Deutsch. Reclam, Stuttgart 1999.
> Internet-Verweis: https://www.geschichtewiki.wien.gv.at/Severin_(Heiliger)

1.2 Die Bayern

Die Bayern waren ein im Zuge der Völkerwanderung oder gegen deren Ende neu entstandener Stamm. Wie sich die Stammesbildung (die Ethnogenese) genau vollzog, bleibt unklar. Ihr Name – *Bojovarii* – verweist auf das Land der Boier, *Boiohaemum*, Böhmen. Von dort muss der traditionstragende Kern gekommen sein, dem sich dann weitere Gruppen anschlossen. Man kennt das aus jenen unruhigen Zeiten: War eine solche Gruppe bzw. deren Führung erfolgreich, so wuchs sie, weil sich andere dieser erfolgreichen Führung anschlossen. Möglich, dass diese Stammesbildung unter der Oberhoheit der Ostgoten oder der Franken passierte, die seit dem frühen 6. Jahrhundert erstmals bis in den Ostalpenraum expandierten. Das traditionstragende königliche Geschlecht *(stirps regia)* waren die Agilolfinger. Die Bayern hatten auch eine Herkunftssage, eine *origo gentis*. Da die Bayern in einer christianisierten Umwelt entstanden, konnte man sich nicht von Göttern oder Heroen ableiten. Man gab daher die römischen Noriker als Ahnen aus. Die waren christlich und römisch. Auch war der Noriker-Name

Abb. 2 Der wahrscheinlich in Salzburg angefertigt Tassilo-Liutpirc-Kelch entstand nach 768/69 (Heirat Tassilos III. mit der langobardischen Prinzessin Liutpirc) und wurde vom Herrscherpaar dem neu gegründeten Kloster Kremsmünster geschenkt.

inzwischen nach Westen gewandert und bezeichnete geographisch das Tiroler Wipptal. Die gelehrte Bezeichnung für die Bayern blieb lange *Norici*. Das bayerische Stammesgebiet dehnte sich bis zur Enns aus. Gegen Norden blieb zunächst die Donau die Grenze, im Westen der Lech. Gegen die Alpenslawen verlief die Grenze östlich von Innichen, dann über die Hohen und Niederen Tauern zu den nördlichen Kalkalpen.

Auf die Frage, was denn von den alten Bayern (oder: aus dem alten Bayern der Agilolfinger und Karolinger) für das heutige Österreich langfristig prägend wurde, lautet die erste Antwort: Die Sprache, denn die österreichischen Dialekte des Hochdeutschen entwickelten sich – mit Ausnahme Vorarlbergs und des Lechtales – aus der Sprache der kolonisierenden Bayern bzw. des bayerischen Adels und der bayerischen Kirche. Ein bedeutendes Erbe ist auch das Kloster Kremsmünster, gestiftet von Herzog Tassilo III., und nicht zuletzt das Erzbistum Salzburg, dessen Bischof Metropolit für die ganze bayerische Kirchenprovinz wurde. Heute erscheint uns Salzburg als barockes Juwel, aber schon das früh- und hochmittelalterliche Salzburg ragte durch seine Kathedrale aus den damals noch wenigen präurbanen Siedlungen hervor.

> **Der Tassilo-Liutpirc-Kelch**
>
> Der letzte Agilolfinger war auch der bedeutendste. Tassilo III. war ein Cousin Karls des Großen. Er half den Karantanen gegen die wieder angriffslustigen Awaren, dafür gerieten jene unter die Oberhoheit der Bayern (741/743). 772 besiegte er die heidnische Reaktion bei den Karantanen und machte deren Fürsten endgültig von den Bayern abhängig. Neben seinen Klostergründungen (neben Kremsmünster ist vor allem Innichen zu nennen) trägt der berühmte Kelch in Kremsmünster das Gedächtnis an die Stifter weiter – Tassilo und seine Gemahlin. Er war mit Liutpirg verheiratet, einer Tochter des Langobardenkönigs Desiderius, der 774 von Karl dem Großen besiegt und abgesetzt wurde. 787 wurde Tassilo zum Lehensmann Karls degradiert, man warf ihm Verweigerung der Heerfolge vor. Außerdem soll Tassilo mit den Awaren in zu gutem Einvernehmen gestanden sein. 788 wurde er unter dem Vorwand des Treubruchs abgesetzt und in ein Kloster gesteckt. 794 trat er in Frankfurt nochmals in der Öffentlichkeit auf, um feierlich für sich und seine Nachkommen auf Bayern zu verzichten. Damit fand das alte bayrische Herzogtum sein Ende.
> Die Inschrift am Fuß des Kelches: »TASSILO DVX FORTIS + LIVTPIRC VIRGA REGALIS« (Tassilo, tapferer Herzog + Liutpirg, königlicher Spross) muss nach 768/69 angefertigt worden sein. Als Entstehungsort wird eine Salzburger Werkstätte vermutet.
> Alois Brandstetter thematisierte den – fiktiven – Diebstahl des Kelchs in seiner Erzählung »Die Abtei« (1977).
>
> Literatur: Egon Wamers (Hg.): Der Tassilo-Liutpirc-Kelch im Stift Kremsmünster. Regensburg 2019.
> Internet-Verweis: https://www.stift-kremsmuenster.at/wissenschaft/tassilokelch

Zurück zu Kremsmünster, der Stiftung des letzten Agilolfingerherzogs, Tassilo III. (* um 741, † um 796). Das Münster an der Krems, gegründet 777 n. Chr., wurde reich mit Besitzungen ausgestattet. Der so genannte Tassilo-Liutpirc-Kelch ist das bleibende Zeugnis seiner Gründungstätigkeit, gleichzeitig eines der schönsten Kunstwerke der Zeit. Tassilo III. wurde 788 unter dem Vorwand des Treubruchs von Karl dem Großen abgesetzt.

Als weltliches Zentrum Bayerns galt Regensburg, das geistliche aber war Salzburg. Ob der heilige Rupert (Hrodpert, um 700) schon Bischof war, ist nicht gesichert. Spätestens seit 739 ist Salzburg sicher Bischofssitz, damals organisierte der heilige Bonifatius die bayerische Kirche neu. 746 oder 747 wurde der Ire Virgil Bischof von Salzburg. Unter ihm begann die Mission der Karantanen. Er ließ die Kathedrale erbauen (767–775), für Jahrhunderte der mächtigste Bau im ganzen mittleren Europa. Das Salzburger Skriptorium erreichte unter ihm einen hohen Rang (Psalter von Montpellier, *Codex millenarius maior* von Kremsmünster, Wiener Cutbercht-Evangeliar). Auch der Tassilo-Liutpirc-Kelch dürfte in Salzburg entstanden sein.

Virgils Nachfolger Arn(o), Abt eines fränkischen Klosters, war durch seine Freundschaft mit Alkuin dem Hof Karls des Großen eng verbunden. 798 wurde Arn zum Erzbischof ernannt und zum Metropoliten einer Kirchenprovinz, die ganz Bayern umfasste. Suffragane saßen in Regensburg, Passau und Freising. Seine (Erz-)Diözese umfasste das Missionsgebiet im (Süd-)Osten, Karantanien und das Awarengebiet. Für das Missionsgebiet wurden Chorbischöfe eingesetzt. Damit schloss Arn an eine Institution Virgils an, der schon um 757 Modestus als Chorbischof in Karantanien ernannt hatte (bis 763). Unter seinen Nachfolgern Adalram (821–836) und Liupramm (836–859) wurde die Mission im Osten intensiviert: Adalram weihte in Nitra (Slowakei) vor 830 eine Kirche für den Slawenfürsten Privina. Als dieser von dem Mährerfürsten Moimir verdrängt wurde, ließ sich Privina in Traismauer vom Salzburger Erzbischof taufen. Ab 838 beherrschte Privina im Gebiet des Plattensees ein christliches Tributärfürstentum, in dem Salzburg eine lebhafte Tätigkeit entfaltete. Die Kirchenbauten in Privinas Burg Mosapurc/Zalavár (H) wurden von Salzburger Handwerkern erbaut und ausgestattet. Auch in Pettau/Ptuj (*ad Bettobiam*, SI) und Fünfkirchen/Pécs (*ad Quinque basilicas*, H) wurden Kirchen errichtet. Sein Nachfolger Adalwin (859–873) erhielt 860 von Ludwig dem Deutschen eine umfangreiche Schenkung in den heutigen Ländern Niederösterreich, Steiermark und Kärnten.

In die Regierungszeit Adalwins fiel das Auftreten der griechischen Slawenapostel Konstantin (Kyrill von Saloniki) und Methodios im Mährerreich und in Pannonien. Zur Verteidigung der Salzburger Position in Pannonien, die durch Methods Wirken bedroht schien, entstand die berühmte *Conversio Bagoariorum et Carantanorum*, eine Art »Weißbuch« zur Dokumentation der seelsorglichen und missionarischen Tätigkeit Salzburgs nicht nur bei den Bayern, sondern auch bei den Karantanen und den pannonischen Slawen.

1.3 Die Karantanen

Neben dem Namen der Bayern hat sich aus dem Frühmittelalter jener der Karantanen erhalten. Die Stammesbildung der Karantanen geschah auf dem Boden des heutigen Österreich, wo auch ihr Herrschaftszentrum lag. Ihre besondere Identität entwickelten sie in Abgrenzung zu den Awaren, in deren Gefolge sie zunächst in den Alpenraum gekommen waren. Diese Reiternomaden hatten sich ab 569 im heutigen Ungarn niedergelassen. Unter ihrer Herrschaft standen auch viele Slawen, von denen die in die Alpen eingedrungenen (oder abgedrängten) wohl im 7. Jahrhundert den Namen Karantanen erhielten oder angenommen haben. Sie waren der älteste slawische Stamm mit einem besonderen Namen, der wohl vorrömische Wurzeln hat. Die alpine Lage ihrer Siedlungsgebiete dürfte den Karantanen ihre Verselbstständigung erleichtert haben, sie fanden in den Tälern der Ostalpen offensichtlich einen gewissen Schutz gegen die Awaren, ihre (früheren) Herren. 610 stießen die aus dem Pustertal vordringenden Bayern bei Aguntum (unweit Lienz) mit den Slawen zusammen und erlitten eine herbe Niederlage. Der Name der Karantanen lebt bis heute im Namen Kärntens fort. Sie hatten *duces*, also eine Herrscherfamilie. Vielleicht schon in der Frühzeit, vielleicht aber auch später (10./11. Jahrhundert?) entwickelten sie das ganz besondere Ritual der Herzogseinsetzung auf dem Fürstenstein unweit der Karnburg, das freilich erst aus viel späteren Quellen genauer bekannt ist. Eine schöne barocke Darstellung der Herzogseinsetzung von Josef Ferdinand Fromiller ziert den Wappensaal des Klagenfurter Landhauses.

Mehrere Namen karantanischer *duces* sind in der Salzburger »Conversio« überliefert. Ab etwa 750 begann eine intensive, primär von Salzburg ausgehende Christianisierung. Aufstände wurden von Tassilo III. niedergeschlagen. Eigene *duces* sind bis um 820 bekannt. Als Folge der Beteiligung an einem antifränkischen Aufstand im heutigen Kroatien verloren sie diese eigenen Fürsten. In der Karolingerzeit existierte bereits ein höherer Adel. Dieser Adel wurde vom bayerischen als gleichrangig angesehen, was sich im 9. und 10. Jahrhundert in gemeinsamem Konnubium und gegenseitigen Namensübernahmen äußerte.

Die Karantanen drangen bis in das heutige Osttirol vor. Karantanisch waren auch der Lungau und das Murtal, vielleicht auch das Ennstal. Die nördlichen Kalkalpen waren die Grenze nach Norden – noch im 12. Jahrhundert galt die Gegend um den Ötscher als Grenze zu »Kärnten«. Die Ostgrenze verlief vielleicht entlang der Fischbacher Alpen nach Süden. Das Zentrum lag entweder im Zollfeld mit der Karnburg *(civitas Carantanorum)*, oder im nahen Moosburg, diskutiert wird aber auch das Lurnfeld (von *Teurnia* zu *Liburnia* – Lurn) in der Nähe von Spittal an der Drau.

1.4 Das karolingische Ostland

Karl der Große eroberte im Südosten die ehemaligen Provinzgebiete von (Ufer-) Noricum und Pannonien. Karantanien hatte ja so ziemlich dem alten Binnennoricum entsprochen, das Awarenland Pannonien (mit einem ufernorischen Glacis zwischen Wienerwald und Enns, wo Bayern begann), das restliche Bayern dem übrigen Noricum und einem großen Teil Rätiens. Theoretisch reichte die fränkische Herrschaft bis zur Mündung der Save, jedenfalls aber bis zur Mündung der Drau in die Donau. Die Gebiete nördlich und östlich der Donau blieben davon unberührt. Unter Karl dem Großen wurden die frühmittelalterlichen *gentes* auf dem Boden der ehemaligen römischen Provinzen im Ostalpengebiet und an der Donau ins fränkische Reich eingegliedert. Seit der Absetzung Tassilos III. (788) gab es keine bayerischen Herzöge mehr, das Volk der Awaren verschwand überhaupt aus den Quellen. In den Randgebieten des fränkischen Reiches existierten mehr oder weniger abhängige slawische Fürstentümer. Nach der Niederschlagung eines Aufstandes (823) kamen fränkische Grafen in die Region, auch die Karantanen verloren jetzt ihren eigenen *dux*. Zur Überwachung der lokalen Herrschaftsträger ebenso wie der zugeordneten slawischen Fürsten ernannte Karl der Große *missi dominici*, königliche bzw. kaiserliche Kommissare.

Bis um 870 hatte sich ein neuer Sprachgebrauch eingebürgert. Man sprach von der *plaga orientalis*, von *oriens*, wenn man die weiten Gebiete des bayerischen Ostlandes vom Traungau bis tief ins heutige Ungarn (Transdanubien) meinte. Althochdeutsch hieß das wohl *ostarrîhhi*, Land oder Gebiet im Osten. Dieses Gebiet ging 907 verloren. Nur ein kleiner Teil davon wurde nach 955 als bayerische Mark im Osten rekonstruiert, für dieses Gebiet blieb der alte Begriff erhalten. Im 11. Jahrhundert sollte er zum Landesnamen für die babenbergische Mark werden.

Aus dem eroberten Land erhielten insbesondere kirchliche Institutionen reiche Schenkungen. Den Löwenanteil sicherte sich Salzburg, das auch in erster Linie für die Mission in den eroberten Gebieten verantwortlich war. Die Schenkungen schlossen häufig an spätantike Mittelpunktsorte an. So erhielt Salzburg den Kärntner Zentralraum (Virunum) mit Maria Saal übertragen, aber auch St. Peter in Holz (Teurnia), ferner Besitz bei Pettau/Ptuj (Poetovio) und Steinamanger/Szombathely/Savaria, auf dem Aichfeld im oberen Murtal, ferner bei Leibnitz (Flavia Solva); auch der niederösterreichische Besitz mit dem Zentrum Traismauer schloss an spätantike Siedlungen an. Begehrt war offenbar auch Weingartenbesitz in der Wachau – solchen erhielten nicht bloß Salzburg, sondern auch die Klöster Niederaltaich, Tegernsee, Kremsmünster usw. Die bayerische Kolonisation überschritt in der Wachau, aber auch unterhalb von Krems vereinzelt die Donau. Auch Gegenden östlich des Wienerwaldes werden schon genannt, an der Fischa und Schwarza, Orte wie Pitten und Zöbern. Baden bei Wien wurde 869 als karolingische »Pfalz« bezeichnet. Ortsnamen wie Gerolding oder Wilhelmsburg verweisen auf einen Präfekten Gerold (I. oder II.) oder auf einen Grenzgrafen Wilhelm. Zahlreiche Orts- und Weilernamen auf »Meier«

und »Meierhof« zeugen von der typischen Meierhofverfassung der älteren Grundherrschaft.

Als Folge der endlosen internen Konflikte zwischen verschiedenen karolingischen Teilkönigen und diversen Adelsgruppen sowie der häufigen Kriege gegen die Mährer – die wir hier nicht darstellen – ging der dadurch verwüstete pannonische Osten des Ostlandes schon um 900 an die Ungarn verloren. Die Raffelstettener Zollordnung (903/906) spricht nur mehr von drei Grafschaften eines Grenzgrafen Ar(i)bo, die an der Donau lagen, etwa zwischen Linz und Mautern. »Slawen und Bayern« waren die Bewohner *istius patriae* (dieses Landes). Die Zollordnung regelte Aus- und Einfuhr über die Reichsgrenze, damals noch durchwegs die Donau. Die Händler waren Juden oder andere Kaufleute. Ausgeführt wurde vor allem Salz, meist aus Reichenhall, per Schiff bis zum »Markt der Mährer« – wo auch immer der gelegen war (Krems?). Salz war im Reich der Mährer Mangelware. Unter den Einfuhrgütern werden auch Sklaven genannt.

Das östlich bzw. nordöstlich des fränkischen Ostlandes um 830/40 entstandene mährische Reich blieb trotz häufiger Konflikte und zeitweiliger Kooperation mit den ostfränkischen Herrschern doch ephemer. Schließlich wurden sowohl das Mährerreich wie das fränkische Ostland östlich der Enns bzw. der Berge östlich der Mur von einer neuen reiternomadischen Völkerschaft aus dem Osten, den Magyaren (Ungarn) zerstört.

Sie kamen aus den Regionen nördlich des Schwarzen Meeres bzw. dem heutigen Moldawien und drangen von dort in den Karpatenbogen ein. 881 wird ein Zusammenstoß mit ostfränkisch-bayrischen Kräften »*apud Weniam*« (erste Nennung Wiens!), gemeldet. König Arnulf von Kärnten benützte die Magyaren als Verbündete gegen die Mährer. Um 896 erfolgte die endgültige Landnahme der Ungarn in der Donau-Theiß-Ebene und bis 900 auch in Pannonien, westlich der Donau. Um 900 wurde die bayerische Ennsburg errichtet – ein Indiz dafür, dass man die neue Bedrohung ernst zu nehmen begann. Bei Pressburg (Bratislava) erlitten die Bayern 907 eine katastrophale Niederlage gegen die Ungarn. Mehrere Bischöfe und der größte Teil des bayerischen Adels fanden den Tod. Die Enns wurde – wieder – zur Reichsgrenze.

Nach der Niederlage in der Lechfeldschlacht gegen den ostfränkischen König Otto I. 955 wurden die Ungarn sesshaft. Ihr Fürst Vajk wurde 985 unter dem Namen Stephan getauft. Zur Jahrtausendwende erhielt Stephan I. von Papst Silvester II. eine Königskrone – das christliche Ungarn war geboren. Stephan war mit Gisela, einer Tochter des bayerischen Herzogs Heinrich des Zänkers aus dem Geschlecht der Ottonen vermählt. Das führte zu einer engen Verbindung zwischen dem christlichen Ungarn und dem ostfränkisch-bayerischen Bereich.

Was blieb aus der Zeit bis zur ersten Jahrtausendwende? Überreste im Gelände, Tumuli, Kreisgräben, einige besondere Artefakte (Venus von Willendorf), aus der Römerzeit einige Namen, das Heidentor, die Ausgrabungen in Carnuntum oder am Magdalensberg, aus später Zeit das Mosaik von Teurnia. Aus dem Frühmittelalter bleiben zwei Namen: Bayern und Karantanen – beide wurden von Stammes- zu Landesbezeichnungen, die bis heute existieren.

2. Von der Jahrtausendwende bis um 1300

Zwischen dem 10. Jahrhundert und dem Ende des 13. Jahrhunderts vollzogen sich in Europa und damit auch in den Regionen des heutigen Österreich entscheidende Veränderungen:
- Nach dem Ende der Invasionen durch Araber, Ungarn und Normannen wurden die Zeiten ruhiger, die Bevölkerung begann zu wachsen. Kolonisation und Rodung erweiterten den Nahrungsspielraum und das besiedelte Land.
- Eine breite religiöse Bewegung ergriff die westliche Christenheit. Ausdruck dieser Bewegung sind die zahlreichen Ordens- und Klostergründungen ebenso wie die Kreuzzüge. Die Forderung nach Befreiung der Kirche von weltlicher Vorherrschaft richtete sich direkt gegen die Vergabe von kirchlichen Positionen durch die ostfränkisch-deutschen Könige und (römischen) Kaiser (Investiturstreit, 1076–1122).
- In den zahlreichen oft recht gewaltsamen Auseinandersetzungen des 11. und 12. Jahrhunderts gelang einigen (Mark-)Grafen die Aufrichtung einer stabilen Herrschaft über größere, territorial zusammenhängende Gebiete. Mit einem eigenen (Landes-)Fürsten, eigenem Landrecht und einem selbstbewussten »Landvolk« wurden diese zu neuen Ländern (Österreich, Steiermark, später Tirol usw.). Landesbildung bedeutet Integration in eine neue gesellschaftlich-politische Einheit, eigentlich eine Neustammbildung.
- Jene Herren waren gleichzeitig die im 13. Jahrhundert privilegierten Fürsten des Heiligen Römischen Reiches. Sie regierten gemeinsam mit den Königen das Reich.

2.1 Kolonisation, Bevölkerungswachstum und Siedlungsverdichtung

Die im frühen Mittelalter erfundene Dreifelderwirtschaft erweiterte mit Hafer und Roggen den Nahrungsspielraum für die Menschen und lieferte das Futter für die Pferde der Ritter. Der neue schwere Pflug ermöglichte die Bearbeitung tiefgründiger Böden. Das waren die technischen Voraussetzungen für eine starke Bevölkerungsvermehrung und -verdichtung. Von bayerischen, aber auch einheimischen (slawischen, romanischen) Kolonisten wurden zuerst die günstigeren Lagen erschlossen, hochwassersicher in den höheren Tallagen bzw. an deren Rändern. Eiszeitliche Terrassen wie das Tiroler Mittelgebirge waren bevorzugte Siedlungsgebiete, ebenso die Ebenen und Hügelländer im Alpenvorland, im Osten Niederösterreichs und der Steiermark. Die Siedlungsverdichtung im Mühl- und Waldviertel mit ihren zahlreichen slawischen topographischen Bezeichnungen dauerte hingegen noch bis weit ins 13. Jahrhundert. Sprechende Ortsnamen auf -schlag, -schwend oder -reuth, oft in Verbindung mit einem Personennamen, überliefern nicht nur Rodungstechniken, sondern auch die Namen von Ortsgründern. Träger der Besiedlung waren in erster Linie bayerische Adelige, Bistümer und Klöster. Sie griffen oft auf Besitzungen aus der Karolingerzeit zurück, Salzburg etwa in der Wachau und um Traismauer, aber auch im Kärntner Zentralraum oder um Leibnitz, Passau im Tullnerfeld und um St. Pölten, Regensburg in Pöchlarn, Freising in Tirol und Kärnten.

Um 1000 lebten auf dem Gebiet des heutigen Österreich höchstens 200.000 bis 250.000 Menschen. Im 13. Jahrhundert gab es hier vielleicht schon 700.000 bis 900.000 Menschen. Die meisten Bewohner hatte Niederösterreich (mit Wien) mit etwa 350.000 Einwohnern. Eine wachsende Bevölkerung ermöglicht Arbeitsteilung. Arbeitsteilung erfordert Austausch. Austausch braucht Verkehrswege und Marktplätze. Um 1000 gab es bloß einige bescheidene Burgzentren (Salzburg, Enns, Krems). Im 12. und 13. Jahrhundert wurden zahlreiche Städte gegründet. Um 1300 existierten schon die meisten heute bestehenden Städte – wenn man von den Veränderungen durch die industrielle Revolution absieht.

Im karantanischen Herzogtum lebten ebenso wie in den Markengebieten slawische und bayerische Siedler nebeneinander, nur langsam entstand eine Sprachgrenze. In den westlichen Alpenländern verliefen die Entwicklungen ähnlich, nur dass hier statt der slawischen die romanischen Dialekte allmählich zurückgedrängt wurden. Auch im äußersten Westen, in Vorarlberg, drang die Siedlung im Hochmittelalter in die Wälder vor, so in den bis ins 13. Jahrhundert kaum besiedelten Bregenzer Wald. Das Große und Kleine Walsertal bewahren bis heute in ihren Namen das Andenken an ihre Kolonisatoren – Bergbauern aus dem Wallis (spätes 13./14. Jahrhundert). Sie brachten eine entwickelte Alp- und Heuwirtschaft mit. In Tirol waren die bayerischen Bistümer wie Freising, Regensburg und Salzburg kolonisatorisch tätig, ebenso wie eine Reihe von Adelsgeschlechtern, die häufig mit Klöstern oder Bistümern in Verbindung standen, oft als deren Vögte. Dagegen dominierte im späteren Land Salzburg der Erzbischof mit seinen weitläufigen Besitzungen und seinen zahlreichen Leibeigenen den Landesausbau. Die Romanen des Landes wurden in diesem Prozess endgültig bajuwarisiert.

Fragt man sich, was aus diesen Prozessen für das heutige Bundesgebiet Belangreiches hervorging, so lautet die Antwort: Außerordentlich viel. Es entstand eine neue, von der Landwirtschaft geprägte Kulturlandschaft. Die Wälder wurden gerodet und zurückgedrängt, zuweilen auch über das umweltgerechte Maß hinaus (das zeigte noch die Lawinenkatastrophe von Blons 1954). Der Getreidebau weitete sich aus. Die Viehhaltung wurde nur so weit betrieben, wie man sie für das Funktionieren der Landwirtschaft und der bäuerlichen Haushalte benötigte, man hielt Zugtiere (meist Ochsen), Wollschafe (für die Bekleidung), Pferde für die Ritter – doch wurden letztere eher in herrschaftlichen Höfen gezüchtet, wie auch das Rindvieh (Ortsname »Viehhofen«). Orts- und Personen-(Familien-) Namen reflektieren in großer Zahl gesellschaftliche Verhältnisse des Hochmittelalters: Die Maier (Meier, Mayer, Mayr usw.) und Meierhofer waren ursprünglich als *maiores* die Verwalter herrschaftlicher Höfe, *curtes* oder Meierhöfe. Auch die Huber (Hueber, Huemer, Hubner, Hübner usw.) sind ein Erbe des Hochmittelalters: Vorfahren bewirtschafteten die Huben, seit der Karolingerzeit so benannte bäuerliche Wirtschaften mit Abgaben- und Arbeitsverpflichtungen gegen ihre Grundherren. Häufig wurden die Huben später geteilt, auf halbe oder Viertelhuben. Auch die Lehner (Lechner usw.) haben ihre Namen hochmittelalterlichen Verhältnissen zu verdanken, den Lehen, die im 11./12. Jahrhundert vielfach an die Stelle der älteren Huben traten. Die Lehner hatten häufig einen Zins zu entrichten, oft auch schon in Geld (Zinslehen). Ebenso wie Meierhöfe oder Huben leben auch Lehen nicht nur in Personennamen, sondern auch in Ortsnamen weiter.

Die ländliche Siedlungsweise veränderte sich. An die Stelle von einzelnen herrschaftlichen Meierhöfen, kleinen Weilern oder Haufendörfern traten Straßen- oder Angerdörfer. In den Quellen werden immer mehr Namen von solchen Dörfern genannt. Im Westen und im Gebirge dominierten abseits der Städte und Pfarrdörfer kleine Weiler oder Einzelhöfe. Diese Höfe waren zunächst oft herrschaftliche Meierhöfe, auf denen unfreie Leute (*servi*, *mancipia*) arbeiteten. Später wurden diese Höfe durchwegs in Bauernhöfe umgewandelt bzw. auf drei bis acht Bauernhöfe aufgeteilt. Es war ab dem 12./13. Jahrhundert für die Grundherren (Bischöfe, Äbte, adelige Herren und Ministerialen) offensichtlich praktischer, von abhängigen Bauern Geld oder Naturalien einzufordern, als sich selbst um die Bewirtschaftung der Höfe durch unfreie Leibeigene zu kümmern. Die ältere Besiedlungsform dominiert bis in die Gegend von Melk – östlich davon herrscht die Dorfsiedlung vor. Hier wurden offenkundig schon früh nur Bauern angesiedelt. Die Dörfer waren anfangs klein, sie wurden erst in späteren Jahrhunderten vergrößert, die bäuerlichen Behausungen waren recht bescheidene Hütten. Kleinvieh und Menschen lebten zumeist unter einem Dach. Während im Einzelhofgebiet die Gründe meist bei den Höfen lagen, gehörten zu den Dörfern wegen der Dreifelderwirtschaft mindestens drei ungefähr gleich große Teile der Dorfflur, oft Gewanne, Felder oder Lüsse genannt, an denen die einzelnen Wirtschaften entsprechende Anteile hatten. Gemeinsam – oft auch mit der Grundherrschaft – wurde die Allmende bewirtschaftet, das Weideland und der Wald. Zwar oft überformt, haben sich diese Strukturen vielfach bis in die Gegenwart erkennbar erhalten.

Die aus dem Hochmittelalter überlieferten Namen von Siedlungen, Burgen und Klöstern leben in der Gegenwart weiter. Auch wenn zahlreiche Namen auf ältere Schichten, vorkeltische, keltische, römische und slawische, verweisen, verbindet doch ein immer breiter werdender Strom an nachweisbarer Kontinuität das Hochmittelalter mit der Gegenwart.

Neben der damals geschaffenen ländlichen Kulturlandschaft entstanden im Hochmittelalter auch die meisten wichtigen Elemente einer differenzierten Raumordnung. Dabei ist weniger an die früh in ihrer Bedeutung reduzierten »Grafschaften« zu denken, als an ein Gefüge von kleineren oder größeren Herrschaftssitzen, zu Städten sich wandelnden Burgorten und zahlreichen Pfarrorten, den Zentren eines sich langsam verdichtenden Netzes von Pfarren. Viele dieser Pfarren wurden bei der Gründung von Chorherrenstiften (wie St. Florian oder Klosterneuburg) oder Klöstern (wie Seitenstetten, Melk, Altenburg oder Viktring) für deren Ausstattung verwendet, da die Pfarren in der Regel zum Unterhalt der Geistlichkeit über Anteile an den prinzipiell dem Bischof zustehenden Zehentrechten und vielleicht auch über Grund und Boden bzw. abhängige Bauern verfügten. Alte Herrschaftsmittelpunkte entwickelten sich häufig zu Städten, da sich hier auch der Warenaustausch konzentrierte.

Es wäre allerdings ganz ahistorisch, wollte man für das hohe Mittelalter eine systematische Raumplanung erwarten. So hing der Charakter einer Siedlung (Stadt oder Markt?) mit der gesellschaftlichen Position des Herrschaftsträgers zusammen. Städte gründen und beherrschen konnte zunächst der ostfränkische (deutsche bzw. römische) König/Kaiser, dann die seit dem 12. Jahrhundert als »Fürsten« bezeichneten Großen, die ihre eigene Position gerade auch durch die Gründung von Städten unterstrichen. Im heutigen Österreich waren dies die Herren der neuen Länder, allen voran die Babenberger und die steirischen Otakare. Ebenso die geistlichen Reichsfürsten: Die Erzbischöfe von Salzburg waren nicht nur Stadtherrn von Salzburg, sondern auch außerhalb ihres engeren Landes Stadtherren z. B. von Friesach, Pettau (Ptuj SI), Traismauer, Rann (Brežice, SI) usw. Die Bischöfe von Freising waren Stadtherren von Oberwölz ebenso wie von Waidhofen an der Ybbs, von Groß-Enzersdorf, aber auch von Bischoflack (Škofja Loka, SI) in Oberkrain. Der Bischof von Regensburg war Stadtherr von Pöchlarn – während die wesentlich bedeutendere urbane Siedlung Melk stets nur ein »Markt« blieb, weil ihr Herr kein Reichsfürst, sondern nur der Abt des Klosters Melk war.

Die ältesten Städte trugen in ihren Namen durchwegs eine Verbindung mit »-burg« – Salzburg, Judenburg, Freiburg im Breisgau, Klosterneuburg und Korneuburg, Ybbs – urspr. Ybbsburg, Steyr – urspr. Stiraburg, Enns – urspr. Ennsburg, Eggenburg usw. Der Burg-Begriff verweist auf ihre Schutzfunktion. Eine größere Zahl von Burgstädten lag an der Donau bzw. in ihrem näheren Einzugsbereich. Ihre Namen waren oft mit denen von Flüssen verbunden, an deren Mündung diese Örtlichkeiten lagen: Das beginnt bei Regensburg (Burg an der Mündung des Regen), ist zu beobachten bei Enns und Enns(-burg), bei Ybbs an der Ybbsmündung, bei Melk an der Mündung der Melk, bei Krems an der Mündung der Krems, bei Tulln und natürlich auch bei Wien, an der Mündung der Wien in die Donau. Traismauer zeigt im Namen die Verbindung mit dem Fluss Traisen, in der Verbindung mit »-mauer« vermutlich das in der Stadtmauer erhaltene römische Gemäuer. Abgesehen von der Ennsburg kennt man nirgends ein Gründungsdatum, die Namen sind alt. Schon diese alten Zentren hatten offenkundig militärische ebenso wie wirtschaftliche Funktionen, lagen also für Handel und Verkehr günstig.

Schon im Hochmittelalter wurden diese wenigen frühstädtischen Zentren durch Gründungsstädte ergänzt. Die voranschreitende Neubesiedlung erforderte neue zentrale Orte. Sie waren häufig Zentren von großen adeligen Bezirken, wie Zwettl, Weitra oder Gmünd für Distrikte der Kuenringer. So war die zwischen 1201 bis 1208 von Hadmar II. von Kuenring gegründete Burgstadt Weitra militärisches, administratives, gerichtliches und kirchliches Zentrum und Marktort des *districtus Witrensis*. Ähnlich war Horn das Zentrum des Poigreiches, des Herrschaftsgebietes der Grafen von Poigen-Rebgau. Da die spätere Entwicklung diese hochmittelalterliche Struktur nicht überformt hat, ist sie heute noch gut erkennbar.

Die wichtigsten Städtegründer wurden aber jene adeligen Herren, die im 12. bzw. 13. Jahrhundert zu Landesfürsten aufstiegen – Babenberger, Otakare, Spanheimer, Görzer, in Bayern die Wittelsbacher. Zugleich mit dem weiter unten noch zu besprechenden Prozess der Landesbildung setzte im 12. Jahrhundert eine Welle von Städtegründungen ein. Auf dem Höhepunkt dieser Welle zeigen Namen wie Wiener Neustadt (nach 1194) und Freistadt (um 1200), dass sich Burg und Stadt begrifflich trennten. Der Terminus »Burg« wird ab nun befestigten Sitzen auf meist erhöhten Plätzen vorbehalten. Die mit den adeligen Höhenburgen korrespondierenden Marktflecken hat man in der Regel als »Markt« bezeichnet. In der neuen »Stadt« spielt die Schutzfunktion (Stadtburg, Mauer) aber weiterhin eine zentrale Rolle.

Städtegründung unterstrich den Anspruch auf fürstliche Stellung des Gründers. Zeitlich ist diese Phase relativ kurz. Alle wichtigen Ausbauten älterer Plätze und Neugründungen erfolgten zwischen 1120 und etwa 1280. Damals wurden nicht nur neue Städte gegründet, auch ältere Siedlungen wurden ausgebaut und rechtlich zur Stadt erhoben. So erhielt das offenbar auf dem Gebiet des römischen Ovilava errichtete und 776 als *castrum Uueles* erwähnte Wels, das ab etwa 1000 als »Markt« bezeichnet wurde, im 13. Jahrhundert unter der Herrschaft der Babenberger einen neuen zentralen Platz. Eine kräftige Erweiterung erfuhr in dieser Zeit auch Wien.

Während die zentralen Plätze der älteren Städte eher eine Dreiecksform aufweisen (Krems, Eggenburg), stechen die Neugründungen des späten 12. und des 13. Jahrhunderts wie Freistadt, Wiener Neustadt, Fürstenfeld, Retz usw. durch ihre regelmäßigen Grundrisse und die großen, meist rechteckigen zentralen Platzanlagen ins Auge. Die Stadtburg rückt an den Rand, in eine Ecke der Stadtmauer. Eine ähnliche Stellung nehmen die gegen Ende der Periode häufig gegründeten Bettelordensklöster ein.

Nach Auffassung des 13. Jahrhunderts gehörte zu einer Stadt auch ein spezielles Stadtrecht. Komplette Stadtrechtsurkunden sind zunächst für Enns (1212), später für Wien (1221) erhalten. Jene Urkunden standen nicht am Beginn der städtischen Siedlungs- und Sozialformen, sondern bestätigen ein bereits entwickeltes städtisches Gemeinwesen. Bestimmte Vorrechte zielten auf die Sicherung der Stellung im Handel, etwa die Stapel- bzw. Niederlagsrechte für Wien (1221) und Innsbruck (1239). Durch sie wurde der Warenverkehr zugunsten eines zeitlich befristeten bürgerlichen Abnahmemonopols unterbrochen. Ähnlich wirkte die Bannmeile, also die Untersagung nichtstädtischer Handels- bzw. später auch Gewerbetätigkeit in einem bestimmten Umkreis um die Stadt (Aschbach vor 1238, Enns 1244). Jahrhundertelang bekämpften die Bürger der Städte und Märkte das Landhandwerk und den »Gäuhandel« bäuerlicher Händler und Produzenten.

Bis zum Ende des 13. Jahrhunderts war die Entwicklung des Städtenetzes im heutigen Österreich weitgehend abgeschlossen. Auch ein Netz von Pfarrorten und den damit häufig korrespondierenden Märkten war schon entstanden, es wurde allerdings im Spätmittelalter noch erheblich verdichtet. Fehlen noch die befestigten Herrschaftssitze. Man darf sich von den erhaltenen pittoresken Burgen und Schlössern nicht täuschen lassen: Sie sind in ihrer jetzigen Gestalt durchwegs ein Produkt des Spätmittelalters und der Renaissance. Der befestigte Herrschaftssitz eines Grafen von Formbach-Ratelnberg (auf dem Gelände des Friedhofs von Unterradlberg), von Peilstein oder Schala sah sicher wesentlich bescheidener aus als die späteren Schlossbauten. Zieht man den in der Schallaburg erhaltenen Altbau als Beispiel heran, so war das ein schlichter, mehrstöckiger, kastenartiger Bau, umgeben von einer Ringmauer. Die zunächst noch rechtlich unfreien Ministerialen der Babenberger hatten nur das Recht, feste Häuser zu erbauen, in oder neben den von ihnen beherrschten Dörfern, keine durch ihre Höhenlage hervorgehobene Burg. Aus solchen Ansitzen konnten später eindrucksvolle Schlösser werden wie Schönbühel an der Donau, nach dem sich Ministerialen des Bischofs von Passau nannten, oder Maissau, der Stammsitz der im Spätmittelalter mächtigen Maissauer. Sozial noch unter den Ministerialen standen die niederen Ritter, deren Sitze später nur selten zu richtigen Burgen oder Schlössern wurden, vielfach blieben nur Flurnamen (»Burgstall«) oder bescheidene Überreste. Die Vorstellung, im Hochmittelalter sei Europa von hoch aufragenden Burgen mit ihren beherrschenden Türmen geprägt gewesen, ist anachronistisch.

Auch die bis heute das Landschaftsbild an manchen Orten beherrschenden Klöster sind zwar fast alle im Hochmittelalter gegründet worden, aber auch sie waren baulich viel bescheidener als sie seit den (meist) spätmittelalterlichen und barocken Aus- und Umbauten wirken. Die im 10. Jahrhundert einsetzende, vom burgundischen Kloster Cluny ausgehende Reformbewegung forderte nicht nur eine Rückbesinnung von Klerus und Laien auf ursprüngliche Werte des Evangeliums. Sie lehnte auch die Einsetzung von Bischöfen und Äbten durch weltliche Gewalten radikal ab. Diese Ablehnung der *Simonie* – sie löste den Investiturstreit mit dem Höhepunkt zwischen etwa 1076 und 1122 aus – war nur ein Teil einer gewaltigen Emanzipationsbewegung der westlichen Kirche von der Herrschaft durch Könige und Fürsten. Die Verbindung von monastischen Reformbewegungen und Papsttum stärkte dessen Position massiv.

Gründungen der Reformbewegung im heutigen Österreich waren als Mönchsklöster (Benediktiner) etwa Ossiach (vor 1028), Lambach 1056 (als Kanonikerstift schon 1046), Admont 1074, Göttweig 1094 – gegründet als Kanonikerstift 1083 –, Melk 1089 usw. Auch die Weltpriester sollten in klosterähnlichen Verbänden (Kanonikerstifte) zusammengefasst werden, die häufig in Augustiner-Chorherrenstifte umgewandelt wurden; so beispielsweise St. Florian 1071, St. Pölten 1081 oder Klosterneuburg 1133. In diesen Stiften lebten Priester nach der Ordensregel des heiligen Augustinus. Sowohl Mönchsklöster wie auch Chorherrenstifte waren häufig Doppelklöster, d.h., es gab neben dem Herrenstift ein Frauenstift.

Ein radikaler Reformorden waren die Zisterzienser. Lage und turmlose Architektur ihrer Klöster symbolisierten Verzicht auf Herrschaft und Protest gegen die herrschaftlichen Bischofssitze oder Benediktinerklöster. Sie wurden immer in entlegenen, unwirtlichen Tälern errichtet. Die Zisterzienser lebten anfangs auch nicht von bäuerlichen Abgaben, sondern bebauten durch Laienbrüder (Konversen) eigenes Land (Grangien). Die erste Zisterze entstand im steirischen Rein (1129), es folgten Heiligenkreuz (1133), Zwettl (1138) usw. Prämonstratenser waren reformierte Chorherren, die ähnlich unwirtliche Örtlichkeiten aufsuchten wie die Zisterzienser. 1138 erfolgte die Umwandlung von Wilten in ein Prämonstratenserstift, 1153 die Gründung von Geras und Pernegg als Herren- und Frauenstift, 1218 die von Schlägl, wo es den 1202/03 angesiedelten Zisterziensern zu unwirtlich war, 1236 von Griffen in Kärnten.

Der älteste noch bestehende Bau des 10. Jahrhunderts ist vermutlich das auf den heiligen Wolfgang von Regensburg und ein Privileg von 976/79 zurückgehende Oktogon von Wieselburg (später zur Apsis einer gotischen Kirche umgewandelt).

Seit der Mitte des 11. Jahrhunderts wurden eindrucksvolle Kirchenbauten errichtet, meist als Kloster- und zuweilen auch als Pfarrkirchen (Tulln). Die Kathedrale von Gurk oder die Stiftskirchen von St. Paul oder Klosterneuburg sind die bekanntesten erhaltenen Zeugen jener Bautätigkeit.

2.2 Die neuen Länder Österreich, Steiermark und Tirol – stabiles Erbe des Hochmittelalters

Das »Ostarrîchi«, das Ostland der Karolingerzeit wurde nach dem Sieg Ottos I. über die Ungarn (955) nicht im alten Umfang wiederhergestellt. Die als Grenzmarken gegen Ungarn im Vorfeld der Herzogtümer Bayern und Karantanien eingerichteten Marken waren klein, zunächst nicht mehr als ein Landstreifen östlich der Enns und entlang der Donau, bis hin zum Wienerwald, und ein zweiter, vor Karantanien, entlang der mittleren Mur. Die Könige (Otto I., seit 962 auch wieder »römischer Kaiser«, ebenso seine Nachfolger) hatten zunächst genug zu tun, um ihre Herrschaft im Ostfrankenreich zu stabilisieren. Besonders Heinrich II. behielt die beiden Herzogtümer Bayern und Karantanien durch mehrere Jahre wiederholt selbst in der Hand, dazwischen wurden immer wieder Herzöge eingesetzt, so 1012 ein gewisser recht begüterter Adalbero. Er ist indirekt für den nachhaltigen Ruf einer bedeutenden Frau, Hemma von Gurk verantwortlich: Denn er tötete 1036 ihren Gemahl, den reich begüterten Markgrafen Wilhelm von Saunien (von der Sann/Savinja, SI). Hemma selbst stammte ebenfalls aus einer mächtigen Familie. Aus dem reichen Erbe der Familie ihres Mannes und ihrer eigenen Familie gründete sie ein Nonnenkloster in Gurk. Später verwendete der Salzburger Erzbischof den Hemma-Besitz als Ausstattung für sein Eigenbistum Gurk, aber auch für das Kloster Admont. Hemma wurde in Kärnten und in Slowenien bald hoch verehrt – die Seligsprechung erfolgte noch im Mittelalter, die Kanonisation durch Rom jedoch erst im Jahr 1938.

Die beiden Herzogtümer Bayern und Karantanien blieben zwar erhalten, aber ihre Geschichte auf dem Gebiet des heutigen Österreich ist genau genommen eine Verlustgeschichte. Aus Teilen beider Herzogtümer und aus den mit ihnen verbundenen Marken entstanden fünf neue Länder: die Steiermark, Österreich und das Land ob der Enns (modern gesprochen: Nieder- und Oberösterreich), Tirol und das Land Salzburg, während das kleiner gewordene Herzogtum Kärnten erst im 16. Jahrhundert zu einem geschlossenen Land wurde. Auch das verkleinerte Bayern wurde langsam zu einem »Land«, wobei die Landeseinheit durch Teilungen innerhalb der wittelsbachischen Herzogsfamilie wiederholt gefährdet war.

Diese Vorgänge sind für die Geschichte Österreichs von größter Bedeutung, denn aus ihnen gingen letztlich sechs der neun Bundesländer der heutigen Republik hervor. Dagegen entstand Vorarlberg auf dem Boden des Herzogtums Schwaben.

Die Entstehung des Steirerlandes

Weniger das Markgrafenamt in der karantanischen Mark als vielmehr einige Erbschaften ermöglichten den Markgrafen eine rasche Umgestaltung ihrer zunächst voneinander weit entfernten Besitzungen zu einem neuen Land. Geerbt wurden nicht nur Grundbesitz und Herrschaftsrechte, sondern auch die Herrschaft über Ministerialen. Ministerialen waren unfreie, als Krieger und Verwalter wichtige Dienstleute, die später einen neuen Adel bildeten. Die Rechtsmängel der Unfreiheit beschränkten sich bald auf ein Heiratsverbot außerhalb der *familia* (der Gefolgschaft) des Herren. Dieser Personenkreis trieb auch die Besiedlung der Oststeiermark voran. Ererbt waren aber auch zahlreiche Vogteirechte, so dass die steirischen Markgrafen zuletzt die Herrschaft über fast alle kirchlichen Besitzungen in ihrem Machtbereich ausübten.

Dem Kärntner Herzogtum im Osten vorgelagert, umfasste die Mark im 10. Jahrhundert einen 40 bis 50 km breiten Gebietsstreifen. Um 1043 (Ungarnkriege Kaiser Heinrichs III.) wurde die Grenze nach Osten vorgeschoben, hier gab es freies Land für neue Siedler. Seit 1056 begegnet ein Otakar I. als Markgraf, schon vorher Graf im bayerischen Chiemgau, der sich ab 1074 auch nach seiner Burg Steyr benannte. Seine Hausmacht lag im damals bis zur Enns bayerischen Traungau und im Ennstal mit dem Zentrum Grauscharn (Pürgg).

1122 erbte sein Enkel, Markgraf Leopold »der Starke« *(fortis)*, nach dem letzten Eppensteiner große Gebiete im Mur- und Mürztal. Man hat daher das Jahr 1122 mit einem gewissen Recht als Geburtsjahr der Steiermark bezeichnet. Denn erst diese Erbschaft schuf eine direkte Verbindung zwischen den Besitzungen im Traungau (mit Steyr) und der Mark. Eine lebhafte Siedlungs- und Rodungstätigkeit im Osten der Mark setzte ein. Getragen wurde sie von Ministerialen der Otakare aus ihren Traungauer (also bayerischen) Besitzungen. Mit der Gründung von Hartberg (1125/28) entstand hier auch ein frühes städtisches Zentrum. 1128 gründete Leopold in Rein die erste Zisterze im Ostalpenraum. Er starb aber schon 1129. Für den kleinen Otakar III. (1129–1164) regierte seine tüchtige Mutter, die Welfin Sophie. Ab 1139 oder 1140 großjährig, gelangen ihm entscheidende Schritte der Landesbildung. Zuerst erbte er Besitzungen und Rechte nach dem stammverwandten Grafen Otto von Cordenons im Friaul; 1147 folgten als Erbe nach einem Grafen von Spanheim-Trixen Besitzungen im slowenischen Draugebiet sowie an Savinja und Save; 1158 schließlich beerbte er einen Grafen von Formbach im Süden des späteren Niederösterreich, nördlich von Semmering und Wechsel (»Grafschaft« Pitten – Bucklige Welt), damit waren neben Pyhrn- und Schoberpass auch die wichtigen Ostalpenpässe Semmering und Wechsel in seiner Hand. Er war Vogt vieler Stifte und Klöster wie Traunkirchen, Lambach, St. Lambrecht, Seckau usw. Vogtei bedeutete Herrschaft über Kirchenbesitz – eine wichtige zusätzliche Einflussmöglichkeit. Neu gründete der Markgraf das Spital am Semmering, das Stift Vorau (1163) und die erste Kartause auf Reichsboden in Seitz (Žiče, SI, wohl ebenfalls 1163). Bei jedem Erbfall fielen auch die Ministerialen, die Dienstleute der ehemaligen Herren, an den Markgrafen. Insgesamt wirkten etwa 15 bis 20 Ministerialengeschlechter an der erfolgreichen Landesbildung mit. Graz, vor 1164 (in diesem Jahr *urbs*) gegründet (1189 *civitas*) wurde bald zur wichtigsten Residenz, neben und nach Steyr und Grauscharn (Pürgg). Kaiser Friedrich I. Barbarossa (1152–1190) verlieh an Otakar das Bergregal (das dem König zustehende Recht der Ausbeutung von Erzen), seit 1158 redete Barbarossa Otakar III. als *princeps*, Fürst, an. 1160 führte der Markgraf erstmals das Pantherwappen, das spätere

Karte 2 Alte Herzogtümer – neue Länder. Österreich um 1200.

steirische Landeswappen. Die Herzogswürde für seinen Sohn Otakar IV. (1180) steht im Zusammenhang mit dem Sturz Heinrichs des Löwen im selben Jahr. Das Land Otakars, das von der Donau bei Steyregg bis an die Drau reichte, war nun vollständig von Bayern getrennt. Zweimal sicherten tüchtige Frauen ihren Söhnen die Herrschaft – die Mutter Otakars III., Sophie, und seine Witwe, Kunigunde von Vohburg, die für den kleinen, erst 1163 geborenen Otakar IV., regierte. Sie gehören zu einer Reihe bedeutender Frauen im selben Zeithorizont wie Hildegard von Bingen, Eleonore von Aquitanien oder die Salierin Agnes, 2. Gemahlin Leopolds III. von Österreich.

Grundlage der otakarischen Stellung war die erfolgreiche Kombination von Gütererwerb und Herrschaftsrechten mit Landesausbau im Osten der Mark. Andere feudale Herren wurden ausgeschaltet oder in die Ministerialität, in den Verband der »Stirenses«, der »Steyrer« integriert. Diese »Stirenses« waren es, die am Georgenberg bei Enns 1186, als der unheilbar kranke Otakar IV. (1164–1192) die Erbverbrüderung mit dem Babenberger Leopold V. abschloss, auf die Sicherung ihrer Rechte (des *ius provinciae*, also des bereits vorhandenen Landrechts) pochten und diese auch verbrieft erhielten. Sie waren Träger der Landesbildung, sie und ihre Nachfolger blieben als Landesadel Träger des Landesbewusstseins.

Dies auch dann, als das alte namengebende Zentrum Steyr im 13. Jahrhundert vom Land abgetrennt wurde. Auch unter den Babenbergern und Habsburgern blieb die Steiermark stets ein eigenes, auf ihr eigenes Recht und ihre besondere Stellung beharrendes Land.

Von Ostarrîchi zum Herzogtum Österreich. Die Babenberger

Die ersten beiden Markgrafen aus der später so benannten Familie der »Babenberger« waren – nach einem um 970/72 genannten Burkhard – Leopold I. (976–994) und Heinrich I. (994–1018). In dessen Burg zu Melk wurde 1014 der Leichnam des einem Justizmord zum Opfer gefallenen, fremden Pilgers Koloman übertragen. Seither wurde Koloman als Heiliger verehrt, bis ins 17. Jahrhundert galt er als der Landespatron Österreichs. Koloman wurde bei Stockerau ermordet, das damals noch nahe der mährischen Grenze lag. Es folgte Adalbert (1018–1055), Bruder des Markgrafen Heinrich. In diese Zeit fallen die Ungarnkriege Kaiser Heinrichs III. An deren Ende war um die Jahrhundertmitte die Ostgrenze der Mark an March und Leitha fixiert. Sie blieb sehr stabil – bis zum heutigen Tag.

Den neben den Markgrafen in der Mark aktiven geistlichen Gewalten wie Salzburg, Regensburg, Passau, Freising usw., oder adeligen Geschlechtern (Ebersbergern, Formbachern, Vohburgern, Sighardingern usw.) können wir hier keine detaillierte Aufmerksamkeit widmen. Alle zusammen und vielleicht auch manche von ihnen für sich genommen waren anfangs mindestens genauso mächtig wie die Markgrafen selbst, deren Besitzungen und Herrschaftsrechte sich durch Königsschenkungen und später durch eine geschickte Erwerbungspolitik langsam mehrten – bis sie im 13. Jahrhundert alle früheren Konkurrenten ausgeschaltet bzw. verdrängt hatten.

Um 1050 wurde es zur ständigen Übung, die Mark des Markgrafen mit dem Gegendnamen »Österreich« zu bezeichnen. Auf Adalbert folgte Ernst »der Tapfere« (1055–1075), dessen Gebeine in Melk noch die Spuren seiner tödlichen Verletzungen in einer typischen Schlacht der Zeit zeigen. Sein Sohn Leopold II. (1075–1095) gründete das Kloster Melk (1089, in der bisherigen Burg auf dem Felsen über Melk). Dem Kloster wurden nur wenige Besitzungen in der Nähe von Melk übertragen, hingegen mehrere Pfarren weit im Osten und Norden, also im Kolonisationsgebiet (Wullersdorf, Ravelsbach, Weikendorf, Traiskirchen und Mödling), der Gründungsvorgang wurde erst unter Leopold III. abgeschlossen.

Eine neue Dimension gewann die Politik der österreichischen Markgrafen mit Leopold III. (1095–1136), bald nach seinem Tod als *pius marchio* verehrt und 1485 heiliggesprochen. In zweiter Ehe heiratete er Agnes, die Schwester Kaiser Heinrichs V., Witwe nach dem schwäbischen Herzog Friedrich von Staufen, dem sie bereits elf Kinder geboren haben soll. Ein Sohn aus erster Ehe wurde als Konrad III. selbst König (1137–1152). Agnes muss unglaublich gesund und kräftig gewesen sein, denn sie soll in ihrer zweiten Ehe noch 18 Kinder geboren haben – neun sind namentlich bekannt. Einige hat man ihre wohl noch zugeschrieben, um diese außerordentliche Frau noch mehr zu erhöhen.

Leopold III. verlegte seine Hauptburg nach Klosterneuburg. Das neben der Burg errichtete Kanonikerstift wurde 1133 in ein reguliertes Chorherrenstift umgewandelt. Leopolds Sohn Otto, schon jung zum Propst erhoben, lernte während des Studiums in Paris den neuen Zisterzienserorden kennen und trat selbst in das Kloster Morimond ein. Otto wurde später Bischof von Freising und einer der bedeutendsten Historiker des Hochmittelalters. In seinen *Gesta Friderici I imperatoris* beschrieb er auch die Ereignisse von 1156 – die Erhebung Österreichs zum Herzogtum. 1136 sprach Leopold III. von seinem *principatus terrae*, seiner fürstlichen Gewalt über das Land. Nun kam auch der latinisierte Landesname *Austria* auf, der seit 1147 urkundlich regelmäßig gebraucht wurde.

Das Privilegium minus 1156

Das so genannte *Privilegium minus* – zum Unterschied von dem unter Rudolf IV. um 1360 gefälschten *maius* – garantierte dem österreichischen Herzog wichtige Rechte: Die bisherige Mark wurde endgültig von Bayern gelöst. Die Gemahlin des Herzogs, die byzantinische Prinzessin Theodora Komnena wurde besonders hervorgehoben. Der Herzog und seine Frau konnten einen Nachfolger selbst bestimmen, auch die weibliche Erbfolge wurde möglich. Der Herzog von Österreich war nur zur Teilnahme an Hoftagen des Königs in Bayern verpflichtet, ferner zur Heerfolge nur gegen Ungarn. Und es sollte im Herzogtum keine Gerichtsbarkeit ausgeübt werden, die nicht vom Herzog ausging. Die Nennung von drei Grafschaften, die gemeinsam mit der Mark zum Herzogtum erhoben wurden, hat lebhafte Spekulationen ausgelöst – handelte es sich um die drei Grafschaften der Raffelstettner Zollordnung von 904/06? Oder um drei Grafschaften im Waldviertel? Oder um die drei peilsteinischen Grafschaften im niederösterreichischen Mostviertel? Diese Fragen bleiben offen.

Das Original der Urkunde ist nicht erhalten, da es bei der Herstellung des falschen *Privilegium maius* unter Herzog Rudolf IV. (1359) vernichtet wurde, das originale Siegel wurde dem Falsifikat beigefügt.

Literatur: Heinrich Appelt: Privilegium minus. Das staufische Kaisertum und die Babenberger in Österreich, 2., veränderte Auflage, Wien 2006.

Die berühmte Erhebung der Mark Österreich zum Herzogtum hing engstens mit dem Streit zwischen Staufern und Welfen auf Reichsebene zusammen. 1137 setzte der neue König Konrad (III.) von Staufen, ein Halbbruder der Söhne Leopolds III., einen Welfen, Heinrich »den Stolzen«, wegen Huldigungsverweigerung als Herzog von Bayern ab. Das Herzogtum übertrug er seinem Halbbruder, Markgraf Leopold IV. von Österreich. Ihm folgte als Markgraf und Herzog Heinrich II. »Jasomirgott«. König Konrads Neffe Friedrich I. Barbarossa versuchte die Versöhnung mit den Welfen und bewog den Babenberger Heinrich II. »Jasomirgott« zum Verzicht auf Bayern. Als Gegenleistung wurde die Mark Österreich zusammen mit drei Grafschaften zum Herzogtum erhoben (1156).

Heinrichs Sohn Leopold V. (1177–1194) schloss mit dem unheilbar kranken Otakar IV. den Erbvertrag vom Georgenberg bei Enns (1186). Nach dem Tod Otakars wurde er 1192 auch Herzog von Steiermark. Um diese Zeit bildete sich auch die Nordgrenze Österreichs heraus: 1179 legte Kaiser Friedrich I. die Grenze zwischen Österreich und Böhmen bzw. Mähren fest. Leopold V. nahm am 3. Kreuzzug teil. Der Legende nach entstand dabei das rot-weiß-rote Wappen, eine allerdings unwahrscheinliche Geschichte. Wichtiger wurde ein Zwist, der sich vor oder in Akkon ereignete: Der englische König Richard Löwenherz beleidigte das schwache Reichskontingent, worauf sich Leopold 1191 wütend zurückzog. Auf der Rückfahrt erlitt König Richard an der oberen Adria Schiffbruch, versuchte sich über Land durchzuschlagen, kam aber ausgerechnet nach Österreich und wurde in Erdberg (damals noch bei Wien) im Dezember 1192 erkannt und festgesetzt. Hoch erfreut über diese Wendung war auch Kaiser Heinrich VI., der schon vorher die Festnahme Richards angeordnet hatte – Richard war ja der engste Verbündete der dem Staufer weiterhin feindlichen Welfen. Richard musste ein enormes Lösegeld zahlen, von dem Leopold V. die Hälfte erhalten sollte. Der Herzog verwendete das Geld für eine neue Stadtmauer um Wien, für die Gründung von Wiener Neustadt und die Befestigung von Enns und Hainburg.

Leopold VI. (1198–1230) setzte den territorialen Integrationsprozess fort. Erst jetzt wurde das »Land« Österreich auch ein territorial geschlossener Komplex. Er beerbte mehrere große Familien wie die das Mostviertel beherrschenden Grafen von Peilstein, kaufte die Herrschaften Wels und Lambach (1216), erwarb Linz und das wichtige Freistadt im Mühlviertel sowie die Grafschaft Raabs im Waldviertel. Wien erfuhr eine neuerliche Stadterweiterung – dieser Umfang blieb dann bis in die Neuzeit erhalten. Enns (1212) und Wien (vor 1208 und wieder 1221) erhielten die ersten kompletten Stadtrechte. Der Herzog gründete die Zisterze Lilienfeld (1202). Er bekämpfte in seinen Ländern und in Südfrankreich die »Ketzer« (Albigenser) sowie die spanischen Muslime, 1217 beteiligte er sich am gescheiterten Kreuzzug nach Ägypten. Leopold VI. starb 1230 in Italien.

Herzog Friedrich II. mit dem nicht unzutreffenden Beinamen »der Streitbare« (1230–1246) hatte unter Zeitgenossen und der Nachwelt keine gute Nachrede. Die österreichischen ebenso wie die steirischen Ministerialen forderten Mitspracherechte. Unter Führung des mächtigsten dieser Geschlechter, der Kuenringer, kam es zu einem ersten – vergeblichen – Aufstand dieser Herren gegen den Herzog. Kaiser Friedrich II. verhängte nach zahlreichen Beschwerden die Reichsacht über ihn (1236). Aber bald versöhnte man sich wieder. Für die Hilfe, die Herzog Friedrich II. dem ungarischen König Béla IV. gegen die Mongolen leisten sollte, verlangte er die westungarischen Komitate Wieselburg (Moson), Ödenburg (Sopron) und Eisenburg (Vasvár). Die Hilfe Friedrichs war sehr bescheiden. Als die Mongolen nach Asien umkehrten, ließen sie Ungarn verwüstet zurück, König Béla blieb ein erbitterter Feind des Babenbergers.

Nun tauchte der »Königreichsplan« auf. Das Königreich des Babenbergers sollte aus Österreich und der Steiermark bestehen, samt Krain als lehensabhängigem Herzogtum. Dafür sollte Gertrud, eine Nichte des Babenbergers, den Kaiser heiraten. Der Tod des Babenbergers in einer Schlacht an der Leitha am 15. Juni 1246 beendete alle diese Spekulationen.

Der jahrelange Kampf um das babenbergische Erbe endete erst 1251, als die österreichischen »Landherren«, wie sich die Ministerialen selbstbewusst nannten, Otakar II. Přemysl, Markgrafen von Mähren, ins Land holten. Er heiratete die in Hainburg sitzende Babenbergerin Margarete (1252). Im Streit mit dem Ungarnkönig kam ein Kompromiss zustande: Béla erhielt die Steiermark, Otakar Österreich, aber mitsamt den bisher steirischen Gebieten nördlich des Gebirges. Die Bucklige Welt und der Traungau wurden von da an österreichisch – das Gebiet westlich der Enns wurde schließlich ein neues Land, das Land ob der Enns, die Steiermark verlor die namengebende Stadt und Burg Steyr.

Nach einem neuerlichen Konflikt mit Ungarn übernahm Otakar II. Přemysl, nun bereits König von Böhmen, auch die Steiermark (1261). Später erwarb er auch die Herzogswürde von Kärnten und Krain und wurde 1272 »Generalkapitän« des Friaul, damit reichte seine Herrschaft bis zur Adria. Der Herrscher begünstigte die Kirche und die Städte, aber er verscherzte es sich mit dem Adel. Der Steirer Seifried von Mahrenberg wurde ohne Gerichtsverfahren getötet. Es gärte unter den Herren. Das ist der Hintergrund der schlussendlichen Niederlage des »goldenen« Böhmenkönigs gegen den »armen« Grafen Rudolf von Habsburg.

Tirol – Ein neues Land an Inn, Etsch und Eisack

Im 11. Jahrhundert standen große Teile des späteren Landes Tirol unter geistlicher Herrschaft. 1077 wurde ein Vizedom (von lat. Vicedominus – Vertreter des Herrn in der Güterverwaltung) von Freising namens Albert (Adalbert) vom Bischof von Trient mit der Wahrnehmung der weltlichen Herrschaft betraut. Er oder seine Söhne erbauten die Burg Tirol, nach der sich das Geschlecht seit 1141 nannte. Diese Grafen von Tirol sollten später dem neuen Land den Namen geben.

Die zunächst so starke Stellung der Bischöfe von Trient und Brixen wurde von ihren Vögten bedroht. Vogteirechte wurden zur Basis für die Herrschaftsbildung der Tiroler, Andechser und schließlich der Görzer. Zunächst schienen die Andechser als Brixner Vögte im Inntal in der besseren Position. Durch die Gründung von Innsbruck um 1200 (Stadtrecht 1239) hatten sie den wichtigsten Innübergang in der Hand. 1248 starb Herzog Otto VIII. von Andechs, Innsbruck und das Inntal fielen an seinen Schwiegervater, Graf Albert III. von Tirol. Der Graf von Tirol, dessen Machtzentrum im Süden lag, hatte schon längst seinen Einflussbereich nach Norden und Osten erweitert, auf Kosten der Brixner Bischöfe. Aber auch auf Besitz des Bistums Chur im Vintschgau griff er zu. Knapp vor dem Tod des Grafen Albert III. von Tirol (1253) beerbte dieser auch die Grafen von Ulten. Albrecht III. von Tirol hatte zwei Töchter, von denen Elisabeth, Witwe nach Otto VIII. von Andechs, Gebhard von Hirschberg heiratete, die zweite, Adelheid, den Grafen Meinhard III. von Görz (Meinhard I. von Tirol). Nach Alberts III. Tod fiel Innsbruck mit dem Inntal 1254 an Gebhard von Hirschberg, der Süden mit Meran und Bozen an Meinhard III. von Görz (I. von Tirol).

Dessen Sohn Meinhard II. (1258–1295) gilt als der eigentliche »Schöpfer« des Landes Tirol. 1263 erwarb er einen Teil, 1282 den Rest der Hirschberger Besitzungen und beherrschte damit das Inntal zwischen Landeck und Schwaz. In einem atemberaubenden Prozess vermehrte er nicht nur die Besitzungen und Rechte, die er von den Grafen von Tirol und den Herren von Hirschberg geerbt hatte, um mehrere Trienter und Brixner Gerichte in den heutigen Provinzen Bozen und Trient. Die Bischöfe von Trient und Brixen schaltete er zeitweilig völlig von der Herrschaft über deren Besitz aus. Die meisten Ministerialen der beiden Hochstifte traten in seine Dienste. Er schuf aus diesen auf ganz unterschiedlichen Rechten basierenden Besitzungen ein einheitliches Gebiet, für das er auch ein eigenes, besonderes Landrecht, abgesondert von Bayern, beanspruchte und durchsetzte (1280/1282). Denn sein neues Land entstand sowohl aus Teilen des langobardisch-italienischen Königreichs (Trient) wie des bayerischen Herzogtums – ein besonderes eigenes Recht unterstrich die Eigenart des neuen Landes. In der Politik Meinhards spielte neben Gewalt und Diplomatie Geld eine bedeutende Rolle. Durch Kreditgeschäfte und Kauf erwarb Meinhard große Besitzungen. Zolleinkünfte von Brenner und Reschenpass, Abgaben der blühenden Städte Bozen, Meran und Innsbruck, Silberbergbau und Münzprägung und insbesondere die Saline Hall sicherten ihm enorme Einnahmen. Der Rechtssicherheit diente die Übernahme der in Italien schon verbreiteten Institution des Notariats.

Das neue Land Tirol trägt im Namen weder die Erinnerung an ein altes Herzogtum (wie Bayern oder Kärnten), noch an eine Mark (wie Österreich oder Steiermark), sondern an die Stammburg jenes Geschlechtes, das der Görzer beerbte. Der rasche, mit Gewalt und Geld vorbereitete, durch eine kluge Verwaltung, Wirtschafts- und Sozialpolitik mit Zurückdrängung adliger und geistlicher Gewalten erfolgreiche Integrationsprozess führte schließlich zu einer neuen quasi-ethnischen Einheit, den Tirolern, die bis heute ihr hoch entwickeltes Bewusstsein von Eigen-, ja Einzigartigkeit beibehalten haben.

Das Neue an den neuen Ländern

Wie bei den Stämmen der Völkerwanderungszeit wurde auch in den neuen Ländern das Bewusstsein von Gemeinsamkeit und Besonderheit (Landesbewusstsein) zunächst von Kriegern (Lehensleuten und Ministerialen, Rittern) getragen. Dem »Österreicher« oder »Steirer« des 13. Jahrhunderts wurden Verhaltensnormen zugeschrieben, die einem Ethnos (Stamm, Volk) eigen sind wie Haartracht, Kleidung, Sprache. Man kann daher von neuen »Stämmen« sprechen, die ältere Bewusstseinslagen (als Bayern oder Karantanen) ablösten. Das Land war ein besonderes Rechtsgebiet – jedes Land hatte sein je eigenes Landrecht. Neben der Kontinuität der Landstände als institutionelle Träger der Landestraditionen ist die Popularisierung dieses neuen »Stammesbewusstseins« in breiten Kreisen der Bevölkerung zweifellos der Hintergrund für die ungewöhnliche Stabilität und Konstanz der Länder.

Der Vorgang der Landesbildung hatte auch eine reichsrechtliche Seite. Die Fürsten der Länder galten als Fürsten des Reiches. In der *Confoederatio cum principibus ecclesiasticis* (1220) und im *Statutum in favorem principum* (1231) garantierte ihnen Kaiser Friedrich II. weitgehende Vorrechte. Dafür sollten die Fürsten neue rechtliche Bestimmungen nur mit Zustimmung der *meliores et maiores terre* erlassen, worin eine der Grundlagen für die – spätere – Mitwirkung der Landstände an der landesfürstlichen Herrschaft lag. Soweit war man bis zum Beginn der Habsburgerherrschaft noch nirgends.

Was blieb vom Hochmittelalter? Dichtere Besiedlung, Dörfer und Städte. Grundmuster einer Raumordnung: Herrschaftssitze, Städte, Klöster, Pfarrorte. Neue Länder entstehen – Steiermark, Österreich (Niederösterreich), Tirol. Im Gedächtnis bleiben Hemma von Gurk, die Babenberger, insbesondere der heilige Leopold III., die steirischen Otakare, in Tirol auch Meinhard II. von Görz-Tirol (Stams).

3. Haus Österreich – Die Etablierung der Habsburger im Ostalpenraum

Eine knappe Charakterisierung der Zeit zwischen etwa 1250 und 1500 hat folgende Entwicklungen zu berücksichtigen:
- Der Prozess der Landesbildung, begonnen mit Steiermark und Österreich, geht mit Tirol und Salzburg sowie später mit dem Land ob der Enns und Kärnten weiter.
- In den Ländern formieren sich die Landstände, sie sind bis 1848 Träger des jeweiligen Landesbewusstseins.
- Im Donau- und Ostalpenraum setzen sich bis 1500 die Habsburger gegen alle kleineren oder größeren Konkurrenten durch.
- Durch die Pestzüge ab 1349 weicht das Bevölkerungswachstum einem Rückgang, die Zeit der Rodungen geht mit wenigen Ausnahmen zu Ende.
- Die Getreidepreise sinken, die Abgaben gehen zurück. Das führt zu einer Krise der feudalen Einkünfte und des Rittertums. Ritterheere erleiden schwere Niederlagen, neue Formen der Kriegführung setzen sich durch.
- Dafür floriert die Stadtwirtschaft, Städte werden größer und schöner. Urbane Architekten, Steinmetze und Maler schaffen die reiche Kunst der Gotik, ihr Höhepunkt: Der Dom zu St. Stephan in Wien.

3.1 Die Etablierung der Habsburger im Ostalpenraum

Albrecht I. und seine Söhne

König Rudolf I. von Habsburg besiegte den mächtigen Böhmenkönig Otakar II. Přemysl 1278 in der Schlacht auf dem Marchfeld, Otakar wurde dabei getötet.

Mit Zustimmung der Reichsfürsten verlieh König Rudolf 1282 Österreich, die Steiermark und Krain mit der Windischen Mark seinen beiden Söhnen Albrecht und Rudolf. Dem wichtigen Verbündeten Meinhard II. von Görz-Tirol wurde 1286 das Kärntner Herzogtum verliehen, Krain und die Windische Mark erhielt er als Pfandschaft. Albrecht I. übernahm schließlich Österreich und Steiermark allein (1282–1298), sein Bruder Rudolf II. bekam nichts.

> **Die Schlacht bei Dürnkrut und Jedenspeigen oder auf dem Marchfeld 1278**
>
> König Rudolf bereitete einen Hinterhalt vor: 60 Ritter sollten sich zwischen den Hügeln auf der rechten Flanke Otakars verstecken und im Augenblick der Entscheidung hervorbrechen. Diese List galt als unritterlich, nur schwer ließ sich ein Anführer für diese Truppe finden. Außerdem positionierte Rudolf sein drittes Treffen außerhalb der Sichtweite des böhmischen Königs. Am Morgen des 26. August 1278 begann die Schlacht. Otakar hatte mehr schwere, gepanzerte Reiter als Rudolf. Doch die ungarischen Verbündeten Rudolfs, leichte kumanische Reiter mit Pfeil und Bogen, vor den habsburgischen Rittern postiert, störten den Aufmarsch der Böhmen. Schließlich schien der Angriff Otakars erfolgreich, König Rudolf stürzte vom Pferd und konnte nur mit Glück gerettet werden. Nun griff das dritte Treffen Rudolfs ein, das bisher von den Böhmen nicht gesehen wurde. Als sich daraufhin die Ritter Otakars zurückzogen, fielen ihnen die versteckt postierten Ritter aus den Weinbergen in die Flanke. Das besiegelte die Niederlage des Böhmenkönigs, der auch selbst den Tod fand. Sein Leichnam war 30 Tage lang für alle sichtbar in einer Wiener Kirche aufgebahrt.
>
> Literatur: Andreas Kusternig: Studien zur Schlacht bei Dürnkrut und Jedenspeigen 1278. Quellenproblematik und Schlachtrekonstruktion, Wien 1981.

Der Eintritt der Habsburger in die österreichische Geschichte gestaltete sich nicht einfach. Albrecht war ein Fremder, ein »Schwabe«. Außerdem war er ein strenger Herr. Ein erster Aufstand brach in Wien aus, dann einer in der Steiermark. Nach dem Tod des Vaters (1291) verlor er die Königswahl gegen Adolf von Nassau. Es folgten weitere Aufstände, aber es gelang Albrecht, die Träger der antihabsburgischen Bewegungen zu isolieren. Im Westen ergänzte er den habsburgischen Besitz durch zahlreiche Ankäufe an der oberen Donau und im Neckargebiet, aber auch in der späteren Schweiz. 1298 wählten die Kurfürsten Albrecht zum römischen König, der nach siegreicher Schlacht (bei Göllheim, Tod seines Vorgängers, König Adolf) in Aachen gekrönt wurde. Mit Österreich, Steiermark, Krain, der Windischen Mark und Pordenone (im Friaul) belehnte er seine Söhne Rudolf (III.), Friedrich (»den Schönen«) und Leopold zur gesamten Hand. 1308 wurde Albrecht von seinem Neffen Johann »Parricida« ermordet, weil dieser nach dem Tod seines Vaters Rudolf II. keinen Anteil an der Herrschaft erhalten hatte.

Die Königskandidatur Herzog Friedrichs (1314) endete mit unentschiedener Wahl zwischen ihm und dem Wittelsbacher Ludwig IV. Erst 1322 verlor Friedrich die entscheidende Schlacht in der Nähe des damals salzburgischen Mühldorf am Inn und geriet in Gefangenschaft des Bayern. Im Westen siegten 1315 die Schweizer Bauern am Morgarten über ein habsburgisches Ritterheer unter Herzog Leopold I. Friedrich wurde 1325 aus der Gefangenschaft entlassen mit der Auflage, bei seinen Brüdern die Anerkennung Ludwigs durchzusetzen. Da dies scheiterte, kehrte Friedrich in die Gefangenschaft nach Bayern zurück, doch Ludwig anerkannte den Habsburger als zweiten König. Dieses in der Verfassungsgeschichte des Reiches einmalige Doppelkönigtum trat aber faktisch nicht in Wirksamkeit. 1326 starb Leopold I. Friedrich der Schöne folgte ihm 1330. Jetzt lebten nur noch zwei Söhne Albrechts I. – Albrecht II. (der »Weise« oder »Lahme«) und Otto (»der Fröhliche«). In den 1330er Jahren wurde die Kärntner Frage akut. Herzog Heinrich von Tirol und Kärnten – der letzte überlebende Sohn Meinhards II. von Görz-Tirol – hatte zwei Töchter, seine Brüder waren vor ihm gestorben. Nach dem Tod Herzog Heinrichs belehnte König Ludwig IV. die Habsburger Herzöge Albrecht II. und Otto den Fröhlichen in Linz mit dem Herzogtum Kärnten (1335). Auch die Pfandschaft über Krain, die bisher Herzog Heinrich innegehabt hatte, fiel nun an die Habsburger (eigentlich: zurück). Noch im selben Jahr unterzog sich Otto der Fröhliche der ehrwürdigen Zeremonie am Fürstenstein und nahm so das Land (eigentlich nur den Herzogstitel und den größten Teil Unterkärntens) in Besitz.

Die Herzogseinsetzung beim Fürstenstein

Die erste genauere Schilderung der Zeremonie am Fürstenstein nahe Karnburg bietet der steirische Reimchronist, Herr Otachar ouz der Geul, über die Einsetzung Meinhards II. 1286. Die Zeremonie selbst ist zweifellos viel älter.

In Bauernkleidern näherte sich der neue Herzog, mit einem Pferd und einem Stier am Halfter, dem Fürstenstein nahe Karnburg, auf dem der Herzogsbauer, ein Edlinger, saß. Nach einigen Fragen und Antworten in der slowenischen Sprache der Region und der Zeit (ob der Herzog ein guter Richter sein werde, den christlichen Glauben beschützen werde usw.) räumte der Bauer den Stein, erhielt die Tiere und der Herzog nahm den Sitz ein (es gibt auch etwas andere Versionen der Zeremonie). Dann folgte eine Messe im Dom von Maria Saal, zuletzt die Verleihung der Lehen am Herzogsstuhl.

Literatur: Bogo Grafenauer: Die Kärntner Herzogseinsetzung, Ljubljana 2016.

Abb. 3 Das Bild der Kärntner Herzogseinsetzung entstand wohl im 15. Jahrhundert, als die Zeremonie noch gepflegt wurde. Von links naht zu Pferd der Herzog mit Gefolge und den beiden Tieren, auf dem Stein sitzt der Herzogsbauer.

Nach Ottos Tod blieb von den Söhnen König Albrechts I. zuletzt nur mehr Albrecht II. übrig. Auf Grund seiner Behinderung – er war faktisch gelähmt – erschien es fraglich, ob er Nachkommen haben würde. Aber nach einer Wallfahrt nach Aachen stellten sich doch Kinder ein, zunächst Rudolf (IV.), geboren 1339, dann noch weitere Söhne und Töchter. Albrecht galt als kluger Fürst und trachtete nach einem guten Auskommen mit allen Nachbarn. Er starb 1358 und wurde in seiner Stiftung, der Kartause Gaming, bestattet. Die Anlage dieser Kartause mit ihren einzelnen Häuschen für jeden Mönch ist ungewöhnlich gut erhalten.

Rudolf IV., »der Stifter« 1358–1365

Seine Frau Katharina war eine Tochter Kaiser Karls IV. Der Herzog wollte die Festlegung des Kreises der Kurfürsten, der Königswähler, in der Goldenen Bulle des Schwiegervaters, zu seinen Gunsten korrigieren. Da die Kurfürsten Inhaber der Erzämter des Reiches waren, pochte er auf das Amt des »Reichsjägermeisters«, das mit dem Herzogstitel von Kärnten verbunden war. Mit einem Komplex gefälschter Urkunden unterstrich er seine hochfliegenden Ansprüche. Der Herzog von Österreich sollte eine Stellung gleich wie die Kurfürsten einnehmen, eine besondere Krone tragen dürfen und den Titel eines Erzherzogs tragen. Freilich – ohne Bestätigung durch den Kaiser blieb dies eine Summe frommer Wünsche. Kaiser Karl aber verweigerte die Bestätigung.

Die für die Geschichte Österreichs und der Habsburger wichtigste Leistung Rudolfs IV. war die Erwerbung Tirols. Dort hatte die Erbtochter nach Herzog Heinrich von Tirol und Kärnten, Margarete »Maultasch«, ihren Ehemann Johann Heinrich von Luxemburg eines Tages (wegen seiner Impotenz, wie sie verkünden ließ) einfach vor die Tür gesetzt und später den Wittelsbacher Ludwig von Brandenburg geheiratet. Natürlich befanden sich die beiden bis 1359 im Kirchenbann. Beider Sohn Meinhard III. heiratete Herzog Albrechts II. Tochter (und Rudolfs IV. Schwester) Margarete. 1361 starb Markgraf Ludwig d. Brandenburger, im Jänner 1363 folgte ihm sein Sohn Meinhard III. Schon vorher hatte sich Rudolf IV. auf den Weg nach Tirol gemacht, wo er Margarete Maultasch dazu überredete, ihm die Herrschaft über Tirol zu übertragen. Der Tiroler Adel stimmte zu. Auch die Bischöfe von Trient, Chur und Brixen akzeptierten die Herrschaft des Herzogs. Im Februar 1364 erfolgte die Belehnung durch den Kaiser.

Tirol war überaus wertvoll, nicht nur als Landbrücke zwischen den westlichen, »oberen« Landen am Rhein, im Schwarzwald und an der oberen Donau und dem

Abb. 4 Das Porträt Herzog Rudolf IV. (1339–1365) ist das älteste Herrscherporträt Österreichs. Es war für einen Platz in der Nähe des Grabmals des Herzogs in der St. Stephanskirche (später Dom) in Wien bestimmt.

Landkomplex im Südosten. Tirol war auch ein wichtiges Transitland zwischen Venedig und Oberdeutschland, mit reichen Zolleinkünften; aber auch das Haller Salz, die Münze und der Bergbau auf Silber und Kupfer brachten dem Landesfürsten ein solides Einkommen.

Rudolfs IV. Beiname »der Stifter« hängt besonders mit Wien zusammen. Vorbild war wieder der Schwiegervater, Karl IV. und dessen Ausgestaltung von Prag. Rudolf gründete schon 1358 ein Kollegiatkapitel, das 1364 an die Pfarrkirche von St. Stephan übertragen wurde. Der Neubau von Langhaus und Türmen – der vordere Teil, der albertinische Chor, stand bereits, ebenso wie die romanischen Heidentürme und das Riesentor – sollte durch Herzogsgruft und Zweitürmigkeit zur Kathedrale ausgestaltet werden. Nach den rudolfinischen Plänen erfolgte bis 1433 die Fertigstellung des Südturmes, dann schritt man an die Einwölbung des Langhauses. Rudolf IV. hat daher an der Gestaltung dieses bedeutendsten symbolischen Bauwerks Österreichs erheblichen Anteil. Auch in Umfragen des 21. Jahrhunderts wird der Dom von St. Stephan an erster Stelle genannt, wenn es um zentrale bauliche Symbole Österreichs geht. Am 12. März 1365 gründete der Herzog die Wiener Universität. Der frühe Tod Rudolfs verzögerte die Vollendung der Universitätsgründung, die erst unter Herzog Albrecht III. (1383) voll

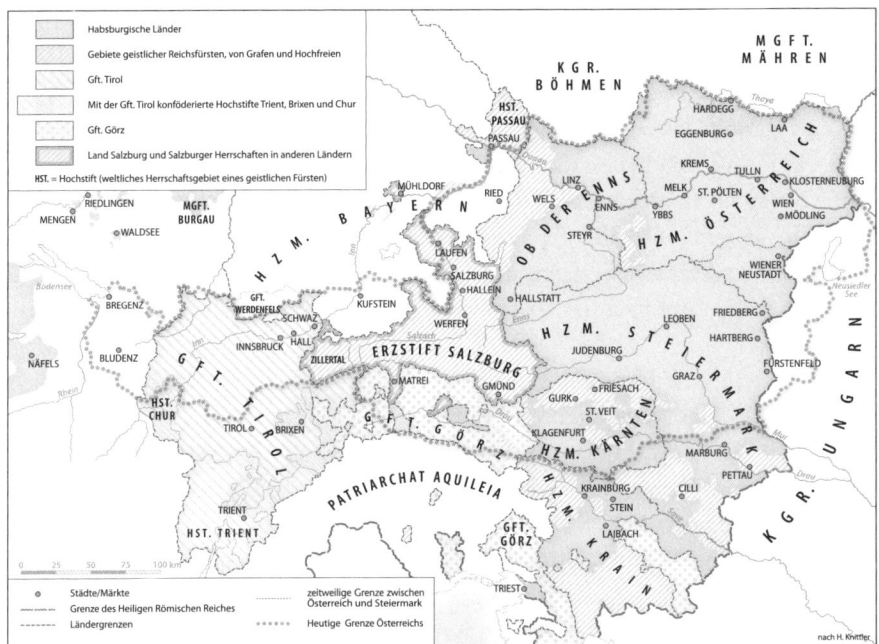

Karte 3 Das Gebiet des heutigen Österreich um 1350.

ins Leben trat. Dennoch trägt sie im Titel »Alma Mater Rudolphina« den Namen des Erstgründers. Der ideologischen Befestigung des österreichisch-habsburgischen Selbstbewusstseins diente auch die Belebung des Koloman-Kultes. Rudolf ließ den Kolomanistein, über den angeblich das Blut des Heiligen geflossen war, in St. Stephan einmauern. Dem Heiligen selbst widmete er in Melk ein kostbares neues Hochgrab.

Ebenfalls im 14. Jahrhundert entwickelten sich die Begriffe »Haus Österreich« *(domus Austriae)* und »Herrschaft Österreich« *(dominium Austriae)*. Der Name des größten und wichtigsten der habsburgischen Länder war damit zum Namen der Herrscherdynastie geworden, aber auch zum zusammenfassenden Begriff für deren vielfältige Herrschaftsgebiete. Erstmals erhielt der Begriff »Österreich« einen über das Land Österreich hinausreichenden Inhalt.

Die erste Teilungsperiode

Nach dem frühen Tod Rudolfs 1365 übernahmen seine Brüder Albrecht III. (1365–1395) und Leopold III. (1365–1386) die habsburgischen Länder. 1382 stellte sich Triest unter den Schutz der Habsburger. Damit hatte man einen Hafen an der Adria – dessen Bedeutung war damals infolge der Dominanz Venedigs in diesem Meer allerdings nur gering. Große Finanzprobleme, die noch auf die Zeit Rudolfs IV. zurückgingen, bewogen die Herzöge dazu, alle Juden – 1370 oder 1371 – als fürstliche »Kammerknechte« gefangen zu setzen, um von ihnen große Summen zu erpressen. Das mit Hilfe solcher Maßnahmen erbeutete Geld wurde in so genannte Preußenfahrten beider Herzöge investiert. Dabei massakrierte man Menschen, deren einzige »Schuld« darin bestand, dass sie keine Christen waren, um nachher als Lohn der Tapferkeit den Ritterschlag zu erhalten.

Die gemeinsame Herrschaft der Brüder erwies sich als illusionär. Schließlich wurde geteilt. Der Neuberger Vertrag (1379) wies Albrecht III. das Herzogtum Österreich mit Steyr, Hallstatt und dem Ischlland zu, ferner einige Burgen an der (damaligen) steirischen Grenze (heute im südlichen Niederösterreich). Leopold erhielt Steiermark, Kärnten, Krain mit der Windischen Mark, die Güter in Istrien, Feltre, Belluno, Tirol und die Besitzungen westlich des Arlbergs, in Schwaben und im Elsass, dazu Wiener Neustadt, Neunkirchen und einige Burgen in dieser Gegend. Beide durften weiterhin Titel und Wappen aller habsburgischen Länder führen. In der Folge entwickelte sich die Politik beider Linien in verschiedene Richtungen. Albrecht III. und seine Nachkommen orientierten sich an den böhmischen Luxemburgern, während Leopold III. nach Süden und Westen tendierte.

Die Linie Albrechts III. ist leicht zu verfolgen: Auf ihn folgte Albrecht IV., diesem wieder Albrecht V. (als König Albrecht II.). Der letzte Albertiner war dessen Sohn Ladislaus (Postumus). Komplizierter verhielt sich die Sache bei den Leopoldinern. Leopold III. fiel 1386 in der Schlacht bei Sempach gegen die Schweizer. Leopold hinterließ aus der Ehe mit Viridis Visconti vier Söhne, Wilhelm, Leopold IV., Ernst und Friedrich IV. 1392 erhielt Leopold IV. die Verwaltung der vorderen Lande (zwischen Vogesen und Tirol). Gemeinsam mit Albrecht III. bemühte er sich um eine Konsolidierung der habsburgischen Position im Westen. 1390 fielen Stadt und Herrschaft Feldkirch an die Habsburger, 1394 auch Bludenz und das Tal Montafon, 1395 die Grafschaft Sargans am linken Ufer des Alpenrheins. Albrecht III. hatte schon zuvor die zwischen Bayern und Österreich zwischen Donau und Attergau recht selbstständig auftretenden Grafen von Schaunberg 1383 zur Anerkennung der österreichischen Landeshoheit (Schaunberger Fehde, 1380–1383) gezwungen, ihr Territorium wurde in das werdende Land ob der Enns eingegliedert.

Albrecht III. starb im August 1395, sein Sohn Albrecht IV. schon 1404. Wilhelm wurde Vormund des kleinen Albrecht V., starb aber schon 1406. Im Streit zwischen Leopold IV. und Ernst »dem Eisernen« um die Vormundschaft vermittelten die Stände die Einigung auf die Vormundschaft Leopolds, während Ernst die Steiermark erhielt. Friedrich IV., später unter dem Beinamen »mit der leeren Tasche« bekannt, bekam Tirol und die Vorlande. Die Spannungen zwischen den Brüdern kreuzten sich mit sozialen Spannungen in Wien: Das Patriziat stand zumeist auf Seiten Ernsts, die Handwerker und Studenten auf der Leopolds. In der Stadt wurde eine Konspiration zugunsten Leopolds aufgedeckt, worauf der Bürgermeister Konrad Vorlauf fünf Verschwörer hinrichten ließ. Nach einer vorübergehenden Einigung der Brüder herrschte Leopold wieder in Wien, der nun seinerseits Konrad Vorlauf und zwei weiteren Ratsherren den Prozess machte, drei Köpfe rollten (1408). Vorlauf erhielt am neuen Wiener Rathaus im 20. Jahrhundert eine Gedenktafel.

1411 wurde Albrecht V. großjährig, die Stände des Herzogtums Österreich huldigten ihm in Eggenburg, wohin man den jungen Herzog heimlich gebracht hatte. Leopold IV. traf darauf – angeblich vor Zorn – der Schlag. Jetzt gab es drei Linien: Friedrich IV. herrschte in Tirol und den Vorlanden, Ernst blieb Herzog von Steiermark, Kärnten und Krain (samt der Herrschaft Steyr), Albrecht V. im Herzogtum Österreich (samt dem Land ob der Enns, ohne Steyr). Dem jungen Albrecht wurde von König Sigismund dessen zweijährige Tochter Elisabeth versprochen, sie war das einzige Kind aus der Ehe des Königs und späteren Kaisers mit Barbara von Cilli. Der »Tiroler« Friedrich IV. verhalf dem beim Konzil von Konstanz abgesetzten Papst Johannes XXIII. zur Flucht aus Konstanz ins habsburgische Schaffhausen. Die Folge war die Erklärung der Reichsacht über den Habsburger. Sie bot den zahlreichen Gegnern des Herzogs die Gelegenheit, sich am habsburgischen Gut zu bedienen. Friedrich verlor fast alle Gebiete in der Schweiz und in Schwaben, hingegen hielten ihm die Tiroler die Treue. Nach der Aussöhnung mit Sigismund (1418) bemühte sich Friedrich um die Wiedererlangung der 1415 verlorenen Gebiete. Die meisten schwäbischen Besitzungen konnte er zurückerlangen, was aber die Schweizer erobert hatten, gaben sie nie mehr heraus. – Sein Sohn Sigmund folgte ihm in der Herrschaft über Tirol und die »oberen Lande«.

Der steirische (»eiserne«) Ernst starb 1424. Mit seiner zweiten Frau, der polnischen Prinzessin Cymburgis (Cimburga) von Masowien, von der die Habsburger angeblich die ausgeprägte Unterlippe geerbt haben, hatte er zwei überlebende Söhne, Friedrich V. und Albrecht VI.

Wegen des gebrochenen Geleitversprechens gaben Jan Hus' Anhänger König Sigismund die Schuld am Feuertod des Reformators am Konstanzer Konzil (1415). 1419 sollte Sigismund dem Bruder, König Wenzel, als König von Böhmen folgen. Er wurde zwar 1420 in Prag gekrönt, aber in der folgenden offenen Konfrontation besiegten die Hussiten, kampfstark, motiviert und mit ihren Wagenburgen bestens organisiert, mehrmals so genannte Kreuzfahrerheere. Als Schwiegersohn des böhmischen, ungarischen und römischen Königs bzw. Kaisers Sigismund wurde Herzog Albrecht V. (1411–1439) massiv in die Hussitenkämpfe involviert. Sigismund verlieh dem Schwiegersohn Albrecht 1423 die Markgrafschaft Mähren. Ab 1425 drangen die Hussiten auch in Österreich ein, das Mühlviertel bis zur Donau wurde verheert. 1427 plünderten sie im Waldviertel, konnten aber Zwettl nicht erobern. Eine neue Verteidigungsordnung 1431/32 erhöhte die Kampfkraft der Österreicher. 1431 besiegten sie ein Heer der Hussiten bei Waidhofen an der Thaya. Durch die Zugeständnisse des Basler Konzils, das den Empfang des Abendmahls unter beiden Gestalten erlaubte (1433), wurden die Hussiten gespalten, schließlich besiegten die Gemäßigten die radikalen Taboriten 1434 bei Lipan; im gleichen Jahr konnte Sigismund, seit 1433 auch gekrönter römischer Kaiser, endlich wieder als König in Prag einziehen.

Nach seinem Tod folgte ihm Albrecht V. in Ungarn problemlos nach. Am 1. Jänner 1438 wurde er in Székesfehérvár (Stuhlweißenburg) gekrönt. Dagegen erhob sich in Böhmen eine kräftige Opposition, die auch nach einer zweiten Wahl im Juni 1438 nicht gänzlich verstummte. Im März wurde Albrecht (II.) auch zum römischen König gewählt, der erste unbestrittene Habsburger seit Albrecht I.! Um der Bedrohung durch die Osmanen entgegenzutreten, wollte Albrecht die von Sultan Murad belagerte serbische Festung Semendria (Smederevo) entsetzen. Er starb, wohl an der typischen Lagerseuche, der Ruhr, im Oktober 1439 in Ungarn und wurde in Stuhlweißenburg bestattet.

Erst nach seinem Tod, im Februar 1440, gebar seine Witwe Elisabeth einen Sohn. Dieser Ladislaus (»Postumus«) sollte einmal das Erbe des Vaters in allen drei Reichen bzw. Herrschaften – Ungarn, Böhmen, Österreich – antreten. Vormund wurde sein Onkel (zweiten Grades), Herzog Friedrich V. aus der steirischen Linie (bald römisch-deutscher König und Kaiser Friedrich III.), gleichzeitig auch Vormund des Tirolers Sigmund. Zur Sicherheit ließ Ladislaus' tüchtige Mutter Elisabeth den Säugling mit der von der Wienerin Helene Kottanner aus Visegrád entwendeten Stephanskrone am richtigen Ort (Stuhlweißenburg) krönen. Den gekrönten Prinzen übergab sie im November 1440 seinem Vormund. Der als Gegenkönig nach Ungarn geholte Jagellone Władysław fiel schon 1444 in der Schlacht bei Varna am Schwarzen Meer gegen die Osmanen. Daraufhin wurde der kleine Ladislaus von den ungarischen Ständen anerkannt, allerdings ein Reichsverweser bestellt – der große Kriegsheld János Hunyadi. Auch in Böhmen wurde ein Gubernator für Ladislaus eingesetzt, Georg von Podiebrad.

Friedrichs III. lange Regierung

Die folgenden Krisen waren nur ein Aspekt der langen Regierungszeit Friedrichs, der als römisch-deutscher König Friedrich IV., als Herzog von Österreich V. und als Kaiser als Friedrich III. (1440–1493) gezählt wird. Friedrich wirkte oft entschlusslos, langsam, wenig durchschlagskräftig, unbeholfen, zuweilen geizig, bisweilen schäbig oder nachtragend, im Essen und Trinken war er mäßig. Manchmal aber wurde er sehr aktiv, etwa als es um die Heirat seines Sohnes Maximilian mit Maria von Burgund ging. Immer beharrte er auf der Hoheit seiner eigenen Majestät, überzeugt von der providentiellen Rolle des Hauses Österreich. Die reichsrechtlichen Vorrechte des Hauses Österreich schuf er selbst, durch die Bestätigung der rudolfinischen Fälschungen (1453). Damit hielt der Titel »Erzherzog« Einzug in das Haus Österreich – wobei Friedrich diesen Titel nur für die steirische Linie (also seine) vorsah, da aber nur diese Linie überlebte, waren alle späteren habsburgischen Prinzen Erzherzöge.

Privilegium maius 1358/59–1453

1358/59 ließ Herzog Rudolf IV. fünf gefälschte Urkunden herstellen, die nominell von den Kaisern bzw. Königen Heinrich IV., Friedrich I. Barbarossa, Heinrich (VII.), Friedrich II. und Rudolf I. stammen sollten. In die erste Urkunde wurden seltsamerweise Urkunden Julius Caesars und Neros inseriert, was den Argwohn und die Ablehnung Francesco Petrarcas erregte, der 1361 vom Kaiser um ein Gutachten gebeten wurde. Er dachte an Bildungslücken des 11. Jahrhunderts, aus dem jene Urkunde stammen sollte, nicht an eine zeitgenössische Fälschung. Basis der zweiten Urkunde war das echte *Privilegium minus* von 1156, inhaltlich allerdings erheblich erweitert: Der Herzog von Österreich empfängt seine Lehen zu Pferd, er darf eine Zinkenkrone tragen und ein Zepter führen usw. An die Urkunde wurde die echte Goldbulle des 12. Jahrhunderts für das *Privilegium minus* angehängt, dieses selbst aber vernichtet. Der Erzherzogstitel wurde mit der Position des Kärntner Herzogs als Reichsjägermeister begründet – damit war er Inhaber eines der Erzämter (neben dem König von Böhmen als Erzmundschenk, dem Herzog von Sachsen als Erzmarschall, dem Pfalzgraf bei Rhein als Erztruchsess usw.). Die übrigen drei Urkunden wurden als Bestätigungen des 13. Jahrhunderts ausgegeben. – Rudolfs Fälschungswerk war überaus gekonnt, erst im 19. Jahrhundert konnte es als solches zweifelsfrei nachgewiesen werden. Die Bestätigung durch Kaiser Friedrich III. im Jahr 1453 verlieh der Fälschung reichsrechtliche Geltung. Seither pochten die Habsburger auf die besonderen Rechte und Freiheiten ihres Hauses.

> Literatur: Martine Griesser, Thomas Just, Kathrin Kininger, Franz Kirchweger (Hg,), Falsche Tatsachen. Das Privilegium maius und seine Geschichte, Wien 2018.
> Internet-Verweis: https://privilegium-maius.khm.at/

Genug Probleme bereitete die eigene Familie, vor allem sein aktivistischer Bruder Albrecht VI. Zunächst ging es aber um das Mündel Ladislaus. Unablässig forderten die Stände des Herzogtums Österreich die vorzeitige Mündigkeit ihres angestammten Herzogs – die Vormundschaftsregierung des »steirischen« Friedrich empfanden sie offenbar als Fremdherrschaft. Friedrich entzog sich diesen Forderungen, indem er Ladislaus einfach nach Rom mitnahm (1451/52), zu Kaiserkrönung und Hochzeit mit Eleonore von Portugal. Nach der Rückkehr wurde der Kaiser im Sommer 1452 von den Österreichern in Wiener Neustadt belagert. Zuletzt gab er Ladislaus frei (September 1452). Bevor der junge Herzog in Wien einziehen durfte, hat man alles »Steirische« gründlich von ihm abgewaschen. Ladislaus war von zwei ehrgeizigen Herren abhängig – von dem österreichischen Ritter und Populisten Ulrich von Eytzing und seinem Onkel, Graf Ulrich von Cilli, Vetter seiner Mutter Elisabeth. Ulrich von Cilli hatte Ungarn im Auge, wo er mit Hilfe des jungen Königs seinen Aufstieg krönen wollte; der Eytzinger hatte engere österreichische Interessen. Aber schon 1457 starb König Ladislaus in Prag, kurz vor seiner Hochzeit. Ulrich von Cilli wurde schon 1456 in Belgrad von Anhängern der Hunyadis ermordet. Die großen Besitzungen des Cilliers in der Untersteiermark, in Krain und in Oberkärnten (Grafschaft Ortenburg) fielen damit an den Kaiser. Da der heilige Maximilian von Cilli, ein antiker Märtyrer, den Kaiser im Traum vor einem Überfall gewarnt hatte, sollte der erste Sohn Friedrichs III. diesen Namen tragen. So kam der Name Maximilian in die habsburgische Familie.

Friedrichs Bruder Albrecht VI. erhielt zunächst die Regierungsgewalt in den »vorderen Landen« (bis 1458) – hier gründete er die Universität in Freiburg im Breisgau; nach dem Tod Ladislaus' forderte er Anteil an der Regierung des Herzogtums Österreich. Friedrich übergab ihm – 1458 – das Land ob der Enns als eigenes Fürstentum. Albrecht VI. forderte aber auch das Land unter der Enns, mit Wien. Die Wiener gingen zu Albrecht über, im Herbst 1462 wurde der Kaiser samt Kaiserin und dem kleinen Maximilian von den Wienern sogar in der Hofburg belagert. König Georg von Böhmen vermittelte. Der Wiener »Volkstribun« Wolfgang Holzer, zuerst auf der Seite Albrechts, plante einen Seitenwechsel, der scheiterte aber, Holzer wurde hingerichtet, Herzog Albrecht starb im Dezember 1463. Der Kaiser war jetzt Herr von Österreich, das Land ob der Enns eingeschlossen.

Doch die Unsicherheit blieb, unbezahlte Söldnerscharen streiften durch das Land, mehrere Landtage fanden keine ausreichenden Mittel dagegen, der Kaiser sowieso nicht. Der »steirische« Kaiser hatte ja auch viel am Hals – »sein« Innerösterreich (Steiermark, Kärnten, Krain), wo man bereits immer öfter mit den Türken unerfreuliche Bekanntschaft machte, immer noch einen habsburgischen Vetter in Innsbruck, aber auch das Heilige Römische Reich, samt der ebenso heiligen katholischen Kirche, deren oberster Vogt und Beschützer man ja auch noch war. Wenigstens war der Papst ein guter Bekannter – Pius II., Äneas Silvius Piccolomini, war in jungen Jahren länger (von 1442–1455) am kaiserlichen Hof gewesen. Von ihm erhielt Friedrich endlich auch »eigene« Bistümer – Laibach/Ljubljana 1462, 1469 auch Wien und Wiener Neustadt (beide sehr klein). Endlich wurde 1485, nach längerem Verfahren, der fromme Markgraf Leopold III. in Rom heiliggesprochen. Da war der Piccolomini-Papst schon längst nicht mehr am Leben.

Zu den Söldnerhaufen und Raubrittern kamen immer wieder Reibereien mit den Nachbarn. Zu diesen zählten neben Bayern, Böhmen, Ungarn, Venedig (um nur die wichtigeren zu nennen) seit kurzem auch die Osmanen. Nach dem Fall von Konstantinopel 1453 unterwarf Sultan Mehmed II. 1463 Bosnien. Von hier aus starteten die Angriffe auf habsburgisches Territorium. Ein erster schwerer Einfall in Krain erfolgte 1469. Die »Renner und Brenner« mieden Städte und feste Burgen, umso ärger traf es die schutzlose Landbevölkerung. 1473 bis 1476 folgten Einfälle in Kärnten, Krain und der Untersteiermark. Ein neuerlicher Einfall 1478 rief die Kärntner Bauern auf den Plan. Sie standen bereits in heller Empörung, wegen einer finanziellen Forderung des Kaisers. Gleichzeitig erlebten sie die militärische Ohnmacht des Landesfürsten (des Kaisers) und des Adels. Daher wollten sie selbst die Landesverteidigung übernehmen. Beim Herannahen des Feindes liefen die meisten davon, der Rest wurde bei Goggau niedergemetzelt. 1480 drangen türkische Truppen in die Steiermark ein. Erst der Tod Sultan Mehmeds II. brachte eine gewisse Erleichterung. Kaiser Friedrich schloss einen Waffenstillstand mit der Pforte (bis 1491). Dann begannen die Einfälle neuerdings. So genannte Tabore (nach der festen Hussitenstadt Tabor in Böhmen), meist Wehranlagen um bestehende Kirchen, boten gegen türkische Streifscharen einen gewissen Schutz.

Friedrich III. hatte lange Zeit die Stephanskrone in seiner Verwahrung und beanspruchte den ungarischen Königstitel. In Ungarn hatte sich nach dem Tod des großen János (1456) der jüngere Hunyadi durchgesetzt, Matthias Corvinus – tüchtiger Feldherr, glänzender Renaissancefürst mit italienischer Gemahlin, italienischen Architekten, Malern und Dichtern. Corvinus verwies die Türken auf dem Balkan in ihre Schranken, aber sein Interesse galt eher dem Westen. Er verwickelte sich in endlose Kämpfe, die ihm Schlesien, Mähren und Österreich einbrachten (1485). Mit großem Pomp zog Matthias in Wien ein. Zuletzt kapitulierte auch das »allzeit getreue« Wiener Neustadt. Friedrichs Rezept, die Helden kämpfen zu lassen und selbst ruhig abzuwarten, ging aber wieder einmal auf: 1490 starb der große Ungarnkönig, erst 47-jährig, in Wien. Sogleich ging Friedrichs Sohn Maximilian, bereits seit 1486 römisch-deutscher König, an die Rückeroberung seines Erbes. 1493 starb der alte Kaiser in Linz.

Ein Versuch, das Leben und Wirken Friedrichs III. unter dem Aspekt der Auswirkungen auf das spätere (heutige) Österreich zu bewerten, kann sich nicht auf die berühmte Formel *aeiov* beschränken, von der ja nicht ganz klar ist, was sie bedeutet. Sicher verwendete sie der Kaiser als eine Art *ex libris*, um damit sein Eigentum zu bezeichnen. Diese »Devise« des Kaisers wurde auch an zahlreichen Gebäuden angebracht. Die kulturelle Hinterlassenschaft wäre bereits durch sein Grabmal im Dom zu St. Stephan außerordentlich. Schon 1463 berief der Kaiser den niederländischen Bildhauer Niclas Gerhaert van Leyden aus Straßburg zur Errichtung seines Grabmals. Nach dem Tod des Meisters 1473 wurde es bis 1510 fertig gestellt. Einige Jahre später wurde der Leichnam des Kaisers hier bestattet. Meister Niclas arbeitete auch in Friedrichs Lieblingsresidenz Wiener Neustadt, wo er die Grabplatte für Kaiserin Eleonora schuf.

Für den europäischen Rang des Hauses Österreich wurde die von Kaiser Friedrich in die Wege geleitete Hochzeit seines Sohnes, Maximilian I., mit der Erbtochter Karls des Kühnen von Burgund, entscheidend: Die Nachkommen Maximilians – zuerst jene der spanischen, ab 1714 jene der österreichischen Linie – blieben bis zur Französischen Revolution Herzöge von Burgund, was sich – indirekt – bis heute im reichen Bestand an großer niederländischer Malerei im Kunsthistorischen Museum Wien auswirkt. Er stammt ganz überwiegend aus der großen Sammlung des Erzherzogs Leopold Wilhelm, die er als Statthalter für die spanischen Vettern von 1646 bis 1656 in Brüssel anlegte.

Für die Geschichte der österreichischen Länder wurde die Einverleibung des Erbes nach dem Tod des letzten Grafen von Cilli/Celje (1456) wichtig. Die Freien von Sanneck (Soune, SI) stiegen im 14. und 15. Jahrhundert zu Grafen und schließlich durch wohlwollende Förderung Kaiser Sigismunds sogar zu Reichsfürsten auf, was dem Haus Habsburg gar nicht gefiel, denn da entstand im heutigen Slowenien (Untersteiermark, Krain), in Kroatien und in Oberkärnten ein recht selbstständiges Herrschaftsgebiet, das auf dem Weg zu eigener Landesbildung war. Daraus resultierten langwierige Konflikte. Der letzte Cillier, Graf Ulrich, versuchte über seine Cousine, Königin Elisabeth, Witwe nach König Albrecht II. und über deren Sohn, König Ladislaus Postumus Einfluss in Ungarn zu erlangen, was ihm die Feindschaft der Hunyadis und seinen gewaltsamen Tod durch diese in Belgrad (1456) einbrachte. Friedrich III. beanspruchte sofort das Cillier Erbe, das ja nicht nur aus Grafschaften und anderen Gütern im heutigen Slowenien bestand, sondern auch aus der Grafschaft Ortenburg in Oberkärnten. Auch die Görzer erhoben Ansprüche – doch sie wurden geschlagen und im Frieden von Pusarnitz (1460) gezwungen, nicht nur Ortenburg, sondern auch alten Görzer Besitz bis zur Lienzer Klause an Friedrich abzutreten. Für die Landesbildung der historischen Steiermark und Kärntens waren das wichtige Schritte.

Mit den Konflikten um das Cillier Erbe wurde wieder die Frage der langsamen oder schnelleren Vollendung der Landesbildung der österreichischen Länder angesprochen. Sie hat im Spätmittelalter in Salzburg, in Kärnten und im Land ob der Enns entscheidende Fortschritte gemacht.

Das Land der Erzbischöfe von Salzburg

Im Wesentlichen entspricht diesem Land das heutige Bundesland Salzburg, es reichte aber im Rupertiwinkel (Laufen, Tittmoning) sowie mit Mühldorf am Inn ins heutige Bayern und über die Tauern nach Süden (Gmünd, Windisch-Matrei).

Hauptvögte waren seit etwa 1035 Mitglieder der verbreiteten Sippe der Sighardinger (Peilsteiner). Sie starben 1218 aus, daraufhin zog der Erzbischof die Vogtei ein. Im Investiturstreit behaupteten sich die Erzbischöfe gegen den Adel. Erzbischof Konrad I. (1106–1147) ließ unter der Petersberg-Festung Friesach als Stadt neu anlegen. Friesach wurde zur bedeutendsten Stadt Kärntens, hier wurden die überregional geschätzten Friesacher Pfennige geprägt. Von den späteren Erzbischöfen ist für das Thema der Landesbildung Eberhard II. (1200–1246) wichtig. Er erwarb (Windisch-)Matrei im heutigen Osttirol und die Grafschaft Oberpinzgau mit Mittersill sowie nach dem Aussterben der Grafen von Lebenau 1229 deren Herrschaftsgebiet im Nahbereich der Stadt Salzburg. Wachsende Einkünfte aus der Salzproduktion erleichterten die expansive Politik des Erzbischofs. Entscheidende Fortschritte in der Landesbildung brachte die Regierung Erzbischof Friedrichs II. von Walchen (1270–1284). Er drängte die inzwischen mächtig und selbstbewusst gewordenen Ministerialengeschlechter zurück. König Rudolf von Habsburg, den er massiv unterstützte, versicherte ihm 1278 die unbeschränkte Ausübung der Gerichtsbarkeit.

Noch um 1300 wurde das Salzburger Territorium (mit Ausnahme des alt-karantanischen Lungau, von Gmünd, Friesach und Windisch-Matrei) als Teil des

Herzogtums Bayern angesehen. Erzbischof Friedrich III. erließ 1328 eine Satzung, die zur Ausbildung eines vollen Landrechts beitrug. Als 1387 der Salzburger Erzbischof Pilgrim II. von den bayerischen Herzögen gefangen genommen wurde, reagiert das inzwischen voll ausgebildete Land: Unter Führung des Dompropstes übernahmen die geistlichen und weltlichen Herren die Regierungsgeschäfte und stellten Truppen auf, um das Interesse des Landes zu wahren. Den kräftigsten Ausdruck fand die ständische Bewegung im so genannten Igelbund von 1403. Damals stellten eine große Zahl von Adeligen sowie die Städte Salzburg, Laufen, Tittmoning, Hallein und Radstadt eine Reihe von Forderungen an den zukünftigen Erzbischof auf, unter anderem die regelmäßige Einberufung von Landtagen. Den Namen erhielt dieser Bund von der Urkunde, an deren Rand die Siegel der Unterzeichner wie die Stachel eines Igels angeordnet erschienen. Der Erzbischof benötigte jedoch auf Grund seiner reichen Einkünfte aus den Salinen nur selten die Stände für die Bewilligung einer Steuer. – Als Folge der großen Krise wurde der Ritterstand geschwächt, viele Ritterlehen wurden als »Beutellehen« an Bürger und Bauern vergeben, die diese Lehen nicht mit Kriegsdienst abgolten, sondern mit Geld aus ihrem Beutel. Im 15. Jahrhundert erschienen auf den Salzburger Landtagen auch Vertreter der ländlichen Landgerichte, so 1473, als es um Maßnahmen zur Türkenabwehr ging. Die wichtige Aufgabe der Regierung des Landes während der Sedisvakanzen zog das Domkapitel an sich. Die ständische Macht blieb bescheiden.

Das Land ob der Enns

Einen Landrichter, später einen Hauptmann ob der Enns gab es bereits seit dem 13. Jahrhundert. Schon unter König Otakar II. Přemysl wurde ja das Gebiet von der restlichen Steiermark getrennt und galt zunehmend als Teil Österreichs. Dem Landrichter unterstanden die Gebiete zwischen Hausruck und Ybbs, hier bildete sich ein eigenes Landrecht für das Land ob der Enns heraus. Das Salzkammergut, die Herrschaft Steyr, die Riedmark und das Machland unterstanden ihm zunächst nicht. Erst um und nach 1400 wurden diese Gebiete in die Hauptmannschaft integriert. Es war sicher günstig für die Ausbildung eines eigenen Landes, dass die Herren von Wallsee durch mehr als hundert Jahre ständig die Hauptleute ob der Enns stellten. 1390 wurde erstmals das Wappen der Herren von Machland als Landeswappen für das Land ob der Enns verwendet. 1408 berief der Hauptmann ob der Enns, Reinprecht von Wallsee, die Prälaten und Städte seines Bereiches zu einem Treffen ein, das als erster oberösterreichischer

Teillandtag gilt. Gerade die sieben Städte des Landes waren früh Träger des Landesbewusstseins. Der Adel tagte noch länger gemeinsam mit den unterennsischen Österreichern. Seit 1458 regierte Herzog Albrecht VI. das Land, das damit erstmals auch einen eigenen Landesfürsten hatte. 1464 entschied sich ein obderennsischer Landtag für Friedrich III. und gegen den Tiroler Habsburger Sigmund. 1478 begegnet erstmals der Titel eines Landeshauptmannes. Schließlich residierte Kaiser Friedrich III. von 1489 bis zu seinem Tod 1493 in Linz.

Das Land ob der Enns war nun klar als eigenständige Einheit anerkannt, wenngleich manchmal herablassend nur als »Landl« benannt, da es weder ein eigenes Reichslehen noch ein eigenes (Erz-)Herzogtum war.

Kärnten

Das Herzogtum Kärnten war seit dem 11. Jahrhundert herrschaftlich zersplittert. Neben dem Erzbischof von Salzburg (Gmünd, Maria Saal, Friesach, St. Andrä im Lavanttal usw.) und dem Bischof von Bamberg (Villach, Tarvis, Wolfsberg u.a.) hatte der Bischof von Gurk große Besitzungen, für die er ebenfalls volle Herrschaftsrechte beanspruchte. Unter den adeligen Geschlechtern waren die wichtigsten die Grafen von Görz, Pfalzgrafen des Herzogtums Kärnten. Patriarch Sigehard von Aquileja hatte ihnen den Erwerb großer Güter im Friaul ermöglicht, samt Görz/Gorizia/Gorica, 1113 wurden sie Vögte über das Patriarchat. In Kärnten verfügten sie über große Teile Oberkärntens (ohne Gmünd) und des heutigen Osttirols (ohne das salzburgische Matrei). – Die Grafen von Ortenburg stammten vom selben Urahn, dem Freisinger Vizedom Adalbert, ab wie die Grafen von Tirol. Die Ortenburger eigneten sich – wohl unter dem Titel der Vogtei – große Teile des freisingischen Besitzes an, vom Lurnfeld bis westlich von Villach. Ihr Zentrum wurde Spittal an der Drau. Ihre Hauptmacht lag aber nicht in Kärnten, sondern in Ober- und Unterkrain, wo sie im 14. Jahrhundert die Kolonisation der Gottschee/Kočevje betrieben. Ein drittes großes Geschlecht waren die Grafen von Heunburg (Hunnenburg), die wahrscheinlich aus Sachsen kamen. Sie hatten Besitz im Jauntal und vor allem um Völkermarkt, außerhalb Kärntens im Friaul, Krain und der Untersteiermark. Die Heunburger wurden ebenso wie Ortenburger von den Grafen von Cilli beerbt. Die Herzöge aus dem Haus der Spanheimer konnten sich nur im Zentrum behaupten, wo sie mit dem Städtedreieck St. Veit – Klagenfurt – Völkermarkt eine auch ökonomisch gute Position einnahmen.

Der Spanheimer Bernhard II. (1202–1256) nannte sich zwar »Landesfürst« – *princeps terre*, aber seine Pläne zur Ausbildung der Landesherrschaft in Kärnten scheiterten. In späteren Jahren entfaltete Bernhard eine lebhafte Tätigkeit im heutigen Slowenien, so in Laibach/Ljubljana (Pfalz 1220) oder nahe seiner Stadt Landstraß/Kostanjevica, wo er 1234 die Zisterze Mariabrunn gründete. Nach dem Aussterben der Spanheimer fiel die Herzogswürde an die Görzer, allerdings an die Tiroler Meinhardiner, nicht an die in Oberkärnten reich begüterten Albertiner. Nach dem Tod Herzog Heinrichs von Tirol und Kärnten (1335) fiel die Herzogswürde an die Habsburger. Nach wie vor ging deren reale Macht als Landesfürsten kaum über den Zentralraum St. Veit – Klagenfurt – Völkermarkt hinaus. Immerhin begannen die Habsburger, wo immer möglich, adeliges Eigengut in Lehen umzuwandeln. Aber die starke Position von Bamberg und Salzburg und der reich ausgestatteten Salzburger Eigenbistümer Gurk und Lavant wurde dadurch ebenso wenig eingeschränkt wie die Macht der Görzer oder der Ortenburger in Oberkärnten. In Unterkärnten starben die recht selbstständigen Heunburger aus, ihre Güter fielen an die Freien von Sanneck (später: Grafen von Cilli), ihre Unterkärntner Positionen an die mit Herzog Meinhard II. aus Tirol gekommenen Auffensteiner.

Eine entscheidende Stärkung der herzoglichen Position brachte erst der Friede von Pusarnitz (1460), durch den die Habsburger die Grafschaft Ortenburg und große Teile des Görzer Besitzes in Oberkärnten an sich bringen konnten. Die vollständige Durchsetzung der Landeshoheit und damit die Vollendung der Landesbildung besiegelten erst die Verträge von 1535, in welchen der Erzbischof von Salzburg und der Bischof von Bamberg die Landeshoheit der Habsburger über Kärnten anerkannten. Gemeinsam mit den Bischöfen von Gurk und Lavant waren Salzburg und Bamberg seither im Prälatenstand des Landes vertreten.

3.2 Die Krise des Spätmittelalters

Am Ende der Kolonisationsperiode um 1300 war das zu bebauende Land knapp geworden. Die Teilung von Huben und Lehen ging weiter und führte im frühen 14. Jahrhundert in einigen Regionen zu einer recht kleinteiligen Betriebsstruktur von großer ökonomischer Anfälligkeit. Erträge gingen zurück. Die Getreidepreise stiegen. Seuchenzüge und Hungersnöte kennzeichnen die erste Hälfte des 14. Jahrhunderts. Die durch Missernten und riesige Heuschreckenschwärme verunsicherte Bevölkerung wurde im Jänner 1348 durch ein schweres Erdbeben mit dem Zentrum im Friaul getroffen, das in Villach große Schäden verursachte und am Südabhang des Dobratsch einen gewaltigen Felssturz auslöste.

Das folgende Jahr brachte die Pest. Sie war 1347 von der Krim nach Genua eingeschleppt worden und verbreitete sich von hier aus über weite Teile Europas.

1349 erreichte sie Wien. Die genauen Todeszahlen lassen sich kaum eruieren, jedenfalls hinterließ die Seuche bei den Überlebenden einen nachhaltigen Eindruck. Sie blieb ab nun in Europa endemisch und brach bis ins 18. Jahrhundert in verschiedenen Regionen immer wieder aus. Zwar erkannte man bald die hohe Ansteckungsgefahr und empfahl daher schleunige Flucht und Isolierung der Kranken, aber die Übertragung von infizierten Ratten durch Flöhe auf Menschen wurde lange nicht erkannt.

Verfolgung der Juden

Für Ausbruch und Verbreitung der Seuche suchte man vergeblich nach einer Erklärung. Sie konnte eine Strafe Gottes für die Sünden der Menschheit sein. Theologisch weniger Versierte dachten eher an böse Zeitgenossen. Da lag es nahe, die Juden zu verdächtigen, die »Mörder Christi« und damit Erzfeinde der Christenheit. Rasch wurden Verdächtigungen laut, Juden hätten die Seuche durch die Vergiftung von Brunnen hervorgerufen. Obgleich der Landesfürst, Herzog Albrecht II., spontane Verfolgungen von Juden streng ahndete, kamen solche immer wieder vor.

Auf Grund ritueller Vorschriften war die mittelalterliche jüdische Diaspora stets Gemeindesiedlung, nie Siedlung einzelner Personen oder Familien. Dazu kam die Bindung an den Handel: Sie führte zur Konzentration jüdischer Siedlungen an Handelswegen und schließlich in Städten. Ortsnamen wie Judendorf (nördlich von Graz) oder *forum Iudaeorum* für Völkermarkt legen davon Zeugnis ab. Die Theorie der Schuldknechtschaft und das daraus abgeleitete landesfürstliche Judenregal (Folge des III. Laterankonzils) verband die jüdischen Gemeinden mit den (Landes-)Fürsten und mit den sich entwickelnden Residenzen. Diese jüdische Gemeinden standen unter dem – theoretischen – Schutz des Landesfürsten, der aus diesem Schutz bedeutende Gewinne zog. Die räumliche Lage der Judengemeinde – in Wien nahe der landesfürstlichen Burg »am Hof« – war Ausdruck dieses Verhältnisses. In Wien und Wiener Neustadt waren in den jüdischen Gemeinden weithin anerkannte Gelehrte tätig. Ein Judenrichter vermittelte den Kontakt zur christlichen Bürgerschaft. Diese Kontakte waren häufig kontroversieller Natur. Abgesehen von den ökonomischen Gegensätzen zwischen Gläubigern und Schuldnern bedeuteten Zeiten intensivierter (christlich-)religiöser Begeisterung der städtischen Massen jeweils Probleme für die Juden. Die Kirche hätte den Kontakt zwischen Christen und Juden am liebsten unterbunden oder doch sehr stark eingeschränkt (Aussagen der Synode von Wien

1267). Nach einer Zeit relativer Ruhe im 13. Jahrhundert mehren sich seit dem 14. Jahrhundert Verfolgungen. 1338 kam es, offenkundig im Zusammenhang mit einer Epidemie, zu Verdächtigungen wegen angeblicher Hostienschändung, zu Plünderungen und zur Ermordung von Juden. Auf die Pest von 1349 reagierte man in ähnlicher Weise. Als 1406 im Wiener Judenviertel ein Brand ausbrach, beeilten sich die christlichen Nachbarn, dieses Ereignis zu Plünderungen auszunützen In Wien soll die jüdische Gemeinde vor ihrer Vertreibung beziehungsweise Vernichtung 1421 500 Mitglieder umfasst haben. 1420/21 wurde die Wiener Gemeinde praktisch ausgerottet. Zunächst wurden die Juden verhaftet, 1421 schließlich 212 von ihnen in Erdberg verbrannt.

> **Wiener Gesera 1421**
>
> 1419 wurden die Juden seitens der theologischen Fakultät der Wiener Universität der Kollaboration mit den Hussiten beschuldigt, was angesichts der Judenfeindlichkeit vieler Hussiten wenig wahrscheinlich war. Der zentrale Vorwurf lautete auf Hostienschändung in Enns, wo eine Mesnerin eine geweihte Hostie einem Juden und seiner Frau verkauft haben soll. Am 23. Mai 1420 wurden auf Befehl Herzog Albrechts V. alle Juden in ganz Österreich gefangen genommen. Nach etwa einem Monat wurden die mittellosen Juden des Landes verwiesen und in Schiffen auf der Donau außer Landes gebracht, während die Begüterten weiter in Haft blieben. Für Kinder unter 15 Jahren wurde die Zwangstaufe angeordnet, wogegen der Papst, Martin V., Einspruch erhob. Am 12. März 1421 wurde das Todesurteil Herzog Albrechts V. über die verhafteten Juden verkündet. Begründet wurde es mit dem angeblichen Hostienfrevel in Enns. Die Hinrichtung der verbleibenden Wiener Juden, 92 Männer und 120 Frauen, fand am selben Tag in Erdberg statt (heute Weißgerberviertel, Wien III.). Ihren Besitz konfiszierte der Herzog und ließ die Synagoge abreißen, deren Steine für einen Bau der Universität Wien verwendet wurden.
>
> Literatur: Schlomo Spitzer: Bne Chet. Die österreichischen Juden im Mittelalter, eine Sozial- und Kulturgeschichte, Wien – Köln – Weimar 1997.

Ärmere Juden hatten nach Mähren und Ungarn (Burgenland!) ausweichen können. Damit ging die Geschichte der jüdischen Gemeinden als organisierter Bestandteil der Stadt in Wien zu Ende. Maximilian I. erfüllte im späten 15. Jahrhundert Forderungen der Stände der innerösterreichischen Länder und verfügte die Vertreibung der Juden aus der Steiermark, Kärnten und Krain sowie ein Verbot ihrer neuerlichen Ansiedlung.

Folgen der Pest

Schon die ersten Pestzüge (ab 1349) brachten eine Umkehrung des Arbeits- und Bodenmarktes. Nicht mehr die Bauern suchten Boden, sondern die Grundherren suchten Arbeitskräfte, die ihre öd gewordenen Bauernstellen bewirtschafteten. Nicht zufällig fallen in diese Zeit die ersten arbeitsmarktpolitischen Maßnahmen von Landesfürsten, wie die »Landesordnung« Ludwigs des Brandenburgers für Tirol von 1352; analog eine Anordnung Herzog Albrechts II. für Wien aus demselben Jahr: Der Anstieg der Dienstboten- und Arbeiterlöhne sollten gebremst, abziehende Bauern daran gehindert werden, sich bessere Böden und angenehmere Herren zu suchen. Für Grundherren waren jetzt große Konzessionen nötig, um überhaupt noch Bauern für ihre leerstehenden Höfe zu finden. Als Folge des Bevölkerungsrückgangs sanken langfristig die Getreidepreise.

Nicht nur die Pest, auch die kriegerischen Ereignisse des 15. Jahrhunderts führten zu einer Entlastung des Bodenmarktes. Die Situation der Bauern wurde dadurch besser. Das klingt angesichts fallender Getreidepreise seltsam, ist aber erklärlich: Die bäuerliche Bevölkerung nahm ab, die Konkurrenz der Bauern um den Boden ebenso. Schlechte Böden wurden aufgegeben, die Bauern wandten sich besseren Böden zu und stiegen auf rentablere Zweige wie Viehwirtschaft oder Weinbau um, oder begannen eine gewerbliche Tätigkeit, etwa die Produktion von Leinwand. Gestiegenes bäuerliches Selbstbewusstsein spricht aus zahlreichen Banntaidingstexten (sog. Weistümern) des Spätmittelalters.

Dagegen geriet der kleine, ritterliche Adel in eine schwere Krise. Niederlagen der Ritterheere gegen Schweizer oder Osmanen – Morgarten 1315, Sempach 1386 gegen die Schweizer, 1396 Nikopolis, 1444 Varna gegen die Osmanen – nährten Zweifel am militärischen Wert des Rittertums. Der kleine Adel, der eigentliche »Ritterstand«, wurde stark reduziert. Einige wurden zu Bauern. Eine größere Zahl suchte Unterschlupf in geistlichen Stiftungen. Wieder andere nützten die Ebenbürtigkeit mit dem gehobenen städtischen Bürgertum zu vernünftigen Heiraten. Manche Ritter versuchten, als Amtleute bei großen Herren unterzukommen. Die Erfolgreichsten waren jene, die sich in die landesfürstliche Finanzverwaltung einschalten konnten. Erfolgreich waren auch Söldnerführer, die verarmte Ritter und abenteuernde Gestalten um sich scharten und ihre Haufen jeder kriegführenden Gewalt gegen entsprechende Bezahlung anboten. Wurde nicht oder nicht rechtzeitig bezahlt, dann holte man sich das »Honorar« mit Raub und Brand von der Bevölkerung.

Wüstungen, Stadtwachstum, Kunst der Gotik

Der Bevölkerungsrückgang führte in den östlichen Ländern (Niederösterreich) zu zahlreichen Wüstungen, also zur Aufgabe von Orten oder Fluren. In anderen Gebieten kam es hingegen zu erheblicher Bevölkerungskonzentration, etwa in den Gegenden des im Spätmittelalter aufblühenden alpinen Edelmetallbergbaues (Inntal um Schwaz, Kitzbühel, Gasteiner Tal und Rauris, Schladming), in den Zentren des Salzbergbaues (Hallein, Hall in Tirol, Hallstatt) und denen von Eisengewinnung und Eisenverarbeitung (steirischer und Kärntner Erzberg, Steyr, Murtal, ober- und niederösterreichische Eisenwurzen). Diese Entwicklungen hingen ebenso wie ein merklicher Aufschwung bei der Produktion von Leinwand und Wollstoffen mit einer wachsenden Nachfrage nach nichtagrarischen Produkten zusammen. Die überlebenden Erben der Pesttoten verfügten über mehr Vermögen als ihre Vorfahren, man konnte daher mehr Konsumgüter kaufen als je zuvor. In städtischen Wohnungen breitete sich ein gewisser Komfort aus, geheizte Stuben boten erstmals ein sauberes Wohnen. Überhaupt erwiesen sich die Städte als Gewinner der Krise. Ihre Bevölkerungszahlen wuchsen. Viele Häuser österreichischer Städte stammen im Kern aus dem 15. und 16. Jahrhundert.

Aber auch in den ländlichen Regionen wurden zahlreiche neue Pfarren gegründet – ein Hinweis auf Bedürfnisse der Seelsorge für eine größere Zahl von Menschen. Beispielsweise gehörten zur alten Melker Pfarre Traiskirchen im 14. Jahrhundert bereits sieben Filialkirchen, unter anderen in Baden oder Leobersdorf. Sie galten schon damals als eigene Pfarren, deren Vikare vom Passauer Bischof bestätigt werden mussten. In diesen Weinbaugebieten südlich von Wien gab es also eine starke Verdichtung an Siedlungen und ein deutliches Wachstum der Bevölkerung. Ähnlich, wenn auch nicht so stark ausgeprägt, war die Entwicklung auch in anderen von Weinbau oder gewerblicher Wirtschaft geprägten Regionen.

Nicht zufällig breitete sich die neue Kunst der Gotik gerade im städtischen Bereich stark aus. Zahlreiche Kirchenneubauten, Um- und Ergänzungsbauten älterer romanischer Kirchen wurden im neuen Stil realisiert. 1304 begann der Neubau von St. Stephan in Wien. Der romanische Westchor samt Riesentor blieb erhalten, der Neubau wurde im Osten begonnen, mit dem (albertinischen) Chor, der 1340 geweiht wurde. Mit dem Weiterbau von St. Stephan unter Herzog Rudolf dem Stifter seit 1359 sollte der bedeutendste Kirchenbau des heutigen Österreich entstehen. Durch Einfügung eines weiteren Geschosses wurde der Turm auf mehr als 136 Meter Höhe erhöht – so entstand einer der eindrucksvollsten gotischen Türme Europas. Da Rudolf IV. eine viertürmige Anlage geplant hatte, begann bald nach der Fertigstellung des Südturmes auch der Bau des Nordturmes (1450). Jetzt wurde auch das Langhaus eingewölbt.

Zur Zeit Friedrichs III. erbaute Peter Pusika die St. Georgskapelle zu Wiener Neustadt, mit ihrer berühmten Wappenwand. Friedrich holte auch den Bildhauer Nikolaus von Leyden nach Wien, der das Grabmal für den Herrscher im Dom (seit 1469) zu St. Stephan entwarf. Hochwertige gotische Kirchen entstanden in allen habsburgischen Ländern, in Graz, Maria Saal, Eferding, Freistadt im Mühlviertel (beide Oberösterreich), zu Braunau am Inn. Nimmt man dazu die überaus bemerkenswerte Kunst der Plastik, dann stellt sich unwillkürlich die Frage, wie eine derart unruhige, von Kriegszügen und Fehden dominierte Zeit solche hervorragenden Kunstwerke hervorbringen konnte. Nun war Kaiser Friedrich III. zweifellos ein kunstsinniger Mäzen, aber auch andere wohlhabende Leute müssen als Auftraggeber nicht geringe Geldmittel aufgetrieben haben. Der Bau von St. Stephan in Wien, von Albrecht II. wieder aufgenommen und von Rudolf IV. prächtig fortgeführt, wurde übrigens in hohem Maße vom Wiener Bürgertum finanziert. – Während in der Malerei die Meister zunächst nur mit dem Namen ihrer Hauptwerke bekannt sind (Meister des Albrechtsaltars, Meister des Schottenaltars – beide von der gleichzeitigen Malerei der Niederländer beeinflusst), bleibt das erste wirkliche Porträt anonym: das höchstwahrscheinlich zeitgenössische Bildnis Rudolfs des Stifters (1358–1365) im Dommuseum Wien. Am Ende des Mittelalters steht die eindrucksvolle Architektur der großen Schnitzaltäre zu St. Wolfgang (Michael Pacher), in Kefermarkt (Oberösterreich), in Mauer bei Melk oder in Pulkau (beide Niederösterreich).

3.3 Herrscher an der Schwelle der Neuzeit: Maximilian I.

Der größte politische Erfolg Friedrichs III. war die Heirat seines Sohnes Maximilian I. mit Maria, der Erbtochter von Burgund (1477). Burgund umfasste neben Gebieten im Osten Frankreichs die burgundischen Niederlande, die sich über Nordfrankreich und die heutigen Benelux-Staaten erstreckten. In den Niederlanden lagen die Zentren der europäischen Wirtschaftstätigkeit, aber auch der Kunst. Da die Herzöge von Burgund eine Seitenlinie der Valois waren, spitzten die französischen Könige ebenfalls auf das reiche Erbe. Das führte zur Dauerfeindschaft zwischen den französischen Königen und den Habsburgern. Das »Haus Österreich« wurde zum »Haus Österreich und Burgund« mit der oft verwendeten Wappenkombination.

Noch zu Lebzeiten des alten Kaisers übernahm Maximilian von Erzherzog Sigmund von Tirol 1490 dessen Land. Erstmals seit 1379 waren wieder alle habsburgischen Länder in der Hand einer Linie bzw. seit 1493 (Tod Kaiser Friedrichs) eines Herrschers vereinigt. Für die Geschichte des heutigen Österreich wichtig wurde der bayerische Erbfolgekrieg, durch den Maximilian 1506 die Gerichte Kufstein, Kitzbühel und Rattenberg sowie Teile des Zillertals für Tirol, die Burg Wildeneck und die Vogtei über das Kloster Mondsee sowie Rannariedl und Neuhaus an der Mühl für das Land ob der Enns, und in Österreich unter der Enns die hohe Gerichtsbarkeit im Tal Wachau, außerdem Besitzungen in den Vorlanden erwarb. Schwere Lasten brachte hingegen der lange Krieg gegen Venedig (1508–1516) für Tirol und Krain.

Maximilian brauchte für seine Kriege ständig neue Mittel aus seinen Erbländern. Um die Verhandlungen mit den Ständen zu vereinfachen, berief er General- und Ausschusslandtage ein. 1502 traten die Stände der fünf niederösterreichischen Länder in Wiener Neustadt zusammen, 1508 in Mürzzuschlag, 1509 in Salzburg. Hier sicherten sich die nieder- und oberösterreichischen Länder im Falle eines feindlichen Angriffes gegenseitige Hilfe zu – mit einigem Optimismus könnte man darin schon einen Vorgriff auf die Republik Österreich des 20. Jahrhunderts erblicken. Doch ist dies nicht nur im Hinblick auf den Umfang der beteiligten Länder ein Anachronismus: Die »oberösterreichischen« Länder reichten von Tirol über (bereits) den größten Teil Vorarlbergs bis an die Vogesen – aber nicht als geschlossenes Territorium, sondern als Streubesitz mit einigen kleineren Konzentrationen (z.B. Breisgau mit Freiburg). Salzburg gehörte nicht dazu. Dagegen umfassten die »niederösterreichischen« Länder neben Ober- und Niederösterreich, Steiermark und Kärnten mit Krain, der Windischen Mark, Triest und Görz fast das ganze heutige Slowenien und kleine Teile Italiens und reichten mit der inneristrischen Grafschaft Mitterburg (Pazin) ins heutige Kroatien. Alle diese Gebiete waren durch einen gemeinsamen Herrscher verbunden. Aber sie waren kein gemeinsames »Land«, sie hatten kein gemeinsames Landrecht. Man blieb einander noch lange fremd.

Maximilian war als römisch-deutscher König bzw. Kaiser ständig mit Fragen des Reiches beschäftigt, eine Reichsreform war notwendig. Immerhin einigte man sich auf eine Reichssteuer und auf die Einteilung des Reiches in Kreise, als Ebenen der Umsetzung der Reichsbeschlüsse. In Burgund fungierte Maximilian »nur« als Vormund für seinen Sohn Philipp (den Schönen). Überall brachen Konflikte aus – mit Frankreich, dem Papst und Venedig, immer war er unterwegs, ständig beschäftigt, finanziell andauernd überfordert. Und er konnte nicht überall sein. Deshalb setzte er zu seiner Vertretung eigene Behörden ein, sogenannte

Regimente. Eine Behörde wurde für »Oberösterreich« (in Innsbruck) eingerichtet, eine zweite für »Niederösterreich«, diese wechselte den Sitz zwischen Linz, Enns und Wien. Alle Regimente sollten einem »Hofrat« als oberster Justiz- und Regierungsbehörde für die Erblande und das Reich unterstehen. 1501 wurde ein ständiges Hofgericht in Wiener Neustadt eingerichtet. Die niederösterreichischen Stände, besonders jene des Erzherzogtums Österreich, liefen gegen diese neuen Institutionen Sturm. Hauptkritikpunkt war ihre Besetzung mit »Ausländern«, als welche damals auch Tiroler galten. 1510 tagte ein Generallandtag in Augsburg, dessen Abschied (Libell) einige der ständigen Klagen der Stände über die neuen Zentralbehörden berücksichtigte. Der letzte große gemeinsame Landtag Maximilians fand 1518 in Innsbruck statt. Wieder beschloss man ein gegenseitiges militärisches Hilfeprojekt, zumindest auf fünf Jahre, und eine große Steuer – 400.000 Gulden – für den Kaiser.

Maximilian I.

Maximilian war ein hervorragender Propagandist seiner eigenen bemerkenswerten Persönlichkeit. Für seine programmatischen Projekte setzte er die besten Künstler seiner Zeit ein. Die Holzschnitte in seinen propagandistischen Werken schufen unter anderen Albrecht Dürer, Bernhard Strigel, Hans Burgkmair (*Weißkunig*, *Theuerdank*) oder Albrecht Altdorfer (*Triumphzug*). Dürer und Altdorfer waren die Künstler der *Ehrenpforte*, einer aus zahlreichen Holzschnitten zusammengesetzten Bilderwand, von der bis 1518 etwa 700 Exemplare gedruckt wurden. Die bekanntesten Erinnerungsorte an Maximilian sind das Goldene Dachl (vor 1500) und das einzigartige Grabmal in der Hofkirche (1584 fertig), beide zu Innsbruck. – Die 1515 realisierte Doppelhochzeit von Wien verband des Kaisers Enkelin Maria (Tochter Philipps I. von Spanien) mit Ludwig II. von Ungarn, Anna von Ungarn bekam einen der Enkel des Kaisers – letztlich Ferdinand I. Nach dem frühen Tod Ludwigs II. in der Schlacht bei Mohács (1526) gegen die Osmanen wurde Ferdinand zum König von Böhmen und – umstritten – von Ungarn. Schon 1496 hatte sein Sohn Philipp (I.) von Burgund die spanische Prinzessin Juana geheiratet. Nach dem vorzeitigen Tod aller anderen Erbberechtigten wurden die beiden Könige von Kastilien. Die Söhne aus dieser Ehe, Karl V. und Ferdinand (I.) wurden die Erben eines weltweiten Reiches. Maximilian starb am 12. Jänner 1519 und wurde in Wiener Neustadt begraben – dort, wo er auch geboren worden war. Diese erfolgreiche Heiratspolitik hat wohl das bekannte, aus dem 17. Jahrhundert stammende Distichon besungen:
Bella gerant alii tu felix Austria nube. Nam quae Mars aliis dat tibi diva Venus.
(Andere mögen Krieg führen, Du glückliches Österreich heirate. Denn was anderen Mars (der Kriegsgott) gibt, gibt Dir die göttliche Venus).
  Das Distichon gibt aber nur die halbe Wahrheit wieder: Auch die erfolgreichen Heiratsverbindungen führten immer wieder zu Kriegen, die man bestehen musste, um den Nutzen dieser Verbindungen zu realisieren.
Literatur: Sabine Weiss: Maximilian I. Habsburgs faszinierender Kaiser, Innsbruck 2018.

Für den Ausgang der gewaltig angewachsenen Mengen an Papier sorgten Kanzleien, Maximilians Hofkanzlei umfasste mindestens 34 Personen. Die Kanzler gehörten auch den Regimenten an. Wichtige Berater der Herrscher kamen aus dem Kanzleidienst, so der spätere Kardinal und Erzbischof von Salzburg, Matthäus Lang.

Was blieb vom Spätmittelalter? Von den heutigen österreichischen Bundesländern waren Nieder- und Oberösterreich, Steiermark, Tirol und Salzburg bereits fertige Länder mit Landständen und Landrecht; in Kärnten hingegen dauerte es noch bis ins 16. Jahrhundert, bis mit der Anerkennung der habsburgischen Landeshoheit durch Salzburg und Bamberg die Landesbildung abgeschlossen war. Die Etablierung der Habsburger bringt den Kern der heutigen österreichischen Länder unter eine gemeinsame Herrschaft – »Herrschaft zu Österreich« und »Haus Österreich«. Erste gemeinsame Landtage unter Maximilian I. – Vorprägung der Republik? Trotz demographischer Krisen durch die Pest ging die Erschließung des Landes weiter. Zahlreiche neue Pfarren zeugen von einer Verdichtung des Siedlungsnetzes. Die Agrarkrise war auch eine Krise des Rittertums. Das große Erbe der gotischen Kunst. Der Aufstieg der städtischen Kultur und einzelner Bergbaugebiete prägte zahlreiche Städte und ländliche Regionen. Von den Herrschern blieb vor allem Maximilian I. im historischen Gedächtnis – seine Bemühungen um seine *memoria* waren sehr erfolgreich. Durch seine burgundische Heirat wurde das Haus Österreich zu einer europäischen Größe, die Doppelhochzeit von 1515 wurde zum Ausgangspunkt der Habsburgermonarchie. Für deren Genese galt: *Tu felix Austria nube* – wenigstens in der Theorie.

4. Frühe Neuzeit bis 1740

4.1 Reformation und Gegenreformation

Warum scheiterte die Reformation in Österreich?

Schon auf dem Innsbrucker Ausschlusslandtag aller österreichischen Länder von 1518 hatten die Ständedelegierten Kaiser Maximilian I. aufgefordert, eine Reform der Kirche durchzuführen, denn diese selbst sei dazu nicht mehr imstande. Diese weit verbreitete Unzufriedenheit verhalf der Botschaft Luthers zu einer ungeheuer raschen Verbreitung durch das neue Medium des Buchdrucks. 1524 kursierten bereits 2400 Druckausgaben reformatorischer Schriften in über zwei Millionen Exemplaren. Der Bannfluch aus Rom ebenso wie die Reichsacht, ausgesprochen durch Karl V. auf dem Wormser Reichstag 1521, blieben wirkungslos.

Auf Reichsebene ist die Geschichte der Reformation die Geschichte des letztlich erfolglosen Versuchs Karls V., diese Bewegung einzufangen, gleichzeitig gegen den Willen der Päpste eine Reform der alten Kirche durchzuführen, und keine konfessionelle Spaltung zuzulassen – die spätestens mit dem Augsburger Religionsfrieden 1555 doch unabwendbar war. Dagegen ist die Geschichte der Reformation in den österreichischen Ländern die Geschichte des ebenso gescheiterten Versuches der mehrheitlich evangelisch gewordenen Stände, unter einem katholischen Herrscher die weitgehende Freiheit des religiösen Bekenntnisses durchzusetzen. Wir können die ausführliche Geschichte dieses Dramas nicht ausbreiten, für unsere Fragestellung nur so viel:
- Der lange und zähe Widerstand der evangelischen Stände in den österreichischen Ländern hatte wenig Chancen, da er reichsrechtlich durch den Augsburger Religionsfrieden von 1555 nicht gedeckt war – die Freiheit der Bekenntniswahl galt nur für Reichsstände, nicht für Landstände; diese hatten dem Bekenntnis ihres Landesherrn zu folgen – oder sie durften auswandern.
- Ein wichtiger Hebel für die evangelischen Stände war hingegen das Steuerbewilligungsrecht der Länder, also der jeweiligen Landstände. Gegen die Bewilligung großer Summen erreichten die österreichischen ebenso wie die steirischen Landstände zeitweilig eine sehr weit reichende konfessionelle Freiheit.

- Die 2. habsburgische Länderteilung von 1564 hatte regionale Unterschiede zur Folge: Der Tiroler Landesfürst, Erzherzog Ferdinand, trat der Reformation von Anfang an energisch entgegen; Kaiser Maximilian II. als Landesfürst von Österreich ob und unter der Enns strebte – nach bedeutenden Zahlungen der Stände – einen friedlichen Ausgleich an; Erzherzog Karl von Innerösterreich machte ebenfalls nach einer erheblichen Vorleistung des Adels Zugeständnisse, die aber sein Nachfolger Erzherzog Ferdinand (als Kaiser Ferdinand II.) nicht gelten ließ. Die erste radikale Gegenreformation erfolgte daher in der Steiermark und in Kärnten schon ab 1600. In Österreich (ob und unter der Enns) verzögerte sich die radikale Gegenreformation infolge des »Bruderzwistes« zwischen Kaiser Rudolf II. und Erzherzog Matthias, dessen Ausnützung durch die Stände ziemlich weit gehende konfessionelle Zugeständnisse zur Folge hatte. Die protestantischen Stände der böhmischen Länder (Böhmen, Mähren, Schlesien) schlossen untereinander und mit den Anhängern der Reformation unter den österreichischen Ständen (Ober- und Niederösterreich) und den Ungarn »Konföderationen« ab, die im Erfolgsfall vielleicht zu einer föderalen, ständisch dominierten Ordnung im habsburgisch dominierten Mitteleuropa geführt hätten.
- In der letzten Phase der Auseinandersetzungen setzten die böhmischen Stände 1619 den bereits anerkannten König (Ferdinand II.) ab und lösten damit den Dreißigjährigen Krieg aus. Die Niederlage des Heeres der böhmischen Stände am Weißen Berg bei Prag (1620) bedeutete auch die finale Niederlage der Stände der beiden österreichischen Länder.
- Damit begann die Durchsetzung der Gegenreformation in den böhmischen und (donau-)österreichischen Ländern und gleichzeitig die Durchsetzung des höfischen, katholisch-konfessionellen »Absolutismus« im Machtbereich der Habsburger – mit der bemerkenswerten Ausnahme Ungarns. Dennoch behielten die Stände der einzelnen Königreiche und Länder durch das Recht der Steuerbewilligung ein nicht unerhebliches Machtmittel.

Ferdinand I. und das Wiener Neustädter Blutgericht 1522

Nach dem Tod Maximilians I. verdrängten die Stände einiger Länder (Österreich, Steiermark) die Regimente und übernahmen die Regierung dieser Länder bis zur Ankunft des neuen Landesfürsten selbst, auch die Verwaltung des landesfürstlichen Kammergutes. Haupterbe war Karl V. Er überließ 1522 seinem Bruder Ferdinand I., der bisher in Spanien erzogen worden war, die österreichischen Länder. Die Steirer fügten sich, die Österreicher legten sich eine Zeitlang quer, dabei taten sich einige Herren hervor, besonders der Bürgermeister von Wien, Dr. Martin Kapp, genannt Siebenbürger. Schließlich huldigten auch sie dem neuen Landesfürsten. Ferdinand I. ließ ein Exempel statuieren: Die Übernahme der Regierung durch die Stände des Erzherzogtums Österreich (heute Niederösterreich) im Jahr 1519 ließ er durch ein mit seinen Leuten besetztes Gericht, das in Wiener Neustadt tagte, als Hochverrat erklären. Es folgten mehrere Todesurteile, zwei adelige Herren und mehrere Wiener Ratsbürger, unter ihnen Siebenbürger, wurden hingerichtet. Das war eine deutliche Warnung an die österreichischen Stände. Ferdinand I. folgte seinem 1526 gefallenen Schwager Ludwig II. in Böhmen und Ungarn (nur in Teilen) nach, 1531 wurde er auch zum römischen König gewählt (um seinen Bruder Karl V. bei Bedarf im Reich zu vertreten), nach dem Rückzug Karls V. wurde er 1558 Kaiser.

Literatur: Erinnerungsmal Blutgericht 1522. In: Gerhard Geissl: Denkmäler in Wiener Neustadt. Orte des Erinnerns. Berndorf 2013, S. 88–89.

Gegenreformation und Reform der katholischen Kirche

Zwar begannen die Gegenwirkungen seitens des romtreuen Katholizismus schon früh, aber wirksam wurden sie erst durch den Druck der Habsburger ab etwa 1580/1600 und durch das Wirken eines völlig neuen Ordens, der »Gesellschaft Jesu« (Jesuiten). 1551 waren die ersten Jesuiten nach Wien gekommen. Sie waren hervorragend ausgebildet und sollten auch selbst wieder intensive Erziehungsarbeit leisten. In ihrem Unterricht verwendeten sie neue Methoden (Altersklassen, Wettbewerbe, Schultheater usw.). Mit tatkräftiger Unterstützung durch das Haus Habsburg wurden zahlreiche Kollegien gegründet (Innsbruck, Hall, Graz usw.). In den Jesuitenschulen wurden die Bischöfe der Gegenreformation erzogen – glaubenseifrige, gebildete Männer, die daran gingen, die Ergebnisse des Konzils von Trient umzusetzen.

Das 1563 beendete Trienter Konzil vollendete die Umwandlung der bisher als universal gedachten römischen Kirche in eine von mehreren Konfessionen der westlichen Christenheit, zur römisch-katholischen Kirche. Die kirchliche Organisation wurde noch stärker zentralisiert und nach Rom ausgerichtet. Einer verbesserten Priesterausbildung dienten Seminare in den Diözesen. Den zur katholischen Kirche Zurückkehrenden bot der erneuerte Katholizismus nicht nur Glaubenssicherheit und Erlösungshoffnung, sondern im Gewand des Barocks auch eine neue Erlebnisdimension in Kirchenbesuch und Gottesdienst, die an die spätmittelalterliche Buntheit der Kirchenbauten anknüpfte.

Ab den 1590er Jahren verstärkte sich der gegenreformatorische Druck. Der Bäckersohn Melchior Klesl, von den Jesuiten zum Katholizismus bekehrt, wurde zum wirkmächtigsten Vorkämpfer des katholischen Lebens in Niederösterreich. Die Gegenreformation begann in den landesfürstlichen Städten und Märkten.

Abb. 5 Kaiser Ferdinand II. im Harnisch seines Großvaters Ferdinand I. (vor 1614). Der Erzherzog (1578–1637, K. seit 1619) stellt sich bewusst in die Nachfolge Ferdinands I. (1503–1564), des Begründers der österreichischen Linie der Habsburger. Von Ferdinand II. stammten alle späteren Habsburger ab.

Wer sich nicht fügte, musste das Land verlassen. 1585 wurde jeder evangelische Gottesdienst in den landesfürstlichen Städten verboten, auch im niederösterreichischen Landhaus.

1587 begann die Gegenreformation in der Steiermark. Neue katholische Pfarrer wurden eingesetzt. Ferdinand II. (als Erzherzog III., später als Kaiser II.), 1596 an die Regierung gekommen, pochte auf sein *ius reformandi*. Zahllose Bücher wurden verbrannt, protestantische Kirchen zerstört. Bürger und Bauern mussten sich in kurzer Frist dem katholischen Bekenntnis zuwenden oder auswandern, diese Alternative wählten etwa 2.500 Menschen aus dem städtischen Bürgertum. Innerösterreich war – äußerlich – wieder katholisch.

In den Ländern des Kaisers kam den protestantischen Ständen der »Bruderzwist in Habsburg« zu Hilfe, zwischen Kaiser Rudolf II. und seinem ehrgeizigen Bruder Matthias. Die habsburgischen Brüder und Vettern erklärten den zunehmend menschenscheuen Kaiser für krank und übertrugen Matthias intern den Vorsitz. Um den kaiserlichen Bruder ganz zu verdrängen, verbündete sich Matthias mit den mehrheitlich protestantischen Ständen Ungarns und jenen der beiden österreichischen Länder und erzwang für sich die Herrschaft über Ungarn, Mähren und Österreich (ob und unter der Enns). Gegenforderung der Stände:

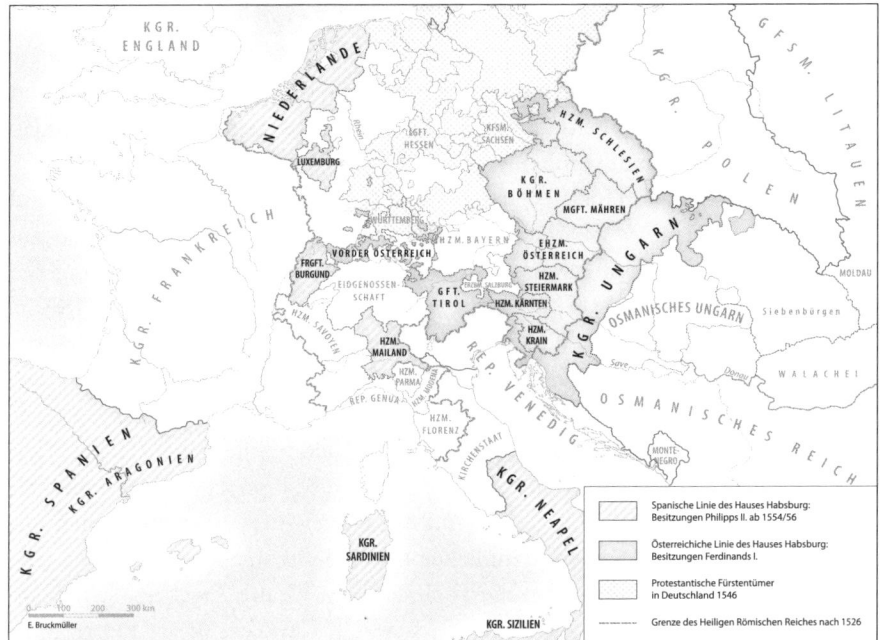

Karte 4 Habsburgische Herrschaft in Europa im 16. Jahrhundert (um 1550).

Völlige Religionsfreiheit, und Bewilligung noch vor der Huldigung! Matthias wurde 1611 König von Böhmen und 1612 Kaiser. Da er keine Söhne hatte, sollte ihm in Böhmen und im Reich der Steirer Ferdinand folgen. Doch die Böhmen setzten den als König bereits angenommenen Ferdinand 1619 wieder ab – das war offene Rebellion! Fast zu gleichen Zeit wurde Ferdinand II. zum Kaiser gewählt. Der Sieg der kaiserlichen und bayerischen Truppen am Weißen Berg bei Prag (November 1620) beendete die Ständeherrschaft in Böhmen.

Nun setzte Kaiser Ferdinand II. den katholisch grundierten »Absolutismus« durch. Todesurteile, Konfiskationen und Emigrationen folgten. Das Wahlrecht der böhmischen Stände wurde abgeschafft. Die erneuerte Landesordnung für Böhmen (1627) bedeutete die Herrschaft eines von den bisher geltenden Gesetzen losgelösten (»absoluten«) Herrschers. Er allein hatte in Zukunft das Recht der Gesetzgebung, den Ständen kam auf den Landtagen nicht einmal ein Antragsrecht zu. Der König allein verlieh die Landsmannschaft (Mitgliedschaft in den Ständen). Dass er den Landtagen doch wieder das Recht der Steuerbewilligung verlieh, war allein Ausfluss seiner Gnade. Etwas weniger streng ging er in den österreichischen Ländern vor, wo aber ebenfalls absolute Unterwerfung gefordert wurde: Es wurde den Ständen strikt verboten, Zusammenkünfte ohne kaiserlichen Befehl abzuhalten oder gar Botschaften mit fremden Fürsten oder den Ständen anderer Länder auszutauschen. Nach dem Tod des Herrschers durften die Stände nie mehr interimsweise die Herrschaft im Lande ergreifen. Die Chancen auf eine eigenständige ständische Politik gegenüber dem Landesherren und Kaiser waren vorüber.

Dennoch rief das Haus Österreich die Stände seiner Erbkönigreiche und -länder noch einmal zu feierlichen Akten der Zustimmung auf, nämlich zur »Pragmatischen Sanktion« Karls VI. Dieses Hausgesetz über die Nachfolge im Herrscherhaus sollte vor allem die künftige Unteilbarkeit der »österreichischen Monarchie« festlegen und darüber hinaus die Erbfolge für den Fall regeln, dass der Kaiser keinen männlichen Thronfolger mehr bekommen konnte. Im Jahr 1713 informierte der Kaiser seine wichtigsten Räte über einen 1703 abgeschlossenen Vertrag zwischen Leopold I. und seinen Söhnen über die gegenseitige Erbfolge (das *pactum mutuae successionis*). Die Königreiche und Länder der »österreichischen Monarchie« sollten immer unter einem einzigen Erben beisammenbleiben, beim Fehlen männlicher Erben sollte auch die weibliche Erbfolge eintreten. Zunächst sollten die Töchter Karls VI. erbberechtigt sein, beim Tod aller Kinder Karls VI. die Töchter Joseph's I. Der Text dieser *sanctio pragmatica* wurde ab 1720 allen Landtagen mit der Aufforderung mitgeteilt, diese Hausgesetze ausdrücklich anzunehmen und anzuerkennen. Bis 1722 nahmen alle nichtungarischen Landtage, 1722 auch der ungarische ebenso wie der siebenbürgische Landtag dieses Gesetz feierlich an. – Die Pragmatische Sanktion blieb das einzige allgemein anerkannte verbindende Grundgesetz der Habsburgermonarchie bis in die letzten Oktobertage 1918.

Landhäuser und adlige Schlösser

Die Phase der Reformation war die Phase einer bemerkenswerten Adelskultur. Das erstarkte Selbstbewusstsein des meist evangelischen Adels schlug sich auch in zahlreichen Neu- und Umbauten von Burgen und Schlössern nieder. Häufig erweiterten sie ihre älteren Burgen, dabei blieb auch der Festungscharakter erhalten oder wurde noch verstärkt.

Ein für den lutherischen Glauben im Land unter der Enns besonders wichtiges Geschlecht waren die Losensteiner. Diese aus Oberösterreich stammenden Herren hatten die Schallaburg (nahe Melk) geerbt, die im 16. Jahrhundert von Hans Wilhelm von Losenstein zu einem bemerkenswerten Renaissanceschloss ausgebaut wurde: In den 1570er Jahren entstand hier eine zweigeschossige Arkadenstruktur, wobei die Verkleidung der Arkaden im Obergeschoss aus 1600 Terrakottateilen besteht. Die Figuren stellen Tugenden und Künste, antike Imperatoren, Szenen aus der Bibel und Grotesken dar. Das komplexe Bildprogramm vermittelt Anspruch und Standesethos des adeligen Bauherrn. Hans Wilhelm stand aber auch hinter der Gründung einer adeligen »Landschaftsschule« (Landschaft = Landstände!) im nahen Loosdorf (bei Melk), von der eine bemerkenswerte Schulordnung erhalten blieb. Prächtige Grabdenkmäler sollten nicht nur die Frömmigkeit, sondern auch das Gedächtnis der bestatteten Persönlichkeit sichern. Besonders schöne Beispiele sind das Grabmal des (katholischen) Freiherrn Johann Trautson in der Wiener Michaelerkirche (nach 1590), das des (evangelischen) Johann Georg von Kuefstein in der Pfarrkirche von Maria Laach in Niederösterreich (1607), oder die Tumba des Volkhard und der Elisabeth von Auersperg in der Pfarrkirche von Purgstall (ebenfalls Niederösterreich).

Andere prominente Um- oder Neubauten betrafen die Rosenburg (Sebastian Grabner, 1593–1597), das Schloss von Weitra (Wolf Rumpf zum Wielroß, Kämmerer Rudolfs II., ca. 1584–1605), Greillenstein (Hans Georg und Hans Jakob von Kuefstein, um 1560 bis um 1600) oder Walpersdorf (Helmhart Jörger, 1577 bis um 1600) im heutigen Niederösterreich, Ehrenhausen in der Steiermark (Eggenberger), Tratzberg im Tiroler Unterland (zuerst die Gewerkenfamilie Tänzl, dann der Augsburger Patrizier Ilsung, schließlich die Fugger, 1554–um 1600), Schloss Porcia (Gabriel von Salamanca und seine Söhne) in Spittal an der Drau oder Hohenems in Vorarlberg. Auch die malerischste Burg Kärntens, Hochosterwitz, erhielt im 16. Jahrhundert durch die Khevenhüller ihre endgültige Gestaltung.

Der Kampf um die Religion wurde im 16. und frühen 17. Jahrhundert in erster Linie vom Adel geführt. Das waren die landsässigen Herren und Ritter, gemeinsam mit den Prälaten als »drei obere Stände« gleichzeitig die landtagsberechtigten Grundherren. Der vierte Stand, die Städte, verlor durch die langwierige Wirtschaftskrise an Einfluss. Auf den Landtagen wurden die Forderungen des Landesfürsten besprochen und – meist – ein geringerer Betrag als der geforderte als Steuer bewilligt. Bezahlen mussten die (bäuerlichen) Untertanen und die Stadtbürger, die Einhebung besorgten die Stände selbst. Um die Steuern einigermaßen gleichmäßig zu verteilen, wurden so genannte Gültbücher angelegt, in denen die Namen der Inhaber der entsprechenden Grundherrschaften und die Zahl der Steuerpflichtigen eingetragen waren. Für die Aufbewahrung dieser Bücher und der Landtagsakten, für die Dokumentation des Rechnungswesens und für die Abhaltung der Landtage benötigte man ständig verfügbare Räumlichkeiten, die Landhäuser.

Als erste hatten die steirischen Stände 1494 ein Bürgerhaus in der Grazer Herrengasse erworben. Einige Jahrzehnte später beauftragte man Domenico dell'Aglio mit der Neugestaltung der eindrucksvollen Herrengassenfront. Einen Sonderfall stellt Klagenfurt dar: Die Obrigkeit über die Stadt wurde von Maximilian I. 1518 den Ständen des Landes übertragen – eigentlich eine Brandstätte, denn die Stadt war 1514 vollkommen abgebrannt. Diese Funktion des »Landes«, also der Landstände, als Stadtherr gilt in der Rechtsgeschichte Mitteleuropas als einzigartig.

Die Stände errichteten daher auch hier ihr Landhaus, zwischen 1574 und 1594, die Renaissanceausstattung ging bei einem Brand im 18. Jahrhundert verloren. Danach erhielt der Bau neue Fresken von Josef Ferdinand Fromiller, die unter anderem die Szene der Herzogseinsetzung beim Fürstenstein darstellen. Klagenfurt wurde zum Zentrum des evangelischen Lebens in Kärnten. Auch der bedeutendste protestantische Kirchenbau Österreichs geht auf die Kärntner Stände zurück – die damalige Pfarrkirche, heute katholische Kathedrale der Diözese Gurk-Klagenfurt.

Ebenso wie die anderen Landhäuser ist auch das im 15. und 16. Jahrhundert errichtete Landhaus des Erzherzogtums Österreich unter der Enns großenteils erhalten geblieben, allerdings in einer baulichen Einkleidung des 19. Jahrhunderts. Der große Saal, errichtet vom Dombaumeister Hans Saphoy, vermittelt noch immer den Raumeindruck der Renaissance.

Von den österreichischen Landhäusern jener Zeit ist auch das des Landes ob der Enns in Linz bemerkenswert. Es wurde 1800 durch einen Brand schwer beschädigt, doch blieb das Gebäude erhalten. Hingegen ist das Tiroler Landhaus in Innsbruck ein Barockbau. Die Vorarlberger Stände (nur drei Städte und mehrere bäuerliche Gerichte, kein Adel) benötigten offenbar kein Landhaus. – Die Landhäuser von Wien, Linz, Graz und Klagenfurt gehören jedenfalls zum lebendigen Erbe des konfessionellen Zeitalters (nur das Wiener Landhaus wurde durch Übersiedlung der Landeshauptstadt 1996 seiner Funktion entledigt).

Verluste – die Exulanten

Wer nach dem Sieg der kaiserlichen Seite nicht katholisch werden wollte, musste – und durfte – auswandern. Das war auch geltendes Reichsrecht. Die Schätzungen über die Zahl der durch die Gegenreformation zur Auswanderung veranlassten Menschen reichen von etwa 11.000 aus der Steiermark (bis 1605) bis etwa 20.000 aus Oberösterreich und mehrere tausend aus Niederösterreich (ab 1749). Die gesamten Bevölkerungsverluste durch die Gegenreformation werden auf bis zu 100.000 Menschen geschätzt. Für Auswanderer aus Ober- und Niederösterreich gab es nach den Verheerungen des Dreißigjährigen Krieges besonders in

Franken oder der Oberpfalz genügend freie Hausstellen (oder Brandstätten), die als Basis für ein neues Leben dienen konnten.

Zweier evangelischer Exulanten – einer Frau und eines Mannes – ist gesondert zu gedenken, weil sie im Geistesleben der Zeit eine wichtige Rolle spielten. Die Dame war Catharina Regina von Greiffenberg (1633–1694). Sie gilt als bedeutendste deutschsprachige Lyrikerin des 17. Jahrhunderts. Die *Geistlichen Sonnette / Lieder und Gedichte zu Gottseeligem Zeitvertreib* (1662) wirken durch ihre ungewöhnliche Bildsprache bis heute. Sie emigrierte nach Nürnberg, wohin sie schon früher Kontakte gehabt hatte. Der Mann ist Wolf Helmhard von Hohberg (1612–1688). Zuerst Kriegsmann, dann Inhaber einiger kleiner Herrschaften in Niederösterreich, publizierte er epische Dichtungen *(Die unvergnügte Proserpina, Der Habspurgische Ottobert)*. Sein bedeutendstes Werk aber waren die *Georgica curiosa* (erstmals 1682), ein Lehrbuch für den adeligen Hausvater, dessen Pflichten von der christlichen Lebens- und Familienführung bis zur ordentlichen Wirtschaftsführung überaus detailliert beschrieben werden. Das Werk erfuhr schon zu Lebzeiten Hohbergs eine vermehrte Zweitauflage und dann noch weitere bis ins 18. Jahrhundert. Es war der Höhepunkt der »Hausväterliteratur« in deutscher Sprache. 1665 verkaufte er seine niederösterreichischen Güter und übersiedelte ins protestantische Regensburg, wo er auch starb.

4.2 Die Krise des »langen« 17. Jahrhunderts

Der schon im Spätmittelalter expandierende Bergbau auf Eisenerze, Edelmetalle, Buntmetalle und Salz schuf spezifische Bergbauregionen, im Inntal (Hall in Tirol und Schwaz), bei Hallein, im Salzkammergut, in den Bergbaugebieten Kärntens (Bleiburg, Bleiberg, Hüttenberg) und in der Steiermark (Oberzeiring, Schladming, Erzberg). Im Anschluss an die Verhüttung von Eisenerz prägte die Veredlung des Roheisens und die Erzeugung von Endprodukten wie Sensen, Sicheln, Hauen ganze große Landschaften wie die ober- und niederösterreichische Eisenwurzen oder Teile der Obersteiermark. Der Höhepunkt dieser Entwicklung dürfte in der zweiten Hälfte des 16. Jahrhunderts erreicht worden sein. Spätestens ab 1620 und bis tief ins 18. Jahrhundert herrschte eine langwierige Wirtschaftskrise, die sich in einem dramatischen Rückgang der Eisenerzeugung, des Transitverkehrs über den Brenner und des bis ins 16. Jahrhundert so lukrativen Export von österreichischem Wein äußerte. Hatten im Spätmittelalter die Städte profitiert, so litten diese jetzt am stärksten unter der Krise des Handels, die noch durch die Verlagerung der Welthandelsströme in Richtung Atlantik verschärft wurde. Kriege (Dreißigjähriger Krieg, Türkenkriege) und wohl auch eine Klimaverschlechterung schädigten die Wirtschaft zusätzlich. Dem grundherrlichen Adel und – seit der Gegenreformation – auch den geistlichen Grundherren gelang es hingegen, durch verschärfte Ausbeutung der Bauernschaft ihre materielle Basis zu stärken. Außerdem förderten sie das Gewerbe in den grundherrschaftlichen Marktsiedlungen, was wiederum die städtische Wirtschaft benachteiligte.

Die Gegenreformation dürfte die Wirtschaftskrise durch die erzwungene Abwanderung von kapitalkräftigen Händlern verschärft haben. In der Eisenstadt Steyr fehlte es nach dem Abzug der an der Reformation festhaltenden Handelsleute an Menschen mit Kapital, die auch fähig gewesen wären, einen Stadtrat zu bilden. Viele Häuser in den Städten wurden vom Hof, dem Adel oder Orden erworben und leisteten als »Freihäuser« keinen Beitrag zu den städtischen Steuern. In ökonomischer Hinsicht dürfte die Gegenreformation die Krise des »langen« 17. Jahrhunderts zwar nicht hervorgerufen, wohl aber verschärft haben.

4.3 Höfischer »Absolutismus«, gesellschaftliche Disziplinierung und Staatsbildung

Höfischer »Absolutismus« und Staatsbildung

Der Hof wurde zum Entscheidungszentrum für alle wichtigen Angelegenheiten. Wer es zu etwas bringen wollte, musste diese Entscheidungsprozesse kennen oder – noch besser – an ihnen teilnehmen. Das ist eine der wesentlichen Ursachen für den Drang zum Hof, den Großkapitalisten, Großhändler und Söldnerunternehmer seit dem 16. Jahrhundert entwickelten. Dazu kamen die Juristen, die der Herrscher seinem »Rat« schon seit dem 15. Jahrhundert immer häufiger beizog.

Lo stato, der Staat, war begrifflich ursprünglich nichts anderes als der *Status* der dem Herrscher zur Verfügung stehenden Personen und materiellen Mittel. Staatsbildung war ein Prozess der Herrschaftsintensivierung, der sozialen und rechtlichen Nivellierung der Einwohnerschaft eines Herrschaftsgebietes zu Staats-»Untertanen«. Zunehmend wurden fürstliche Herrschaft, Herrschaftsapparat und beherrschtes »Staats«-Gebiet identifiziert. Am Ende dieses Prozesses steht ein klar abgegrenztes Staatsgebiet und ein eindeutiges Rechtssetzungs-, Steuer- und Gewaltmonopol des eben dadurch entstandenen Staates. In Österreich dauerten diese Prozesse relativ lang. Unter Ferdinand II. wurden zunächst die protestantischen Stände der österreichischen und böhmischen Länder ausgeschaltet (1620). Zu einer flächenhaften Bürokratisierung des Herrschaftsgebietes kam es allerdings erst unter Maria Theresia und Joseph II.

Gesellschaftliche Disziplinierung

Die frühe Neuzeit war zunächst beherrscht von konfessionellen Konflikten. Dazu kamen – für die Habsburger – die Dauerkonflikte mit Frankreich und dem Osmanischen Reich, sowie Auseinandersetzungen mit den evangelischen Reichsständen des Hl. Römischen Reiches und mit den Ständen der eigenen Länder. Zu diesen dominanten Konfliktlagen, die immer wieder in offene Kriege umschlugen (Erste Wiener Türkenbelagerung 1529, Erster Österreichischer Türkenkrieg 1526/27–1533, Schmalkaldischer Krieg 1546–47, kurzer (1564) und Langer Türkenkrieg 1593–1606, Aufstand in Ungarn, Dreißigjähriger Krieg, Türkenkrieg 1663/64, Kriege Ludwigs XIV. gegen die Niederlande und deutschen Reichsstände, Magnatenverschwörung und Kuruzzen-Aufstand in Ungarn, Zweite Wiener Türkenbelagerung 1683 und Krieg gegen die Osmanen bis 1699, Spanischer Erbfolgekrieg usw.) kamen noch Bauernaufstände, zwischen dem späten 15. und der zweiten Hälfte des 17. Jahrhunderts. Sie wurden alle niedergeschlagen. Ein eindrucksvoller Erinnerungsort ist der »Bauernhügel« bei Pinsdorf, dem letzten Schlachtort des Oberösterreichischen Bauernkrieges von 1626, ein Massengrab für tausende Tote.

Der oberösterreichische Bauernkrieg 1626

Vom 15. bis ins 18. Jahrhundert dauert eine fast ununterbrochene Kette von bäuerlicher Widersetzlichkeit gegen Abgaben- und Robotsteigerungen – »Robot« nannte man in Böhmen und Österreich die Zwangsarbeit der Bauern für ihre Herren –, gegen neue Steuern und neue Formen von Gerichtsverfahren. Sie wird überlagert von einigen großen und auch konzeptuell bemerkenswerten Aufständen wie 1478 in Kärnten, 1515 in Innerösterreich, 1525/26 in Tirol und Salzburg, 1573 im kroatisch-slowenischen Bereich, 1595/97 in Ober- und Niederösterreich, 1626 in Oberösterreich und 1635 in der Untersteiermark. Der in jeder Hinsicht größte Bauernkrieg auf dem Gebiet des heutigen Österreich fand in Oberösterreich 1626 statt. Er richtete sich gegen die bayerische Besatzung in dem an Bayern verpfändeten Land. Eine brutale Strafaktion des Statthalters, das »Frankenburger Würfelspiel«, bei dem 16 Bauern gehängt wurden, löste den Aufstand im Mai 1626 aus. Die oberösterreichischen Bauern siegten über mehrere bayerische Truppenkörper, erst im Herbst wurden sie von den Kürassieren des Generals Pappenheim besiegt, mindestens 12.000 Bauern fielen im Kampf.

Literatur: Georg Heilingsetzer: Der oberösterreichische Bauernkrieg 1626, 3. Auflage, Linz 2001.

Abb. 6 Im oberösterreichischen Bauernkrieg besiegten die Bauern mehrfach ihre bayerischen Gegner. Ihr Führer Stefan Fadinger wurde bei der Belagerung von Linz tödlich verwundet. Zuletzt erlagen die Bauern der Übermacht.

Harte Strafmaßnahmen sollten die Widerständigkeit der bäuerlichen Bevölkerung nachhaltig brechen. Doch erst die stete Bereitschaft von dauernd unter Waffen stehenden Soldaten *(miles perpetuus)* machte den Bauernaufständen ein Ende. Unter den zahlreichen Belastungen der Bauern, die in den Beschwerdeschriften genannt werden, spielen die von den Ständen gebilligten landesfürstlichen Steuern eine erhebliche Rolle. Sie stiegen im 16. und 17. Jahrhundert viel stärker an als die grundherrlichen Abgaben. Da sie aber von den Grundherren eingehoben wurden, war für die Bauern immer die Grundherrschaft an der Verschärfung ihrer Lage schuld, nicht der ferne, »gute« Landesfürst, meist gleichzeitig der »milde« Kaiser.

Die andauernde Wirtschaftskrise, die häufigen Kriege mit ihren Steuern und plündernden Söldnerheeren, die Klimaverschlechterung samt Missernten – all das schuf ein gesellschaftliches Klima von Verdächtigungen und Misstrauen. Die Suche nach Schuldigen führte rasch zu Hexen und Zauberern, denen man vor allem üble Witterung sowie Erkrankungen von Mensch und Vieh vorwarf. An Zauberei haben viele Menschen seit eh und je geglaubt. Es dürfte mit der gesteigerten religiösen Empfindlichkeit des konfessionellen Zeitalters zusammenhängen, dass man gerade jetzt die Hexerei als Teufelsbündnis und daher als todeswürdiges Verbrechen anzusehen begann. Durch die im Strafgesetzbuch Karls V. *(Constitutio Criminalis Carolina)* normierte »peinliche Befragung« erhielt der Ankläger fast immer die erwünschten Geständnisse, samt Nennung weiterer Namen von Hexen und Zauberern. Insgesamt wurden auf dem Boden des heutigen Österreich etwa 1500 Menschen Opfer des Hexenwahns. Der Höhepunkt lag in der zweiten Hälfte des 17. Jahrhunderts. Aber Hexenprozesse gingen weiter bis ins 18. Jahrhundert, erst Maria Theresia machte damit Schluss.

Die Hinrichtungsrituale der frühen Neuzeit wurden in der Forschung als »Theater des Schreckens« bezeichnet. Sie fanden stets in aller Öffentlichkeit statt und sollten die Bevölkerung davon überzeugen, dass Abfall vom Glauben, Widerstand gegen Grundherren und Landesfürst, aber auch jegliches andere schwere Verbrechen letztlich schlimm geahndet würde. Zu aufständischen Bauern, Hexen und Zauberern gesellten sich als tendenziell der Kriminalität verdächtige Gruppen die abgedankten, oft als Krüppel bettelnden Söldner, die Randgruppen der »unehrlichen« Berufe (wie Henker oder Wasenmeister, die das verendete Vieh beseitigten) und die Vielen, die als Folge von Plünderungen, Vertreibung von Haus und Hof, Verlust ihres Einkommens oder als Witwen und Waisen zu betteln gezwungen waren.

In der zweiten Hälfte des 17. Jahrhunderts fand man heraus, dass es günstiger wäre, diese Gruppen zu gesellschaftlich nützlicher Arbeit zu zwingen, als sie mit Körperstrafen zu verfolgen. Man gründete daher eigene Anstalten, so genannte Zucht- und Arbeitshäuser, die solchen Menschen ein Dach über dem Kopf und einen bescheidenen Unterhalt sicherten, gegen eine Arbeitsleistung. Das erste wurde schon 1671 in der Wiener Leopoldstadt errichtet, es folgten analoge Institute in Olmütz (1701), Innsbruck (1725), Graz (1735), Klagenfurt usw. Als man im Jahr 1727 allein in Österreich ob der Enns fast 26.000 Arme bzw. Bettler zählte, erkannten die Behörden (erstmals?), dass es sich bei diesen nicht so sehr um »arbeitsscheue« Elemente handelte, als vielmehr um Arbeitslose als Folge einer Absatzkrise der oberösterreichischen Leinwand. Schließlich stellte sich heraus, dass die meisten Menschen, die man in jene Anstalten einwies, gar nicht arbeitsfähig waren – Kinder, alte Menschen, Behinderte und Invalide.

Die »gesellschaftliche Disziplinierung« erfolgte aber nicht nur durch harte Strafmaßnahmen und Einweisung in Zucht- und Arbeitshäuser, sondern auch durch Unterricht und durch die Kirche(n). Protestanten wollten ebenso wie Katholiken ihre Gläubigen zu einem gottgefälligen Leben motivieren. Dazu diente die Teilnahme an Gottesdiensten, Predigten und Andachten, bei den Protestanten kam früh die Betonung der Berufsarbeit dazu. In der katholischen Kirche diente die Ohrenbeichte der Erziehung zu einer verinnerlichten Moral, aber auch zur Kontrolle der Gläubigen. Schließlich die Schule: Auch im gegenreformatorischen Österreich existierte praktisch in jeder Pfarre auch eine Pfarrschule. Aber der Besuch ließ noch lange zu wünschen übrig. Etwa zwei Drittel der Bevölkerung dürften Analphabeten gewesen sein, in den Städten und Zentralgebieten weniger, an der Peripherie mehr. Das Programm der Disziplinierung der Bevölkerung zu arbeitsamen, gesetzestreuen und moralisch hochstehenden Persönlichkeiten ging im aufgeklärten »Absolutismus« bruchlos weiter – freilich dann mit anderen Schwerpunkten und Methoden.

Was blieb vom höfischen »Absolutismus«?

Mit dem Namen des ersten »absolutistischen« Herrschers, Ferdinands II., ist sein berühmtes, mit einer Katharinenkapelle kombiniertes Mausoleum in Graz verbunden, von Giovanni Pietro de Pomis geplant und begonnen, jedoch erst im Hochbarock durch Johann Bernhard Fischer von Erlach fertiggestellt. Aus der zweiten Hälfte des 17. Jahrhunderts stammt der Leopoldinische Trakt der Hofburg. Die umfangreichen neuen Stadtbefestigungen, die einen großen Teil der Bauvorhaben des 16. und 17. Jahrhunderts ausmachten, sind durchwegs im 19. Jahrhundert geschleift worden.

Eine viel komplexere Frage ist die nach den mentalen Folgen der erfolgreichen Gegenreformation. Man hat dafür unter anderem das Gegensatzpaar Schriftkultur (protestantisch) – Bildkultur (katholisch) bemüht. Tatsächlich gingen die Bücherbestände im Privatbesitz seit der Gegenreformation zurück, Buchhandel und Verlagswesen hatten bis ins 18. Jahrhundert in den habsburgischen Ländern große Probleme. So musste der berühmte Polyhistor Johann Weichard von Valvasor für seine herausragende *Ehre dess Hertzogthums Crain: das ist, Wahre, gründliche, und recht eigendliche Belegen- und Beschaffenheit dieses Römisch-Keyserlichen herrlichen Erblandes* (Laybach 1689) die Platten für die zahlreichen Kupferstiche in einer Werkstatt im eigenen Schloss herstellen, das Werk wurde von zu wenigen Subskribenten erworben. Zuletzt musste der verschuldete Valvasor alles verkaufen, auch sein Schloss. Allerdings wurden im Hochbarock nicht nur die kaiserliche Hofbibliothek, sondern auch zahlreiche Klosterbibliotheken neu erbaut.

Viel schwieriger ist die Frage zu beantworten, ob die gewaltsame Durchsetzung der Gegenreformation auch die langfristige Entwicklung zu Demokratie und Parlamentarismus beeinträchtigt habe. Nun, im Vergleich mit England, wo im Verlauf einer religiös-parlamentarischen Revolution der Stuart-König

Charles I. 1649 seinen Kopf verlor, bot die Reduktion der Rolle der Landtage nach 1620 tatsächlich keine ideale Voraussetzung für eine spätere, von einem Parlament getragene Revolution. Außerdem gab es vor 1848 niemals ein Zentralparlament für die Monarchie der Habsburger, sieht man von einigen Versuchen im 16. Jahrhundert und 1614 ab. Die Voraussetzungen für die langfristige Entwicklung parlamentarischer Kontrolle der habsburgischen Herrschaft waren sicherlich nicht besonders günstig.

Habsburgs »Absolutismus« hatte aber einige Besonderheiten. Bis zu Joseph II. (und eigentlich bis 1848) war es ein regionaler »Absolutismus«. Dies nicht nur wegen der Polyzentralität als Folge der zweiten habsburgischen Teilungsperiode (1564–1665), sondern auch wegen eines gewissen Konservatismus der Habsburger: Auch wenn seit 1665 immer nur ein gemeinsamer Herr über die Königreiche Böhmen und Ungarn sowie die altösterreichischen Länder herrschte, wurde seitens des Herrschers immer nur ein Land direkt angesprochen – mit einer Steuerforderung, mit einer Polizeiordnung, oder mit einer Regelung in Sachen der Untertanenrechte. Die Erbhuldigung, jener Akt, der den Herrscher mit dem jeweiligen Land verband, fand immer nur in einem Land statt, nie für mehrere Länder gemeinsam. In den Königreichen Böhmen und Ungarn wurden die Habsburgerkönige feierlich gekrönt. In der Zentralverwaltung gab es hingegen eine gewisse Zusammenfassung: Für Böhmen (mit Nebenländern) und Ungarn waren jeweils eigene Hofkanzleien zuständig, für die altösterreichischen Länder seit 1620 eine gemeinsame Kanzlei, die österreichische Hofkanzlei. Da die Hofkanzlei auch für Adelssachen zuständig war, entstand aus dem steirischen, niederösterreichischen (usw.) Adel ein gemeinsamer »österreichischer« Adel, dessen größere Familien meist auch in mehreren Ländern das Indigenat (Mitgliedschaft in den Landständen) hatten. Nach 1620, nach der Eliminierung des protestantischen böhmischen Adels, verbanden sich die wohlhabendsten Adelsfamilien Böhmens und Österreichs zur neuen Spitzengruppe des höfischen Adels, der dann auch alle wichtigen Positionen innehatte.

Auch im sorgfältig ausgefeilten Hofzeremoniell spielte der höfische Adel eine bedeutende Rolle. Die jungen Damen und Herren lernten bei Hof als Pagen das höfische, »höfliche« Benehmen, später folgten sie ihren Eltern und Anverwandten in die wichtigen Positionen des Hofdienstes und der Hochbürokratie, wobei diese Positionen an der Spitze zusammenfielen: Der Obersthofmeister, der Chef des gesamten Hofstaates, führte bei Abwesenheit des Kaisers auch den Vorsitz in den wichtigen Beratungsgremien. Das leitende Prinzip bei allen öffentlichen Akten hieß Rangigkeit, man stellte sich die Gesellschaft nicht nach Schichten oder Klassen gegliedert vor, sondern nach dem Rang. Dieser bestimmte das Maß an gehöriger Ehrerbietung, aber auch die dem Individuum zustehende Kleidung, und nicht zuletzt die Reihenfolge bei öffentlichen Auftritten. Entscheidend war die Nähe zum Herrscher. Letztlich bestimmte dieser, wer vor oder nach wem in einer der großen Prozessionen zu gehen hatte. Natürlich blühten Tratsch und Intrige.

4.4 Das Barock – die Kunst der Repräsentation

Eigentlich verdankt Österreich seine bis heute so dominante barocke Prägung einer einzigen Person, dem Prinzen Eugen. Durch die siegreiche Beendigung des mit der Belagerung Wien 1683 begonnenen Krieges gegen die Osmanen 1699 (Friede von Karlowitz/Sremski Karlovci), seine Erfolge im Spanischen Erbfolgekrieg und im Türkenkrieg von 1716–18 (Friede von Passarowitz/Požarevac) erreichte die Habsburgermonarchie ihren größten Gebietsumfang.

Prinz Eugen 1663–1736

Prinz Eugen Franz von Savoyen-Carignan wurde am 18. Oktober 1663 in Paris geboren. Der junge Eugen strebte anstatt der angepeilten geistlichen Laufbahn zum Militär. Im Sommer 1683 reiste Eugen zum Kaiser, beim Entsatz von Wien (12.9.1683) erlebte er seine Feuertaufe. 1697 errang er als neuer Oberbefehlshaber in Ungarn den großen Sieg bei Zenta. Die Folge war der 1699 abgeschlossene Friede von Karlowitz/Sremski Karlovci, der den Habsburgern den größten Teil Ungarns und ganz Siebenbürgen sicherte.

1703 wurde Eugen Präsident des Hofkriegsrates und errang allein oder gemeinsam mit dem englischen Feldherrn Marlborough einige wichtige Siege im Spanischen Erbfolgekrieg (ab 1701). Dieser endete 1714 letztlich mit einem Kompromiss, durch den in Spanien die Bourbonen an die Regierung kamen; Belgien (Spanische, jetzt Österreichische Niederlande), Mailand und Neapel-Sardinien (bzw. Sizilien) fielen an Karl VI. Eugens letzter großer militärischer Erfolg war die Eroberung Belgrads 1717. Danach widmete er sich seinen Palastbauten (Belvedere, Winterpalais in der Himmelpfortgasse, Schloss Hof, Niederweiden) und seinen erlesenen Sammlungen, samt Menagerie. Er starb 1736 und wurde im Dom zu St. Stephan bestattet.

Literatur: Max Braubach: Prinz Eugen von Savoyen. Eine Biographie, München 1963–1965.

Das Ende der osmanischen Bedrohung wirkte wie eine Erlösung. In wenigen Jahrzehnten wurde eine große Zahl von Kirchen und Kapellen, Stiften und Klöstern, von Adelspalästen und Bürgerhäusern neu gebaut oder im modischen Stil des Barocks erneuert. Die Kunst des Barocks diente der Repräsentation der siegreichen katholischen Kirche und – letztlich – Gottes, aber auch der Repräsentation weltlicher Herrschaft. Die Architektur des höfischen Barocks hatte dem Zeremoniell zu dienen: In die Paläste kam man durch einen Ehrenhof, in den man einfahren konnte, ebenso prunkvolle wie bequeme Stiegen führten in das repräsentative Geschoß. Der Kaiser und die Kaiserin hatten jeweils einen ganzen Trakt für sich. Exemplarisch verbindet sich in der Pestsäule am Wiener Graben die religiöse mit der Herrscherrepräsentation: In der Sockelzone, noch unterhalb der hoch aufragenden dreiseitigen Wolkenpyramide, kniet betend Kaiser Leopold I., dessen Gebete – Dank für die Überwindung der Pest usw. – in Tafeln an drei Seiten der Säule zu sehen sind. Der göttlichen Dreifaltigkeit an der Spitze der Säule entspricht die in Wappen symbolisierte Dreifaltigkeit der habsburgischen Länder (Ungarn, Böhmen, Österreich).

Das österreichische Barock ist stark vom römischen Barock des 17. Jahrhunderts beeinflusst, von Italien kamen auch zunächst die meisten Künstler, erst später kamen auch die von jenen beeinflussten Einheimischen zum Zug. Einmalig war das intensive Zusammenspiel von Architekten, Bildhauern, Stuckateuren und Malern, das zu einer kaum jemals erreichten Verschmelzung dieser verschiedenen Künste zu einheitlichen Kunstwerken hohen Ranges führte. Bauherren waren, neben dem Kaiser, sein wichtigster Feldherr, Prinz Eugen von Savoyen, Adelsfamilien wie die Schönborn, die Eggenberg, die Attems, die Schwarzenberg, die Althann oder die Harrach. Schließlich die kunstverständigen Prälaten von Göttweig, Melk, Altenburg, Dürnstein usw. Sie alle waren vom sprichwörtlichen »Bauwurm« befallen.

Die Antwort auf die Frage, was denn von der barocken Welle geblieben sei, liegt nahe: Das barocke Salzburg, zahlreiche Stift- und Klosterbauten, zahllose barocke Kirchenneu- und -umbauten und barockisierte Innenräume. Das Barock prägt immer noch – wenigstens partiell – das Landschaftsbild. In Wien: die Karlskirche, die Hof- (heute National-)Bibliothek, der Reichskanzleitrakt der Hofburg, die Favorita (heute Diplomatische Akademie), schließlich Schönbrunn als Schöpfungen des kaiserlichen Hauses; zahlreiche Adelspaläste an der Herrengasse, aber auch außerhalb der Inneren Stadt (das Belvedere, Palais Schwarzenberg, Schönburg, Trautson, Auersperg, Liechtenstein u.a.).

Das Ende der Baufreude hing nicht selten mit einer Überschuldung des Bauherrn zusammen. Wo die Bauern in starkem Maße zur Baurobot herangezogen wurden, kam es auch vereinzelt zu Bauernaufständen (Admont). Durch die Steuerreform Maria Theresias wurden die grundherrlichen Einkünfte erstmals besteuert, auch diese Maßnahme führte zum Erlahmen der Baufreude um die Jahrhundertmitte des 18. Jahrhunderts.

4.5 Eine neue Wirtschaftspolitik – der Merkantilismus

Die Zeit des Barocks war eine Phase außerordentlich niederer Löhne. Die »kleinen« Handwerker, Maurer, Zimmerleute, Dachdecker, Spengler, Glaser, Tischler, aber auch viele Taglöhner waren froh, wenn sie überhaupt Arbeit hatten. Insofern fungierte der barocke »Bauwurm« auch als eine Art produktiver Arbeitslosenfürsorge. Abseits der großartigen Baustellen und grandiosen Kunstwerke zeigt ein Blick auf die Alltagswelt des frühen 18. Jahrhunderts düstere Bilder. Immer wieder kehrte die Pest zurück, ein besonders schlimmes Pestjahr – gleichzeitig das letzte – war 1713. Auch die Sicherheitsverhältnisse blieben unbefriedigend. Man richtete daher, worauf oben (S. 79) schon hingewiesen wurde, Zucht- und Arbeitshäuser ein, in denen »arbeitsscheue Elemente« Fleiß und Arbeitsamkeit lernen sollten.

Eine neue Wirtschaftspolitik war nötig. Die Rezepte lieferten einige kluge Köpfe aus Deutschland, von denen Philipp Wilhelm von Hörnigk (1630–1714) mit seinem Buch »Österreich über alles, wann es nur will« (1684) der bekannteste war. Hörnigk verwendet »Österreich« als gemeinsamen Begriff für die Gesamtheit der habsburgischen Königreiche und Länder. Man müsse diese Länder wirtschaftlich miteinander verbinden, den Import von Luxusgütern stoppen, die Arbeitsamkeit steigern, die Zahl der Feiertage reduzieren, tüchtige Unternehmer von den Begrenzungen der Zunftschranken befreien und große Betriebe – Manufakturen – schaffen. Das Buch wurde zur heiligen Schrift von Generationen habsburgischer Wirtschaftspolitiker. Schritte zur Umsetzung der Ideen Hörnigks bestanden in der öffentlichen Unterstützung der Gründung von »Fabriken«, Betrieben, die durch ein Privileg von der Beengung durch zünftische Vorschriften befreit waren. Auch wurden unter Karl VI. die Verkehrsverbindungen mit den neuen Freihäfen an der Adria, Triest und Fiume (1719), vor allem die Triester Straße, ausgebaut (1728 fertig). Immer mehr Unternehmungen wurden gegründet und mit Privilegien ausgestattet, nicht selten mit Monopolrechten. Allein in Niederösterreich entstanden Papiermühlen (etwa in Rannersdorf), eine Tabakfabrik in Hainburg, Seiden- und Stofffabriken in Wiener Vorstädten, eine Gewehrfabrik in Hainfeld. 1719 wurde – nach dem Frieden von Passarowitz – eine neue Orientalische Kompanie gegründet, die 1723 eine Baumwollwarenfabrik in Schwechat ins Leben rief. Die lange Zeit größte dieser Unternehmungen war die Linzer Wollzeugfabrik, gegründet 1672 durch den Linzer Handelsmann Christian Sint, die zeitweilig in der Fabrik und im Verlag mehr als 30.000 Menschen beschäftigte; die großen Zahlen bedeuten Spinnerinnen und Spinner in Heimarbeit. Das zentrale Fabriksgebäude wurde 1969 abgerissen.

Was blieb von der Frühen Neuzeit? Als Folgen von Reformation und Gegenreformation das katholische und barocke Österreich. Die erste gemeinsame Verwaltung der österreichischen Länder durch die österreichische Hofkanzlei. Die Anfänge einer neuen Wirtschaftspolitik (Merkantilismus), erste Manufakturen und Fabriken, Straßenbau (Triester Straße).

5. Maria Theresia, Joseph II. und die österreichische Staatsbildung

5.1 Maria Theresia und der Beginn der Staatsreform

Maria Theresia wurde 1717 geboren und war seit 1736 mit Franz Stephan von Lothringen verheiratet, der als Folge des Polnischen Thronfolgekrieges 1737 Großherzog der Toskana wurde, aber Lothringen verlor. Im Herbst 1740 starb Kaiser Karl VI., seine Tochter übernahm, kaum vorbereitet, eine äußerst schwierige Aufgabe. Die Kurfürsten von Bayern und Sachsen hatten die Pragmatische Sanktion nie anerkannt und erhoben als Gatten zweier Töchter Kaiser Josephs I. Anspruch auf das habsburgische Erbe. Auch der Nachbar im Norden, König Friedrich II. von Preußen, der ebenfalls gerade den Thron bestiegen hatte, meldete Ansprüche auf diverse schlesische Herzogtümer an und besetzte Schlesien. Damit begann eine kriegerische Phase, die erst 1748 mit dem Frieden von Aachen und dem Verlust des größten Teils von Schlesien sowie von Parma und Piacenza endete.

Die lange Kriegsphase hatte zentrale Problemfelder der habsburgischen Herrschaft sichtbar gemacht: Die Armee war zu schwach und folgte veralteten taktischen Mustern, die Minister waren alt und wenig entschlussfreudig und vor allem – es fehlte an Geld. Die Länder bewilligten zu geringe Steuern, und die bewilligten kamen schleppend und unzureichend herein (in die Hofkammer, das höfische Finanzministerium). Immerhin wurde der Gemahl der Königin 1745 nach dem Tod des 1742 gewählten wittelsbachischen Kaisers Karl VII. zum römisch-deutschen Kaiser gewählt. Nun ging es an die Staatsreform.

Eine grundlegende Reform des Steuersystems stand am Beginn. Friedrich Wilhelm Graf Haugwitz (1702–1765) hatte bereits im österreichisch verbliebenen Teil Schlesiens höhere Staatseinnahmen erzielt. 1747 amtierte Haugwitz in Kärnten und Krain – beide Länder lieferten besonders wenige Steuern in Wien ab und waren hoch verschuldet. Haugwitz richtete in diesen Ländern neue landesfürstliche Regierungen ein, die er direkt Wien (und nicht mehr Graz!) unterstellte. Als Ansprechpartner der neuen Landesstellen sollte eine neue Zentralstelle dienen, das so genannte *Directorium in publicis et cameralibus*, in dem einige Abteilungen der Hofkammer sowie die böhmische und die österreichi-

Abb. 7 Das repräsentative Porträt von Maria Theresia (1717–1780) entstand 1759 als Auftragsarbeit durch den viel beschäftigten Hofmaler Martin van Meytens.

sche Hofkanzlei zusammengefasst wurden. Die Appellationsbefugnisse der Hofkanzlei wurden einer neuen »Obersten Justizstelle« übertragen. So wurde, quasi nebenbei, die Trennung von Justiz und (Staats-)Verwaltung vorbereitet (1749).

Die Stände wurden dazu gedrängt, die Steuern auf zehn Jahre zu bewilligen (Dezennalrezesse) – solche Rezesse hatte es auch schon früher gegeben, für die Tilgung von Staatsschulden, jetzt wurden sie zur Norm. Durch die Staatsreform von 1749 wurden daher die Stände der einzelnen Länder aus der Bewilligung der Steuern weitgehend ausgeschaltet – aber noch nicht aus der Einhebung. Größere Länder erhielten, nach böhmischem Vorbild, unterhalb der Landesebene zusätzliche Kreisämter (in Österreich für je ein Landesviertel), denen von der Herrscherin ernannte Kreishauptleute vorstanden. Damit war der »Staat« jetzt auch auf einer regionalen Ebene präsent, die er bisher nicht beherrscht hatte. Als Basis für die Steuerbemessung sollten neue, nach Grundherrschaften aufgebaute Verzeichnisse, die so genannten maria-theresianischen Rektifikationen bzw. Fassionen oder Gültbücher dienen. In diesem maria-theresianischen Kataster wurden Bauern- und Herrenland getrennt erfasst, in Rustikal- bzw. Dominikalfassionen. Denn jetzt wurden auch die von den Herrschaften selbst bewirtschafteten Eigengüter, die Dominikalgüter, in die Besteuerung einbezogen, mit einem etwas geringeren Steuersatz. Tatsächlich stiegen die Einnahmen des Staates während der Regierungszeit Maria Theresias von etwa 39 auf 57 Millionen Gulden im Jahr. 1761 wurde das »Directorium« wegen seiner Unhandlichkeit wieder aufgelöst, Hofkammer und Hofrechenkammer (eine Art Rechnungshof) sowie eine Generalkasse verselbstständigt. Als Innenministerium fungierte die weiterhin vereinigte »böhmisch-österreichische Hofkanzlei«. Unabhängig davon blieb die Oberste Justizstelle bestehen, als oberstes Appellationsgericht und Justizministerium. Auf der Ebene der Länder wurden Gubernien oder Landeshauptmannschaften eingerichtet. Die Behörden für Ungarn (Statthalterei, ungarische Hofkanzlei und Hofkammer) und Siebenbürgen blieben aber von den Einrichtungen des nunmehr entstehenden böhmisch-österreichischen »Kernstaates« weiterhin vollkommen getrennt.

Die seit 1742 von der Hofkanzlei getrennte Staatskanzlei, das Außenministerium, leitete seit 1753 Wenzel Anton Graf (später: Fürst) Kaunitz-Rietberg. Auf seinen Vorschlag wurde 1760 ein »Staatsrat« geschaffen. Der aus nur sechs Mitgliedern bestehende Staatsrat sollte für die Herrscherin gut vorbereitete Entscheidungsgrundlagen liefern. Die Seele des Staatsrates war Haugwitz, »Innenminister« der Kaiserin.

Die Reformen ab 1749 dienten der Vorbereitung auf die Rückeroberung Schlesiens. Die Armee wurde reorganisiert und vergrößert. Kaunitz plante ein neues, bisher undenkbares Bündnis – mit Frankreich. Die französische Diplomatie blieb lange sehr zurückhaltend. Andererseits hatte sich Preußen England angenähert, was die Franzosen verstörte. Nun konnte Kaunitz endlich »sein« Bündnis verwirklichen: Im Mai 1756 schlossen Frankreich und die Monarchie eine Defensivallianz, die alten Verbindungen wurden damit umgekehrt. 1757 wurde Russland in das Bündnis aufgenommen. Einer Kriegserklärung der Allianz kam Friedrich II. durch den Einmarsch in Sachsen (1756) zuvor. Der Siebenjährige Krieg begann, ein weltweiter Krieg, in dem die französischen Verbündeten Österreichs sowohl in Nordamerika wie auch in Indien von den Briten geschlagen wurden.

Die neue Armee Maria Theresias legte in diesem Krieg (1756–1763) ihre Bewährungsprobe ab. Der Sieg des Feldmarschalls Leopold Joseph Graf Daun (1705–1766) über König Friedrich bei Kolín östlich von Prag (1757) war für Maria Theresia ein »gesegneter Tag«, der »Geburtstag der Monarchie«.[1] Als erster erhielt Daun den aus diesem Anlass von der Kaiserin gestifteten Militär-Maria-Theresien-Orden. Der maria-theresianische Staat gewann über seine Armee Selbstbewusstsein und Identität. Denn die Soldaten dieser Armee hatten bereits einen Namen, den das Staatswesen als Ganzes noch gar nicht trug, sie waren

»Österreicher« – eine dauerhafte Folge der Trennung von Kaisertum und Haus Österreich 1740. Der lange und verlustreiche Krieg endete letztlich unentschieden. Im Frieden von Hubertusburg (in Sachsen 1763) musste Maria Theresia endgültig auf Schlesien verzichten. Ab jetzt wollte sie keine Kriege mehr führen.

5.2 Maria Theresia und ihr Mitregent Joseph II.

1765 starb Kaiser Franz I. in Innsbruck. Der Freund der Naturwissenschaften war ein erfolgreicher Unternehmer und Finanzmann. Einen Teil seines großen Vermögens verwendete Maria Theresia zur Gründung des habsburgischen Familienfonds, der ausschließlich für den Unterhalt der habsburgischen Familie bestimmt war. Der Rest wurde zur Reduktion bzw. Stabilisierung der Staatsschuld verwendet. Der älteste Sohn des Paares, Joseph II., schon 1764 zum römischen König gewählt und daher seit 1765 Kaiser des Heiligen Römischen Reiches, wurde von Maria Theresia zum Mitregenten in ihren Ländern ernannt. Der junge Kaiser, beseelt vom Wunsch nach nützlicher Tätigkeit und stark beeinflusst von Ideen der Aufklärung, drängte auf schnelle Reformen. Es wurde eine schwierige Partnerschaft mit vielen Krisen. Maria Theresia geizte nie mit Lob, Joseph II. selten mit Tadel. Im Umgang mit Mitarbeitern und Untergebenen zeigte er eine eher geringe Sozialkompetenz. Die Kirche war in den Dienst des Staates zu stellen. Maria Theresia verharrte hingegen in ihrer persönlichen, strengen Gläubigkeit, die sich mit dem Alter noch steigerte. Joseph II. strebte heftig nach außenpolitischen Erfolgen, als welcher die Erwerbung Galiziens (1. Teilung Polens 1772) ja auch gelten mochte. 1775 kam noch eine kleine Region der oberen Moldau dazu, die spätere Bukowina.

Die Erwerbung Bayerns im Tausch gegen Belgien (die österreichischen Niederlande) war das wichtigste politische Ziel Josephs II. Ein Erfolg hätte die Stellung Österreichs im Reich entscheidend gestärkt. Natürlich blockierte daher Friedrich II. von Preußen alle diese Pläne, von denen, nach einem kurzen militärischen Intermezzo 1779, nur die Erwerbung des Innviertels – der einzige dauerhafte Gebietszuwachs für ein österreichisches Land im 18. Jahrhundert – realisiert wurde.

Maria Theresia starb am 29. November 1780. Sie war die einzige unter den (wenigen) Herrscherinnen der Neuzeit, die nicht nur regierte, sondern auch sehr bewusst ihre Mutterrolle wahrnahm – und sie auch propagandistisch und politisch ausspielte. Für den misogynen Friedrich II. von Preußen waren ihre ständigen Schwangerschaften nicht nur unverständlich, sondern geradezu skandalös.

Persönlich war und blieb sie eine fromme katholische Christin, die Glaubenseinheit dieser Länder war ihr wichtig. Dass jene in Ungarn nicht durchsetzbar war, hat sie jedoch beachtet. Gegen Geheimprotestanten in Oberösterreich und Kärnten ging sie in aller Härte vor. Evangelische »Landler« (aus Oberösterreich, dem »Landl« ob der Enns) wurden ebenso wie Geheimprotestanten aus Kärnten und der Obersteiermark ab 1752 und wieder ab 1773 nach Siebenbürgen ausgewiesen, das war auch habsburgisch.

5.3 Der aufgeklärte »Absolutismus« Josephs II.

»Seine« Monarchie war für Joseph II. ein einheitliches Herrschaftsgebiet, in dem für die »Glückseligkeit des Staates«[2] nur ein Wille gelten konnte – der des Herrschers. Die Stände der einzelnen Länder waren in seinen Augen nur mehr unnütze Überreste. Joseph II. vereinigte die ständischen Verwaltungen mit den staatlichen Landesverwaltungen und entzog den Ständen die Verfügung über die oft großen ständischen Vermögen (Landesfonds).

Erbhuldigungen fanden ebenso wenig statt wie Krönungen, die ungarische und die böhmische Krone wurden nach Wien gebracht. Überall sollte ausschließlich das Deutsche als Sprache der Verwaltung verwendet werden. Diese Maßnahmen schufen eine breite Missstimmung, vor allem beim Adel, die sich in Ungarn bis um 1789 gefährlich zuspitzte. In Belgien (Österreichische Niederlande) führten sie im Verein mit kirchenpolitischen Maßnahmen sogar zu einem erfolgreichen Aufstand.

1781 und 1782 erließ der Kaiser 12 Toleranzpatente für die einzelnen Königreiche und Länder, mit denen er den »akatholischen« Christen (den Evangelischen AB und HB sowie den Griechisch-Nichtunierten) das »Privat-Exercitium« ihrer Konfessionen gestattete (13. Oktober 1781). Doch sollten die Kirchen der Akatholiken unauffällig gestaltet sein. Die meisten Toleranzgemeinden bildeten sich in Kärnten (14), gefolgt von Oberösterreich (9), in Wien samt Niederösterreich drei, in der Steiermark zwei.

Josephs II. Toleranzpatent für die Wiener Juden (Jänner 1782) verbot diesen zwar weiterhin in Wien und Niederösterreich den Erwerb von Immobilien, ebenso die Gemeindebildung. Es wurde ihnen jedoch erlaubt, höhere Schulen zu besuchen und jede Art von Handel und Gewerbe zu treiben. Diskriminierende Kleidervorschriften fielen. Eine wirkliche rechtliche Gleichstellung erfolgte nicht, sie kam erst mit der Dezemberverfassung 1867.

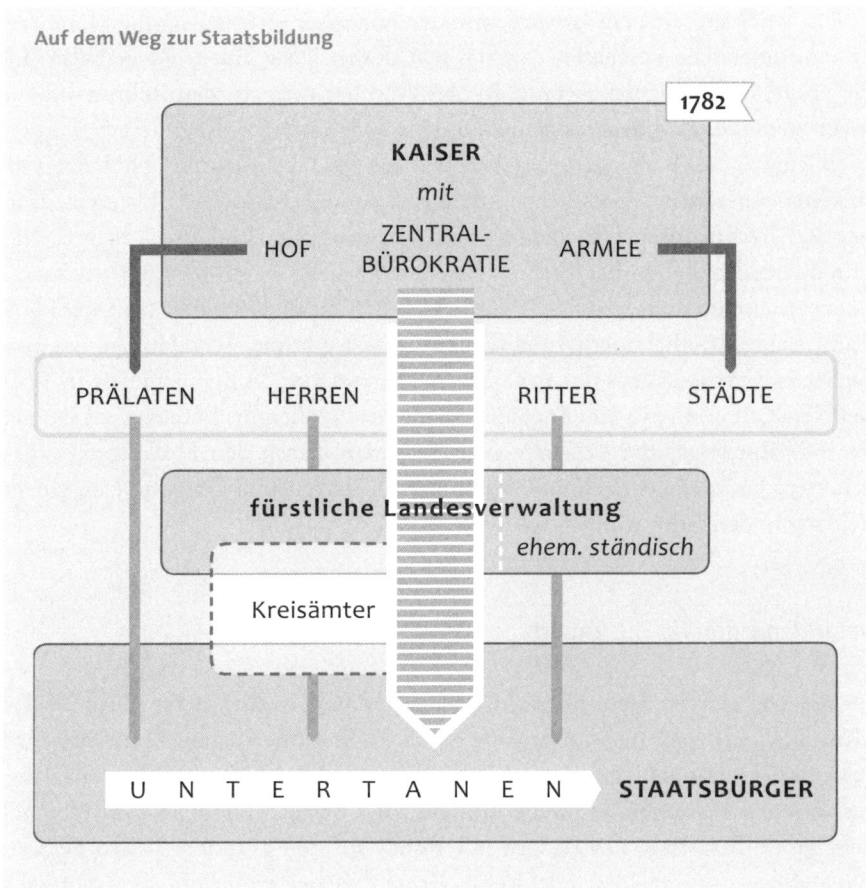

5.4 Die theresianisch-josephinischen Reformen

Das im Rückblick einheitlich wirkende Reformwerk der maria-theresianisch-josephinischen Periode ging primär von der militärischen und – was damit engstens zusammenhing – finanziellen Schwäche der österreichischen Monarchie aus.

Wollte man genau wissen, wie viele Menschen in diesem Staat lebten bzw. wie viele Soldaten man ausheben konnte, musste man die Haushalte und deren Mitglieder zählen. Die Volkszählungen konnten wiederum nur funktionieren, wenn jedes einzelne Haus als identifizierbarer Wohnplatz mit einer Nummer versehen war. So begann die bis heute gebräuchliche Nummerierung der Häuser. Die erste Volkszählung fand 1754 statt. Nach 1769 wurde nur mehr die wehrfähige männliche Bevölkerung erhoben.

Für die Heeresergänzung wurden in den böhmisch-österreichischen Ländern 37 »Werbbezirke« geschaffen (1771), von denen jeder einem »deutschen« Infanterieregiment zugeteilt wurde. In den Werbbezirken wurden Rekruten nicht mehr geworben, sondern ausgehoben. Die »ungarischen« Regimenter wurden nach wie vor durch Werbung ergänzt. Die Auswahl der Rekruten blieb den Obrigkeiten überlassen. Geistliche, Adelige, Beamte, Doktoren, Chirurgen, Bürger und Bauern sowie Übernehmer von Bauernwirtschaften waren befreit. Die grundherrschaftlichen Beamten stellten mit Vorliebe widerborstige Untertanen oder verhaltensauffällige junge Männer zum Militär ab. Die Dienstzeit war noch immer lebenslänglich, der Militärdienst verhasst. Für die Ausbildung eines qualifizierten Offizierskorps rief 1751 Maria Theresia eine Militärakademie in Wiener Neustadt und 1754 eine Ingenieurakademie in Wien ins Leben. Zur Hebung des Sozialprestiges der Offiziere gestattete man diesen den Hofzutritt (1751), seit 1757 konnten sie nach dreißigjähriger Dienstzeit und Teilnahme an einem Feldzug in den Adel erhoben werden.

Veränderungen für die Bauern

Da die wichtigsten Steuerträger die Bauern waren, musste deren Besitz – das »Rustikalland« – vor der Aufsaugung durch die grundherrlichen Eigenwirtschaften – das »Dominikalland« – geschützt werden. Mit der Anlegung der maria-theresianischen Fassionen waren die Einheiten der Besteuerung fixiert, die regional sehr große Belastung der Bauern mit Robot auf den grundherrlichen Feldern blieb aber. 1770–72 lösten schlechte Ernten wieder einmal Hungersnöte aus, die Landwirtschaft erbrachte offenkundig ungenügend Erträge. Nicht zufällig erfolgte daher die erste genaue Robot-Maximierung für Niederösterreich 1772 (104 Tage im Jahr). Durch die von Joseph II. geförderte und erleichterte, aber nicht vorgeschriebene »Robotabolition« wurde die Robot durch Bezahlung eines Geldbetrages beendet, durch »Relution« in eine jährliche Geldrente umgewandelt. Durch die Aufteilung herrschaftlicher Meierhöfe auf mehrere Bauernhöfe sollte nicht nur die Robot überflüssig werden, sondern auch die Bauernschaft (und die Bevölkerung) wachsen. Man begann damit 1775 in Böhmen auf Staatsgütern (Raab'sches System, nach dem Hofrat Franz von Raab).

Damit war ein weiteres Ziel dieser Politik angesprochen: Vermehrung der Bevölkerung, dadurch Vergrößerung der Armee, aber auch der Zahl der produzierenden Hände und der Zahl der Konsumenten – denn die vermehrt produzierten

Waren mussten auch Käufer finden. Im Sinne der Vermehrung der Bevölkerung (»Peuplierung«) erweiterte schon Maria Theresia die Heiratsmöglichkeiten.

Durch das Leibeigenschaftsaufhebungspatent für Böhmen, Mähren und Schlesien legte Joseph II. die Freizügigkeit und die freie Berufswahl für die bäuerliche Bevölkerung fest (1781). Analoge Gesetze für die meisten anderen Länder folgten. Eingeschränkt wurde hingegen die Freizügigkeit für die Wehrpflichtigen, sie durften ohne Pass ihrer Obrigkeit ihre engere Umgebung nicht verlassen: An die Stelle der Grundherrschaft trat der Staat als freiheitsbegrenzende Instanz. – Dekrete über Beschwerdemöglichkeiten und Strafen der Untertanen (1781) dienten der Rechtssicherheit, ebenso die Vorschrift, dass Grundherren mit Gerichtsrechten einen staatlich geprüften Justizbeamten anzustellen hatten – wieder Ausdruck des Staatseingriffs in die ursprünglich autonome Sphäre grundherrlicher Rechtsprechung.

Die große Steuer- und Urbarialregulierung Josephs II. (1785) sollte die Abgaben der Bauern gegenüber Staat und Grundherren auf 30 % des Bruttoertrages begrenzen – etwa 17 % sollten den Herren zukommen, knapp 13 % als Steuern dem Staat. Der Bruttoertrag sollte in neuen Unterlagen, den josephinischen »Lagebüchern«, für alle Grundstücke verzeichnet werden. Die Parzellen sollten die Bauern selbst vermessen, die man dazu anlernen wollte. Joseph II. stellte sich vor, dass das ganze riesenhafte Werk in wenigen Monaten vollendet sein würde. Wegen des starken Widerstandes der adeligen und geistlichen Grundherren widerrief er diese zentrale Reform aber knapp vor ihrem Abschluss (und knapp vor seinem Tod).

Damit die Bauern mehr Produkte auf die Märkte brächten, wurde ihnen 1751 der freie Verkauf eigener Produkte garantiert. Aber erst 1770 – im Jahr einer Hungersnot – wurde den Grundherren verboten, den Untertanen den freien Verkauf ihrer Produkte zu hemmen. Noch war der landwirtschaftliche Fortschritt sehr dürftig. Immerhin dürfte sich damals der Anbau der Kartoffeln in einigen Gegenden schon verbreitet haben. 1768 nahm man systematisch die Aufteilung von Gemeindegründen in Angriff. Wirksamer war die Zehentfreiheit für neue Produkte, die etwa für Klee oder Erdäpfel zumindest für eine Reihe von Jahren zugesichert wurde.

Die gewerbliche Wirtschaft

In der Wirtschaftspolitik konnte Maria Theresia auf die merkantilistischen Ansätze aufbauen, die bereits unter ihrem Vater kräftig entwickelt worden waren.

Die Macht der Zünfte (in Österreich »Zechen«) war bereits reduziert. 1754 wurden die Gewerbe in Kommerzial- und Polizeigewerbe unterteilt. Die letzteren arbeiteten für den Lokalbedarf (als Rauchfangkehrer, Fleischhauer, Bäcker usw.), die ersteren für den überregionalen Markt, sie sollten daher von den Zunftvorschriften befreit werden. Maria Theresia ermöglichte die Radizierung der Polizeigewerbe auf jene Häuser, in denen sie ausgeübt wurden, was den Wert dieser Häuser sehr erhöhte, denn mit ihnen war seither eine Gewerbekonzession verbunden. Wie ihr Vater förderte sie Manufakturen und Fabriken, manchmal auch mit kräftigen Subventionen. In der Außenhandelspolitik blieb sie restriktiv. Besonders gefördert wurde die Hafenstadt Triest, wo der *Borgo Teresiano*, die Theresienvorstadt, mit ihrem zentralen Kanal und dem streng geometrischen Grundriss an die Stadterweiterung durch die Herrscherin erinnert.

Eigentlich erzeugte die österreichische Monarchie alles Lebensnotwendige in ihren Grenzen, abgesehen von Gewürzen und feinen Stoffen. Darauf hatte schon Hörnigk 1684 hingewiesen. Man musste nur den Binnenhandel fördern und Einfuhren möglichst hemmen, dann würde die gewerbliche Wirtschaft aufblühen. 1775 wurde endlich ein die böhmischen und österreichischen Länder (ohne Ungarn, Tirol mit Vorarlberg und den Vorlanden, Mailand, Belgien und zunächst auch Galizien) umfassendes einheitliches Zollgebiet geschaffen. Joseph II. betrieb keine systematische Gewerbepolitik, aber er erleichterte die Verleihung von Fabriksbefugnissen. Dabei vermied er es, Monopolrechte zu verleihen, wie das in der ersten Jahrhunderthälfte noch üblich gewesen war – die Konkurrenz sollte anspornend wirken. Waren, die auch im Inland erzeugt wurden oder erzeugt werden konnten, durften nicht mehr eingeführt werden. 1784 wurde dieses »Prohibitivsystem« verschärft, 1787 weitere Waren »außer Handel« gesetzt. Diese Verbote begünstigten einen lebhaften Schmuggel. Im Innern sollte sich die Wirtschaft möglichst frei entwickeln, nach außen hin durch Einfuhrverbote geschützt werden.

Im josephinischen Jahrzehnt begann ein deutliches, wenngleich nicht genau bezifferbares Wachstum. Die Zahl der Manufakturen erhöhte sich allein in Niederösterreich von mindestens 90 im Jahr 1783 auf mindestens 140 im Jahr 1790. Ähnliche Entwicklungen sind in Böhmen zu beobachten. Die Kärntner Roheisenerzeugung verdoppelte sich zwischen 1770 und 1794. In Wien stieg die Zahl der in der Seidenweberei Beschäftigten von etwa 600 (1762) auf mehr als 5200 im Jahr 1772. 1790 waren in allen Branchen der Seidenerzeugung bereits 14.600 Menschen tätig, fast alle in Wien und seinen Vorstädten bzw. Vororten. Buchhandel und Buchdruck, überhaupt die graphischen Gewerbe (auch die

Kupfer- und Stahlstecher) erlebten eine ausgesprochene Blütezeit, damit auch die Papiererzeugung.

Die Rechtskodifikationen und die »Erfindung« der Polizei

Die Vereinheitlichung des für den Alltag wichtigen Rechts, des Bürgerlichen (Privat-)Rechts, aber auch des Strafrechts, war die logische Folge der Existenz der »Obersten Justizstelle« – denn wie konnte bei dem Nebeneinander verschiedener Privatrechtssysteme ein oberstes Appellationsgericht korrekt Recht sprechen? 1766 wurde für das Privatrecht der Entwurf eines mit fünf Bänden allerdings recht unhandlichen *Codex Theresianus* vorgelegt. Erst unter Joseph II. wurde eine praktische kürzere Form erarbeitet. Sie erschien 1786 als erster Teil des *Allgemeinen Bürgerlichen Gesetzbuches*, inhaltlich Eherecht und Ehegüterrecht. Der zweite und dritte Teil wurden erst unter Kaiser Franz II. (I.) 1811 veröffentlicht und 1812 in Kraft gesetzt.

Die Logen der Freimaurer

Die um 1780 so erstaunlich rasch hervortretende kritische Öffentlichkeit wäre ohne die Freimaurerlogen undenkbar gewesen. Alle wichtigen Reformpolitiker, die meisten hohen Adeligen, Militärs und Beamten in zentralen Positionen gehörten einer Loge an. Am berühmtesten wurde die 1781 gegründete Loge *Zur wahren Eintracht*. Ihr Meister vom Stuhl war der Naturforscher – und Vorbild des Sarastro in der *Zauberflöte* – Ignaz von Born. Unter ihren Mitgliedern befanden sich Aufklärer wie Joseph von Sonnenfels oder Franz von Zeiller (der Vollender des Allgemeinen Bürgerlichen Gesetzbuches), die Dichter und Schriftsteller Aloys Blumauer, Joseph Franz Ratschky, Johann Baptist Alxinger und schließlich Joseph Haydn. Wolfgang Amadeus Mozart hingegen war Mitglied der Loge *Zur Wohltätigkeit*. Die aufklärerische Energie der Freimaurerei blieb fast ausschließlich auf die *Wahre Eintracht* beschränkt. Daneben breiteten sich durch die Beschäftigung mit ägyptischen, antiken oder mittelalterlichen »Mysterien« in der Hochgradmaurerei der Rosenkreuzer oder der Asiatischen Brüder auch Romantizismus und Mystizismus aus. Mitglieder waren Beamte, Adelige, Offiziere, Gelehrte und Unternehmer. Handwerker wurden nirgends aufgenommen. Christliche Religion war selbstverständliche Voraussetzung.

Joseph II. befahl in seinem Freimaurerpatent von 1785 eine Zusammenlegung und zahlenmäßige Reduktion der Logen, ebenso wie eine Öffnung für eine gewisse polizeiliche Kontrolle. Damit war die Hochblüte der Freimaurerei vorüber. Mit Jahresende 1785 stellte die *Wahre Eintracht* ihre Tätigkeit ein. 1795 wurden die letzten Logen geschlossen.

Literatur: Hans Wagner: Freimaurerei um Joseph II. Die Loge zur wahren Eintracht, Wien 1980.

Die 1768 publiziert *Constitutio Criminalis Theresiana* war das letzte neue Strafgesetzbuch Europas, das die Folter als Mittel der Wahrheitsfindung ermöglichte. Gegen Folter und Todesstrafe trat besonders Joseph von Sonnenfels (1733–1817) auf. Nach langen Diskussionen wurde die Folter 1776 abgeschafft. Joseph II. setzte 1781 auch die Todesstrafe aus. Aber das als schwerste Strafe vorgesehene »Schiffsziehen« in Ungarn, donauaufwärts, kam einer Todesstrafe gleich, da kaum ein Delinquent es länger als zwei Jahre ertrug. Ein neues Strafgesetzbuch trat 1787 in Kraft. Joseph II. erließ 1781 eine Allgemeine Gerichtsordnung, die das Zivilprozessrecht einheitlicher gestaltete.

Der Reformabsolutismus »erfand« die moderne Polizei. Der ältere Begriff der »Polizey« als Sorge des Fürsten um das irdische und ewige Heil seiner Untertanen hatte seit dem 16. Jahrhundert in zahlreichen Polizei- und Kleiderordnungen seinen Niederschlag gefunden. Nun setzte eine begriffliche Verengung des Polizey-Begriffs auf die innere Sicherheit des Staates ein. Joseph II. übertrug das Polizeiwesen dem Grafen Pergen, der vor allem die Organisation einer neuen Geheimpolizei betrieb – eine Einrichtung, die später unter Kaiser Franz II. (I.) eine besondere Bedeutung erhielt.

Bildungsreformen

»Aufklärung« und die dadurch ermöglichte »Glückseligkeit« aller Menschen beherrschten als Leitbegriffe zahlreiche Diskussionen des 18. Jahrhunderts. Die neue »bürgerliche« Gesellschaft sollte aus aufgeklärten und disziplinierten Individuen bestehen, die ihre »Glückseligkeit« in Pflichterfüllung gegen Gott, die Obrigkeit und den Nächsten finden sollten. Dazu musste man sie erziehen. Wenig Achtung fanden bei Maria Theresia und Joseph II. die Universitäten. Sie waren bisher den Jesuiten unterstanden. 1773 wurde die »Gesellschaft Jesu« aufgehoben. Die Vermögenswerte der Jesuiten wurden einem neuen »Studienfonds« zugewiesen, die Universitäten in Staatsanstalten umgewandelt. Sie sollten dem Staat ergebene Juristen, Priester und Lehrer hervorbringen. Forschung war nicht vorgesehen, die Lehre bestand aus dem Vorlesen approbierter Lehrbücher.

Aufgabe der Lateinschulen war die Vorbereitung auf die Universität. Um diese mittleren Schulen den Orden abzunehmen, fehlten dem Staat die Mittel. An die Stelle der Jesuiten traten meist Piaristen. Joseph II. hob viele Gymnasien auf, da er kein halbgelehrtes Proletariat wollte. Ordens-Lateinschulen bestanden nur dort weiter, wo sie direkt auf eine Universität oder ein Lyzeum vorbereiteten bzw. dort, wo ein wohlhabendes Kloster den Unterhalt der Professoren garantierte.

Als wirklich wichtig galten die Grundschulen. Alle Menschen sollten lesen und schreiben können und die Grundrechnungsarten beherrschen (das *Trivium*), am Land sollten auch landwirtschaftliche Kenntnisse vermittelt werden. Die »deutschen« Schulen zerfielen in drei Gattungen. Trivialschulen sollten das Mindestmaß an Bildung sowie Basiskenntnisse in der Religion und in der Landwirtschaft vermitteln. 1774 erfolgte die durch Abt Felbiger von Sagan (in Niederschlesien) vorbereitete Neuordnung: Jedem Pfarrort sollte eine Trivialschule entsprechen. Durch die josephinische Pfarrregulierung wurde die Zahl der Pfarren und daher auch die der Schulen stark erhöht. In Kreisstädten oder anderen größeren Orten wurden Hauptschulen eingerichtet und in den Landeshauptstädten Normalschulen, zugleich Anstalten zur Lehrerbildung. Auch angehende Geistliche sollten eine Normalschulprüfung absolvieren. Die Besuchszahlen der Trivialschulen lagen schon um 1790 deutlich höher als 1780. Die deutsche Schule sollte als Werkzeug staatlicher Integration und Vereinheitlichung dienen. Man stellte nur Lehrer an, die neben ihrer Landessprache auch des Deutschen mächtig waren. Und man wollte so viel an Deutschkenntnissen vermitteln, dass an den Haupt- und Normalschulen wenigstens im letzten halben Jahr die deutsche Sprache vorherrschen oder überhaupt die »einzige übliche« sein sollte.[3]

Die neue Schule wurde zunehmend kritisiert: auch die »arbeitenden Klassen« läsen zu viel, sie würden mit Problemen und Kenntnissen konfrontiert, die sie gar nicht kompetent verarbeiten könnten. Das Ziel der besseren Ausbildung kollidierte mit dem Ziel, brave Untertanen ohne selbstständiges Denken zu erziehen. 1805 wurde schließlich eine neue »Politische Verfassung der deutschen Schulen« erlassen, deren Hauptziel es war, »[...] die arbeitenden Volksklassen zu recht herzlich guten, lenksamen und geschäftstüchtigen Menschen[...]« zu formen.[4]

Die Reformen auf kirchlichem Gebiet

Vorbereitet wurde die Kirchenreform durch die innerkirchliche Bewegung des Jansenismus (nach dem Yperner Bischof Cornelius Jansen, 1585–1638). Die Spiritualität der Jansenisten richtete sich gegen die Jesuiten und gegen die Prunkentfaltung des gegenreformatorischen Katholizismus. Der Glaube sollte vielmehr zur Steigerung der öffentlichen »Glückseligkeit« beitragen. Die Jesuiten, die »Armee« des Papstes, standen unter schwerster Kritik. Man beschuldigte sie der Geld-, Hab- und Machtgier, geheimer Machenschaften, der Verschwörung gegen Herrscher und Regierungen, aber auch der moralischen Fragwürdigkeit. Jansenisten und Aufklärer führten einen dauernden Kampf gegen die Gesellschaft Jesu. Außerdem veraltete ihr im 16. und frühen 17. Jahrhundert noch so vorbildliches Bildungssystem. 1773 erfolgte auf Drängen mehrerer Staaten die Aufhebung der Gesellschaft Jesu durch den Papst.

Alle Orden wurden auf ihre gesellschaftliche Nützlichkeit befragt. Die persönlich fromme Katholikin Maria Theresia begrenzte die Zahl der Konventsmitglieder und erlaubte die Ablegung der »ewigen« Gelübde erst mit der Volljährigkeit, also mit 24 Jahren. Noch unter ihrer Herrschaft wurden in der Lombardei 80 Klöster säkularisiert.

1781/82 rollte die erste Welle josephinischer Klosteraufhebungen über die Habsburgermonarchie, die die »Müßiggänger«, also die in strenger Klausur lebenden Orden – Karmeliter, Kartäuser, Kamaldulenser usw. – ebenso traf wie die Stifte der Domherren. Aus den dabei beschlagnahmten Vermögenswerten wurden 1782 die (nach Ländern organisierten) »Religionsfonds« gegründet, die der Ausstattung und finanziellen Versorgung der neuen Pfarren bzw. dem Unterhalt der Pfarrer und Lokalkapläne dienen sollten. 1783–1787 erfolgte der große Klostersturm. In den »deutschen Erblanden« (einschließlich Galiziens) wurden 299 Klöster mit 5291 Insassen aufgehoben, dafür wurden 592 Pfarren und 1095 Lokalkaplaneien gegründet und 2166 Priester neu angestellt. Entfernungen von mehr als einer (Geh-)Stunde zur Kirche, schlechte Kommunikationsverhältnisse und Gemeindegrößen von mehr als 700 Einwohnern waren Voraussetzung für Neugründungen von Pfarren; das Vorhandensein einer (Filial-)Kirche oder Schlosskapelle begünstigte das Vorhaben.

Gerade in den heute österreichischen Ländern waren die meisten Bischöfe Reichsfürsten und residierten außerhalb der habsburgischen Erbländer, wie der Salzburger Erzbischof, der Patriarch von Aquileja oder die Bischöfe von Augsburg und Passau. Auch die Bischöfe von Brixen und Trient waren Reichsfürsten, aber eng mit Tirol verbunden. Die Macht auswärtiger Oberhirten sollte daher eingeschränkt, die Diözesangebiete sollten räumlich geschlossen werden und dabei sollte auch auf Landesgrenzen bzw. Sprachgebiete Rücksicht genommen werden. Schon 1751 wurde das Patriarchat Aquileja aufgehoben und in die Erzdiözesen Udine (für das venezianische Friaul) und Görz (für den habsburgischen Teil) geteilt. 1783/84 entstanden die Bistümer Linz (neu) für das Land ob der Enns und – durch Verlegung von Wiener Neustadt – St. Pölten für die beiden oberen Landesviertel Niederösterreichs; das erst 1722 geschaffene Erzbistum Wien betreute die beiden unteren Viertel. Diese drei Bistümer bildeten nun die Wiener Kirchenprovinz. 1786 wurden die kleinen Salzburger Suffraganbistümer Gurk, Seckau und Lavant vergrößert, eines in Leoben kam hinzu. Die vier Bistümer waren nun für die Steiermark und Kärnten (Gurk) zuständig. Salzburg blieb aber Erzbistum und der Erzbischof Metropolit jener Kirchenprovinz, zu der die genannten Bistümer gehörten. Die Diözese Laibach/Ljubljana erstreckte sich jetzt auf das ganze Herzogtum Krain und wurde 1787 anstelle von Görz zum Erzbistum erhoben. Diese Maßnahmen, die auf Kosten vor allem des Bischofs von Passau, aber auch des Erzbischofs von Salzburg gingen, entfremdeten die geistlichen Reichsfürsten dem habsburgischen Kaiser – katholische Fürstbischöfe suchten sogar den Schutz Friedrichs II. von Preußen und seines Fürstenbundes gegenüber den Diözesanreformen Josephs II.!

Klosteraufhebungen, Betonung der staatlichen Kirchenaufsicht, Diözesan- und Pfarrregulierung waren die organisatorischen Voraussetzungen für die neue staatliche Kirchenpolitik. Für die Gläubigen bedeuteten hingegen Wallfahrts- und Prozessionsverbote, besonders aber die Aufhebung der beliebten Bruderschaften und die Vorschriften über Gottesdienstgestaltung und Begräbnisse starke Eingriffe in ihr gewohntes religiöses Leben. Zur Hebung der Arbeitsfreude schränkte schon Maria Theresia Wallfahrten ein und schaffte zahlreiche Feiertage ab. 1783 wurden alle Bruderschaften aufgelöst und ihr Vermögen in die neuen Pfarrarmeninstitute eingebracht. Im selben Jahr wurden Prozessionen und Wallfahrten auf zwei pro Jahr und Pfarre reduziert. Jeder überflüssige Prunk sollte aus dem Gottesdienst verschwinden. Die Religion wurde zu einer rationalen staatlichen Organisation zur Hebung der »Moralität«, ihre transzendente Qualität trat in den Hintergrund. Die Verstörung der Gläubigen erreichte ihren Höhepunkt, als Joseph II. 1784 vorschrieb, man müsse die Toten ohne Kleider in Papiersäcken begraben. Ein breiter Widerstand führte allerdings zur Zurücknahme dieser Vorschriften. Offenen Aufstand erzeugten die josephinischen Maßnahmen nicht nur in den Niederlanden. Auch in Vorarlberg brach ein Aufruhr gegen die kirchenpolitischen Neuregelungen aus, Beamte, Lehrer und Pfarrer wurden angegriffen, die abgeschafften Feiertage demonstrativ eingehalten. Auch nach der Rücknahme der anstößigsten Neuerungen dauerte ein zäher Widerstand an.

Die Bürokratie

Die Zahl der Beamten wuchs, sowohl bei den Zentralbehörden als auch bei den neuen Landesbehörden (»Gubernien«) und den neuen Kreisämtern, den immer wichtigeren Stützpunkten kaiserlicher Herrschaft auf unterster Ebene. Allerdings gibt es keine genauen Zahlen. Beamte galten nach wie vor als Diener des Herrschers. Unter Joseph II. erfolgte die Neuinterpretation ihres Dienstes als Dienst am Staat. Ihre besoldungsrechtlichen Verhältnisse änderten sich. Ab 1773 wurden fixe Gehälter eingeführt, die häufig niedriger waren als die früheren Einkünfte. Da das neue Besoldungssystem für mittlere und niedere Ränge eine Eigenvorsorge für Krankheit und Arbeitsunfähigkeit ausschloss, wurde 1781 ein Pensionsnormale erlassen, das den kaiserlichen Beamten im Falle der Dienstunfähigkeit den Bezug einer Pension sicherte. Der Kaiser trieb die Beamten unermüdlich an. Das neue Ethos der Bürokratie wird im berühmten »Hirtenbrief« des Kaisers aus dem Jahr 1783 umrissen. Der Kaiser beklagt sich darin über die langsame, eigennützige und mechanische Dienstverrichtung. Die Beamtenschaft sollte Initiativen entwickeln, gleichzeitig aber rasch und genau die Anleitungen von oben ausführen – den Widerspruch zwischen beiden Anforderungen sah er nicht. Der Kaiser, oberster Diener des Staates, sei der »Vater« dieser Beamten. Der Beamte sei nur dem Dienst am »Vaterland« verpflichtet. Dieses Vaterland ist die Gesamtmonarchie. Für die strenge Überwachung der Beamten scheute der Kaiser auch vor der Aufforderung zur Denunziation nicht zurück. Die Macht der 1783 eingeführten geheimen Führungs-(Conduite-)Listen und die damit verbundene Angst vor Auffälligkeit führten allerdings zu Entscheidungsscheu und dem oft kritisierten Aktenschieben von einem Amt zum andern. Die materielle Bedürftigkeit soll der Korruption Tür und Tor geöffnet haben.

Aber das josephinische (und später auch das vormärzliche) Beamtentum war nicht bloß das bürokratische Trägerelement des habsburgischen Staatswesens, es wurde auch zum Träger einer neuen, bürgerlichen Kultur. Im josephinischen Wien wurde dieses neue Bildungsbürgertum durch säkularisierte Ordensmitglieder verstärkt.

5.5 Ungarn, Türkenkrieg und Scheitern Josephs II.

Maria Theresia blieb den Ungarn wegen ihrer Loyalität während der schwersten Krise ihrer Herrschaft (1741) immer gewogen. Den kleinen Kronprinzen Joseph ließ sie öfter in ungarischer Kleidung auftreten (und malen), sein wichtigster Erzieher war ein ungarischer Adeliger, Karl Josef Graf Batthyány. Um dem Stolz der Ungarn zu schmeicheln, gründete sie 1760 eine eigene ungarische Garde. Aber alle Versuche, Änderungen zugunsten der schwer belasteten Bauernschaft durchzusetzen, stießen auf hartnäckigen Widerstand. Nach einem Bauernaufstand in Westungarn (Komitate Vas, Zala und Somogy) 1765 reagierte Maria Theresia mit dem Urbarialpatent (1767). In ganz Ungarn sollte die Größe der Bauerngüter ebenso fixiert werden wie die Abgaben, Bauernland sollte jedenfalls

Bauernland bleiben, das Herrschaftsland (das »allodiale« Land) ebenso (analog zum Kataster in den österreichischen Ländern). Die Roboten wurden festgelegt. Das Urbarium war bis 1779 fertig und überall eingeführt. Da es die einzige überall vorhandene Rechtsgrundlage für das grundherrlich-bäuerliche System bot, wurde es vom Reichstag 1791/1792 als Provisorium anerkannt (wie nicht wenige Maßnahmen Maria Theresias und Josephs II.!). Es blieb auch die Grundlage für die Grundentlastung, die ab 1848 erfolgte.

Joseph II. verweigerte in Ungarn wie auch in Böhmen die Krönung, weshalb ihn die Ungarn abfällig als »König mit dem Hut« bezeichneten. Die heilige Stephanskrone wurde nach Wien gebracht. Selbstverständlich berief er keinen Landtag ein. Der sehr zahlreiche ungarische Kleinadel leistete vor allem Widerstand gegen die Einführung der deutschen Amtssprache (1784). Steuer- und Rekrutenforderungen Josephs II. erhöhten die Abneigung gegen seine Regierung. Wieder fühlte sich der Kleinadel bedroht, denn nun sollten auch die adeligen Eigengüter (das Allod) besteuert werden. 1785 hob der Kaiser auch in Ungarn die Leibeigenschaft auf, eine gewisse Freizügigkeit der Untertanen wurde ermöglicht. Gleichzeitig wurde die Kolonisationstätigkeit gefördert, besonders auf den Staatsdomänen.

Eine breite Missstimmung erfasste das ganze Königreich. Seit 1787 gab es Bestrebungen, Joseph II. – mit Unterstützung Preußens! – abzusetzen. Die Komitate verweigerten die Ablieferung von Steuern und die Stellung von Rekruten. Knapp vor seinem Tod nahm Joseph II. die meisten seiner Anordnungen wieder zurück. In Kraft blieben die Toleranzpatente, die Aufhebung der Leibeigenschaft und die religiösen Gesetze. Die heilige Stephanskrone kehrte im Triumph nach Ungarn heim. Als sie in Ofen/Buda ankam, war Joseph II. bereits tot.

Der Kaiser hatte sich der russischen Zarin Katharina gegenüber 1781 und 1787 verpflichtet, bei einem russisch-türkischen Krieg Russland mit 30.000 Mann zu unterstützen. Als im selben Jahr 1787 das Osmanische Reich der Zarin den Krieg erklärte, trat Österreich mit seiner gesamten militärischen Macht (mehr als 280.000 Mann) in den Krieg ein. Die riesige Armee war jedoch von der Adria bis zu den Karpaten verteilt und entwickelte keine Offensivkraft. Der Kaiser begab sich selbst zur Armee, erkrankte wie viele seiner Soldaten, erlebte eine veritable Rückzugspanik seiner Truppen und kam schwer krank nach Wien zurück (Dezember 1788). Endlich konnte im Oktober 1789 der alte Gideon Freiherr von Loudon, ein verdienter General Maria Theresias, Belgrad erobern. Schon unter Leopold II. wurde dann ein Waffenstillstand und 1791 Friede geschlossen, auf der Basis des Status quo ante. Der ebenso unnötige wie teure und schlecht geführte Krieg untergrub das Ansehen von Kaiser und Heer und überschattete die letzte Regierungszeit Josephs II. Bei seinem Tod stand Ungarn vor der Revolution, in Belgien hatte sie schon stattgefunden, in allen Ländern waren sowohl der Adel – wegen der Urbarialreform und der Aufhebung der Stände – wie die katholischen Massen (wegen der Eingriffe in ihren Kultus) aufgebracht und ablehnend. Selbst die Verbündeten Josephs II., die aufgeklärte Intelligenz, war mit seiner Herrschaft unzufrieden, die ja doch immer eine kaiserliche Selbstherrschaft war.

Was blieb vom »Reformabsolutismus«? Der Mythos Maria Theresia. Die Nummerierung der Häuser für die Zwecke der Volkszählung (Konskription) – jedes Haus erhielt eine stabile Konskriptionsnummer, die später oft mehrfach abgeändert wurde. Sie ist meist nicht mit den zur Orientierung an Straßen, Gassen, Plätzen oder kleineren Ortschaften vergebenen Hausnummern identisch. Das Allgemeine Bürgerliche Gesetzbuch – Ergebnis der Kodifikationsbemühungen des bürgerlichen (»Privat«-)Rechts, die schon in den 1740er Jahren begannen, aber erst unter Franz II. (I.) abgeschlossen wurden (Westgalizisches Gesetzbuch 1797, ABGB 1811, in Kraft getreten 1812). Die Bürokratie: Kreisämter, Pensionsnormale, geheime Conduitelisten, Vorrückungen, Beamtenpension. Die Allgemeine Schulpflicht. Klosteraufhebungen und neue Pfarren. Großstadtwachstum, besonders das Wachstum von Wien.

6. Zwischen zwei Revolutionen: 1790–1848

6.1 Das antirevolutionäre Prinzip

Als der junge Kaiser Franz II. 1792 nach dem zu frühen Tod seines Vaters, Leopolds II., die Regierung antrat, befand man sich bereits im Krieg mit dem revolutionären Frankreich. Seine Tante, die französische Königin Marie-Antoinette, wurde im Oktober 1793 hingerichtet. Der Kampf gegen die Revolution – gegen jede Revolution – wurde zum Leitmotiv seiner Regierung. Das bekam sehr schnell eine Gruppe von Männern zu spüren, die man als »Jakobiner« bezeichnete – frühere Mitarbeiter Josephs II. und Leopolds II., durchwegs Freimaurer, welche die Französische Revolution mit Interesse, ja Sympathie betrachteten. Franz II. wollte aber keine josephinisch gesinnten Mitarbeiter. Einen der führenden Köpfe der Gruppe, Andreas Riedel, seinen früheren Mathematiklehrer, erhob der Kaiser zwar noch in den Freiherrenstand, aber es gab keine weitere Verwendung für ihn. Riedel und einige andere Jakobiner, darunter der Offizier Franz Hebenstreit von Streitenfeld, entwickelten eine neue Strategie: eine wirkliche Revolution musste her! Es dauerte lange, bis die Polizei der Gruppe auf die Spur kam. 1794 wurden die Revolutionäre verhaftet. Der Kaiser wünschte ein Sondergericht, doch die Oberste Justizstelle setzte die normale Gerichtsbarkeit durch. Hebenstreit unterstand der Militärgerichtsbarkeit und wurde wegen Hochverrats hingerichtet. Die Zivilisten wie Riedel wurden 1795 zu langjährigen Haftstrafen verurteilt. Riedel überlebte die Festungshaft in Kufstein und im ungarischen Munkács, wurde 1806 zu Klosterhaft in Brünn begnadigt, 1809 von den Franzosen befreit und folgte ihnen nach Paris, wo er 1837 starb. Die letzten Logen schlossen ihre Arbeit.

In dem fast zwei Jahrzehnte dauernden Kampf gegen das revolutionäre Frankreich erlitten der Kaiser und seine Monarchie zahlreiche Niederlagen, vor allem seit 1796 die französischen Armeen von Napoléon Bonaparte geleitet wurden. Die Kriege von 1792–97, 1799–1801, 1805 und 1809 führten zu erheblichen Gebietsverlusten.

Seit 1806 war Kaiser Franz »nur« mehr Kaiser Franz I. von Österreich. Im römisch-deutschen Reich hatte Habsburg 1803 durch die Säkularisierung der Reichskirche und durch das Ende der kleinen Reichsstände, deren Gebiete von den durch Napoléon begünstigten neuen Königen wie Bayern oder Württemberg angeeignet wurden, seinen Rückhalt verloren. 1806 schlossen Napoléons deutsche Verbündete den »Rheinbund« und traten aus dem Reich aus. Auf starken französischen Druck erklärte Kaiser Franz II./I. das Reich für erloschen. Die Reichsinsignien blieben in Wien. Schon 1804 hatte sich Kaiser Franz als Antwort auf die beginnende Auflösung des Reiches zum »Kaiser von Österreich« erklärt, was aber im Innern des neuen Kaisertums keine Änderung im Status seiner »selbstständigen Staaten« bedeutete.

Nach der Niederlage von 1809 war die österreichische Monarchie ein Binnenstaat ohne Zugang zum Meer. Zwar blieben mit Böhmen und Ungarn die größten Territorien erhalten, doch gingen von 1797 bis 1805 Belgien, Mailand, die Vorlande, Vorarlberg und Tirol sowie Venetien (seit 1797 habsburgisch) verloren. Salzburg (1805 österreichisch) sowie das Inn- und Teile des Hausruckviertels wurden 1809 bayerisch; auch Oberkärnten, Krain, Istrien, Dalmatien und ein Teil Kroatiens mussten ebenfalls abgetreten werden (»Illyrische Provinzen« Frankreichs). Dabei hatte das Jahr 1809 so günstig begonnen: Napoléon war in Spanien durch einen breiten Aufstand gegen das Königtum seines Bruders Joseph gebunden, der sich zu einem sehr unangenehmen Guerillakrieg auswuchs. Deutsche Dichter wie die Gebrüder Schlegel, Theodor Körner oder Friedrich von Gentz riefen von Wien aus zum nationalen – deutschen – Widerstand auf – wie sich zeigte, vergeblich. Die deutschen Könige von Napoléons Gnaden blieben an seiner Seite. Und kaum waren österreichische Truppen in Bayern einmarschiert, war Napoléon auch schon wieder zur Stelle, verblüffte den Gegner durch seine Schnelligkeit und war bereits im Mai in Wien. Zwar scheiterte der Übergang über die Donau in der Schlacht bei Aspern und Essling, aber der Sieger, Erzherzog Carl, ließ einige Wochen später dennoch Napoléon ins Marchfeld, zu dessen Sieg bei Deutsch-Wagram. Ein Land aber probte tatsächlich den Aufstand – Tirol. Dort vertrieb man die bayerischen Besatzer und Modernisierer und leistete erfolgreich Widerstand auch gegen weitere Invasionsversuche. Andreas Hofer residierte als kaiserlicher Statthalter in der Innsbrucker Hofburg. Doch nach dem Katastrophenfrieden von Schönbrunn musste auch Tirol wieder aufgegeben werden. Ein letzter Aufstandsversuch scheiterte. Der auf eine Alm geflüchtete Hofer wurde verraten und in Mantua erschossen.

Das nun unausweichliche Arrangement mit Napoléon hatte nicht nur ein Militärbündnis zur Folge, sondern – 1810 – auch die Heirat der Kaisertochter Marie-Louise mit Napoléon, 1811 wurde ein Sohn geboren, *l'Aiglon*, der junge Adler, Napoléon II., König von Rom, der 1832 als »Herzog von Reichstatt« in Wien starb. Napoléon war inzwischen ein recht konservativer Herrscher gewor-

Abb. 8 Der letzte römisch-deutsche Kaiser Franz II. (1768–1835) legte 1806 auf Druck Napoleons diese Würde nieder. Ab 1804 hat er sich als Kaiser von Österreich bezeichnet – hier war er Franz I. Er trat gerne bürgerlich auf.

den, der eine strenge Zensur handhabte (die Metternich als Botschafter seines Kaisers in Paris genau studierte). Österreich stellte 1812 getreu sein Kontingent für den großen Krieg gegen Russland, freilich nicht im Zentrum, sondern nur als rechte Flankendeckung.

Nach der Niederlage Napoléons im Russlandfeldzug manövrierte der neue Außenminister, Clemens Graf Metternich, »seinen« Kaiser, immerhin Schwiegervater Napoléons, vorsichtig aus dem französischen Bündnis heraus. Erst im August 1813, nach einem längeren, von Österreich vermittelten Waffenstillstand und einer dramatischen Unterredung zwischen Napoléon und Metternich in Dresden (26.–30. Juni 1813) trat Österreich auf der Seite der Alliierten (Russland, Preußen, England, Schweden) in den Krieg ein. Nach Leipzig (»Völkerschlacht«, 16.–19. Oktober 1813) verlagerte sich das Geschehen nach Westen. Während des Feldzuges in Frankreich schlossen die Alliierten (England, Russland, Preußen, Österreich) Anfang März 1814 in Chaumont einen multilateralen Bündnisvertrag, in dem sie nicht nur den gemeinsamen Endkampf gegen Napoléon bekräftigten, sondern auch für die Zukunft ein »Konzert« der Mächte beschlossen, das den Frieden in Europa sichern sollte. Diese »Quadrupelallianz« wurde 1815 noch einmal erneuert. Nach dem Einzug der Alliierten in Paris beendete der Erste Pariser Friede vom 30. Mai 1814 die französische Herrschaft über große Teile Europas. Die endgültige Regelung sollte ein großer Kongress finden, der für den Herbst nach Wien berufen wurde.

Der Wiener Kongress, der ja nur von Oktober 1814 bis Mai 1815 tagte, war zweifellos ein großes gesellschaftliches Ereignis (»Der Kongress tanzt« – verkürzt nach Fürst Charles Joseph de Ligne: *»Le congrès danse beaucoup, mais il ne marche pas«*). Die wichtigste Vorentscheidung fiel schon Ende September, als der französische Minister Talleyrand – von Metternich eingeladen – bei einer Sitzung der Vertreter der Mächte der Quadrupelallianz von Chaumont in Metternichs Villa erschien. Die anderen Minister akzeptierten sein Auftreten – Frankreich würde am Kongress als gleichberechtigte Macht teilnehmen, nicht als besiegtes Land. Schon am Kongress fielen in den Fünferkonferenzen die Entscheidungen – als »Pentarchie« sollten diese Mächte – Großbritannien, Frankreich, Preußen, Österreich und Russland – auch in Zukunft die Probleme Europas diskutieren und nach Möglichkeit friedlich lösen.

Kritische Problemfelder waren Polen und Sachsen. Sachsen blieb – reduziert – bestehen, der größte Teil Polens wurde als autonome Region Russland angegliedert. Die wiederhergestellten Niederlande wurden mit dem ehemals österreichischen Belgien vereinigt. In Spanien und Neapel wurden ebenso wie in Frankreich die Bourbonen wieder als Könige installiert. Piemont-Sardinien, der Kirchenstaat und die österreichischen Sekundogenituren in Italien (Toskana, Parma, Modena) wurden ebenfalls restauriert. Mailand und Venedig wurden als »Lombardo-Venezianisches Königreich« direkt der Habsburgermonarchie angeschlossen. Italien galt daher primär als österreichische Einflusssphäre. Der erneuerten Schweiz wurde ihre Neutralität bestätigt und von den Signatarmächten garantiert. Preußen erhielt große Gebiete im Westen Deutschlands; dadurch war aber sein Staatsgebiet zweigeteilt zwischen dem überwiegend agrarischen Osten (Ost- und Westpreußen, Posen, Pommern, Brandenburg, nur Schlesien war bereits industriell stärker entwickelt) und dem kommerziell und industriell »westeuropäischen« Gebieten an Rhein, Ruhr und Mosel. Das Kaisertum Österreich erhielt die »Illyrischen Provinzen« zurück, ebenso Tirol und Vorarlberg, das Innviertel und zuletzt auch Salzburg (aber ohne die links der Salzach bzw. Saalach gelegenen altsalzburgischen Gerichte, den »Rupertiwinkel«). Der Kaiser verzichtete auf die althabsburgischen Gebiete in Schwaben und am Rhein. Metternich und der britische Außenminister Castlereagh vertraten als bestimmende Idee des Kongresses jene des Gleichgewichts – keine der Mächte sollte im neuen Europa die Übermacht oder auch nur ein Übergewicht erhalten. Überall sollte dieses Gleichgewicht herrschen, auch innerhalb des Deutschen Bundes, wo die

»großen Zwei« Preußen und Österreich nur in Übereinstimmung miteinander und mit den Exponenten des »Dritten Deutschlands« handeln konnten.

Gar nichts hielten Kaiser Franz und Metternich von der vom Zaren Alexander I. erfundenen und in Paris zwischen Alexander, Franz I. und dem preußischen König Friedrich Wilhelm III. unterzeichneten »Heiligen Allianz«. Für Metternich war Politik ein rationales Geschäft, das Attribut »heilig« hatte dabei nichts verloren. Die »Heilige Allianz«, von Metternich als »lauttönendes Nichts« bezeichnet, stieß dennoch in der öffentlichen Meinung auf einen lauten und zumeist negativen Widerhall. Sie galt als »Stiftung zur Niederhaltung der Volksrechte«.[5]

6.2 »System Metternich« – Phantom oder Realität?

Das »System Metternich« wird bis in die Gegenwart für die Unterdrückung liberaler, demokratischer und nationaler Strömungen in Österreich, Deutschland und Europa während der Jahrzehnte bis 1848 verantwortlich gemacht. Aber war die europäische, deutsche und österreichische »Ordnung« zwischen 1815, die ja, zumindest bis 1830, durchwegs antiliberal, antinational und radikal antidemokratisch war, tatsächlich eine Erfindung des österreichischen, seit 1821 mit dem Titel »Staatskanzler« ausgezeichneten Außenministers?

Das Erbe der napoléonischen Ära war überall ungünstig. Alle Staaten waren hoch verschuldet. Die durch die Kontinentalsperre Napoléons begünstigten Industrien gerieten infolge der jetzt wieder möglichen Importe aus England in Schwierigkeiten. Durch die Explosion des Vulkans Tambora in Indonesien 1815 verschlechterte sich für einige Jahre das Klima der nördlichen Halbkugel radikal, 1816 galt als »Jahr ohne Sommer«. Ernten fielen schlecht aus, Hungersnöte und Arbeitslosigkeit plagten weite Teile Europas. Besondere Auswirkungen hatte die Krise auf Absolventen von höheren Schulen und Universitäten. Es gab kaum neue Posten in den staatlichen Bürokratien. Die Krise traf eine von der Französischen Revolution, der Ausnahmeerscheinung Napoléon und den erstmals auch »national« motivierten antifranzösischen Bewegungen aufgewühlte junge Generation.

Eine Erlösung aus ihrer bedrängten Lage sahen viele junge Intellektuelle, Studenten, Dichter und Journalisten im erhofften neuen Paradies der selbstständigen Nation. Nur sie konnte die Ideale der Französischen Revolution, Freiheit, Gleichheit und Brüderlichkeit, verwirklichen! Zusätzliche Energie gewann der junge Nationalismus aus der Entdeckung der Vergangenheit in der deutschen

Romantik. Im Kontrast zum Elend und zur Fremdherrschaft der Gegenwart begeisterte die Größe früherer Reiche. Mit Blick auf eine ideal gezeichnete Vergangenheit verhieß die »Nation« für die Zukunft politische Freiheit, Größe und Demokratie. Religiöse Metaphern beschworen die heilige Sprache, das heilige Vaterland und das heilige Blut der Nation, das notfalls vergossen werden müsse.

Für Metternich und seine Partner von 1814/15 bedeuteten diese Bewegungen schlicht und einfach Störfaktoren. Die größte Gefahr sah man in terroristischen Einzelaktionen wie im Mord an dem Dichter August von Kotzebue durch den Studenten Carl Sand 1819. Dem waren Attentate auf den britischen Prinzregenten (1817) und auf Wellington (1818) vorausgegangen. Später folgte das Attentat auf den Duc de Berry (1820), den zukünftigen Thronfolger in Frankreich. Nur wenig später wurden in London die Cato-Street-Verschwörer aufgedeckt, die das gesamte Kabinett ermorden wollten. Das Gespenst des »Tyrannenmordes« ging um in Europa.

Die europäische Politik war 1815 nur partiell – etwa in Italien – restaurativ. Volle »Restauration« hätte die Wiederherstellung des Heiligen Römischen Reiches der Deutschen oder die Wiederherstellung der Republik Venedig bedeutet. Zumeist stellte der Wiener Kongress eine neue Ordnung her. Diese neue Ordnung sollte jedoch strikt bewahrt werden, daher die Angst vor Veränderung, die nicht nur die Politik Österreichs prägte. Eine Reihe von Nachfolgekonferenzen – 1818 Aachen, 1820 Troppau/Opava, 1821 Laibach/Ljubljana (1821) und 1822 Verona – beschloss militärische Interventionen in Italien. Aber der einmal freigesetzte Geist der nationalen Befreiung war nicht mehr in die Flasche der »Ruhe« zu bannen. 1821 begann der Aufstand der Griechen; 1830 anerkannte Europa deren Unabhängigkeit. 1830 brachen gleich mehrere Revolutionen aus – in Frankreich und Belgien, in Kongresspolen und an vielen Orten in Deutschland und Italien. Die Selbstständigkeit Belgiens wurde nach dem erfolgreichen Aufstand gegen die holländische Herrschaft 1830 im November 1831 anerkannt. Der polnische Aufstand wurde hingegen von den Russen niedergeschlagen.

Trotz der konservativen Grundstimmung ging die Suche nach neuen Regierungsformen weiter: Frankreich erhielt 1814 eine konstitutionelle Verfassung, 1830 folgte das »Bürgerkönigtum« mit einer kaum verhüllten Herrschaft der Bourgeoisie. Preußen und die Staaten des »Dritten Deutschlands« gaben sich teils neue Verfassungen, teils führten sie Reformen ohne grundlegende Systemänderungen durch. In den 1830er und 1840er Jahren wurden weitere Verfassungen eingeführt – nur nicht in Österreich.

Die nationalistische Unruhe an den Universitäten blieb seit 1813 lebendig. 1815 wurde in Jena die Urburschenschaft gegründet. Studenten organisierten im Herbst 1817 das berühmte Wartburgfest, das sich sowohl auf die Leipziger Schlacht vom Oktober 1813 wie auf den Thesenanschlag Luthers am 31. Oktober 1517 bezog. Der Hauptredner rief zum Kampf gegen Finsternis, Knechtschaft und nationale Ehrlosigkeit auf, zum Martyrium für die heilige Sache der Nation. Unter den Teilnehmern befand sich auch Carl Sand, der im März 1819 den Dichter Kotzebue aus Gründen der »nationalen Ehre« ermordete. Die Karlsbader Beschlüsse waren die direkte Reaktion auf diese Tat (August 1819). Gemeinsam mit den leitenden Ministern Preußens, Bayerns, Sachsens, Hannovers, Württembergs und einiger anderer deutscher Staaten entwarf Metternich den Plan des Verbots studentischer Verbindungen, der Einsetzung landesherrlicher Beauftragter in jeder Universität und der Vorzensur für kleinere, vor allem für periodisch erscheinende Druckschriften (galt nicht für Werke über 300 Seiten). In Mainz wurde eine Zentraluntersuchungskommission als Bundesbehörde eingerichtet. Inhaltlich entsprachen diese Bestimmungen weitgehend englischen Gesetzen, die als Reaktion auf das Attentat auf den Prinzregenten 1817 erlassen wurden. Die Bundesversammlung verankerte sie im September 1819 formell als Bundesrecht des Deutschen Bundes.

Im Mai 1820 wurden die Schlussakte der deutschen Bundesverfassung in Wien beraten. Man war gespannt, wie der Artikel 13 der Bundesakte interpretiert werden würde: »In allen Bundesstaaten wird eine landständische Verfassung stattfinden.« Ob »altständische« oder moderne repräsentative Verfassungen, blieb offen. Metternichs konservatives Prinzip anerkannte alle bestehenden Verfassungen – auch eine so liberale wie die badische –, weil sie rechtens bestanden. Am 15. Mai wurden die Wiener Schlussakte endgültig beschlossen.

Für das Kaisertum Österreich schlug Metternich schon 1811 dem Kaiser die Einrichtung einer »echten« Regierung mit Ministern, später auch eine feierliche Krönung mit ständischen Deputationen aus allen Teilen der Monarchie vor. Kaiser Franz lehnte diese Pläne ab. 1817 entwarf Metternich einen Plan zur administrativen Reorganisation des Gesamtreiches. Der Kaiser schubladisierte ihn. Für Oberitalien (Lombardo-Venetien) stellte sich Metternich ein ausgeprägtes System von Autonomie und Selbstverwaltung vor. Der Kaiser entschied sich für die direkte Verwaltung von Wien aus. Dadurch wuchs in kurzer Zeit die Unzufriedenheit mit der österreichischen Herrschaft stark an.

Auch gegenüber seinem besten und engsten Mitarbeiter, und das war Clemens Graf (seit 1813: Fürst) Metternich zweifellos, bewahrte Kaiser Franz stets eine deutliche Distanz. Niemals ernannte er ihn zum Premierminister. Weiterhin unterstand jeder einzelne Minister direkt dem Kaiser. Letztlich wollte der Kaiser alles selbst entscheiden. Metternich stand in der Gunst des Kaisers, weil er dessen Herrschaftsgrundsätze nicht nur respektierte, sondern auch unterstützte. Metternich war außerdem erfolgreich: Zwischen 1809 und 1812 ging es um die Erhaltung der Monarchie, zwischen 1813 und 1816 um die Wiederherstellung einer wichtigen Position Österreichs in Europa. Beides gelang. Die Politik der Zeit danach diente im Inneren wie im Äußeren der Absicherung der Stabilität – was bis dahin erreicht war, durfte nicht mehr in Frage gestellt werden. Diese konservierende, streng konservative Zielsetzung führte zu einem starren Immobilismus.

Nach dem Tod des Kaisers sollte eine »Staatskonferenz« unter dem Vorsitz Metternichs für den regierungsunfähigen Kaiser Ferdinand I. (1835–1848), den »Gütigen« das Staatsschiff lenken. Auf Druck des Erzherzogs Johann, der Metternich wegen der Alpenbundaffäre (1812/13, s.u.) gram war, verzichtete Metternich auf den Vorsitz, den nun ein Erzherzog übernahm. Alle Angelegenheiten der Finanzen, des Inneren und der Polizei sollten ausschließlich Metternichs Intimfeind, dem Staats- und Konferenzminister Franz Anton Graf Kolowrat-Liebsteinsky (1778–1861) zur Erledigung übertragen werden. Metternich war daher ab Dezember 1836 vollkommen von den innenpolitischen Entscheidungen ausgeschlossen, ausgenommen die Angelegenheiten des Herrscherhauses, die bis 1918 zu den Kompetenzen des Außenministers zählten. Europaweit konstatierte man den Einflussverlust des Staatskanzlers. Wenn es je ein »System Metternich« gegeben haben sollte (in Wirklichkeit hieß das System »Kaiser Franz«), dann war es jetzt – 1836 – zu Ende.

Die üble Nachrede, die dem Staatskanzler schon zu Lebzeiten bereitet wurde, verdankte er vor allem Joseph Freiherrn von Hormayr zu Hortenburg, den Metternich 1813 zur Verhinderung des »Alpenbundes« – eine Verschwörung zur Auslösung eines breiten Aufstandes gegen Napoléon, an der auch Erzherzog Johann beteiligt war – für eine Weile ins Gefängnis stecken ließ. Der Tiroler Hormayr (1781–1848), seit 1808 Direktor des Geheimen Haus-, Hof und Staatsarchivs in Wien, verdienter Autor des *Österreichischen Plutarch* und Vertrauter des Erzherzogs Johann, hatte schon im Tiroler Aufstand von 1809 eine wichtige Rolle gespielt. Nach seiner Freilassung wurde Hormayr zum Reichshistoriographen ernannt. Er übersiedelte 1828 nach München und wurde zum scharfen Gegner der Habsburger und Metternichs. An ihm rächte er sich im Jahr 1848 mit einer wirkungsvollen biographischen Studie »Kaiser Franz und Metternich«, in der er die meisten der bis heute wirksamen Klischees vorformulierte: Metternich sei ein kalter Intrigant gewesen, frivol, oberflächlich und charakterlos.

Zensur und kulturelle Blüte

Metternich habe, so kann man in jedem österreichischen Schulbuch lesen, jede freie Regung des Geistes unterbunden. Mit diesen apodiktischen Urteilen kontrastiert der Tatbestand einer künstlerischen und kulturellen Hochblüte. Zwar starb Wolfgang Amadeus Mozart 1792, aber Joseph Haydn lebte noch und eines seiner bedeutendsten Werke, das große Oratorium »Die Schöpfung«, entstand 1796–98 und wurde sogleich mit größtem Beifall uraufgeführt. Schon 1792 kam Ludwig van Beethoven (1770–1827) aus Bonn nach Wien, um zunächst bei Haydn Unterricht zu nehmen. Er blieb trotz seiner Sympathien für die Revolution hier, wo alle seine neun Symphonien ebenso wie seine einzige Oper *Fidelio* uraufgeführt wurden. Hier fanden sich auch jene Förderer, die dem großen Komponisten materielle Sicherheit garantierten. Diesen Mitgliedern wohlhabender, meist adeliger Familien (Breuning, Brunsvik, Kinsky, Lichnowsky, Lobkowitz u.a.) widmete er viele seiner Werke. Einer der großzügigsten Förderer und zugleich einer seiner begabtesten Schüler war Erzherzog Rudolf, der jüngste Bruder des Kaisers. Zu seiner Inthronisation als Erzbischof von Olmütz (1819) schrieb Beethoven die *Missa solemnis*.

Franz Schubert (1797–1828) gilt als Vollender des deutschen Liedes (fast 1000 Lieder, meist in großen Zyklen), komponierte aber auch acht Symphonien, zahlreiche Opern und Singspiele, Streichquartette und ein überaus reiches Klavierwerk.

Das Wiener Publikum galt nicht nur als musik-, sondern auch als ebenso theatersüchtig wie theaterverständig. Diese andauernde starke Beliebtheit des Theaters und die Blüte gerade des dramatischen Schaffens in diesen Jahrzehnten kontrastieren seltsam mit der Vorstellung einer gänzlichen Unterdrückung oder gar Vernichtung des geistigen Lebens durch eine allmächtige Zensur.

Bis in die Mitte des 18. Jahrhunderts galt die Zensur als Sache der Kirche, überprüft wurden besonders die quantitativ dominierenden theologischen Druckwerke. Ab etwa 1750 erwachte das Interesse des gerade entstehenden Staates an den Produkten des Buchdrucks. Eigene Behörden nahmen sich der Überwachung des gedruckten Wortes an. Die Zensur wurde in den Dienst der Aufklärung gestellt. Auch die Zensurvorschriften Josephs II. blieben in diesem Rahmen, der allerdings ziemlich gelockert wurde. Die Zahl der verbotenen Bücher sank von hundert bis zweihundert vor 1780 auf einige Dutzend in den 1780er Jahren. Unter Franz II. (I.) stiegen die Zahlen wieder stark an, mit Ausnahme der Jahre zwischen etwa 1805 und 1817. Das Zensurgesetz von 1810 blieb geheim, ebenso die Titel der verbotenen Bücher – man wollte niemanden darauf neugierig machen. Neben der der Polizei unterstehenden Polizeihofstelle war auch die Staatskanzlei involviert – sie interessierte sich für alles, was aus dem Ausland kam, und natürlich für alles, was das Haus Habsburg betraf. Gleichzeitig stieg die Zahl der publizierten Bücher vor allem im »außerösterreichischen Deutschland« so stark an, dass die Zensur in den 1840er Jahren nicht mehr nachkam. Die meisten verbotenen Bücher kamen aus Leipzig oder Hamburg. Buchhändler und Publikum fanden immer neue Techniken der Umgehung. Der Wiener Magistrat, aufgefordert, den Buchhändler Gerold, der verbotene Bücher auf Lager hatte, zu bestrafen, weigerte sich – man müsse erst nachweisen, dass er diese Bücher auch verkaufe. Starken Druck konnte man sowieso nur auf die im Inland erscheinenden Publikationen erzeugen, und auf das Theater.

Einiges von Ferdinand Raimund (1790–1836) bleibt bis heute bühnenwirksam. Raimunds Wirkung wurde freilich weit übertroffen von Johann Nestroy (1801–1862), der als Theaterautor, Schauspieler und Manager große Erfolge feierte. Seine tiefe Skepsis im Hinblick auf die mögliche Verbesserung der Menschheit war mit genialem Wortwitz verbunden. Die Zensur verzweifelte an seiner Schauspielkunst, die oft durch eine Grimasse Verbotenes anzudeuten vermochte – und das Publikum verstand sofort.

Franz Grillparzer (1792–1873), dessen sprachlich an der Weimarer Klassik orientierten Dramen durchwegs am Burgtheater uraufgeführt wurden, wird hingegen im 21. Jahrhundert – zu Unrecht, denn er hatte ein gutes Gespür für die Bühne! – kaum mehr gespielt. Neben seinen amtlichen Schriften, Gedichten und Dramen verfasste er zahlreiche Aphorismen. Der bekannteste von ihnen sollte erst im 20. Jahrhundert seine volle und grauenhafte Bestätigung erfahren:

Der Weg der neuern Bildung geht
Von Humanität
Durch Nationalität
Zur Bestialität.

Ausgerechnet Grillparzers patriotischestes Drama, *König Ottokars Glück und Ende*, bekam Probleme mit der Zensur. Das Stück wurde vom Dichter im Spätherbst 1823 im Burgtheater eingereicht und kam am 25. November zur Polizei- und Zensurhofstelle, von dort weiter zur Staatskanzlei, von wo schon am Silvestertag (31.12.) das negative Gutachten an die Polizei zurückkam. Die Aufführung des Stückes wurde verboten. Kritisiert wurde die Ähnlichkeit der Scheidung König Ottokars von Margarete mit Napoléons Scheidung (und Wiederverheiratung mit der Kaisertochter Marie-Louise). Auch wollte man keinen

Konflikt zwischen Böhmen und Österreichern auf der Bühne sehen. Der Kaiser fragte nach den Gründen für das Verbot, der Polizeiminister Graf Sedlnitzky begründete es am 28. Februar 1824, unter Beilage des Manuskripts. Der Kaiser betraute nun seinen Leibarzt, den Staatsrat Andreas Stifft, mit einem weiteren Gutachten. Auf das positive Gutachten Stiffts verfügte der Herrscher die Aufführung, die am 19. Februar 1825 stattfand. Die letzte Entscheidung lag also immer beim Kaiser.

Nach dem Tod des Kaisers Franz wurde das System zwar nicht geändert, aber es verlor an Abschreckungskraft. 1845 unterschrieben 99 Schriftsteller und Gelehrte eine Denkschrift an den Grafen Kolowrat über die Zensur, in der sie ein richtiges, veröffentlichtes Zensurgesetz forderten. Franz Grillparzer hatte an dritter Stelle unterschrieben. Da die ersten beiden Unterzeichneten ihre Unterschrift aus Furcht vor Repressalien zurückzogen, stand Grillparzer plötzlich an erster Stelle. Es geschah ihm nichts – aber auch sonst passierte nichts. Vielleicht war die Gründung der kaiserlichen Akademie der Wissenschaften 1847 eine Art Echo auf die Wissenschaftler- und Schriftstellerpetition. Dass im selben Jahr Eduard von Bauernfelds Lustspiel *Großjährig* am Burgtheater aufgeführt werden konnte, in dem kaum verschlüsselt die Entlassung Metternichs, der verhassten Symbolfigur der Reaktion, gefordert wurde, war das Signal für die faktische Kapitulation der »Konferenz der Greise«.

Erzherzog Johann, der steirische Prinz

Das positive Gegenbild zum sturen Kaiser Franz und seinem reaktionären Handlanger Metternich bietet Erzherzog Johann von Österreich der »steirische Prinz«. Ebenso wie der Kaiser und sein Bruder Carl, der Feldherr, in Florenz geboren, wurde er früh militärisch eingesetzt. Anders als Carl war er in diesem Metier wenig erfolgreich. Er fühlte sich zu Tirol hingezogen, zum Land im Gebirge, das 1805 an Bayern abgetreten wurde. Er stand in Verbindung mit dem Historiker Joseph von Hormayr, der die Vorbereitungen für den Aufstand von 1809 betrieb und 1813 wegen der Alpenbund-Verschwörung verhaftet wurde. Johann geriet ebenfalls in Verdacht, alle Tirol-Kontakte wurden ihm verboten. Vielseitig interessiert, widmete er sich später immer mehr seiner zweiten (oder dritten) Heimat, der Steiermark. Hier erwarb er nicht nur Immobilien, sondern wurde in Vordernberg auch Radmeister, wo er die Verhüttung nach englischem Vorbild – das er von einer Reise gut kannte – zu verbessern anregte. Auf der Nordseite des steirischen Seeberges erwarb er das Gut Brandhof, das er zu einer Musterwirtschaft ausgestaltete, ebenso wie das Weingut Pickern/Pekre (SI) bei Marburg/Maribor. In Stainz kaufte er das Gebäude des ehemaligen Stiftes und wurde dort von der Bevölkerung 1850 zum ersten Bürgermeister nach dem neuen Gemeindegesetz von 1849 gewählt.

Schon 1811 gründete er das Universalmuseum Joanneum, anfangs für ganz Innerösterreich. Aus der dortigen Lehranstalt ging später die Technische Hochschule in Graz hervor (heute TU). In den Hungerjahren 1816/17 bemühte er sich um die Verbreitung der Kartoffel. Zur Verbesserung der Landwirtschaft gründete er 1819 die steiermärkische Landwirtschaftsgesellschaft mit zahlreichen Filialvereinen. Viele weitere Institutionen gehen auf Johanns Initiativen zurück: die Steiermärkische Landesbibliothek (1811), das Steiermärkische Landesarchiv (1817), die Steiermärkische Sparkasse (1825), die berg- und hüttenmännische Lehranstalt in Vordernberg (1840, nach 1849 nach Leoben transferiert, heute Montanuniversität) und die Wechselseitige Brandschadenversicherungsanstalt. 1819 lernte Johann die Postmeisterstochter Anna Plochl kennen. Erst 1829 erhielt er vom Kaiser die Erlaubnis für eine morganatische Ehe, die Nachkommen erhielten den Titel »Grafen von Meran«. 1848 wurde er von der Frankfurter Nationalversammlung als Reichsverweser zum provisorischen Reichsoberhaupt des neuen Deutschen Reiches gewählt. Johann starb, hoch angesehen, 1859 in Graz. Bestattet wurde er erst 1869 in dem eindrucksvollen Mausoleum zu Schenna, über Meran, unweit des von ihm 1844 erworbenen Schlosses.

6.3 Biedermeierkultur und Industrielle Revolution

Die Kultur des so genannten Biedermeier war nicht nur eine wie auch immer gehemmte Musik-, Schrift- und Theaterkultur. Mit dem Biedermeier verbindet man vor allem die Kultur einer gepflegten Häuslichkeit, eleganter, wenngleich formal zurückhaltender, einfacher Möbel, Vitrinen mit glatten, polierten Oberflächen, bequemer Fauteuils und Chaiselongues – und überall Klaviere, denn man liebte die Hausmusik. Der schöne Schein gediegener Handwerksarbeit kann nicht darüber hinwegtäuschen, dass die Kultur des Biedermeier tatsächlich bereits auf der Industrie beruhte: Die Möbel konnte man bei der Wiener Möbelfabrik Danhauser schon aus einem Katalog auswählen und bestellen; die feinen Stoffe, die das bürgerliche und adelige Publikum trug, stammten bereits zu einem sehr hohen Prozentsatz aus Fabriken – auch und gerade dann, wenn man sie aus dem Ausland, vor allem dem als Vorbild so beliebten England, bezog.

Die Anfänge einer Massenproduktion, vor allem von Textilien, wurden auch in Österreich zwar schon im 18. Jahrhundert grundgelegt, aber der Start in eine industrielle Gesellschaft wurde zunächst verfehlt. Dennoch waren einzelne Wachstumsbranchen im späten 18. Jahrhundert nicht zu übersehen (vgl. oben S. 94). Dazu gehörte auch die Erzeugung von Baumwollstoffen, während die traditionsreiche, für den Export so wichtige Leinenproduktion ab etwa 1800 deutlich zurückging. Noch war die Textilproduktion arbeitsteilig organisiert, mit einem bedeutenden Anteil verlegter Heimarbeit. Die in England bereits verwendeten neuartigen Spinnmaschinen (z. B. Hargreaves »Jenny«, 1764) wurden in Österreich zunächst nicht eingesetzt, weil man eine breite Arbeitslosigkeit unter den Heimspinnern befürchtete. Aber 1801 wurde in Pottendorf, in der Nähe von Wiener Neustadt, die erste große Baumwoll-Spinnfabrik Österreichs gegründet, der schon 1802 vier weitere in derselben Region folgten. Die Maschinen für die Pottendorfer Spinnerei kamen aus England, so auch ihr Leiter, John Thornton. Die Energie lieferte das Wasser. Das Kapital streckte die *privilegierte Garnmanufaktur-Gesellschaft* vor, hinter der die *Wiener Commerzial-, Leih- und Wechselbank*, die erste Kommerzbank Österreichs stand, getragen von einigen Hochadeligen (Esterházy, Colloredo-Mansfeld), Großhändlern und Großunternehmern. 1811 beschäftigte die Pottendorfer Spinnerei bereits 1800 Menschen. Zwischen 1800 und 1810 ging daher allein in Niederösterreich die Zahl der Heimspinner von 100.000 auf 10.000 zurück. Mit den finanziellen Schwierigkeiten durch den Staatsbankrott 1810 und mit dem Ausbruch der allgemeinen Krise 1814 stockte die Entwicklung. Viele Betriebe stellten ihre Produktion ein. Da die Spinnfabriken große Mengen von Garnen in jeder beliebigen Qualität bereitstellten, hatten die Weber viele Aufträge, die Löhne stiegen. Es wurde rentabel, auch die Weberei zu mechanisieren. Das geschah aber zumeist in den böhmischen Ländern.

Erst ab etwa 1825 begann ein neuer Konjunkturaufschwung. Im niederösterreichischen Industrieviertel wurde jetzt die Baumwollspinnerei der größte Industriezweig. In 38 größeren Fabriken wurden im Vormärz fast 8000 Arbeiter beschäftigt. Nun wurde in einzelnen Betrieben das Wasser als Antriebskraft durch die Dampfmaschine abgelöst. Die Dampfmaschine revolutionierte neben der Textilindustrie auch die Eisen- und Stahlindustrie sowie den Maschinenbau. In der Wirtschaftsgeschichte gilt die Industrielle Revolution als der Beginn anhaltenden Wachstums – genau dieser Prozess begann jetzt auch in Österreich.

Die Eisengewinnung und -verarbeitung hatte in den Alpenländern, besonders in der Steiermark, Kärnten und Krain, aber auch in Ober- und Niederösterreich eine lange Tradition. Aber die Verwendung von Holzkohle bei Verhüttung und

Weiterverarbeitung führte zu Engpässen. Die in England bereits verwendete Steinkohle fehlte in den Alpenländern. Der Anteil des früher so berühmten steirischen Eisens an der europäischen Eisenproduktion sank ständig. Beim Frischen des Roheisens wurden die älteren Verfahren – mehrfaches Erhitzen und Hämmern des Roheisens – langsam durch das in England erfundene Puddelverfahren abgelöst, das in der Habsburgermonarchie zuerst in Witkowitz – heute ein Stadtteil von Mährisch-Ostrau – in dem vom Olmützer Erzbischof Erzherzog Rudolf 1829 gegründeten Eisenwerk angewendet wurde. Im Kärntner Lippitzbach wurde 1793 von Max Thaddäus Graf Egger das erste Walzwerk Mitteleuropas gegründet. 1826 kauften die aus England stammenden Brüder Rosthorn eine Reihe von Grundherrschaften und Montanwerken im Lavant- und Mießtal, wo sie in Frantschach und Prävali (Prevalje) seit 1836 die Puddlingfrischerei betrieben. Hier wurden große Mengen an Eisenbahnschienen erzeugt.

Die wichtigsten Exportprodukte der österreichischen Eisenindustrie waren nach wie vor Sensen und Sicheln. Sie wurden nach Osteuropa, aber auch nach Deutschland und Frankreich und selbst nach Nordamerika exportiert. 1841 stellten 125 Sensenwerke, die meisten davon in Oberösterreich (Micheldorf), gefolgt von Steiermark und Niederösterreich, 3,7 Millionen Sensen und 800.000 Sicheln bzw. Strohmesser her.

Seit 1825 wurden Dampfmaschinen auch im Inland erzeugt, seit 1837 übertraf die Zahl der aus dem Inland stammenden Dampfmaschinen die Zahl der (überwiegend aus England, Belgien und Preußen) importierten. 1838 baute der schottische Ingenieur John Haswell die Maschinenfabrik der österreichischen Staatseisenbahngesellschaft auf. Als »österreichischer Krupp« galt Georg Sigl, der in Wien eine Maschinen- und Lokomotivfabrik gründete. 1861 übernahm er die 1842 in Wiener Neustadt gegründete Lokomotivfabrik. Im Wettbewerb um eine gebirgstaugliche Lokomotive für die Semmeringbahn belegte die Firma 1851 den zweiten Platz.

Jetzt setzte auch die Donaudampfschifffahrt ein. 1829 gründeten zwei Engländer die Donaudampfschifffahrtsgesellschaft. Sie betrieb vor allem den Verkehr von Wien nach Budapest und bis Orşova. Nach Linz konnte man erst 1837 per Dampfschiff gelangen. Im selben Jahr fuhr auch die erste Dampfeisenbahn von Floridsdorf nach Deutsch-Wagram, auf dem ersten Abschnitt der Nordbahn, die Wien mit Krakau verbinden sollte. Der Eisenbahnbau wurde für Jahrzehnte die stärkste Antriebskraft für die fortschreitende Industrialisierung. Vor allem der Maschinenbau erlangte durch und für den Eisenbahnbau Bedeutung. In der Textilindustrie setzte eine neue Gründungswelle ein. Die industrielle Stoffdruckerei mit Hilfe der Perotine – einer Walzendruckmaschine – breitete sich aus, sehr stark in einer Reihe von Vororten Wiens. Sie erhöhte auch die Nachfrage nach Farben und gab damit der chemischen Industrie wichtige Impulse. Mit ihr konnte man Arbeitskräfte einsparen bzw. qualifizierte Gesellen durch unqualifizierte Hilfsarbeiter ersetzen. Ihre Verwendung war daher Gegenstand heftigster Kritik. Die meisten Gewerbszweige blieben allerdings kleinbetrieblich organisiert, vor allem die durch das rasche Stadtwachstum zunehmenden Branchen der Nahrungsmittelversorgung (Bäcker, Fleischhauer) und der Bekleidungsgewerbe. Sie prägten noch lange die städtische Wirtschaft. Die Wiener Gewerbeausstellungen von 1835, 1839 und 1845 machten eine bereits überaus vielfältige Produktpalette bekannt; darüber hinaus sind sie Indiz für das Vorhandensein eines entsprechend kaufkräftigen Publikums. Die Einfuhr von Lebensmitteln aus Ungarn nahm zu – Ausdruck wachsender überregionaler Marktverflechtung innerhalb der Habsburgermonarchie.

Die Industrielle Revolution veränderte das Leben breitester Bevölkerungsschichten. Nebenerwerbszweige wie Spinnen und Weben wurden überflüssig oder gerade noch zur Selbstversorgung gepflogen. Die traditionsverhaftete Eisenbe- und -verarbeitung in den Alpen- und Voralpenländern geriet in eine langwierige Krise. Das Leben am Land wurde immer stärker von der Landwirtschaft geprägt, während sich die gewerbliche Produktion an Industriestandorten konzentrierte. Die ländlichen Unterschichten standen vor der Alternative, in die neuen Industriegebiete abzuwandern oder auf dem Land als landwirtschaftliche Arbeiter, Knechte und Mägde zu bleiben. Landarbeit aber gab es nicht genug, da der große Grundbesitz Schafherden hielt, für die man wenig Personal benötigte. Anders bei den bäuerlichen Wirtschaften, die allmählich von der traditionellen Dreifelderwirtschaft zu verbesserten Formen übergingen. Hielt man das Vieh das ganze Jahr über im Stall, benötigte man mehr ständiges Personal. Daher stieg die Zahl der Dienstboten auf den Bauernhöfen bis etwa zur Jahrhundertmitte an. Dennoch trieb der Verlust an Erwerbsmöglichkeiten auf dem Land immer mehr Menschen in die Industrieregionen und in die großen Städte. Am stärksten wuchs Wien: Um 1800 lebten hier 230.000 Menschen, um 1840 mehr als 350.000. Um 1830 soll es in Wien etwa 40.000 Arbeiter gegeben haben, 1840 schon knapp 59.000, 1846 sollen es schon 100.000 bis 130.000 gewesen sein. Je stärker die Not am Land, desto stärker der Zustrom in die Großstadt. Die Beschäftigungsmöglichkeiten schwankten extrem, mit der Schwankung der Konjunktur: Wuchs die Nachfrage, wurden schnell Arbeiterinnen oder Arbeiter aufgenommen, bei Absatzstockungen ebenso rasch entlassen. Es gab keine Sozialversicherung, und als soziale Abhilfe gab es nur die Pfarrarmeninstitute bzw. städtische Armenhäuser sowie gar nicht so wenige private Initiativen. Sie reichten nie, um das Elend zu besiegen.

6.4 Das »Erwachen der Nationen«

Wie schon oben (S. 107–109) erwähnt, erhielt der Nationsbegriff im Vormärz neben der politischen eine starke emotionale Färbung. Bei Gymnasiasten und Studenten erweckte die seit Aufklärung und Romantik intensivierte Beschäftigung mit der je eigenen Geschichte und Kultur die Sehnsucht nach der Wiederkehr der verlorenen goldenen Zeitalter ihrer Nation. Die Ideale der Französischen Revolution – Freiheit, Gleichheit und Brüderlichkeit – beflügelten die nationalen Bewegungen, die nicht nur Fremdbestimmung und Unterdrückung durch einheimische oder fremde »Tyrannen«, sondern auch das breite soziale Elend beseitigen würden. Die Freisetzung aus sozialen und lokalen Bindungen durch Industrialisierung und Urbanisierung schuf ein neues Bedürfnis nach überregionaler Integration. Auf der Suche nach Arbeit kamen die Leute vom Land in die oft anderssprachigen Städte und Industrieregionen. Man schloss sich hier zunächst den schon früher gekommenen Menschen aus der alten Heimat an. In ständiger Konfrontation mit anderen, bevorzugten (oder minder privilegierten) Sprachen und ihren Trägern wurde die je eigene Sprache und kulturelle Besonderheit stärker bewusst. Auf der Suche nach einer goldenen Vergangenheit fand man auch die bösen Feinde der Nation – das waren nicht selten die aggressiven, feudalen, aber im gemeinsamen Staat dominierenden »Deutschen«, oder sogar das eigene Herrscherhaus, die gemeinsam seit Jahrhunderten die Tschechen (seit 1620), die Italiener oder die Ungarn unterdrückt hatten. Dass dieses »Erwachen der Nationen« für die Habsburgermonarchie daher zu größten Problemen führen musste, ist leicht verständlich.

Gebildete »Patrioten« steckten erhebliche Energien in die Verbesserung ihrer Nationalsprachen. Dabei verengte sich nicht selten der Patriotismus von den althergebrachten Einheiten, Königreichen oder Kronländern, auf eine der dortigen Sprachen – der Kronland-Patriotismus wandelte sich zum Sprach-Nationalismus. Alle nichtdeutschen Sprachen der Habsburgermonarchie mit Ausnahme des Italienischen, das ja eine der anerkannten Kultur- und Wissenschaftssprachen Europas war, machten zwischen etwa 1780 und 1848 große Fortschritte in ihrer Ausgestaltung und Kodifizierung. Auf der Basis sprachlicher Gemeinsamkeit entstand letztlich eine neue Gesellschaftsform, die moderne Nation. Bedeutende Forscher wie der große tschechische Nationalhistoriker František Palacký (1798–1876) schrieben mehrbändige Geschichten ihrer Heimatländer.

Ein Sonderfall war Ungarn, das ja nicht in den böhmisch-österreichischen »Kernstaat« Maria Theresias integriert war. Die Jahrzehnte vor 1848 waren von einem teils subkutanen, teils offenen Konflikt zwischen dem Reichstag und dem

König bestimmt. Gegenüber dem absolutistisch regierten »Österreich« war aber Ungarn eine wenigstens halbkonstitutionelle Monarchie. Hier ergriff der Reichstag auch selbstständig die Initiative; die Jahre zwischen 1825 und 1848 gelten als Reformzeitalter. Die wichtigste Persönlichkeit dieser Jahrzehnte war ohne Zweifel István Graf Széchenyi (1791–1860), der »größte Ungar«. Er widmete einen erheblichen Teil seines Einkommens nicht nur für eine neue ungarische Akademie der Wissenschaften, sondern auch für Infrastrukturprojekte, deren bekanntestes bis heute wohl die Buda und Pest verbindende Kettenbrücke ist. Die Radikalisierung der ungarischen Bewegung ist mit Lajos Kossuth (1802–1894) verbunden, einem aus dem Kleinadel stammenden Anwalt und Journalisten, dessen Zeitung *Pesti Hírlap* zum publizistischen Organ der nationalen Bewegung wurde. Kossuths Agitation gelang es 1842, in der unteren »Tafel« des Landtages eine Mehrheit zu gewinnen. Das Ziel war ein vollkommen selbstständiges, magyarisches Ungarn. Schon 1844 setze Kossuth die ungarische Sprache als Staatssprache durch – obwohl die Ungarn im Königreich nur eine – große – Minderheit darstellten. Der König – der österreichische Kaiser Ferdinand – bzw. die Staatskonferenz ließen es zu.

6.5 Der Weg zur Revolution

Nach der Auflösung der Freimaurerlogen (1795) herrschte tiefes Misstrauen gegen jede Form von freien Vereinigungen. Immerhin wurde 1807 die niederösterreichische Landwirtschaftsgesellschaft neu gegründet, die aus maria-theresianischer Zeit erhalten gebliebenen mährischen und böhmischen wurden wieder belebt. Diese Gesellschaften waren in der Regel organisatorisch mit den Landständen des jeweiligen Landes (als Vereinigung der Grundherren) verbunden. Die gewerbliche Wirtschaft folgte. Der erste »richtige« Gewerbeverein war der böhmische (1829 bzw. 1833). Im heutigen Österreich erhielten der Innerösterreichische (1837) und der Niederösterreichische Gewerbeverein (1839) große Bedeutung. In den Gewerbevereinen artikulierte sich das gesellschaftliche Interesse der industriellen Unternehmer, aber auch das »bürgerliche« Interesse am technischen Fortschritt.

Der »Absolutismus« des Kaisers Franz erkannte durchaus die Bedeutung der Vereinsform – zumindest als Ergänzung der schwachen öffentlichen Vorsorge gegen Armut und Verelendung. Da gab es ja nur die Pfarrarmeninstitute Josephs II. 1819 wurde die *Erste Österreichische Spar-Casse* in Wien gegründet, mit der Absicht, Vorsorge zu fördern und notfalls günstige Kredite zu geben. Das

Sparkassenregulativ (1844) gilt als erstes eigentliches Vereinsgesetz. Um 1840 verdichtete sich die Vereinslandschaft. 1837 wurde die Gesellschaft der Ärzte gegründet, 1840 die Künstlervereinigung Concordia. Ihr gehörten unter anderem Maler wie Friedrich von Amerling, Josef Danhauser und Josef Kriehuber, Dichter und Schriftsteller wie Ignaz F. Castelli, Eduard von Bauernfeld und Franz Grillparzer an. Nicht ohne Stolz ließen sich ihre Mitglieder von einem ihrer Vereinsgenossen porträtieren. Der Juridisch-Politische Leseverein zu Wien (1841) war Ausdruck bürgerlich-altliberaler Gesinnung. Seine Opposition blieb im Wesentlichen zahm. Die wichtigsten Vereinsgründungen in der Steiermark haben wir oben (S. 114) bereits erwähnt.

Die Kritik an der Politik des völligen Stillstands, den die alten Herren der Staatskonferenz und insbesondere der verhasste Metternich verkörperten, wurde immer lauter und immer ungenierter formuliert. Victor von Andrian-Werburg, einer der scharfen Kritiker des Kaiserstaates, schrieb 1843 (in seinem in Leipzig erschienenen Buch *Österreich und dessen Zukunft*, 167):

> Eines aber ist gewiß – so wie es jetzt ist, kann es in Österreich nicht bleiben – kann es kein Menschenalter mehr bleiben – von dieser Überzeugung ist daselbst Alles, die Regierten sowohl, als die Regierer, durchdrungen – und diese einzige Thatsache würde hinreichen, um die Umwälzung herbei zu führen, welche sicherlich, und zwar binnen kurzer Zeit erfolgen muß [...].

6.6 1848 – das Sturmjahr

Die Kartoffelfäule ab der Mitte der 1840er Jahre führte zur starken Verteuerung des täglichen Brotes. Wer mit dem Hunger kämpft, kann keine Kleider oder Tücher kaufen. So löste die Hungerkrise eine breite Krise in Gewerbe und Industrie aus. Immer mehr Arbeitslose konzentrierten sich in Wien. Überall verschärften sich die schon bestehenden Gegensätze. Der Ausbruch der Revolution in Paris (21. Februar) war nach wenigen Tagen auch im Habsburgerreich bekannt. In Pressburg/Pozsony tagte seit November 1847 der ungarische Landtag. Hier hielt am 3. März Lajos Kossuth jene mitreißende Rede, in der er eine verantwortliche ungarische Regierung (»Ministerium«) und eine Verfassung für Ungarn, aber auch eine für die nichtungarischen Gebiete der Monarchie forderte. Dieser »Taufschein der Revolution« wurde sogleich ins Deutsche übertragen und erlangte weite Verbreitung. Am 5. März erging die Einladung zur Bildung eines deutschen »Vorparlaments« in Frankfurt. In Prag trat am 11. März eine Versammlung im Wenzelsbad zusammen, die neben der Frage der »Konstitution« (der Verfassung) und der Frage der nationalen Gleichberechtigung auch die »sociale Frage«, das Problem der Arbeiterschaft, aufs Tapet brachte.

Die Märzrevolution

In Wien formulierten Vereine (Juridisch-Politischer Leseverein, Gewerbeverein) sowie Ausschüsse der Wiener Bürger Petitionen mit der Forderung nach konstitutionellen Rechten. Schärfer und klarer war eine Adresse der Studenten, die am 12. März in der Aula der Universität (heute: Österreichische Akademie der Wissenschaften) beschlossen wurde. Am 13. März sollte diese Petition den niederösterreichischen Ständen vorgelegt werden, die an diesem Tag zusammentraten. Der 13. März war ein Montag – ein günstiger Tag, hielten doch die meisten Handwerker und Gesellen diesen Tag »blau«, also arbeitsfrei. Außerdem war es der Geburtstag Kaiser Josephs II. In den Vorstädten wurden Handwerker und Arbeiter mobilisiert, um Druck hinter diese Petition zu setzen.

Der Hof des Landhauses füllte sich. Der Arzt Dr. Adolf Fischhof hielt eine zündende Rede, ein Student verlas die Rede Kossuths (auf Deutsch). Schließlich drangen Demonstranten ins Innere des Landhauses vor. Eine Deputation der Stände ging in die Hofburg. Nachdem die Stände bereits das Haus verlassen hatten, griff das Militär ein, es gab fünf Tote und zahlreiche Verletzte. Eigentlich war der 13. März vor dem Landhaus gescheitert – weiterer Zuzug von Arbeitern aus den Vorstädten wurde durch die Schließung der Stadttore unterbunden. Den Erfolg des Tages (Entlassung Metternichs, Ende der Zensur) sicherten die Arbeiter, die nun in den Vorstädten die verhassten Maschinen demolierten und die ebenso verhassten Verzehrungssteuerämter an der »Linie« (am heutigen Gürtel) zerstörten. In erster Linie ging es gegen die Perotinen, die Textil-Druckmaschinen. Fabriken gingen in Flammen auf. Dieser Maschinensturm weitete sich am 14. und 15. März über die Wiener Vororte bis nach Perchtoldsdorf, Mödling und Schwechat aus. Daraufhin wurden bewaffnete Korps, die Nationalgarden, aufgestellt, die in erster Linie Ruhe und Ordnung garantieren sollten. Die Garden schützten in der Folge das bürgerliche Eigentum gegen die Habenichtse. Die Opfer aus deren Reihen (etwa 60 bis 80 Tote) waren zumeist Opfer der Garden. Das Begräbnis einiger der »Märzgefallenen« am 17. März vereinte symbolisch die verschiedenen Klassen und Religionen. Mit dem Ende der Zensur (14.3.) brach ein wahres publizistisches Fieber aus. Das erfolgreichste Blatt, die *Constitution*, erzielte Auflagen bis zu 50.000 Exemplaren pro Tag. Am 15. März kam vom Hof die Zusage der Gewährung einer Konstitution, am 20. wurde der große Gegenspieler Metternichs, Graf Kolowrat-Liebsteinsky, zum ersten konstitutionellen Ministerpräsidenten ernannt, er blieb nur bis zum bis zum 19. April im Amt.

Die Wiener Ereignisse sind nur ein, wenngleich zentraler, Punkt in der raschen Folge von Unruhen, die jetzt aufflammten: am 15. März in (Buda-)Pest, am 17. in Venedig, am 18. in Mailand. In Venedig rief man die Republik aus, Radetzky räumte nach fünftägigen Kämpfen Mailand. Etwas weniger dramatisch ging es in den heutigen österreichischen Ländern zu. Nationalgarden bildeten sich jetzt in allen größeren Orten. Auf dem Land hörten die Bauern auf, Abgaben zu leisten. Sie begannen zu jagen – mit der »Demokratisierung« des bislang nur den Herren vorbehaltenen Jagdrechtes demonstrierten sie den Umsturz der Verhältnisse. In Böhmen wurden einige Schlösser gestürmt und in Krain darüber hinaus herrschaftliche Archive – das Gedächtnis der Herrschenden – zerstört.

Die am 11. April vom Kaiser als ungarischem König genehmigte neue ungarische Regierung verkündete schon im April die sofortige Aufhebung der Robotverpflichtung. Auch für Galizien wurde im April das Ende der Robot verkündet. Daraufhin wuchs der Ärger unter den Bauern der Alpenländer, Böhmens und Mährens, so dass man im Juni auch für Mähren und für Innerösterreich das sofortige Ende der Naturalrobot verordnete. Das Ende des Feudalismus war also im Frühjahr 1848 schon gewiss. Einzelne Landtage bearbeiteten das Problem, aber nicht zur Zufriedenheit der Bauern. Das ist der Hintergrund für die überragende Rolle der Bauernfrage im konstituierenden Reichstag.

Die Frage der Verfassung

Die Frage der Verfassung stand schon am Anfang der Bewegung im März. Die neue (österreichische) Regierung arbeitete selbst eine Verfassung aus. Sie wurde am 25. April aus kaiserlicher Machtvollkommenheit verkündet (also »oktroyiert«), nicht von einer eigenen konstituierenden parlamentarischen Versammlung erarbeitet. Diese Pillersdorfsche Verfassung (nach dem liberalen Innenminister Franz Baron Pillersdorf), stark angelehnt an die belgische Verfassung von 1830, entsprach in der Kodifizierung der Grund- und Freiheitsrechte den Ansprüchen des liberalen Bürgertums. Sie wurde aber heftig kritisiert, weil sie einem Oktroi entsprang, weil sie zentralistisch war und weil dem Kaiser ein absolutes Veto zukam. Außerdem lehnte man das Zweikammersystem und das stark eingeschränkte Wahlrecht für die Abgeordnetenkammer ab. Die Wahlordnung vom 9. Mai, die alle Arbeiter im Tag- und Wochenlohn sowie Dienstboten ausschloss, löste heftigen Protest aus (Sturmpetition, 15. Mai). Die Regierung nahm die Verfassung zurück. Der Hof verließ das unruhige Wien (17. Mai) und begab sich nach Innsbruck. Das führte zu ersten Spannungen zwischen dem mäßig liberalen, aber habsburgtreuen Bürgertum und den Studenten bzw. den Arbeitern und Handwerkern der Vorstädte. Ein Versuch der Ausschaltung der Akademischen Legion durch die Regierung am 26. Mai wurde mit Barrikaden beantwortet. Ein Sicherheitsausschuss, gebildet aus Bürgern, Nationalgarden und Studenten übernahm die faktische Herrschaft in Wien. Heftige Proteste führten dazu, dass am 10. Juni schließlich die »selbstständigen« Arbeiter (aber nicht Dienstboten!) das Wahlrecht erhielten.

Die nationalen Forderungen – unüberwindbare Gegensätze

Das schon im Vormärz deutlich hervortretende nationale Selbstbewusstsein radikalisierte sich im Zuge der Ereignisse von 1848. Lombarden und Venezianer wollten los von Österreich. Die Slowenen formulierten erstmals die Forderung nach einem neuen slowenischen Kronland. Die Tschechen forderten eine starke Autonomie im traditionellen Rahmen des Königreichs Böhmen und seiner Nebenländer. Volle Selbstständigkeit, aber unter Anerkennung der habsburgischen Königsherrschaft, forderten die Ungarn.

Die Regierung wich zunächst zurück. Ungarn erhielt am 11. April eine eigene Regierung unter Ministerpräsident Lajos Graf Batthyány. Der ungarische Reichstag beschloss noch im April die Gleichheit der Bürger vor dem Gesetz, eine Bauernbefreiung und die Gleichheit aller Religionen. In den Reichstag durfte nur gewählt werden, wer der ungarischen Sprache mächtig war. Während die Deutschungarn sich durchwegs auf die Seite der Magyaren schlugen, entflammte rasch die Unzufriedenheit der Slowaken, Rumänen, Serben und Kroaten, die keinesfalls in einem strikt magyarisierten Ungarn leben wollten. Überall brachen Kämpfe aus. Kroaten und Serben hatten militärischen Rückhalt in der Militärgrenze. Der neue kroatische Banus Josip Graf Jelačić wurde auf ungarischen Wunsch zwar vom Kaiser abgesetzt, ignorierte dies aber und unterhielt weiter gute Kontakte zur kaiserlichen Armee.

Am 8. April erließ der Kaiser die so genannte böhmische Charte mit dem Versprechen eigener Behörden für Böhmen. Sofort äußerten die böhmischen und mährischen Deutschen ihr Missfallen. Sie plädierten für den Anschluss aller deutschen Gebiete inclusive ganz Böhmens (oder wenigstens der deutschen

Siedlungsgebiete) an das neue Deutsche Reich, das sich gerade in der Frankfurter Nationalversammlung zu realisieren begann. Dasselbe nationale Programm hatten auch die Studenten, Schriftsteller und Journalisten Wiens, seinen symbolischen Ausdruck fand es in der schwarz-rot-goldenen Fahne, die vom Hohen Turm von St. Stephan hing. Dagegen hatte sich der nach Frankfurt eingeladene tschechische Historiker František Palacký in seinem berühmten Absagebrief vom 11. April 1848 nach Frankfurt ausgesprochen. Nach der Feststellung, dass die vielen kleinen Völker westlich von Russland dieser Übermacht vereinzelt erliegen müssten, folgt der emphatische Ausruf: »Wahrlich! Existierte der österreichische Kaiserstaat nicht schon längst, man müsste im Interesse Europas, im Interesse der Humanität selbst sich beeilen, ihn zu schaffen.«[6] Damit war vielleicht ein Punkt gewonnen, der die widerstreitenden nationalen Interessen zusammenbinden konnte. Dass die Forderungen der Deutschen, der Italiener und der Ungarn nach nationaler Staatsbildung die Habsburgermonarchie auflösen würden, war klar erkennbar.

Am 3. Mai fanden die Wahlen zum Frankfurter Parlament in den zum Deutschen Bund gehörigen Ländern der Monarchie statt. Die Tschechen boykottierten die Wahl. Auch in den slowenischen Gebieten war die Wahlbeteiligung gering. 114 Abgeordnete aus dem Habsburgerreich wurden nach Frankfurt gewählt, meist Angehörige der Intelligenzberufe. Der dort erarbeitete Entwurf einer Reichsverfassung bedeutete für Österreich ein Problem: Der Kaiserstaat sollte mit den nicht im künftigen Deutschen Reich liegenden Gebieten (Galizien, Ungarn-Kroatien, Dalmatien, Oberitalien) nur in Personalunion verbunden sein. Die neue Regierung des Fürsten Felix Schwarzenberg lehnte dies im Herbst 1848 entschieden ab.

Die Wahlen. Der Reichstag und die Grundentlastung

Im Juni und im Juli fanden die Wahlen zum konstituierenden österreichischen Reichstag statt. Sie waren indirekt: Zuerst wurden von den Urwählern Wahlmänner gewählt, die dann die Abgeordneten bestimmten. Am 22. Juli 1848 trat der Reichstag zusammen. Er war das erste gewählte Parlament Zentraleuropas – für Deutschösterreicher, Slowenen, Tschechen, Polen und Ukrainer Galiziens, Serben und Kroaten in Dalmatien und Istrien ebenso wie für die Italiener in Trient und Triest. Von den 383 Abgeordneten entfiel der größte Teil auf Vertreter des Besitz- und Bildungsbürgertums (24 %). Ebenso viele Abgeordnete waren Bauern. Sie vertraten das bäuerliche Interesse an einer sofortigen Aufhebung aller bäuerlichen Lasten ohne jede Entschädigung. Schon am 24. Juli brachte Hans Kudlich seinen berühmten Antrag, »›Von nun an ist das Unterthänigkeits-Verhältnis sammt allen daraus entsprungenen Rechten und Pflichten aufgehoben [...]«[7], ein.

Neben der Grundentlastung hatte sich der Reichstag mit der Frage einer Verfassung sowie mit einer Gemeindeordnung zu beschäftigen, deren Organisationsform ja mit dem Ende des Feudalismus zu einer dringenden Frage wurde.

Radetzky, die Radikalisierung und das Ende der Revolution

Die Hauptarmee stand in Italien. Erst ein Erfolg Radetzkys bei Santa Lucia (6. Mai) gegen die Piemontesen (denen sich die Lombardei und Venetien angeschlossen hatten), die Niederschlagung eines Aufstandes in Krakau (25./26. April) und schließlich das Scheitern des Pfingstaufstandes in Prag (11.–17. Juni) ließ jene höfischen Kräfte Hoffnung schöpfen, die eine militärische Niederwerfung befürworten. Endgültig schienen sie sich mit Radetzkys Siegen in Italien (bei Custozza am 25. Juli 1848, Rückeroberung Mailands am 6. August) durchgesetzt zu haben. Auch bürgerliche Kreise sahen nur mehr in der Armee den Garanten der Macht und Einheit Österreichs. Franz Grillparzer gab dieser Stimmung in der berühmten ersten Strophe des Gedichts *Feldmarschall Radetzky* Ausdruck: »Glück auf, mein Feldherr, führe den Streich! / Nicht bloß um des Ruhmes Schimmer, / In deinem Lager ist Österreich, / Wir andern sind einzelne Trümmer.« Im August kehrte der Hof aus Innsbruck nach Wien zurück.

Im Sommer 1848 wurde auch die »sociale Frage« dringend. Die Lage der Arbeiter verbesserte sich seit dem März kaum. Die Massen der Arbeitslosen, die sich noch stärker als bisher in Wien konzentrierten, wurden bei Erdarbeiten im Prater und an der Gumpendorfer Linie beschäftigt. Auch der beschleunigte Baubeginn der Semmeringbahn ist als produktive Arbeitslosenfürsorge zu sehen – außerdem wurde man eine unruhige Masse los. Erstmals wurde (bei der Maschinenfabrik der Wien-Gloggnitzer-Eisenbahn) die Arbeitszeit auf zehn Stunden pro Tag herabgesetzt. Die als einzige schon in Vereinsform (Unterstützungsverein seit 1842) organisierten Drucker, Setzer und Schriftgießer forderten Lohnerhöhung, Beschränkung der Lehrlings- und Abschaffung der Frauenarbeit, zehnstündige Arbeitszeit und Sonntagsruhe. Im April erkämpften die Arbeiter der Nord- und Staatsbahn eine Verminderung der Arbeitszeit. Mit der Mairevolution und der Behauptung der studentischen Bewaffnung (26. Mai) begann die intensivste Phase der Organisation der Arbeiterschaft und einer – wenn man so sagen kann – »Sozialpolitik«, geleitet vom neuen Sicherheitsausschuss. Der »Erste Allgemeine Arbeiterverein« konstituierte sich am 24. Juni, dessen Gründer und Präsident, Friedrich Sander, ein Buchbindergeselle, wieder hauptsächlich Gesellen aus dem Kleingewerbe um sich versammelte. Programmatisch setzte er sich die staatsbürgerliche Gleichberechtigung der Arbeiterschaft zum Ziel: Die Arbeiter blieben politisch im Rahmen der Zielsetzungen der bürgerlichen Demokratie. Dennoch zeigt diese Vereinsgründung, ebenso wie die eines »Radicalen liberalen Vereins«, Ansätze einer Ausbildung proletarischen Klassenbewusstseins, dessen Fehlen Karl Marx bei seinem Wiener Aufenthalt Ende August kritisch vermerkte.

Die öffentlichen Arbeiten führten schließlich zum Bruch zwischen Regierung (bzw. der »bürgerlichen Revolution«) und Arbeiterschaft. Gegen Lohnkürzungen für die Erdarbeiter demonstrierten Arbeiter am 23. August im Prater; bei ihrem Zug Richtung Stadt stießen sie auf die bürgerlichen Garden. Diese stellten die »Ordnung« gewaltsam her. Es gab Tote und Verwundete (»Praterschlacht«). Die Spaltung zwischen Bürgertum und Arbeiterschaft war offenkundig. Langsam neigte sich die Waage den Kräften der »Ordnung« zu. Ende August verabschiedete der Reichstag nach heißen Debatten das Gesetz über die Grundentlastung. Aber nur als kaiserliches Patent, bloß »in Übereinstimmung mit dem constituierenden Reichstage«, wurde die Grundentlastung am 7. September kundgemacht.

Am 11. September marschierte der kroatische Banus Jelačić in Ungarn ein. Nach der Ermordung des vom Hof ernannten neuen Oberkommandierenden für Ungarn, Graf Lamberg, auf der Pester Brücke, wurde Jelačić zum königlichen Kommissär für Ungarn ernannt und der Ausnahmezustand ausgerufen. Kossuth befahl den Angriff auf die in Ungarn eingedrungenen Kroaten. Diese wichen Richtung Wien aus. Der Krieg zwischen Ungarn und Kroaten wurde zum Krieg zwischen der (ursprünglich vom Kaiser bestätigten) ungarischen Regierung und dem Kaiser. Als man dafür Truppen aus Wien abziehen wollte, brach die Oktoberrevolution aus: Ausrückende Truppen wurden am Abmarsch gehindert, verbündeten sich zum Teil mit der Nationalgarde, das Zeughaus wurde erobert, der Kriegsminister Latour gelyncht. Wieder floh der Hof, diesmal nach Olmütz/Olomouc in Mähren.

Im Kampf um Wien lähmte die Spaltung zwischen (groß-)bürgerlichen Innenstadt- und kleinbürgerlich-proletarischen Vorstadtgarden die Verteidigungsbereitschaft. Die Mobilisierung des Landvolkes durch Kudlich misslang. Ein Entlastungsangriff der Ungarn scheiterte bei Schwechat. Am 31. Oktober eroberte die Armee des Fürsten Alfred Windisch-Graetz gemeinsam mit den Kroaten Jelačić' die Stadt. Symbolträchtig trampelte das Pferd des Feldmarschalls auf der schwarz-rot-goldenen Fahne der Freiheit und der deutschen Einheit herum, als eine Bürgerdeputation devot ihre Unterwerfung bekundete. Zahlreiche Hinrichtungen folgten, auch die des Abgeordneten zur Frankfurter Nationalversammlung, Robert Blum.

Die höfische Partei zeigte nun Entschlossenheit: Windisch-Graetz' Schwager Felix Fürst Schwarzenberg wurde neuer Ministerpräsident, Erzherzog Franz Joseph neuer Kaiser (2. Dezember 1848). Die Aufforderung der Frankfurter Nationalversammlung, Österreich solle sich in einen »deutschen« Teil, der zum neuen Deutschen Reich gehörte und in einen zweiten trennen, der mit jenem nur durch Personalunion verbunden wäre, wies Schwarzenberg entschieden zurück. Der Reichstag wurde nochmals, und zwar nach Kremsier/Kroměříž unweit von Olmütz, einberufen, erarbeitete auch – unter dem Druck der Verhältnisse – rasch den eindrucksvollen Entwurf einer Verfassung. Die Kronländer sollten erhalten bleiben, die größeren aber in national möglichst einheitliche Kreise mit kultureller Autonomie zur Berücksichtigung der nationalen Eigentümlichkeiten unterteilt werden. Dieser Entwurf sah als Prinzip der Verfassung die Volkssouveränität (!) vor. Schon am 20. Jänner 1849 beschloss der Ministerrat daher seine Auflösung, die am 7. März erfolgte. Mit dem 4. März datierte die Regierung eine (oktroyierte) Verfassung, ein Durchführungsgesetz zur Grundentlastung und ein provisorisches Gemeindegesetz.

Italien und Ungarn, die Märtyrer von Arad

Neue kriegerische Verwicklungen in Italien wurden im März 1849 von Radetzky rasch beendet, im Mai Unruhen in Prag unterdrückt. In Ungarn erwies sich ihr militärischer Führer, Arthur Görgey, dem Fürsten Windisch-Graetz als weit überlegen. Die ungarischen Truppen eroberten fast das ganze Land zurück. Jetzt ließ Kossuth in Debrecen die Habsburger absetzen, faktisch war er Diktator. Seit dem Mai von russischen Truppen unterstützt, gelang es den Kaiserlichen erst im August, die ungarische Revolution niederzuwerfen. Am 13. August kapitulierte Görgey bei Világos vor den Russen. 14 Generäle der ungarischen Armee wurden hingerichtet. Diese »Märtyrer von Arad« haben im ungarischen Gedächtnis ihren festen Platz. Ein ebenso hässlicher wie dummer Racheakt war die Hinrichtung des früheren – legitimen – Ministerpräsidenten Batthyány. Als letzte Festung der ungarischen Unabhängigkeit kapitulierte Komorn (Komárom, Komárno) am 4. Oktober. Am 22. August 1849 kapitulierte auch Venedig.

Was blieb aus der Zeit zwischen 1790 und 1848? Die langen Kriege gegen Napoleon. Der Wiener Kongress. Der Beginn der Industriellen Revolution. Die Eisenbahnlinien, die seit 1837 errichtet wurden, insbesondere die Semmeringbahn (ab 1848). Die dichte Vorstadtverbauung in Wien – Ausdruck das raschen Bevölkerungswachstums und des Wachstums der gewerblichen Wirtschaft. Erste Industrielandschaften etwa in Vorarlberg oder im Viertel unter dem Wienerwald, einzelne Industriebauten. Der Um- bzw. Neubau des Niederösterreichischen Landhauses in Wien. Das Joanneum in Graz, weitere Museumsbauten – Ausdruck der Entdeckung der Vergangenheit und der Historisierung von Wahrnehmungen und Interpretationen. Ein erstaunlich schwaches Gedenken an 1848, die erste demokratische Revolution und die ersten gewählten Parlamente in Wien und Frankfurt. Der negative Mythos – Zensur, Metternich, Unterdrückung der Meinungsfreiheit und des aufkommenden nationalen Bewusstseins, Ignoranz gegenüber der sozialen Frage. Der positive Mythos: Erzherzog Johann, die Musik der Wiener Klassik (Beethoven, Schubert, Strauss, Lanner), Biedermeierkultur, Theater (Grillparzer), Nestroys Wortkunst. Gedächtnisorte: Eroica-Saal im Theatermuseum. 1848: Festsaal der ÖAW (Aula der Universität), Landhaushof in Wien; Winterreitschule als Tagungsort des Reichstages, Brigittenau als Hinrichtungsort Robert Blums.

7. 1848–1918. Das Zeitalter Kaiser Franz Josephs I.

7.1 Was blieb von der Revolution?

Vor allem die Grundentlastung, die Entlastung des bäuerlichen Bodens von den feudalen Lasten. Sie wurde von der Regierung des jungen Kaisers Franz Joseph zügig durchgeführt. Das feudale Kapital wurde durch die Multiplikation der jährlichen Abgaben mit dem Faktor 20 errechnet. Ein Drittel dieser Summe war vom Bauern zu bezahlen, ein Drittel vom jeweiligen Land bzw. vom Staat, ein Drittel wurde dem Grundherrn abgezogen; Leistungen an Kirchen und Schulen waren ohne Abzug abzulösen. Am schnellsten bezahlten die oberösterreichischen Bauern ihre Entschädigungsverpflichtung.

Die »unteren« Ebenen von Selbstverwaltung und staatlicher Verwaltung mussten neu aufgebaut werden. Nach dem provisorischen Gemeindegesetz von 1849 übernahmen autonome Organe die Selbstverwaltung der neu gebildeten politischen Gemeinden. Die unterste staatliche Verwaltungsinstanz wurde die Bezirkshauptmannschaft, die unterste Gerichtsinstanz das Bezirksgericht. Von 1850 bis 1867 hat man Justiz und Verwaltung nochmals in »gemischten Bezirksämtern« zusammengelegt, erst seit 1868 kam es endgültig zur Trennung von Justiz und Verwaltung. Als Beamte übernahm der Staat häufig herrschaftliche Justizbeamte. Als ständiger bewaffneter Arm des Staates auf dem Land diente die neu geschaffene Gendarmerie. Die Einrichtung der zahlreichen Ämter und Gendarmerieposten war äußerst kostspielig.

Der Ministerpräsident Felix Schwarzenberg ließ eine Verfassung verkünden (Oktroyierte Verfassung, 4.3.1849), die für das ganze Reich gelten sollte, nicht nur für die Länder des späteren Cisleithanien. Sie sprach das Prinzip der Gleichberechtigung aller Völker (»Volksstämme«) des Reiches aus. Schwarzenbergs Minister waren recht bedeutende Köpfe, nicht wenige davon bürgerlicher Herkunft. Der bekehrte Revolutionär Alexander Bach leitete das Justiz-, später das Innenministerium. Mit dem Namen des Unterrichtsministers Leo Graf Thun-Hohenstein ist eine grundlegende Universitätsreform ebenso verbunden wie die Schaffung des achtklassigen Gymnasiums. Die Artistenfakultäten, längst zu philosophischen geworden, wurden aufgewertet. Dozenten und Professoren wurde die Lehrfreiheit garantiert. 1857 ordnete der Kaiser die Schleifung der

Abb. 10 Der junge Kaiser Franz Joseph I. (1830–1916) trug fast immer Uniform, er verstand sich als absoluter Alleinherrscher. Nach Niederlagen erkannte er die Notwendigkeit von Kompromissen.

Wiener Stadtbefestigung und die Anlage der Ringstraße an, wodurch die Baukonjunktur in Wien eine deutliche Belebung erfuhr. 1859 statuierte das neue Gewerberecht eine weitgehende Gewerbefreiheit.

7.2 Der Neoabsolutismus als Umweg zum Konstitutionalismus

1851 übernahm der Kaiser selbst den Vorsitz im Ministerrat. Mit dem »Silvesterpatent« 1851 wurde die Verfassung von 1849 wieder außer Kraft gesetzt. Nach dem frühen Tod Schwarzenbergs (5.4.1852) ernannte Franz Joseph keinen Nachfolger, er war ab jetzt sein eigener Ministerpräsident. Damit war der junge Kaiser aber auch allein verantwortlich für all die schweren Irrtümer und Fehlgriffe, die ihm in der Folge unterliefen. Auf Initiative des Erzbischofs von Wien, des früheren Lehrers des Kaisers, Othmar Rauscher, schloss er 1855 ein Konkordat mit dem Heiligen Stuhl ab. Es befreite die katholische Kirche von der staatlichen Bevormundung und stärkte so den päpstlichen Einfluss. Ferner wurde der Kirche die Kontrolle über das Schulwesen übertragen. Die Gegnerschaft gegen das Konkordat vereinigte josephinische Beamte mit den jüngeren bildungsbürgerlichen Liberalen. Und sobald die öffentliche Meinung ab 1859 wieder etwas mehr Freiheit erhielt, war das Konkordat jener beliebte Sack, den man anstelle des unangreifbaren Esels – des Kaisers – publizistisch prügelte.

> **Kaiser Franz Joseph 1830–1916**
>
> Vom Zeitpunkt seiner Geburt an war der kleine Erzherzog Franzi als Kaiser vorgesehen. Seine Mutter Sophie und ihr Stab achteten auf eine ausgezeichnete Erziehung und eine umfassende, wenngleich etwas einseitige Bildung. Sprachlich war der zukünftige Kaiser recht talentiert, ebenso im Zeichnen. Die sehr umfassende Erziehung sollte einen absoluten Monarchen formen, der eine solide Abneigung gegen alle liberalen Bestrebungen mit autoritärer Machtausübung verbinden würde. Die tiefe Überzeugung, dass letztlich nur er allein diese große Monarchie regieren könne, ist ihm geblieben. Stets behielt er die untadeligen Umgangsformen und eine stolze, würdevolle Haltung. Man sagte ihm einen Mangel an höheren intellektuellen Interessen nach, dafür verfügte er über einen früh entwickelten Tatsachensinn und ein nüchternes Urteil. Seine beiden Vorgänger hatten nur selten Uniform getragen – Franz Joseph ständig. Der hübsche, furchtlose junge Herrscher mit den tadellosen Manieren fand daher in der Bevölkerung lange keine Sympathien. Für die späteren Schwierigkeiten wie die Niederlagen von Solferino und Königgrätz, wurde der Kaiser persönlich verantwortlich gemacht. Das entbehrt angesichts seines Beharrens auf seiner ganz persönlichen absoluten Herrschaft nicht jeder Berechtigung. Das raffinierte Spiel der Diplomatie beherrschte er nicht. Bittere Niederlagen lehrten ihn, mit liberalen und konstitutionellen Forderungen Kompromisse einzugehen. Lange Verhandlungen liebte er nicht, Geduld war nicht seine Stärke.
>
> Literatur: Steven Beller: Kaiser Franz Joseph. Eine Biographie, Wien 1997; Jean-Paul Bled: Franz Joseph, »der letzte Monarch der alten Schule«, Wien – Köln – Graz 1988.

Solferino und der Verlust der Lombardei

Im gesamten liberalen Westen galt das neoabsolutistische Österreich als finsterer Hort der Reaktion. Im Krimkrieg 1854–1856 blieb Österreich zwar neutral, aber man erzwang die Räumung der von den Russen besetzten rumänischen Donaufürstentümer. Zar Nikolaus starb angeblich an gebrochenem Herzen wegen des »Verrats« Franz Josephs, dessen Thron er doch 1849 in Ungarn gerettet hatte. Die Westmächte drängten auf einen Kriegseintritt Österreichs. Aktiv wollte Franz Joseph jedoch nicht gegen Russland vorgehen. Aber er ließ in Galizien eine österreichische Armee stationieren, was wiederum russische Truppen band. Schließlich waren alle unzufrieden – der Zar sowieso, aber auch Engländer und Franzosen, die mit der militärischen Unterstützung Österreichs gerechnet hatten.

Zu guter Letzt war Österreich vollständig isoliert. Die antirussische Neutralität hatte zudem das mit Russland befreundete Preußen verstimmt.

Als Dank für die Hilfe auf der Krim erhielt Sardinien-Piemont von Napoléon III. ein Defensivbündnis gegen Österreich, zur Unterstützung der Einigung Italiens. Zum Jahreswechsel 1858/59 erklärte der Kaiser der Franzosen dem österreichischen Botschafter sein Bedauern darüber, dass die Beziehungen zu Österreich nicht so gut seien, wie sie sein könnten. In einer etwas übereilten Reaktion richtete Franz Joseph daraufhin ein Ultimatum an Turin, das nicht beantwortet wurde. Rasch erfolgte die Kriegserklärung Österreichs an das Königreich Sardinien. Die Italiener waren nun ein Opfer der österreichischen Aggression und damit war für die Franzosen der Bündnisfall gegeben. Diplomatische Schachzüge dieser Art durchschaute das schlichte »Soldatengemüt« Franz Josephs ebenso wenig wie später Bismarcks raffiniertes Spiel zur Ausschaltung Österreichs aus dem Deutschen Bund. Da nach der ersten Niederlage (bei Magenta) unter dem unfähigen Oberkommandierenden Graf Gyulai der Kaiser selbst auf den Kriegsschauplatz eilte, war die nächste Niederlage bei Solferino (24.6.1859), auch seine ganz persönliche. Die Not der Verwundeten auf dem blutigen Schlachtfeld bewog den Schweizer Kaufmann Henry Dunant zur Gründung des Roten Kreuzes. Den Waffenstillstand handelte der Kaiser persönlich mit dem französischen Kaiser Napoléon III. aus. Wieder traf Franz Joseph eine überhastete Entscheidung. Die Lombardei ging verloren, Giuseppe Garibaldis Freischaren vertrieben Habsburger und Bourbonen aus ihren Königreichen und Fürstentümern, das Königreich Italien entstand (1860).

Oktoberdiplom und Februarpatent

Da der Neoabsolutismus die kommerziellen Interessen durch die Schaffung eines großen gemeinsamen Wirtschaftsgebietes (Aufhebung der Zollgrenze zu Ungarn 1853) berücksichtigte, akzeptierte das Wirtschaftsbürgertum das Regierungssystem. Allerdings löste das Konkordat von 1855 kritische Reaktionen des liberalen Bürgertums aus. 1859 stand aber die Finanzierung des Staates auf dem Spiel. Franz Joseph handelt jetzt schnell. Unpopuläre Minister wurden entlassen. Im Laxenburger Manifest vom 15. Juli 1859 sagte der Kaiser Verbesserungen in Gesetzgebung und Verwaltung zu. Im März 1860 berief er einen »verstärkten Reichsrat« mit 60 ernannten Mitgliedern ein, davon sechs aus Ungarn, als Instrument der Budgetkontrolle. Zentralistisch-deutsch-liberale (mehr bürgerliche) und föderalistisch-konservative hochadelige Mitglieder standen einander gegenüber. In einer nicht untypischen Anwandlung von Ungeduld wandte sich der Kaiser den Altkonservativen zu. Das in kürzester Frist entworfene »Oktoberdiplom« von 1860 sah traditionell zusammengesetzte Landtage vor sowie ein relativ schwaches Zentralparlament. In diesem sollte auch Ungarn vertreten sein. Rasch wurde der ungarische Landtag einberufen, weigerte sich aber standhaft, Delegierte in das Wiener Zentralparlament zu entsenden. Ebenso unzufrieden waren die deutschen Liberalen, deren Stimmen durch die seit 1859 faktisch vorhandene Pressefreiheit unüberhörbar geworden waren, und zu deren Gefolge auch die *haute finance* gehörte. Von deren Reaktion war die Finanzierung des Budgetdefizits abhängig. Das Oktoberdiplom blieb ein Stück Papier.

Die Reaktion Franz Josephs war wieder ein ebenso plötzlicher wie vollständiger Kurswechsel. Schon im Dezember 1860 wurde Anton von Schmerling (1805–1893) zum »Staatsminister« ernannt. Für Schmerling sprachen seine große Bekanntheit und das hohe Prestige, das er wegen seiner konsequenten Haltung im liberalen Bürgertum hatte. Das Februarpatent gab sich als Durchführungsverordnung des Oktoberdiploms aus. Es zielte freilich auf das Gegenteil, nämlich auf einen nach wie vor »deutsch« und zentralistisch regierten Staat mit einem etwas stärkeren, von den liberalen Deutschen dominierten Reichsparlament. Dieses konnte als »engerer« und »weiterer« Reichsrat tagen, ohne bzw. mit Ungarn. Der Name des Parlaments blieb weiterhin »Reichsrat« – Franz Joseph lehnte die Bezeichnung »Reichstag« dezidiert ab. Das Abgeordnetenhaus des Reichsrates sollte aus den Landtagen beschickt werden, das Oberhaus (»Herrenhaus«) bestand aus erblichen und vom Kaiser ernannten Mitgliedern.

Nach den notwendigen Landtagswahlen, der Konstituierung der Landtage und den dort erfolgten Wahlen der Abgeordneten zum Abgeordnetenhaus wurde der Reichsrat mit Sitzungen von Herren- und Abgeordnetenhaus schon am 29. April 1861 eröffnet. Die Schmerling'sche Wahlgeometrie hatte – unter Berufung auf deren höhere Steuerleistung – für eine solide Mehrheit der Deutschen (Liberalen) im Reichsrat gesorgt. Damit sicherte er seinen zentralistischen Kurs und die Budgetsanierung ab. Die Ungarn lehnten die Beschickung des Reichsrates weiterhin ab, 1863 erklärten auch tschechische Abgeordnete aus Böhmen ihren Austritt, 1864 folgten die mährischen Tschechen. Sie protestierten damit gegen den deutsch-zentralistischen Kurs der Regierung sowie gegen das ungerechte Wahlrecht.

Die Liberalen zogen ein eisernes Sparprogramm durch. Eine erste Verankerung liberaler Grundrechte (Hausrecht, Briefgeheimnis) gelang. 1862 wurde ein Gemeindegesetz beschlossen. Aber der Kaiser wehrte sich vehement gegen jede weitere Einschränkung seiner Macht. Die Abgeordneten waren damit unzufrieden. Ab 1864 stand das Parlament meist in Opposition zur Regierung.

Der Kampf um Deutschland

Schwarzenberg zwang Preußen 1850 (in Olmütz) mit einer Kriegsdrohung, auf die Umsetzung der in der deutschen Nationalversammlung siegreichen »kleindeutschen« Lösung zu verzichten. Preußen revanchierte sich 1859 durch die Weigerung, Österreich gegen Frankreich zu Hilfe zu kommen. Mit Otto von Bismarck übernahm 1862 eine vom Gedanken an Preußens Großmachtstellung beherrschte Persönlichkeit als Ministerpräsident das Ruder der preußischen Politik. Im Kampf mit dem preußischen Parlament galt er als reaktionärer Hardliner, während Österreich seit dem Februar 1861 als Hoffnung für Mitteleuropas Liberale gelten konnte. Nun aktivierte Österreich seine deutsche Politik. Man plante für 1863 einen deutschen Fürstentag in Frankfurt, auf dem eine Bundesreform beschlossen werden sollte. Franz Joseph führte den Vorsitz. Fast alle kamen, die Könige von Bayern, Württemberg, Sachsen, aber der wichtigste König fehlte – Bismarck hatte den preußischen König Wilhelm erfolgreich von der Teilnahme abgehalten. Damit war Frankfurt gescheitert.

Inzwischen war im Norden des Bundesgebietes das Problem Schleswig-Holstein wieder akut geworden. Nach dem Aussterben der herrschenden Familie fielen beide Länder an Dänemark, wobei Holstein zum Deutschen Bund gehörte, Schleswig nicht. Die dänische Herrschaft wurde teilweise abgelehnt, was zu einer militärischen Intervention des Deutschen Bundes führte. Die militärische Durchführung oblag Österreich und Preußen. Die Dänen wurden 1864 geschlagen. Die 1865 vereinbarte gemeinsame Herrschaft Österreichs und Preußens über Schleswig und Holstein bot Bismarck die erwünschte Gelegenheit, wann auch immer den finalen Konflikt auszulösen – ein Vorwand würde sich schon finden.

Er brauchte nur vorher einen Verbündeten. Dafür bot sich das junge Königreich Italien an, dem zu seiner nationalen Einheit jedenfalls noch Venetien fehlte. Im Frühjahr 1866 war das Militärbündnis zwischen Preußen und Italien fix, das isolierte Österreich stand vor einem Zweifrontenkrieg. Eine mögliche Abtretung (oder sogar ein Verkauf) Venetiens wurde von Franz Joseph entrüstet abgelehnt. Dagegen sicherte er sich die Neutralität Frankreichs durch die Zusicherung, jedenfalls (!) Venetien an Napoléon III. abzutreten, egal wie der Krieg in Italien enden würde. Der Krieg begann erfolgreich, die Österreicher siegten bei Custozza (23. Juni 1866). Aber nur wenig später (3. Juli) verloren sie gegen die aus zwei Richtungen in Böhmen einmarschierenden Preußen die große Schlacht bei Königgrätz/Hradec Králové. Der Krieg gegen Preußen war verloren. Wie eine leicht absurde Fußnote zu dem Kriegsgeschehen mutet die Seeschlacht bei der Insel Lissa (Vis) an: Ein Landungsversuch der Italiener wurde von der öster-

Karte 5 Die Habsburgermonarchie 1848–1918.

reichischen Flotte unter Wilhelm von Tegetthoff am 20. Juli unter schweren italienischen Verlusten vereitelt. Venetien wurde an Napoléon III. abgetreten, der es gleich an Italien weitergab. Im Frieden von Nikolsburg trat Österreich aus Deutschland aus, aber keine Gebiete an Preußen ab. Preußen annektierte dafür nicht nur Schleswig-Holstein, sondern auch mehrere bisher selbstständige deutsche Staaten nördlich des Main. Bismarck bildete mit den unbedeutenden Staaten nördlich des Main den Norddeutschen Bund, mit den süddeutschen Staaten Baden, Württemberg und Bayern, die als Österreichs Verbündete gleichfalls zu den Geschlagenen von 1866 gehörten, schloss er Militärkonventionen ab. Dies führte 1870 zur Teilnahme dieser Staaten am preußisch-französischen Krieg, der eben deshalb ein deutsch-französischer Krieg wurde. Das Ansehen des Kaisers war an einem Tiefpunkt angelangt.

Der Ausgleich mit Ungarn und die Dezemberverfassung 1867

Wieder eine Niederlage, wieder ein großer Schritt in Richtung Konstitutionalismus und Rechtsstaat – hatte Solferino den »erweiterten Reichsrat«, Oktoberdiplom und Februarpatent erzwungen, so bescherte Königgrätz den Völkern der Monarchie den »Ausgleich« mit Ungarn und die Dezemberverfassung 1867.

Franz Joseph wollte schon 1864 mit den Ungarn direkt verhandeln. Auch die magyarophile Kaiserin Elisabeth bestärkte ihren Gemahl in diesem Entschluss. In seinem berühmten »Osterartikel« (1865) umriss Ferenc Deák, der »Weise der ungarischen Nation«[8], die Grundzüge des künftigen Dualismus: Ungarn wollte die Verfassung von 1848, dafür würde es die durch die Pragmatische Sanktion grundgelegte Gemeinsamkeit der Verteidigung und der Außenpolitik anerkennen. Nach der Katastrophe von Königgrätz versicherte Deák dem Kaiser, dass er jetzt nicht mehr fordern werde als vor dem Krieg. Diese Aussage bedeutete ein wahres Labsal für Franz Joseph. Für die Verhandlungen mit den Ungarn berief der Kaiser, wieder einmal überraschend, am 4. November 1866 den gerade zurückgetretenen sächsischen Ministerpräsidenten Friedrich Ferdinand Freiherr von Beust zum Außenminister, im Februar auch zum Ministerpräsidenten. Rasch setzte sich Beust mit Gyula Graf Andrássy, neben Deák unbestrittener politischer Führer Ungarns, ins Einvernehmen: Der Ausgleich war ein Vertrag zwischen der politischen Repräsentanz Ungarns und dem nunmehr als König anerkannten Kaiser Franz Joseph, die österreichischen Länder hatten dabei nichts mitzureden. Am 17. Februar 1867 ernannte Franz Joseph seine erste ungarische Regierung unter dem Ministerpräsidenten Andrássy. Das Ausgleichsgesetz wurde vom ungarischen Reichstag verabschiedet (GA XII 1867), am 8. Juni 1867 folgte die feierliche Krönung in Buda.

Als jetzt wieder der engere (»österreichische«) Reichsrat einberufen wurde, konnte er den Ausgleich mit Ungarn nur akzeptieren, nicht mehr inhaltlich mitgestalten. Das österreichische Ausgleichsgesetz vom 21.12.1867 wurde als Gesetz, »betreffend die allen Ländern der österreichischen Monarchie gemeinsamen Angelegenheiten und die Art ihrer Behandlung«[9] bezeichnet, die österreichischen Parlamentarier hielten also an einer gemeinsamen »österreichischen Monarchie« fest, von der die Ungarn später behaupteten, sie existiere nicht. Der Ausgleich schuf zwei konstitutionelle Monarchien sowie – nach außen – einen gemeinsamen staatlichen Mantel, der beide Teilstaaten (oder »Reichshälften«) umhüllte. Mit dem gemeinsamen Kaiser und König und dem gemeinsamen (k.u.k.) Minister für das Äußere und das kaiserliche Haus trat die Monarchie nach Außen als *ein* Staatswesen auf. Ebenfalls gemeinsam waren der (k.u.k.) Kriegsminister und ein Minister für die gemeinsamen Finanzen. Neben den staatsrechtlichen Bestimmungen wurden 1867 einige weitere Gemeinsamkeiten verabredet bzw. einfach fortgesetzt, die sich auf das Wirtschaftsleben bezogen: das »Zoll- und Handelsbündnis«, die Währungsunion und eine gemeinsame

Staatsschuld – aber nur auf jeweils zehn Jahre. Neben der Zoll- und Währungsunion war auch die »Quote« (die Beitragsquote Österreichs bzw. Ungarns zu den gemeinsamen Angelegenheiten, 1867 im Verhältnis 70:30 fixiert) alle zehn Jahre neu zu verhandeln.

Als Preis für die Anerkennung des Ausgleichs erkämpften die österreichischen Abgeordneten die Dezemberverfassung 1867 – das große Verdienst des deutsch-österreichischen Liberalismus. Bei der Abscheu des Kaisers vor dem Begriff »Verfassung« wurde wieder keine solenne Verfassungsurkunde aufgesetzt, sondern fünf »Staatsgrundgesetze« verabschiedet, die im Zusammenhang mit Pragmatischer Sanktion, Oktoberdiplom und Februarpatent doch eine veritable Verfassung ergaben. Diese fünf Staatsgrundgesetze – (a) über die allgemeinen Rechte der Staatsbürger (der bis heute in Kraft stehende österreichische Grundrechtskatalog), (b) über die Einsetzung eines Reichsgerichtes, (c) über die richterliche Gewalt, (d) über die Ausübung der Regierungs- und Vollzugsgewalt (mit der Verankerung der Ministerverantwortlichkeit) sowie (e) das Gesetz über die Abänderung des Grundgesetzes über die Reichsvertretung vom Februar 1861 – bildeten gemeinsam mit dem Ausgleichsgesetz von nun an jenes Regelwerk, nach dem die Maschine der österreichischen Staatlichkeit funktionieren sollte (21.12.1867). Schon im November 1867 waren Gesetze über das Vereins- und Versammlungsrecht vorausgegangen. Das 1867 novellierte Staatsgrundgesetz über die Reichsvertretung enthielt für den Fall, dass das Parlament gerade nicht tagte, den Paragraphen 14 mit einer Gesetzgebungsvollmacht für die (k.k.) Regierung, freilich nur bis zum neuerlichen Zusammentreten des Reichsrates. Zur Kontrolle der Verwaltung wurde ein Verwaltungsgerichtshof geschaffen. Die verfassungsmäßigen Rechte sollte ein Reichsgericht, der Vorläufer des modernen Verfassungsgerichtshofes, sichern. Österreich war jetzt zwar keine parlamentarische, aber doch eine konstitutionelle Monarchie.

In den folgenden Jahren beschloss der Reichsrat, im Einklang mit der neuen (nur mehr »cisleithanischen«, also »k.k.«) Regierung unter Fürst Carlos Auersperg, dem deutsch-liberalen »Bürgerministerium«, insbesondere die Kirchengesetzgebung von 1868, das Reichsvolksschulgesetz von 1869 und das Wehrgesetz von 1868, das die allgemeine Wehrpflicht festlegte (ein gleiches Gesetz wurde auch in Ungarn beschlossen, die Armee blieb ja gemeinsam). Die Maigesetze 1868 entwanden der katholischen Kirche die Schulaufsicht und schufen das Instrument der Notzivilehe für heiratswillige Menschen verschiedener Konfessionen. Auf Initiative des Unterrichtsministers Leopold Hasner Ritter von Artha wurde 1869 das Reichsvolksschulgesetz verabschiedet – ein Meilenstein in der Bildungsgeschichte. Es regelte das Pflichtschulwesen bis 1927 bzw. 1962.

7.3 Das politische System der Monarchie 1867–1918

Nun erhielt auch die staatliche Verwaltungsorganisation ihre bis 1918, eigentlich bis in die Gegenwart gültige Form. Die unterste Verwaltungsebene bildeten die Bezirkshauptmannschaften, die von den Bezirksgerichten wieder separiert wurden, ab jetzt waren Justiz und Verwaltung auf allen Ebenen getrennt. In den Kronländern vertrat der Statthalter bzw. Landespräsident (in Salzburg) den Kaiser. Der Statthalter konnte im Landtag jederzeit das Wort ergreifen. Die Landtage hatten die den Ländern zugestandenen autonomen Bereiche (insbesondere die Kontrolle der Gemeinden) durch gewählte Landesausschüsse zu verwalten, innerhalb ihrer autonomen Kompetenzen hatten sie ein Gesetzgebungsrecht. Sie tagten durchwegs in den alten Landhäusern, die bis 1848 den früheren Landständen gedient hatten.

Der Reichsrat, das österreichische Parlament

Der Reichsrat bestand aus zwei gleichberechtigten Häusern, dem Herren- und dem Abgeordnetenhaus. Gesetze kamen durch übereinstimmende Beschlüsse beider Häuser zustande, sie bedurften der kaiserlichen Sanktion, um in Kraft treten zu können. Mitglieder im Herrenhaus waren die großjährigen Prinzen des kaiserlichen Hauses, die Chefs der hochadeligen Häuser mit erblicher Mitgliedschaft (im Wesentlichen die Häupter fürstlicher Häuser wie der Liechtenstein usw.), die Erzbischöfe und Bischöfe mit fürstlichem Rang (von Krakau, Prag, Olmütz, Salzburg, Wien, Seckau, Gurk, Trient, Brixen u. a.), ferner die vom Kaiser auf Lebenszeit (über Vorschlag der Regierung) ernannten Mitglieder – österreichische Staatsbürger, die sich um Staat und Kirche, Wissenschaft und Kunst verdient gemacht hatten.

Das Abgeordnetenhaus ging aus Wahlen hervor. Bis 1873 war es eine von den Landtagen beschickte Delegiertenversammlung. Seit der Direktwahl in den Reichsrat (1873) entwickelte sich das Reichsratswahlrecht getrennt von dem der Landtage. 1873 wurde das Abgeordnetenhaus vergrößert. Es bestand aus vier Kurien, die den Großgrundbesitz, die Handelskammern, Städte und Industrialorte und die (bäuerlichen) Landgemeinden vertraten. Wahlberechtigt waren in jeder Kurie primär Steuerzahler, sekundär Inhaber von Bildungspatenten (Doktorat usw.). Dabei galt einerseits ein relativer Zensus, in den Städten hingegen ein absoluter Zensus von mindestens 10 Gulden Steuerleistung. 1882 wurde der absolute Zensus auf 5 Gulden gesenkt (daher »Fünf-Gulden-Männer«), 1896 eine fünfte, allgemeine Wählerklasse geschaffen, in der alle männlichen großjährigen, wirtschaftlich selbstständigen Personen wahlberechtigt waren. 1906 folgte das allgemeine Männerwahlrecht.

In nationaler Hinsicht dominierten in den ersten Parlamenten die Deutschen. 1861 waren etwa 60 % der Abgeordneten Mitglieder dieser Nationalität. Zuletzt betrug der Anteil der deutschen Mandate 45 %, er lag damit immer noch höher als der Bevölkerungsanteil der Menschen mit deutscher Umgangssprache (35 %). Das Wahlrecht wurde immer als ungerecht empfunden. Erst 1906 gelang nach großen Demonstrationen der Arbeiterschaft und mit Unterstützung des Kaisers die Durchsetzung des allgemeinen (Männer-)Wahlrechts. Die 516 Abgeordneten wurden von allen volljährigen Männern direkt gewählt. Dabei herrschte das Mehrheitswahlrecht. Die Wahlbezirke wurden so abgegrenzt, dass man nur innerhalb einer Nation wählen konnte – Wahlkämpfe sollten nicht (mehr) zwischen den einzelnen »Volksstämmen« stattfinden.

Die Parteien

Die älteren Honoratiorenparteien traten als »Clubs« im Reichsrat bzw. Landtag in Erscheinung, zu Wahlzeiten als Wahlkomitees. Einen Parteiapparat gab es nicht. Die Liberalen vertraten das finanziell und industriell tätige Unternehmertum sowie das Bildungsbürgertum und den kapitalistisch orientierten Teil des Großgrundbesitzes. Bis 1879 stellten sie die Mehrheit. Nach Erreichung der wichtigsten liberalen Ziele, der Verfassung 1867, der konfessionellen Gesetze 1868 und der Kündigung des Konkordats (1870) wollten sie in erster Linie die Vorherrschaft des und der Deutschen in Cisleithanien sichern. Sie blieben immer streng zentralistisch. Ihre Vorherrschaft von 1861 bis 1879 war nur dem eingeschränkten Wahlrecht zuzuschreiben.

Die Konservativen vertraten den »feudalen« Großgrundbesitz und die größeren Bauern sowie die Interessen der katholischen Kirche. Man war einem föderalistischen, der katholischen Kirche und den nichtdeutschen Nationen positiv gegenüberstehenden Programm verpflichtet. Von 1879 bis 1893 arbeiteten die Konservativen im »Eisernen Ring« mit tschechischen und polnischen Abgeordneten zusammen. Nach dem Zerfall des Hohenwart-Klubs (1891) konnte sich auch die Rechte nicht mehr zu größeren gemeinsamen Klubs durchringen.

Der Kampf des Klerus gegen die Schulgesetze von 1869 mobilisierte die Bauern, denen die achtjährige Schulpflicht die Arbeitskraft ihrer größeren Kinder wegnahm. Ab 1869 wurden Volks- und Pressvereine gegründet, die eine breite antiliberale Mobilisierung propagierten. In Oberösterreich und Salzburg gelang der Übergang zu konservativen Massenparteien. 1907 vereinigten sich Katholisch-Konservative und Christlichsoziale 1907 zu einem gemeinsamen Parlamentsklub.

Während die Honoratiorenparteien verschwanden, bildeten die als Opposition gegen jene entstandenen Massenparteien das Grundgerüst der politischen Mobilisierung nicht nur der späten Monarchie, sondern auch der beiden Republiken. Sie entstammen im deutschsprachigen Österreich der demokratischen Opposition gegen den herrschenden elitären Liberalismus. Am so genannten Linzer Programm (1882) arbeiteten der radikal deutschnationale Georg von Schönerer, der (spätere) Christlichsoziale Robert Pattai, die (späteren) Sozialdemokraten Viktor Adler und Engelbert Pernerstorfer und der dem jüngeren, deutschnational orientierten Liberalismus nahestehende Historiker Heinrich Friedjung mit. Demokratische und soziale Züge (Forderung nach Wahlrechtserweiterung und Sozialgesetzgebung) stehen neben nationalistischen (Forderung nach der deutschen Staatssprache). Als Georg von Schönerer wenig später den Rassenantisemitismus einfügte, zerbrach die heterogene Gruppe der Protagonisten.

Die Anfänge der Christlichsozialen

Seit der Krise von 1873 fühlte sich das kleine Gewerbe durch den Kapitalismus bedroht, antisemitische Strömungen lebten auf (Gewerbetagsbewegung). Im Umkreis des Freiherrn von Vogelsang entstand eine sozialkatholische Orientierung. Der Vereinigung von Sozialkatholizismus und kleingewerblich-städtischem Antisemitismus schloss sich Karl Lueger (1844–1910), vom demokratischen Flügel des Liberalismus kommend, mit feinem Gespür für Erfolg verheißende politische Kombinationen an (seit etwa 1887). Der adelig-klerikale Sozialkatholizismus erhielt damit eine Massenbasis, die antisemitische Handwerkerbewegung ein vorzeigbares Programm. Und Lueger erhielt jene Gefolgschaft, die ihm bisher versagt geblieben war. Dafür akzeptierte er auch den Antisemitismus – obwohl er vorher jahrelang problemlos mit dem jüdischen Gemeinderat Ignaz Mandl eng zusammengearbeitet hatte. Seit dem Wahlsieg der »Vereinigten Christen« 1895 in Wien war die Partei etabliert. Die Wahlen von 1907 brachten den Christlichsozialen in Wien und Niederösterreich, Tirol, Vorarlberg und der Obersteiermark große Erfolge. Durch den Zusammenschluss mit den Katholisch-Konservativen entstand der mit 96 (von 514) Abgeordneten größte Abgeordnetenklub im Reichsrat.

Die Deutschnationalen

Deutscher Nationalismus wurde häufig mit der Forderung »Los von Rom!« verbunden, am lautesten vorgetragen von Georg von Schönerer und seiner Gefolgschaft. Mit den klassischen Liberalen hatten die Deutschnationalen das soziale Umfeld, das mittlere Bürgertum in den Landstädten, den Antiklerikalismus und die Abneigung gegen die Slawen gemeinsam. Der in Studenten- und Akademikerkreisen sehr populäre Georg von Schönerer (1842–1921), Gutsbesitzer im Waldviertel, war zwar eine Zentralfigur des Deutschnationalismus, seine Verehrung der Hohenzollern verhinderte aber seine allgemeine Anerkennung. Doch prägten sein radikaler Rassenantisemitismus und seine Gewaltneigung vor allem die deutschnationalen Studenten und ihre Verbindungen. 1911 vereinigten sich mehrere deutschnationale Gruppierungen zu einem »Deutschen Nationalverband«, der die größte Fraktion im Abgeordnetenhaus bildete.

Die Sozialdemokratie

Schon 1868 hatte sich der Wiener Arbeiterbildungsverein der Ersten Internationale angeschlossen. Als Folge der Krise seit 1873 gingen Organisationsgrad und Organisationsdichte in der Arbeiterschaft erheblich zurück – Arbeitslose waren nicht organisierbar. Vorübergehend erlangten radikale und gewaltbereite Varianten eine gewisse Bedeutung. Nach Attentaten auf Unternehmer und Polizisten ging die Regierung hart gegen die Arbeiterbewegung vor. Erst ab etwa 1885 wendete sich das Blatt – mit der Festigung der Konjunktur und der vollen Durchsetzung der industriellen Produktionsweise stieg auch die Organisationsbereitschaft unter den Arbeitern wieder. Mit der Zuwendung des Arztes Viktor Adler zur Sozialdemokratie gewann die Partei eine integrative Persönlichkeit. Zur Jahreswende 1888/89 wurde im niederösterreichischen Industrieort Hainfeld die Sozialdemokratie neu gegründet. Dabei wurde ein Kompromiss zwischen Gemäßigten und Radikalen gefunden, der darauf hinauslief, dass sich die Sozialdemokratie in Hinkunft zwar einer ziemlich radikalen Sprache bedienen, aber faktisch eine pragmatische, auf die Durchsetzung konkreter Forderungen (Wahlrecht, Arbeitszeitverkürzung) bezogene Politik machen würde. Unmittelbarer Ausdruck der neu gewonnenen Parteieinheit war die seither großartig begangene Feier des 1. Mai. Rasch begann die Sozialdemokratie mit einer großangelegten Agitation für das allgemeine Wahlrecht. Erstmals zog die Partei 1897 mit 15 Abgeordneten in den Reichsrat ein, 1907, bei der ersten Wahl nach dem allgemeinen (Männer-)Wahlrecht bereits mit 86. 1911 fiel sie auf 81 zurück.

Die Sozialdemokratie versuchte lange, als übernationale Partei gegen den überall anwachsenden Nationalismus anzukämpfen – das Elend des Proletariats sei international. 1899 gab sie sich ein Nationalitätenprogramm, das die Umbildung Österreichs in einen Bundesstaat der Nationalitäten forderte. Vor allem die tschechischen Arbeitervertreter kritisierten die »deutschen«, weil sie zu wenig für die Arbeiter in den Ländern taten. Gerade in Böhmen war der Organisationsgrad der Arbeiterschaft sehr hoch, sowohl auf der tschechischen wie auch auf der deutschen Seite, in getrennten Vereinen. Schließlich zerfiel auch die Sozialdemokratie nach nationalen Kriterien.

Die kaiserlichen Regierungen und das Parlament

Als Kaiser und König hatte Franz Joseph wesentliche Vorrechte: Nur er entschied über Krieg und Frieden und nur ihm unterstand die gemeinsame (k.u.k.) Armee, wie auch das diplomatische Corps. In diesen zentralen Belangen blieb er derselbe absolute Herrscher wie früher. Zwar mussten Steuern und Rekrutenstellungen von beiden Parlamenten bewilligt werden, aber die Gesetze bedurften für ihre Geltung der kaiserlichen Sanktion. Die cisleithanische (österreichische) war ebenso wie die ungarische Regierung auch nach 1867 eine Regierung des Kaisers bzw. Königs. Eine Abhängigkeit der Regierungen von der Mehrheit der Parlamente bestand *de iure* nicht. Bis 1879 waren die österreichichen Regierungen – mit Ausnahme einer kurz amtierenden föderalistischen Regierung 1870 – mit liberalen Mehrheiten im Parlament verbunden.

Am längsten hielt die Regierung des Grafen Eduard Taaffe (1879–1993), eines Vertrauten des Kaisers. Er verstand sich immer als Kaiserminister. Taaffe bewog die Tschechen zum Wiedereintritt in das Parlament, wo sich eine antiliberale Mehrheit aus slawischen (Tschechen, Polen, Slowenen) und alpenländisch-konservativen Abgeordneten bildete (der »Eiserne Ring«). Den nichtdeutschen Nationalitäten kam Taaffe durch Gewährung einiger Zugeständnisse entgegen, so erfolgte 1882 die Teilung der Prager Universität in eine tschechische und eine deutsche Universität. Wichtige Gesetze wurden im Hinblick auf die immer drängendere »sociale Frage« erlassen: die erste und zweite Gewerbeordnungsnovelle 1883 und 1885 sowie die Gesetze über die gewerbliche Unfall- (1887) bzw. Krankenversicherung (1888). Die erste Gewerbeordnungsnovelle (1883) brachte die Einführung von Gewerbeinspektoren für größere Betriebe, die zweite (1885) das Verbot von Kinderarbeit bis zum 12. bzw. 14. Lebensjahr sowie das Verbot der Nachtarbeit für Frauen und Jugendliche.

1895 ernannte der Kaiser einen »starken«, als autoritär geltenden Ministerpräsidenten, Kasimir Graf Badeni, Statthalter von Galizien. Badeni wollte das tschechische Problem auf dem Verordnungsweg lösen: Sprachenverordnungen für Böhmen und Mähren (1897) legten die völlige Gleichberechtigung der beiden Landessprachen fest sowie den Zwang, die von den Beamten noch nicht beherrschte Sprache so rasch wie möglich (bis 1901) zu erlernen. Diese Verordnungen schienen die tschechischen Beamten zu bevorzugen, die alle deutsch konnten, während die deutschen Beamten nur selten das Tschechische beherrschten. Die Furcht vor einer administrativen Herrschaft der Tschechen auch in den deutschsprachigen Regionen löste eine weit über die Sudetenländer hinausreichenden Radikalisierung der Deutschen, gewaltige (und gewaltsame) Demonstrationen von Reichenberg bis Wien und Graz und bisher nie dagewesene Szenen im Parlament selbst aus. Die deutschen Parteien betrieben härteste Obstruktion, Pultdeckel klapperten, Tintenfässer flogen, manche Abgeordnete wurden handgemein.

Unter den späteren Ministerpräsidenten war Ernest von Koerber (Regierungschef von 1900 bis 1904) wohl der interessanteste. Er versuchte, das Parlament mit der Vorlage bedeutender Wirtschaftsgesetze zur Arbeit zu bewegen. Das gelang aber nur vorübergehend. Immerhin wurden auf Basis des Koerber-Programms die Karawanken-, Pyhrn- und Tauernbahn gebaut, der Hafen von Triest wurde großzügig ausgebaut. Auch der Ausgleich mit Ungarn (fällig schon seit 1897) wurde erledigt. 1904 fiel Koerber im wiederauflebenden Nationalitätenstreit. Unter Ministerpräsident Karl Graf Stürgkh gelang 1912 die parlamentarische Erledigung einiger für einen kommenden Krieg unerlässlicher Gesetze (Wehrgesetz und Kriegsleistungsgesetz). Als 1914 der Krieg ausbrach, war der Reichsrat übrigens gerade vertagt, die Regierung regierte mit Hilfe des § 14.

7.4 Hochindustrialisierung und Urbanisierung

Die Niederlage von Königgrätz und der Ausgleich mit Ungarn schienen das Ende des alten Österreich zu besiegeln. Die wirtschaftlichen Aussichten schienen ebenso düster wie die politischen. Das schon in den 1850er Jahren langsame Wachstum kippte durch die Sparsamkeit der liberalen Finanzminister ab 1861 und den amerikanischen Bürgerkrieg (samt Ausfall der Importe von Baumwolle aus den Südstaaten!) in eine schwere Krise. Aber das Unerwartete geschah.

Das Jahr 1867 brachte eine ausgezeichnete Getreideernte in ganz Mitteleuropa, während anderswo Mangel herrschte. Sofort sprang der Export vor allem von ungarischem Getreide an, bei guten Preisen. Die Eisenbahngesellschaften und die Donau-Dampfschifffahrtsgesellschaft machten hervorragende Geschäfte. Die Folge war eine rasche Verdichtung des Eisenbahnnetzes, in Cisleithanien um 136 %, in Ungarn fast um 190 %, insgesamt um eine Streckenlänge von 9.000 Kilometern. Der Eisenbahnbau regte die Nachfrage nach Kohle, Stahl und (Dampf-)Maschinen sowie nach Schwellenholz und Baustoffen für Brücken und Stationsgebäude an. Die guten landwirtschaftlichen Einkommen belebten die Nachfrage nach Konsumgütern, insbesondere nach Textilien. Die Wirtschaft wuchs wie noch nie. Gleichzeitig wurden große Infrastrukturprojekte in Angriff genommen, wie die Donauregulierung bei Wien (1870 bis 1875) oder die erste Wiener Hochquellwasserleitung (1869 bis 1873). Zahlreiche neue Aktiengesellschaften wurden gegründet. Der Rausch der Gründungsaktivitäten steigerte sich zu einer wilden Spekulation. Zwischen 1867 und 1869 wurden 36 neue Banken gegründet, bis 1872 wurden mehr als 1.000 neue Aktiengesellschaften angemeldet. Die meisten von ihnen existierten nur auf dem Papier. Nicht wenige Spargroschen wurden der Spekulationswut geopfert. Die Planung einer Weltausstellung für Wien im Jahr 1873 beflügelte die Phantasie der Anleger.

Aber im April 1873 begannen die Aktienkurse zu fallen. Noch hoffte man auf die Eröffnung der Ausstellung am 1. Mai 1873. Das Wetter war schlecht, die erhofften Besuchermassen blieben aus. Am 9. Mai, dem »Schwarzen Freitag«, brachen die Kurse ein. Jetzt versuchten alle zu verkaufen, was die Kurse ins Bodenlose drückte, abgesehen davon, dass zahlreichen Papieren tatsächlich kein realer Wert (Fabriksgebäude, Maschinen, Vorräte) entsprach – viele neue Gesellschaften waren ja reine Spekulations- und Phantasiegebilde. Zu allem Überfluss kam im Sommer die Cholera. Sie forderte in der gesamten Monarchie 436.000 Todesopfer, die meisten davon in Ungarn, auf Wien entfielen etwas weniger als 3.000. Nicht einmal der von romantischen Orientphantasien umwobene Besuch des Schahs von Persien, Nāser ad-Din, konnte die Ausstellung retten. Ein großer Teil der Kosten von etwa 19 Millionen Gulden blieb am Staat hängen. Wer sich katastrophal verspekuliert und überschuldet hatte, sah als Ausweg oft nur den Freitod. Reihenweise fallierten die unsoliden Neugründungen: Von 70 zwischen 1868 und 1873 neu errichteten Banken in Wien bestanden 1883 nur mehr acht. Die enormen finanziellen Verluste breitester Kreise drückten die Nachfrage nach Konsumgütern. Die Hälfte der Wiener Baugesellschaften wurde liquidiert. Arbeitslosigkeit breitete sich aus. Das Vertrauen in die liberale Marktideologie, an die man wie an ein Evangelium geglaubt hatte, wurde massiv erschüttert. Ein neuer Antisemitismus lebte auf, da man »die Juden« für Spekulation und Krach verantwortlich machte.

Depression und neuer Aufschwung

Der überhitzten Wachstumsphase folgte eine längere Depression, der Tiefpunkt wurde 1875/76 erreicht. Die Jahre von 1879 bis 1883 und 1886 bis 1890 gelten als Jahre einer guten Konjunktur, dazwischen lief es wieder nicht so gut. Ab etwa 1896 setzte ein neuer Aufschwung ein, der sich bis 1913 fortsetzte, unterbrochen ausgerechnet durch eine Krise um die Jahrhundertwende. 1904 bis 1908 waren ausgesprochen gute Jahre, weltweit wuchs die Wirtschaft, in Österreich-Ungarn besonders ausgeprägt. Man sprach von einer »zweiten Gründerzeit«.

Aber auch während der Stagnationsperioden ging der wirtschaftliche Wandel weiter. Die großindustrielle Produktionsweise setzte sich vollends durch. In den 1880er Jahren kamen zu den traditionellen Stützen des Wachstums – Textil- und Schwerindustrie – neue Branchen: Chemie, Maschinenbau, Elektrotechnik. Als erste Stadt Österreichs erhielt Scheibbs 1884 eine elektrische Stadtbeleuchtung. Noch im selben Jahr folgte Steyr. In den letzten zwei Friedensjahrzehnten wurde das Wachstum nicht nur von diesen Branchen getragen, sondern auch schon von der Fahrrad- und Automobilerzeugung. Außerdem stiegen – wie überall – die Rüstungsausgaben, was dem Bau von Kriegsschiffen im Stabilimento Tecnico Triestino und von Kanonen in den Pilsener Škoda-Werken ebenso nützte wie der Gewehrproduktion in Steyr, der Stahlerzeugung in der Steiermark und der Produktion von Sprengstoffen im Industrieviertel südlich von Wien.

Die Bevölkerung der gesamten Monarchie wuchs von 37,8 Millionen im Jahr 1857 auf fast 50 Millionen 1910, dem Jahr der letzten Volkszählung vor 1914. Cisleithanien war dichter besiedelt als Ungarn. Auf dem Gebiet der Republik Österreich lebten 1857 4,1 Millionen, 1910 6,6 Millionen Menschen. Der Zuwachs war in besonderem Maße der Zuwanderung nach Wien zu verdanken. Die Bevölkerung der Stadt wuchs von etwa 430.000 Einwohnern um 1850 auf 1,67 Millionen zur Jahrhundertwende und mehr als zwei Millionen im Jahr 1910.

Trotz des ansehnlichen Wachstums der gewerblich-industriellen Wirtschaft und der tertiären Sektoren (Handel und Verkehr, Verwaltung, Unterricht, soziale und andere Dienste) blieb Österreich-Ungarn überwiegend ein Agrarstaat. Erst ab den 1880er Jahren wurden in der Landwirtschaft vermehrt arbeitssparende Maschinen eingesetzt, zuerst bei den großen Gütern, die der Adel oft an tüchtige, häufig jüdische Pächter verpachtet hatte. Besonders rentabel war die Verbindung solcher Güter mit Zuckerfabriken. Eine wirkliche Revolution bedeuteten die gegen Ende des Jahrhunderts eingesetzten Dreschmaschinen. Man ersparte sich ständige Arbeitskräfte. Deren Zahl ging daher zurück. Langsam sank auch der Anteil der landwirtschaftlichen an der Gesamtbevölkerung. Während im gesamten Gebiet Österreich-Ungarns der Anteil der Landwirtschaft 1910 immer noch über 50 % lag, in Ungarn sogar noch über 60 % und auch in Cisleithanien nur knapp unter 50 %, betrug dieser Anteil in den österreichischen Alpenländern (ungefähr das heutige Österreich) und in den böhmischen Ländern (die heutige Tschechische Republik) nur mehr etwas mehr als ein Drittel. Das waren auch die Regionen mit der höchst entwickelten gewerblichen Wirtschaft. Auf dem Gebiet des heutigen Österreich spielte daneben schon der tertiäre Sektor (Fremdenverkehr, Handel, Transportwesen, Finanzsektor, öffentliche Verwaltung usw.) eine bedeutende Rolle. 1910 lebte bereits mehr als ein Drittel der gesamten Bevölkerung von diesen Wirtschaftssparten! Das war in erster Linie die Folge der Funktion Wiens als Zentrum des Finanzwesens, des Großhandels und Speditionswesens und als Sitz der meisten großen Konzerne und Unternehmen. Auch der gerade in Wien so bedeutende Kleinhandel in seinen verschiedenen Zweigen verstärkte den tertiären Sektor. Der Tourismus begann ebenfalls zu florieren, im Salzkammergut, in Kärnten, in Südtirol und an der Adria.

In den großen agrarischen Gebieten der Habsburgermonarchie, im Nordosten (Galizien, Bukowina, Slowakei), im geographischen Zentrum (ungarische Tiefebene) und im Süden (Kroatien, Bosnien-Herzegowina, Dalmatien, Küstenland, teilweise auch Krain) fand ein immer größerer Teil der wachsenden agrarischen Bevölkerung zu wenig Lebensmöglichkeiten. Durch das Ende der verlegten Heimarbeit im Textilbereich, durch den Rückgang der Nachfrage nach Transportleistungen als Folge des Eisenbahnbaues, durch den Rückgang der Nachfrage nach Holzkohle, an deren Stelle Steinkohle und Koks traten, gingen viele Arbeitsmöglichkeiten verloren. Eisenbahn und Dampfschiff übernahmen zunehmend den Transport der Energieträger Holz und Kohle. Verschärft wurden die wirtschaftlichen Probleme auf dem Land durch die mit etwa 1880 einbrechende Agrarkrise. Die westeuropäischen Märkte wurden mit billigem amerikanischem oder russischem Getreide überschwemmt. Daher suchte die ungarische Produktion ihren Weg in den westlichen Teil der Habsburgermonarchie. Um 1900 ging praktisch der gesamte Agrarexport Ungarns nach Österreich, insbesondere nach Wien. Dazu kam die seit 1868 mögliche freie Verschuldbarkeit und Teilbarkeit der Bauerngüter. Rasch stieg die bäuerliche Verschuldung; es folgten Zwangsexekutionen von Bauernhöfen, zwischen 1868 und 1892 waren es allein in den Alpenländern etwa 80.000! In einigen alpinen Gegenden kaufte der große Grundbesitz zahlreiche Bauerngüter auf (»Bauernlegen«). Große Jagdgüter für die Rothschild, Gutmann, Kupelwieser und andere Großunternehmer entstanden. Allein im südlichen Niederösterreich wechselten zwischen 1868 und 1914 etwa 45.000 Hektar aus Bauern- in Herrenhand. Der Anteil der Landwirtschaft am Bruttonationalprodukt sank. 1870 betrug der Anteil der Landwirtschaft am BIP (heutiges Österreich) 46,5 %, 1910 nur mehr 26,6 % (Industrie: 34,8 % und 50,5 %). Für die Umwelt positiv: Das Bauernlegen und der Rückgang der Köhlerei führten zur Erholung der um 1850 noch furchtbar devastierten Wälder. Die wachsende Bauwirtschaft brauchte viel Bauholz – das begünstigte die planmäßige Forstwirtschaft, welche die Fichte bei der Aufforstung bevorzugte, mit langfristig problematischen Folgen.

Die Städte suchten Arbeitskräfte. Privathaushalte benötigten Hausdienstboten, vor allem weibliche. Junge Mädchen vom Land konnten in einem städtischen Haushalt die Haushaltsführung lernen, das mochte für die eigene Eheschließung und Familiengründung nützlich sein. Die Großstadt bot auch tausend andere Verdienstmöglichkeiten als Commis oder Verkäuferin, als Amtsdiener bei einer Behörde und – wieder in hohem Maße für Frauen – als Gehilfen und Gehilfinnen in den unzähligen Werkstätten von Schneidern, Schneiderinnen, Putzmacherinnen, Weißnäherinnen, Bäckern, Zuckerbäckern, Fleischhauern, Friseuren, Blumengeschäften usw. Im Handwerk wohnten die Lehrlinge und Gesellen noch sehr oft im Meisterhaushalt – nicht selten in der Werkstatt, unter kaum menschenwürdigen Umständen. Einige dieser Berufe waren besonders anfällig für die Tuberkulose, die »Wiener Krankheit«, etwa Bürstenbinder, Friseure oder Konditoren.

Die Wanderströme innerhalb der Monarchie zielten nach Wien. Um 1880 waren kaum 39 % der Wiener Bevölkerung in Wien geboren. Im Unterschied zum Vormärz, als noch eine nennenswerte Zuwanderung aus Deutschland kam, dominierten jetzt die Zuwanderer aus den böhmischen Ländern, besonders aus tschechischen Gebieten, nur ein Fünftel kam aus deutschböhmischen oder deutschmährischen Regionen. Aber das Aufnahmevermögen Wiens und der böhmischen und alpenländischen Industriegebiete reichte nicht. Arbeitsuchende aus Galizien versuchten es als landwirtschaftliche Arbeiter in Sachsen, Schlesien und Brandenburg. Am Ende stand die Auswanderung nach Übersee. Dazu waren um die Jahrhundertwende nicht nur Polen, Ukrainer und – vor allem – Juden aus Galizien bereit, sondern auch Ungarn, Serben, Kroaten und Slowenen aus landwirtschaftlichen Notlagegebieten, nur wenige Deutschösterreicher (wohl aber Menschen aus dem späteren Burgenland). Etwa 3,5 Millionen Menschen wanderten zwischen den 1870er Jahren und 1910 aus, etwa 1,8 Millionen aus der österreichischen, etwa 1,7 Millionen aus der ungarischen Hälfte. Die allermeisten gingen in die USA.

Nachfrage nach Arbeitskräften herrschte in den Industrieregionen. Diese Nachfrage war aber stark von Konjunkturen und Krisen abhängig. Die immer noch sehr wichtige Textilindustrie beschäftigte in erster Linie Frauen, die wenig qualifiziert, aber auch schlecht bezahlt waren. Auf der anderen Seite der Lohnskala stand der männliche Industriearbeiter in der Metallurgie oder der Maschinenindustrie. Er war relativ gut bezahlt, dafür auch hoch qualifiziert und musste nach wie vor geschickt und kräftig sein. Dazwischen lagen hunderte von Arbeitspositionen, vom handwerklichen Gesellen bis zum Handlanger oder Taglöhner, der in Hafenstädten, bei Bahnhöfen, am Bau oder bei Speditionen Arbeit suchte und fand.

Der Anteil der gewerblich-industriellen Bevölkerung wuchs langsam und erreichte in der Gesamtmonarchie nur 23 %, in Cisleithanien jedoch 28 %, in den am höchsten entwickelten böhmischen Ländern sogar 41 %. Überdurchschnittlich industrialisiert waren auch die österreichischen Alpenländer, wo schon ein Drittel der Bevölkerung von Gewerbe und Industrie lebte.

Der wirtschaftlichen Entwicklung standen in der Habsburgermonarchie starke Hindernisse entgegen. Das Flussgebiet der Donau war weder mit dem der Elbe verbunden noch mit den wichtigsten Hafenstädten Triest oder Fiume/Rijeka. Die Einbindung in den Welthandel blieb schwach. Ein weiteres Problem war die schwache Nachfrage: Arme Bauern und Landarbeiter konnten die Produkte der wachsenden Konsumgüterindustrie einfach nicht kaufen. Ebenso ungünstig war die Verteilung der Rohstoffe. Die erzreichen Alpenländer waren arm an verwertbaren Kohlevorkommen. Die traditionsreiche Eisenverarbeitung der ober- und niederösterreichischen Eisenwurzen, der Steiermark, Kärntens und Krains geriet in eine langwierige Krise. Erst nach einem radikalen Konzentrationsprozess wurde die alpine Eisen- und Stahlindustrie wieder konkurrenzfähig. Praktisch alle wichtigen alpinen Eisenwerke wurden durch die Österreichisch-Alpine Montangesellschaft, die Nachfolgerin der Innerberger Hauptgewerkschaft übernommen. Unter der Herrschaft Karl Wittgensteins (1847–1913), des erfolgreichsten Tycoons der österreichischen Schwerindustrie, der davor schon die böhmische Eisenindustrie unter seine Herrschaft gebracht hatte, wurden die meisten Kärntner Werke geschlossen, die Stahlerzeugung in Donawitz konzentriert.

Die Zentren der industriellen Produktion lagen in den böhmischen Ländern. In diesen Ländern (Böhmen, Mähren, Österreichisch-Schlesien) lebten um 1880 etwa 35 % der Bevölkerung Cisleithaniens. Hier waren aber fast 64 % der Industrieproduktion, fast 83 % der Kohlenförderung und über 78 % der Produktion von Textilien konzentriert. Böhmen und Mähren waren auch die Länder mit der fortschrittlichsten Agrarwirtschaft.

Die Urbanisierung und ihre Folgen

Die Städte vieler Regionen der früheren Habsburgermonarchie sind bis in die Gegenwart stark geprägt von der Bautätigkeit jener Jahrzehnte. Dabei wurden nicht nur Geschäfts- und Wohnhäuser sowie Fabriken, Kasernen und Amtshäuser gebaut, sondern auch die meisten bis heute für die verschiedenen Nationalkulturen Mitteleuropas zentralen Symbolbauten wie Nationaltheater, Nationalmuseen oder Parlamente.

Das Wachstum der großen Städte war der beherrschende gesellschaftliche Prozess der Jahrzehnte vor 1914. Um 1910 lebte nur mehr etwas mehr als die Hälfte der Bevölkerung (54 %) in kleinen Orten, kleine und mittlere Städte wuchsen ein wenig (zusammen etwa 10 %), nur die Städte mit mehr als 10.000 Einwohnern wuchsen rasch, hier lebten 1910 schon mehr als 36 % der Bevölkerung (zum Vergleich: 1851 12,8 %). Neben Wien, wo 1910 schon mehr als zwei Millionen Menschen lebten, wurde auch Graz zu einer Großstadt, mit mehr als 150.000 Einwohnern. Alle wichtigen Eisenbahnen führten nach Wien und von dort in die anderen großen Städte der Monarchie. Ebenso wie Prag, Budapest, Graz oder Triest wurde auch Wien zur Stadt der Großindustrie, mit Großbetrieben für die Rüstung (im Arsenal), die Nahrungsmittelproduktion (Bier, Großbäckereien, Schokoladen und Süßwaren) und die Herstellung von Lokomotiven. Vor dem Ersten Weltkrieg kam noch die Elektroindustrie (Siemens-Schuckert, Siemens & Halske) dazu. Daneben nahmen die für die Versorgung der Stadt notwendigen Gewerbe zu. In der Bekleidungsbranche dominierten Verlagsverhältnisse, hier arbeiteten Gesellen oder abhängige Meister für einen (Groß-)Händler. Wien war aber auch das Zentrum der Verwaltung der Gesamtmonarchie und der cisleithanischen Reichshälfte, es war Wissenschafts- und Schulstadt, Finanzzentrum und Sitz der meisten großen Aktiengesellschaften der Monarchie, Stadt der Musik, der Künste und des Theaters. Choleraepidemien (in den 1830er und 1850er Jahren und nochmals 1873) erzwangen die Lösung der bisher nur unzureichend bearbeiteten Probleme der Wasserversorgung und der Ableitung der Abwässer. Der Bau der 1. Wiener Hochquellwasserleitung und deren Zuleitungen zu den einzelnen Stadtvierteln, der großen Sammelkanäle am Donaukanal und am Wienfluss führte zum Ende der Bedrohung durch die Cholera. Ein weiteres unterirdisches Netzwerk war das Gasnetz, das zum Teil schon seit dem Vormärz existierte und ständig ausgeweitet wurde. Mit der öffentlichen Gasbeleuchtung wurde Wien bei Nacht heller.

Im 19. Jahrhundert wurden die Mauern und Befestigungen vieler Städte geschleift, überall wurden Ringstraßen, Promenaden und Grünanlagen um die Altstadtkerne angelegt. Die prächtigste entstand in Wien. Das freie Gelände vor den Befestigungen, das Glacis, wurde parzelliert und, soweit nicht Plätze für öffentliche Gebäude reserviert wurden, verkauft. Der aus diesen Verkäufen entstehende Stadterweiterungsfonds sollte zum Teil den Bau der neuen öffentlichen Gebäude finanzieren: Hofoper, Neue Hofburg, Kunst- und Naturhistorisches Museum, Parlament, Rathaus, Hofburgtheater, Universität, Votivkirche, Justizpalast. Die privaten Bauherren wollten in der Qualität der künstlerischen Ausgestaltung nicht zurückstehen; es waren neben einigen Adeligen und Mitgliedern des Kaiserhauses Industrielle, Großhändler und Bankiers. Die Bauwirtschaft florierte – nicht zufällig ließ sich der größte Hersteller von Ziegeln und anderen Baustoffen, Heinrich Drasche, seinen eindrucksvollen »Heinrichshof« gegenüber der Hofoper errichten, die daneben etwas klein wirkte.

Aber die von der Errichtung des Ringstraßenviertels erhoffte Entlastung des Wohnungsmarktes trat nicht ein. Sicher – die Wohlhabenden wohnten dort besser als vorher in der Innenstadt oder in den Vorstädten. Dort oder in den Vororten, außerhalb der »Linie« drängten sich aber die Massen in kleinen Wohnungen, bei denen es schon ein Glück war, wenn sie bereits das Wasser samt einem Klosett auf dem Gang hatten, im gleichen Stockwerk. Diese neuen Bassenawohnungen (Gangküche plus ein Zimmer, oder plus ein Zimmer und Kabinett, Wasser und WC am Gang) wirken aus heutiger Sicht abschreckend, vor 1914 waren sie durch ihre Raumhöhen, den verbesserten Lichteinfall und das Wasser am Gang schon ein großer Fortschritt gegenüber den viel schlechteren älteren Quartieren der Vorstädte. Die Wohnungen in den Vorstädten und Vororten waren meist überbelegt, zur Familie der Hauptmieter kamen häufig noch – ledige – Untermieter oder Bettgeher, zur Erleichterung der Wohnungskosten. Wer das Pech hatte, krank, arbeitslos oder durch einen Arbeitsunfall behindert zu sein, wurde in seine – meist arme, ländliche – Heimatgemeinde abgeschoben. Oder man lebte halb im Untergrund, in kaum beschreibbaren Quartieren »des Elends und Verbrechens«.[10]

Das Judentum Wiens

Ein großes Ausmaß nahm auch die jüdische Zuwanderung nach Wien an. Bis 1848 durften Juden in den österreichischen Ländern keinen Grundbesitz erwerben. Auch der wichtigste Financier der österreichischen Staatsschulden, Baron Salomon Meyer Rothschild, wohnte bis 1843 zur Miete (dann durfte er als Ehrenbürger Wiens Grundbesitz erwerben). Die Zahl der in Wien lebenden Juden stieg von einigen tausend um 1848 auf 175.000 im Jahr 1910 (8,6 % der Bevölkerung). Sie kamen sowohl aus den böhmischen Ländern, vor allem aus Mähren, ferner aus Ungarn, schließlich auch aus Galizien und der Bukowina. Das antisemitische Vorurteil lehnte insbesondere die konservativ-orthodoxen Zuwanderer aus den letzteren Ländern ab. Aber die antisemitische Ablehnung galt nicht nur den armen Zuwanderern in der Wiener Leopoldstadt, sondern auch den wohlhabenden Bankiers und Unternehmern. Tatsächlich spielten Juden im Finanzwesen und als Industrieunternehmer eine sehr bedeutende Rolle. Das mochte eine Folge der jedenfalls bis Joseph II. gültigen beruflichen Einengung auf Geldverleih und Handel gewesen sein. Es blieb nicht bei unternehmerischer Betätigung. Sehr schnell wandten sich die Söhne und mit einer gewissen Zeitverzögerung auch Töchter aus wohlhabenden jüdischen Häusern der Wissenschaft und den Künsten zu. Es könnte die lange Tradition früher Alphabetisierung zumindest der männlichen Jugend für die schon seit dem Vormärz steigende Attraktivität von akademischen Berufen, Medizin, Jurisprudenz oder Naturwissenschaften mitverantwortlich sein. In der Medizin waren z.B. die Nobelpreisträger Robert Bárány und Otto Loewi jüdischer Herkunft, ebenso wie Sigmund Freud, der Begründer der Psychoanalyse, oder Alfred Adler. Für die Physik sind Lise Meitner oder der Nobelpreisträger Wolfgang Pauli zu nennen, ebenso wie Robert von Lieben, der Erfinder einer funktionierenden Verstärkerröhre. Auch wichtige Vertreter der Musik waren jüdischer Abstammung wie Gustav Mahler, Arnold Schönberg oder Alexander Zemlinsky, Edmund Eysler oder Oscar Straus. In der Literatur spielten Franz Kafka, Arthur Schnitzler, Felix Braun, Hugo von Hofmannsthal, Franz Werfel und Stefan Zweig eine bedeutende Rolle. Zum Kern des jüdischen Unternehmertums ebenso wie der Geisteswelt zählte die Familie Todesco. Einen der berühmtesten Salons führte Sophie Baronin Todesco (1825–1895). Sie war die Tochter des Bankiers Philipp Gomperz (1782–1857) und von Henriette, geb. Auspitz (1792–1881). Ihre drei Brüder, Theodor, Max und Julius von Gomperz wurden zu Mitgliedern des Herrenhauses ernannt.

In Sophie Todescos Salon in der Wiener Kärntnerstraße gegenüber der Hofoper verkehrten unter anderem Alexander Bach oder Anton von Schmerling, aber auch Schriftsteller wie Eduard von Bauernfeld, Ludwig Ganghofer und Hugo v. Hofmannsthal. Sie förderte Wohlfahrtseinrichtungen wie das israelitische Taubstummeninstitut in Wien-Landstraße, die israelitische Kinderbewahranstalt in Wien-Leopoldstadt und ein Kinderasyl im niederösterreichischen Zillingdorf. –

Eine Schwester Sophies war Josephine von Wertheimstein (1820–1894), die ebenfalls einen Salon führte und sich fürsorglich um den alten Eduard von Bauernfeld und um Ferdinand von Saar kümmerte.

War die Wiener Kultur der Jahrhundertwende eine jüdische Kultur? Sir Ernst Gombrich, selbst aus dieser Kultur und Gesellschaftsschicht stammend, verneint diese Frage: Sie sei zwar ganz überwiegend von wohlhabenden Mitgliedern der jüdischen Gesellschaft (oder ihren nicht mehr jüdischen Nachkommen) getragen worden, aber es war in der Bau- und Wohnkultur, in der Bildenden Kunst und in der Literatur keine andere Kultur als die des nichtjüdischen Wiener Bürgertums. Die Werke von Stefan Zweig, Arthur Schnitzler, Hugo von Hofmannsthal oder Franz Werfel (die alle ihre Herkunft aus dem Judentum nicht geleugnet haben) gehören zweifellos zu einer über Herkunft, religiöse oder nationale Zuordnungen hinaus durchaus österreichischen Kultur, aber auch zum Kanon der deutschsprachigen Literatur.

Karrieren im Hof- oder öffentlichen Dienst waren Juden verschlossen. Das war einer der Gründe für die große Zahl von Religionswechseln vom Judentum zum Protestantismus oder Katholizismus. Sie erleichterten auch Eheschließungen mit Partnern aus einem christlichen Umfeld. Diese Konversionen schützten ab 1938, nach dem Sieg des nationalsozialistischen Rassenantisemitismus, nicht vor Verfolgung.

7.5 Kultur und nationale Entwicklung

Österreich wurde seit 1867 in vielen Bereichen, in der Verwaltung, im Bildungswesen, in der Gleichberechtigung der Konfessionen und Religionen und in der Wirtschaft, ein moderner Staat. Das Pressewesen entwickelte sich rasch. Die Neuordnung im Schulwesen verbesserte das Bildungsniveau. Die Kirchengesetze hatten die Überordnung der katholischen Kirche über den Staat korrigiert, doch blieb die starke Position des Katholizismus erhalten. Das Bürgertum konnte sich frei entfalten, Unternehmensgründungen waren ohne Hemmnisse möglich. Einen Höhepunkt an bürgerlicher Selbstdarstellung, verbunden mit der Huldigung an Kaiser und Kaiserin, bedeutete der zur silbernen Hochzeit des Kaiserpaares vom prominentesten Maler der Zeit, Hans Makart, entworfene und vom Wiener Bürgertum organisierte große Festzug über die Ringstraße (1879).

Dieser kulturelle Aufschwung blieb nicht auf die »Haupt- und Residenzstadt« beschränkt. Überall regte sich das Interesse an der je eigenen regionalen bzw. nationalen Kultur. Die historische Grundtendenz des Geisteslebens begünstigte die Entstehung von Stadt- und Landesmuseen, die – wie etwa in Prag – zu Nationalmuseen mutierten. Das »nationale Erwachen« in der ersten Hälfte des 19. Jahrhunderts war ja zunächst ein überwiegend kulturelles Phänomen. Die Revolutionen von 1848 hatten das Nationalbewusstsein politisiert. Die politische und soziale Emanzipation sollte nach der Niederschlagung der Revolutionen durch das stille Werk national-kultureller Anstrengungen weiter fortschreiten. Die Niederlagen von 1859 und 1866 belebten die nationalen Bestrebungen sogleich wieder. Für die westliche Reichshälfte bescherte das Staatsgrundgesetz über die Rechte der Staatsbürger von 1867 diesen im Artikel 19 die Gleichberechtigung der »Volksstämme« und die Bestätigung des Rechtes auf deren »Nationalität« und Sprache. Gleichzeitig wurde normiert, dass in zwei- oder mehrsprachigen Ländern kein Zwang zur Erlernung einer zweiten Sprache ausgeübt werden durfte. In den folgenden Jahrzehnten ging es in praktisch allen »nationalen« Konflikten um die Auslegung dieser Verfassungsbestimmungen.

Ein besonders wichtiger Austragungsort solcher Konflikte war die Schule. Die Schulsprachen wurden jedoch von den Landesschulräten festgelegt, dieses Recht lag also bei der Mehrheit des jeweiligen Landes. Gemeinden konnten die Sprache der Gemeindeverwaltungen bzw. der Straßentafeln festlegen – auch dieses Recht bot eine Menge Zündstoff. Zahlreiche Beschwerden kamen vor das Reichsgericht, dessen Entscheidungen allerdings nur Rechtskraft erlangten, wenn sie von den betroffenen Behörden auch umgesetzt wurden. Das war nicht immer der Fall. Dann kam es zu Demonstrationen, die nicht selten in Gewalttaten ausarteten. Der Einsatz von Polizei und notfalls auch Militär verstärkte wiederum die Identifizierung der Betroffenen mit »ihrer« Nation. Neben solchen außergewöhnlichen Ereignissen wirkte sich die Verdichtung und Veralltäglichung der Kommunikation im nationalen Rahmen von Vereinen und Genossenschaften aus. Überhöht wurden diese nationalen Bewegungen durch deren Bemühungen um die Pflege einer nationalen Kunst (womit wir wieder beim Ausgangspunkt angelangt wären). Das begann bei der Dichtung – das Medium der Sprache bindet die Literatur ja an eine Sprachgemeinschaft, die sich im Dichter und Schriftsteller in besonderer Weise verkörpert sieht. In den Nationen der ehemaligen Habsburgermonarchie lebt bis heute eine besondere Hochachtung der Nationalliteraturen und der großen Dichter fort. So ist bei den Slowenen der 8. Februar, der Todestag des großen Nationaldichters France Prešeren als »Nationaler Kulturfeiertag« arbeitsfrei. Aber auch Musik, Malerei, Plastik und Architektur wurden mehr und mehr als Ausdruck einer gerade nur dieser jeweiligen Nation eigentümlichen, nationalen Kultur interpretiert. Als es 1919 um die Neugestaltung der barocken Prager Burg zum Sitz des tschechoslowakischen Präsidenten ging, wählte Präsident Masaryk bewusst den slawischen (slowenischen) Architekten Jože Plečnik aus. Alle nationalen Bewegungen gründeten Lesevereine und Buchgemeinschaften, um die Literatursprachen auch populär zu machen. Das »Kuchelböhmische« oder ähnliche mit Germanismen durchmischte Alltagssprachen wurden verpönt. Die gereinigte, veredelte Sprache sollte zum Medium einer neuen nationalen Hochkultur werden.

Konfliktfelder – Gleichberechtigung oder Majorisierung?

- Ungarn erhielt 1867 die vollständige innere Selbständigkeit, der ungarische Staat galt als Staat der Magyaren, die nichtungarischen Gruppen hatten keine Chance auf politische Mitsprache. Das ab etwa 1880 intensivierte Programm der Magyarisierung hatte großen Erfolg. Zwischen 1880 und 1910 »bekehrten« sich etwa 700.000 Juden, 600.000 Deutschsprachige, 400.000 Slowaken und jeweils 100.000 Rumänen und Südslawen zum Magyarentum. Wie war das möglich? Der stolze ungarische Nationalismus hatte einen großen Vorteil: Er war integrativ und bot den Angehörigen aller Sprachgruppen und Religionen die Zugehörigkeit zur herrschenden Nation an, um den einzigen Preis, die ungarische Sprache anzunehmen, wenigstens für die Öffentlichkeit.
- Die Tschechen verlangten das »böhmische Staatsrecht«, d. h. eine der ungarischen analoge Stellung der drei Länder der böhmischen Krone (Böhmen, Mähren und Schlesien, fast genau die heutige Tschechische Republik) mit weitgehender Autonomie. In Böhmen machten die Tschechen etwa zwei Drittel der Bevölkerung aus, in Mähren hingegen etwa 70 %. Den 1868 von tschechischen Politikern formulierten »Fundamental-Artikeln« versuchte der Kaiser 1871 mit Hilfe einer föderalistischen Regierung unter Karl Graf Hohenwart entgegenzukommen. Die deutschliberale Opposition brachte im Verein mit Beust und Andrássy das Projekt zu Fall. Wieder boykottierten die Tschechen Landtag und Reichsrat. 1879 kehrten die tschechischen Parlamentarier jedoch in den Reichsrat zurück. Immer wieder suchte man nach einem Kompromiss. Die Badeni'schen Sprachenverordnungen führten dann zum offenen Ausbruch der Konflikte. Dennoch gab es einen Lichtblick – in Mähren einigten sich die Vertreter der Tschechen und der mährischen Deutschen 1905 auf einen Kompromiss, den Mährischen Ausgleich. Im Rahmen eines nationalen Katasters sollten Tschechen nur Tschechen, Deutsche nur Deutsche wählen können, Analoges galt für das Schulwesen. Der mährische

Ausgleich beseitigte zwar nationale Konfliktzonen, führte aber auch zur stärkeren gesellschaftlichen Trennung der beiden Sprachgruppen.
- Die Slowenen verlangten (erstmals 1848) ein eigenes Kronland, gebildet aus Krain und den mehrheitlich von Slowenen bewohnten Gebieten der angrenzenden Kronländer Steiermark, Kärnten, Görz, Triest und Istrien. Schon 1859 wurde auf Antrag des Diözesanbischofs von Lavant, Anton Martin Slomšek (1800–1862), der Bischofsitz von St. Andrä im Lavanttal nach Marburg/Maribor verlegt, damit entstand – neben Laibach/Ljubljana – eine zweite Diözese mit großer slowenischer Mehrheit. Ab 1861 wurden Vereine mit nationalem Programm gegründet, die Turner und die *Slovenska matica*, gleichzeitig wissenschaftliche Organisation, Verlag und Buchgemeinschaft (1863). Das Programm des Vereinten Slowenien lehnten die deutschsprachigen Kärntner, Steirer und Krainer ebenso vehement ab wie die Italiener des Küstenlandes. Im ersten Jahrzehnt des 20. Jahrhunderts trat an die Stelle des »Vereinigten Slowenien« programmatisch die Verbindung mit den Kroaten und Serben der Monarchie, der Jugoslawismus.
- Die Italiener des Trentino verlangten die administrative Trennung von Innsbruck und ebenfalls ein eigenes Kronland. Sie waren nach 1866 in Tirol und im Küstenland in der Minderheit. Dagegen bildeten sie in Triest und in den Küstenstädten Istriens das städtische Bürgertum und besetzten alle führenden Positionen. Die *italianità* der Stadt Triest schien durch die wachsende slawische, hauptsächlich slowenische Zuwanderung gefährdet.
- Die Polen forderten – und erhielten – als Preis für ihre parlamentarische Unterstützung des Ausgleichs von 1867 und in der Folge jeder österreichischen Regierung eine weitgehende innere Autonomie mit polnischer Amtssprache für Galizien (1868), was wiederum von den Ruthenen (Ukrainern) als überaus nachteilig empfunden wurde. Auf den Universitäten von Krakau und Lemberg wurde Polnisch zur Unterrichtssprache. Der hohe polnische Adel wurde in Wien von Kaiser und Hof voll akzeptiert, mehrere Herren bekleideten Ministerämter.

Der polnischen Vorherrschaft entsprach die schwierige Lage des zweiten »Volksstammes« in Galizien, der Ruthenen, die etwas mehr als 40 % der Gesamtbevölkerung ausmachten. Die Ruthenen (Ukrainer) waren und blieben ein Volk von armen Bauern und Taglöhnern. Der Analphabetismus blieb hoch. Der Hunger war ein ständiger Begleiter, die Auswanderung, ebenso wie bei den Polen und – besonders – bei den Juden Galiziens, oft die einzige Möglichkeit, dem Elend zu entkommen. Eine etwas verbesserte Repräsentanz in Wien bescherte ihnen erst das allgemeine Männerwahlrecht von 1906.

Verhandlungen zwischen Polen und Ruthenen führten zu einem »Ausgleich« (1914), der aber nicht mehr in Kraft trat.
- Die Kroaten Istriens und Dalmatiens forderten den Zusammenschluss Dalmatiens mit dem (in der ungarischen Reichshälfte gelegenen) Königreich Kroatien. Das Königreich Kroatien erhielt als Folge des ungarischen Ausgleichs einen besonderen Vertrag mit Ungarn – den kroatischen Ausgleich (1868). Er sah Autonomie in den Bereichen Justiz, Kultus und Unterricht vor, während die wirtschaftlichen Angelegenheiten als »gemeinsame« Bereiche in Budapest entschieden wurden. Auch der wichtigste Hafen Fiume/Rijeka, galt als integrativer Teil Ungarns. Budapest nahm über den von der ungarischen Regierung vorgeschlagenen und vom König (dem Kaiser) ernannten Banus bis 1918 stets erheblichen Einfluss. – Das schwerste und bis 1918 nicht gelöste Problem in allen von Kroaten bewohnten Regionen war die geringe wirtschaftliche Dynamik.
- Die Deutschen, die geheime Staatsnation Österreichs, wollten den zentralistischen Einheitsstaat von 1849 erhalten, in dem sie ihre Interessen als ein in fast allen Ländern – in vielen davon als Minderheit – vertretenes Bevölkerungselement am besten aufgehoben sahen. Zwar wurde dieser Einheitsstaat 1867 für die Gesamtmonarchie abgebaut, in der westlichen Reichshälfte (Cisleithanien) wollten sie ihn aber fortsetzen. Wien, Niederösterreich und die sudetendeutschen Industriegebiete gehörten zweifellos zu den großen Nutznießern der Monarchie – Wien und Umgebung als Regierungs-, Verwaltungs- und Wirtschaftszentrum, die Sudetengebiete als Produktionszentren, denen ein großes Absatzgebiet gesichert war. Der Aufstieg der übrigen Nationen gefährdete die traditionelle Vorrangstellung. Erstmals führte der Streit um die Badeni'schen Verordnungen zu einer mentalen Distanzierung der Deutschen von »ihrem« Staat. Die meisten Deutschen verbanden tirolisches oder steirisches (usw.) Landesbewusstsein mit Loyalität zur Monarchie und zum Monarchen sowie mit einem deutschen Nationalbewusstsein. Mit den nichtösterreichischen Deutschen wusste man sich kulturell eng verbunden.

* * *

Die kritischen Tendenzen gegenüber den beiden Teilstaaten der Monarchie haben sich bis zum Ersten Weltkrieg nirgends ernsthaft zu einer Bewegung in Richtung Zerstörung der Monarchie verdichtet. Das mag zum Teil mit Nützlichkeitserwägungen erklärt werden, denn gegenüber den bedrohlichen Großmächten Deutschland und Russland war die Habsburgermonarchie vielleicht wirklich das kleinere Übel. Zu einem schwer abschätzbaren Teil mögen auch altertümliche Loyalitäten gegenüber dem Kaiser verbindend gewirkt haben – sicher bei der bäuerlichen Bevölkerung stärker als bei gewerblich-industriell arbeitenden Menschen oder bei den Priestern des Nationalismus, den Lehrern, Professoren, Dichtern und Advokaten.

7.6 Außenpolitische Akzente und Konfliktfelder

Zwei- und Dreibund

Seit 1871 war Andrássy gemeinsamer Außenminister. 1873 trafen der deutsche Kaiser, der russische Zar und Franz Joseph in Schönbrunn zusammen und einigten sich auf das Festhalten am Status quo auf dem Balkan (Drei-Kaiser-Bund). Damit war die Zeit der außenpolitischen Isolierung Österreichs zu Ende. Allerdings änderten sich durch den 1875 in der Herzegowina ausgebrochenen Aufstand, der sich zu einem Krieg der Serben, Bulgaren, Rumänen, Griechen und Montenegriner gegen die Türkei ausweitete, die außenpolitischen Parameter. Russland trat auf der Seite der Balkanchristen 1877 in den Krieg ein. Nach russischen Siegen wurde ein Großbulgarien unter russischem Protektorat geplant. Das wünschten weder Österreich-Ungarn noch die anderen europäischen Mächte. Von dem unter Vorsitz Bismarcks in Berlin zusammengetretenen europäischen Kongress wurde Russland 1878 zurückgepfiffen. Österreich-Ungarn erhielt den Auftrag, Bosnien und die Herzegowina zu besetzen. Bulgarien wurde nur sehr verkleinert realisiert, Serbien und Rumänien erhielten die völlige Unabhängigkeit von der Oberhoheit des Sultans. Andrássys Außenpolitik hatte Franz Joseph erstmals in dessen Amtszeit eine Mehrung seines Herrschaftsgebietes gebracht. Der Kaiser war zufrieden. Knapp vor seinem Rücktritt finalisierte Andrássy 1879 den Zweibund mit dem Deutschen Reich. Da die Russen über Bismarcks Haltung auf dem Berliner Kongress verstimmt waren, zerbrach die alte Koalition Preußen-Russland. Bismarck und Andrássy beschlossen nun ein Defensivbündnis, das ausschließlich gegen Russland gerichtet war. Bismarck wäre freilich nicht der raffinierte Diplomat gewesen, als der er mit Recht galt, wenn er nicht den geheimen Rückversicherungsvertrag mit Russland abgeschlossen hätte – er versprach dem Zaren die Neutralität des Deutschen Reiches, falls Österreich-Ungarn Russland angreifen würde (1887). Für Franz Joseph galt das Bündnis mit Deutschland seither als stabiler Eckpfeiler seiner äußeren Politik. 1882 wurde der Zweibund durch den Beitritt Italiens zum Dreibund erweitert. Italien war durch die französische Okkupation von

Tunis erbittert. Der Dreibund signalisierte die Normalisierung des Verhältnisses der Monarchie zu Italien.

Krisenherd Balkan

Obgleich die heftigsten nationalen Auseinandersetzungen zwischen Tschechen und Deutschen in Böhmen (weniger in Mähren) tobten, wurde die Endkrise der Habsburgermonarchie nicht in den Sudetenländern, sondern am Balkan eingeläutet. Als Reaktion auf die jungtürkische Revolution wurden 1908 Bosnien und die Herzegowina von der österreichisch-ungarischen Monarchie staatsrechtlich annektiert. Dies löste eine schwere außenpolitische Krise aus, die nur durch massive deutsche Unterstützung durchgestanden werden konnte. Ein Desaster für das Ansehen der Monarchie bedeutete der 1909 in Zagreb durchgeführte »Hochverratsprozess«: Mehr als 50 Angeklagte wurden wegen Hochverrats angeklagt und schuldig gesprochen. Das Revisionsverfahren endete jedoch mit Freisprüchen – die Materialien, die zur Verurteilung der Angeklagten geführt hatten, waren in der Botschaft Österreich-Ungarns in Belgrad gefälscht worden.

Die Siege der Serben in den Balkankriegen 1912/13 lösten bei den (Süd-)Slawen der Monarchie eine Welle der Begeisterung aus. Serbische Truppen drangen bis an die Adria vor. Dort wollte sie Österreich-Ungarn aber auf keinen Fall haben. Die Serben wichen nach einem Ultimatum zurück. Auf Drängen Wiens entstand ein neuer Staat – Albanien. Diese Aktion entfachte die nationalistische Wut junger Serben inner- und außerhalb der Monarchie. Die Attentäter von Sarajevo waren nationalistisch entflammte Jugendliche, allerdings erhielten sie entscheidende logistische Unterstützung aus Belgrad.

Erzherzog-Thronfolger Franz Ferdinand

Nach dem Tod des Thronfolgers, Erzherzog Rudolf – dem Selbstmord des Prinzen im Jänner 1889 ging der Mord an seiner jungen Geliebten Mary Vetsera voraus – wurde Franz Ferdinand (1863–1914), Sohn des Kaiserbruders Karl Ludwig, Thronfolger. Er litt lange an Tuberkulose. 1894 verliebte er sich in die Gräfin Sophie Chotek von Chotkowa und Wognin aus altem böhmischem Adel, jedoch nicht aus einer den Habsburgern ebenbürtigen Familie. Erst sechs Jahre später akzeptierte der Kaiser eine morganatische Ehe, die drei Kinder aus dieser Ehe hatten keine Thronfolgerechte. Die zur Fürstin von Hohenberg erhobene

Gemahlin war, nach dem Zeugnis mancher Zeitgenossen, die Einzige, die ihren nicht selten aufbrausenden Ehemann zu zähmen vermochte. Der Thronfolger richtete im Belvedere Wohnung und Militärkanzlei ein – der Kaiser übertrug ihm 1913 das Amt eines Generalinspekteurs der gesamten bewaffneten Macht. Der Thronfolger hasste die moderne Kunst. In der Position des Protektors der Zentralkommission für Denkmalpflege (1910) war sein Konservativismus jedoch nicht unangebracht.

Im Juni 1914 reiste der Thronfolger mit seiner Frau zu Manövern nach Bosnien. Auf der Fahrt durch Sarajevo am 28. Juni 1914 benützte das Paar ein offenes Automobil. Die Sicherungsmaßnahmen waren unzureichend. Eine kurzfristige Umplanung der Fahrtroute ermöglichte es Gavrilo Princip während jener kurzen Pause, die Automobile damals zum Reversieren benötigten, die tödlichen Schüsse auf den Thronfolger und seine Frau abzugeben. Mit nur zwei Schüssen tötete der Attentäter zwei Menschen und löste den ersten Weltkrieg aus. Er starb 1918 als Häftling in der Festung Theresienstadt.

7.7 Habsburgs letzter Krieg

Die Toten wurden nach einem Requiem in Wien in Artstetten in der Gruft der Pfarrkirche beigesetzt. Erst am 23. Juli wurde das kriegsauslösende Ultimatum an Serbien übergeben. Die Antwort des serbischen Ministerpräsidenten Nikola Pašić war ein diplomatisches Meisterstück. Nur die Forderung nach der Mitwirkung österreichischer Organe in Uniform auf serbischem Boden lehnte er ab (dafür stand sie ja auch im Ultimatum). Am 28. Juli erklärte Österreich-Ungarn Serbien den Krieg.

Aber an der Seite Serbiens stand Russland. Und an der russischen Front musste die k.u.k. Armee enorme Verluste hinnehmen, bis zum Frühjahr 1915 verlor man praktisch den gesamten aktiven Mannschaftsstand von 1914. Im Mai 1915 gelang aber deutschen und österreichisch-ungarischen Truppen in der Schlacht bei Gorlice und Tarnów der Durchbruch durch die russische Front. Doch fast gleichzeitig erklärte Italien Österreich-Ungarn den Krieg. England und Frankreich hatten den Italienern die Brennergrenze, Triest, Istrien und Dalmatien versprochen. Nach elf für beide Seiten extrem verlustreichen Offensiven hatten die Italiener bis zum Sommer 1917 einige Landgewinne erzielt, der Durchbruch war aber nicht gelungen. Ende 1915 standen die Mittelmächte recht gut da, aber 1916 wendete sich das Blatt wieder. Die »Strafexpedition« gegen Italien misslang, an der Ostfront gelang den Russen in der Brussilow-Offensive wieder ein massiver Einbruch in die österreichisch-ungarische Front. Am 21. Oktober erschoss Friedrich Adler, der Sohn Viktor Adlers, den Ministerpräsidenten Karl Graf Stürgkh, aus Protest gegen den Kriegsabsolutismus. Er wurde zum Tod verurteilt, zu einer Kerkerstrafe begnadigt und 1918 amnestiert. Franz Joseph verließ Schönbrunn nur mehr selten. Am 21. November 1916 starb der am längsten herrschende Habsburger.

Während der letzten zwei Kriegsjahre regierte Kaiser und König Karl. Militärisch wechselte die Lage mehrmals. Das österreichische Staatsgebiet in Galizien und in der Bukowina wurde zurückgewonnen. Nach einem größeren Geländegewinn der Italiener in der Elften Isonzoschlacht (Sommer 1917) bestand die Gefahr eines Zusammenbruchs der Isonzofront. Die mit deutscher Unterstützung durchgeführte Gegenoffensive führte die deutschen und österreichisch-ungarischen Truppen bis an den Piave. Aber es war ein Pyrrhussieg.[11] In der Vorbereitung wurden die Eisenbahnkapazitäten der Monarchie ausschließlich auf die Zufuhren für die Offensive konzentriert, dafür gab es kaum rollendes Material für Kohle und Kartoffeln für Wien. Der Preis für diesen Sieg war die Verschärfung des Hungers.

1918 brachte den Frieden mit Russland (Brest-Litowsk, März 1918), die große, aber vergebliche deutsche Westoffensive und die letzte, katastrophale österreichisch-ungarische Offensive im Juni gegen Italien. Damit war die militärische Kraft der Mittelmächte erschöpft.

Nicht nur die enormen Verluste an Menschen und Material minderten die Legitimität der habsburgischen Herrschaft, sondern vor allem die von Jahr zu Jahr wachsende Unfähigkeit, Armee und Zivilbevölkerung zu ernähren. Die Rüstungsindustrie hatte große Menschenmassen konzentriert, zum Beispiel in und um Wiener Neustadt etwa 100.000 Frauen und Männer. Frauenarbeit wurde immer wichtiger. Frauen arbeiteten in den Verkehrsbetrieben und sogar in der Metall- und Maschinenindustrie. In einzelnen Munitionsfabriken waren 50 % der Arbeitskräfte Frauen. Bäuerinnen und Geschäftsfrauen in Handwerk und Gewerbe übernahmen häufig die Betriebsleitung. Und Frauen standen im Kampf gegen den Hunger an vorderster Front – sie hatten die Ernährung ihrer Familien irgendwie zu sichern, und sie engagierten sich ab etwa 1917 immer stärker bei Streiks und Hungerdemonstrationen – denn sie litten, gezwungen zum stundenlangen Anstellen um wenige, teure und schlechte Lebensmittel, am meisten unter den Mängeln des Systems.

Schon 1915 kam es zu Engpässen in der Mehlversorgung. Im März desselben Jahres wurden Mehl und Getreide rationiert. Ab Mai 1915 wurden zwei fleischlose Tage pro Woche eingeführt. Kontinuierlich verschlechterte sich die

Situation, jeder Kriegswinter war schlimmer als der vorhergehende. Die Ernährungsfrage war das zentrale Thema der ab 1916 einsetzenden Streiks und Demonstrationen. Im Mai 1917 streikten 42.000 Industriearbeiter in Wien.

Der junge Kaiser Karl bemühte sich um den Frieden. Im Frühjahr 1917 setzte er sich über seinen Schwager Sixtus von Bourbon-Parma mit der französischen Regierung in Verbindung. Engländer und Franzosen nahmen das Angebot ernst, aber die Verhandlungen scheiterten an der Weigerung der Italiener, sich mit weniger zufrieden zu geben als England und Frankreich ihnen 1915 versprochen hatte. Wenig später versuchte der Kaiser, durch eine breite Amnestie Sympathien zu gewinnen. Auch mit der Wiedereinberufung des Parlaments für den 30. Mai 1917 wollte der Kaiser eine Geste des guten Willens setzen. In dieser Sitzung forderten die südslawischen Abgeordneten die staatliche Zusammenfassung aller Südslawen (Slowenen, Kroaten und Serben) in einem eigenen Staat (»Mai-Deklaration«), analog die Tschechen. Die galizischen Polen forderten den Zusammenschluss mit dem neuen polnischen Staat, den die Mittelmächte in den von ihnen besetzten Teilen Russisch-Polens schon 1916 ausgerufen hatten. Der Reichsrat beschloss unter anderem das kriegswirtschaftliche Ermächtigungsgesetz, das der Regierung für die Dauer des Krieges wichtige Vollmachten einräumte – es wurde später in den Rechtsbestand der Republik übernommen. Im Jänner 1917 versuchte die Regierung durch die Mieterschutzverordnung, die Frauen von Soldaten vor Delogierungen infolge von Mietenrückständen zu schützen. Bestimmungen über Lohnfortzahlungen bei Betriebseinschränkungen traten in Kraft.

Der große Jännerstreik 1918 zeigt eine neue Dimension des Klassenbewusstseins der Arbeiterschaft. In kürzester Zeit befanden sich fast eine Million Arbeiter und Arbeiterinnen sowie Angestellte im Ausstand. Die Arbeiter begnügten sich nun nicht mehr mit Forderungen nach Verbesserung der Situation, sondern verlangten den sofortigen Friedensschluss mit Russland und allgemein den Frieden. In der Sympathie mit dem Russland der Oktoberrevolution trat eine neue Tendenz zur völligen, radikalen und raschen Veränderung der Gesellschaft zu Tage. Neue Organe entstanden, die Arbeiterräte. Seit dem Herbst 1917 ging auch die Sozialdemokratie stärker auf Linkskurs. Das ermöglichte die rasche Einbindung der Rätebewegung in die sozialdemokratische Bewegung. Immer mehr Befugnisse erlangten die Arbeitervertreter in den Fabriken, da ohne sie die Produktion überhaupt nicht mehr aufrechtzuerhalten war. Mit dem Zerbrechen der alten Macht Ende Oktober fiel häufig den Vertretern der Arbeiterschaft die Verantwortung für die Betriebe zu: Für kurze Zeit schien in der Tat die ganze alte Ordnung, Monarchie und Kapitalismus, beseitigt. Überläufe, Desertionen und Meutereien kennzeichnen das Jahr 1918.

Habsburgs Ende

Der Minister des kaiserlichen Hauses und Außenminister, Ottokar Graf Czernin, läutete die letzte Phase der Habsburgerherrschaft mit einer Rede vor dem Wiener Gemeinderat ein, in der er die Kontakte mit Frankreich als Wunsch der Franzosen darstellte. Aus Paris wurde sofort repliziert: Nicht Frankreich, der österreichische Kaiser habe wegen eines Sonderfriedens sondiert. Schließlich (April 1918) wurde in Paris ein Brief Karls veröffentlicht, der das Anrecht Frankreichs auf Elsaß-Lothringen anerkannte. Karl war entrüstet, Clemenceau ließ daraufhin alle »Sixtus-Briefe« – jene Briefe, die Kaiser Karl über Prinz Sixtus an die französische Regierung übermittelt hatte – veröffentlichen. Die Deutschen tobten. Sie verlangten Erklärung und Entschuldigung. Karl musste nach Spa, seinem Canossa, um im Mai bei Kaiser Wilhelm II. um gut Wetter zu betteln. Seitdem war auch mit der eingeschränkten außenpolitischen Selbstständigkeit der Monarchie Schluss. Österreich-Ungarn war nur mehr ein Satellit Deutschlands. Das wirkte sich auch auf die Haltung der Westmächte aus. Sie beschlossen ab nun, das Selbstbestimmungsrecht der Völker der Habsburgermonarchie im vollen Umfang anzuerkennen. »Das Todesurteil über die Monarchie war gefällt.«[12]

Inzwischen waren die USA in den Krieg eingetreten, im Jänner erklärten die Amerikaner auch Österreich-Ungarn den Krieg. Noch schnell, bevor die Amerikaner mit voller Macht in Europa auftraten, wollten die Deutschen im Westen den Sieg erzwingen. Doch scheiterten die Offensiven, trotz einiger Erfolge. Der letzte Angriff der österreichisch-ungarischen Armee an der italienischen Front (Juni-Offensive) scheiterte schon am ersten Tag. Seit August waren die Deutschen im Westen auf dem Rückzug. Im September brach die Balkanfront zusammen. Die Kriegswirtschaft konnte längst nicht mehr die erforderlichen Waffen und Geschosse liefern, ganz zu schweigen von Nahrung, Uniformen, Ausrüstungen. Verhungert und zerlumpt wirkte die einst so stolze Armee der Habsburger.

Als Kaiser Karl sein »Völkermanifest« vom 16. Oktober 1918 erließ, ging es in Wahrheit nur mehr um die Verwaltung des Überganges. Ende Oktober löste sich die Habsburgermonarchie auf. Schon war die Exilregierung der Tschechoslowaken von den Alliierten anerkannt, die tschechoslowakische Staatsgründung am 28. Oktober vollzog im Inland nach, was im Ausland bereits Tatsache war. Der Kaiser verzichtete auf die Anwendung von Gewalt. Einen Tag später gründeten auch die Südslawen der Monarchie in Zagreb ihren eigenen Staat. Zeitgleich kündigte Ungarn den Ausgleich und erreichte endlich die völlige

Selbstständigkeit. Am 31. Oktober wurde István Tisza in Budapest ermordet. Und am 30. Oktober 1918 beschloss im Niederösterreichischen Landhaus die am 21. Oktober konstituierte provisorische Nationalversammlung Deutschösterreichs eine provisorische Verfassung für den Staat Deutschösterreich. Am 31. Oktober übergab Kaiser Karl die Adria-Flotte dem neuen südslawischen Staat. Noch am 1. November versenkten die Italiener das Flaggschiff »Viribus Unitis« im Hafen von Pula. Der letzte gemeinsame Außenminister, Gyula Graf Andrássy der Jüngere, demissionierte am 2. November. Der Kaiser wollte aber weder den nun notwendigen Waffenstillstandsvertrag (in Wahrheit eine Kapitulation) unterzeichnen, noch auf sein Amt verzichten. Schließlich unterzeichnete ein noch nicht im Amt befindlicher Armeekommandant am 03.11.1918 – angeblich – das Papier. Die Soldaten legten die Waffen nieder. Für die Italiener war der Krieg aber erst am 4.11. um 15 Uhr zu Ende. So errangen sie noch einen großen Sieg, 380.000 kaiserliche und königliche Soldaten gingen in Gefangenschaft. Der Kaiser verzichtete erst am 11. November nach der Abdankung des deutschen Kaisers Wilhelm II., auf »seinen Anteil an den Staatsgeschäften« – was faktisch einer Abdankung gleichkam.

> **Die Opfer des Ersten Weltkrieges**
>
> Die Opferzahlen für Österreich-Ungarn sind nur annähernd zu bestimmen. Folgende Zahlen sind daher nur mit Vorsicht zu benützen:
> Von 8 Millionen k.u.k. Soldaten starben 1.016.000, davon 518.000 auf dem Schlachtfeld, 1.943.000 wurden verwundet, 1.691.000 kamen in Gefangenschaft (von diesen starben noch einmal 480.000). Im Schnitt kamen auf 1000 Einwohner in Cisleithanien 23 Kriegstote, in Ungarn 26. Die Sprachgruppen Deutsch und Ungarisch hatten relativ mehr Tote aufzuweisen als andere. In Gebieten mit Schwerindustrie mussten mehr Männer in den Fabriken bleiben, Gebiete mit Konsumgüterindustrie oder landwirtschaftlich dominierte Gebiete hatten daher mehr Kriegstote zu verzeichnen. So kamen in Wien und Niederösterreich 22,5 Kriegstote auf 1.000 Einwohner, in Kärnten hingegen 37 und in Vorarlberg 34.
> Viele tausende verwundete Soldaten blieben als Invalide begrenzt oder gar nicht mehr erwerbsfähig, viele starben noch nach Jahren an ihren Verletzungen. Als Folge des Hungers war auch die Zivilsterblichkeit stark überhöht.
> Literatur: Helmut Rumpler – Anatol Schmied-Kowarzik: Weltkriegsstatistik Österreich-Ungarns 1914–1918 (Die Habsburgermonarchie und der Erste Weltkrieg, 2. Teilband), Wien 2013.

Ihre letzte Sitzung (die 95. Sitzung der XXII. Session) hielten beide Häuser des Reichsrates am 12. November 1918, nach der Verzichtserklärung des Kaisers. Neue Staaten hatten sich bereits gebildet. Es gab nichts mehr zu beraten. Ein knapper Nachruf wurde dem tags davor verstorbenen Viktor Adler gewidmet; der Vorsitzende (Dr. Gustav Groß) richtete einige Worte des Abschiedes an die Anwesenden. Ein neuer Sitzungstermin wurde nicht anberaumt. Nach zehnminütiger Sitzungsdauer endete die Geschichte des Reichsrates und die Geschichte der Habsburgermonarchie.

Was blieb aus der Zeit zwischen 1849 und 1918? Die Grundentlastung. Der Neoabsolutismus – eine Modernisierungsdiktatur? Gymnasial- und Hochschulreform, Gemeindegesetz. Der Kampf um die Verfassung 1860–1867: Grundrechtskatalog der Dezemberverfassung 1867, Konfessionelle Gleichberechtigung, Volksschulgesetz. Hochkonjunktur und Hochindustrialisierung – Industriereviere (Obersteiermark, Graz, Wien, Linz, Steyr, Vorarlberg usw.). Wirtschaftskrise. Soziale Frage, Anfänge der Sozialpolitik. Otto Wagner, die Wiener Moderne, die Massenparteien. Judentum und Antisemitismus. Der Erste Weltkrieg und das Ende der Habsburgermonarchie. *Was blieb von der Zeit in der Umwelt?* Der Wald beginnt sich zu erholen. Große Teile der Großstädte sind immer noch von den Bauten vor 1914 geprägt. Die große Inszenierung der Ringstraße.

8. 1918–1938 Erste Republik und Diktatur

8.1 Staatsform und Verfassung, der Name des Staates

Als Reaktion auf das Manifest Kaiser Karls vom 16. Oktober traten am 21. Oktober 1918 die »deutschen« Abgeordneten des 1911 gewählten Abgeordnetenhauses als provisorische Nationalversammlung Deutsch-Österreichs zusammen. Diese gründete am 30. Oktober 1918 den Staat Deutsch-Österreich. Die offizielle Ausrufung der Republik erfolgte, ebenso wie die Erklärung, dass der neue Staat ein Teil der Deutschen Republik sei, am 12. November. Die Regierungs- und Vollzugsgewalt übertrug die Versammlung einem Vollzugsausschuss mit dem Namen »Staatsrat«, dessen Kanzlei Karl Renner leitete. Der Staatsrat führte die Geschäfte über Beauftragte, Staatssekretäre, die die Staatsregierung bildeten.

In den Ländern traten die kaiserlichen Statthalter ab. Provisorische Landesversammlungen aus den gewählten Landtagsmandataren, ergänzt durch Reichsratsabgeordnete und Vertreter der Arbeiterschaft, übernahmen zwischen 26. Oktober (Tirol) und 18. November (Oberösterreich) die Landesverwaltungen, die meisten Länder erklärten über Aufforderung von Karl Renner den Beitritt zum Staat Deutsch-Österreich, einige nur provisorisch.

Die Möglichkeiten des Staates zur Umsetzung des Bundesrechtes in den Ländern war begrenzt. Die »Staatsmacht«, verkörpert in Gendarmerie (auf dem Land) und Polizei (in den Städten) unterstand faktisch den neuen Landesgewalten; die neue Volkswehr, gebildet aus abgerüsteten Soldaten der alten Armee, war nicht viel mehr als eine Art Arbeitslosenfürsorge und außerdem durch die kommunistische Orientierung einiger Einheiten nur begrenzt einsatzfähig. Der Staatskanzler berief daher immer wieder Konferenzen mit den Ländervertretern ein, um sich mit ihnen auf ein Minimum an gemeinsamem Handeln zu verständigen.

Auch die Macht der neuen Landesverwaltungen war begrenzt. Als neue gesellschaftliche Macht waren in den Streiks des Jahres 1918 Arbeiterräte entstanden. Die Räte waren einerseits revolutionär, andererseits nicht frei von Lokalborniertheit. So drängten die Arbeiterräte in Oberösterreich darauf, mit den im Land produzierten Lebensmitteln zunächst einmal die Ernährung des eigenen Landes sicherzustellen, bevor man etwas nach Wien liefern durfte. Das Rätemodell fand

Nachahmer in Bauernräten, Schülerräten usw. Die Macht der Räte sank aber, als die Räterepubliken in Ungarn und Bayern im Sommer 1919 scheiterten.

Die Stellung der Länder zur neuen Republik war keineswegs durchwegs positiv. – Vorarlberg wünschte den Anschluss an die Schweiz, was eine Volksabstimmung am 11. Mai 1919 mit einer Mehrheit von 80 % bestätigte. Er konnte infolge des Widerstands der Siegermächte nicht realisiert werden. Die Vorbehalte der Vorarlberger gegen die »rote« Wiener Regierung blieben. Erst die »bürgerlichen« Regierungen ab 1920 akzeptierte man im »Ländle« einigermaßen. – In Tirol spekulierte man zur Rettung Südtirols mit der staatlichen Unabhängigkeit oder mit einem Anschluss Nordtirols an Bayern.

Der neue Staat erhielt durch die Wahlen zur verfassunggebenden Versammlung am 16. Februar 1919 erstmals einen nach dem allgemeinen Männer- und Frauenwahlrecht gewählten Vertretungskörper. Die Sozialdemokraten erlangten eine relative Mehrheit von 72 Mandaten, gefolgt von den Christlichsozialen mit 69. Die 1911 noch dominanten Deutschnationalen fielen mit 26 Abgeordneten auf den dritten Platz zurück. Das Regierungssystem bekam ein traditionelles Aussehen: Aus dem Parlament wurde eine Regierung gewählt, die jenem verantwortlich war. Bundeskanzler wurde der Sozialdemokrat Karl Renner, Vizekanzler der christlichsoziale Vorarlberger Bauer Jodok Fink. Es handelte sich also um eine Koalitionsregierung von Sozialdemokraten und Christlichsozialen.

Die Regierung hatte höchst undankbare Aufgaben – Abschluss des Friedensvertrags, Ausarbeitung einer neuen Verfassung, Abwehr der drohenden sozialen Revolution. Und dann war da noch der Kaiser. Karl hatte zwar am 11. November 1918 auf seinen »Anteil an den Staatsgeschäften« verzichtet, aber nicht abgedankt. Im Winter lebte er mit seiner Familie im kaiserlichen Jagdschloss Eckartsau. Am 24. März reiste er auf dringende Empfehlung Renners unter einer britischen Offiziersbedeckung in die Schweiz aus. Noch in Österreich widerrief er die Verzichtserklärung. Daraufhin verabschiedete das österreichische Parlament das Gesetz über die Landesverweisung der Habsburger. Karl versuchte 1921 zweimal, wenigstens in Ungarn nochmals an die Herrschaft zu kommen. Nach dem zweiten Versuch wurde er von den Alliierten nach Madeira verbannt, wo er am 1. April 1922 starb.

Mit der Ausarbeitung des Entwurfs einer Bundesverfassung beauftragte Karl Renner schon im November 1918 den bedeutenden Rechtsgelehrten Hans Kelsen. Seine Entwürfe boten die Grundlage für alle weiteren Beratungen zwischen den Parteien, aber auch zwischen den Ländern (Länderkonferenzen in Salzburg und Linz im Februar und April 1920). Kelsen übernahm möglichst viel aus dem Rechtsbestand der Monarchie. Im Juni 1920 zerbrach die Koalition zwischen So-

Karte 6 Die Nachfolgestaaten der österreichisch-ungarischen Monarchie.

zialdemokraten und Christlichsozialen. Dennoch einigten sich der Vorsitzende des Verfassungsausschusses, der Sozialdemokrat Otto Bauer und sein Stellvertreter, der Christlichsoziale Ignaz Seipel auf einen gemeinsamen Entwurf, der allerdings die strittigen Punkte aussparte: Der Grundrechtskatalog wurde aus der Dezemberverfassung 1867 übernommen, die Kompetenzartikel (Verteilung der Kompetenzen zwischen Bund und Ländern) zwar beschlossen, aber noch nicht in Kraft gesetzt. Ein durch Entsendung aus den Landtagen bestellter Bundesrat sollte die Interessen der Länder vertreten. Die Gesetzgebung oblag dem demokratisch gewählten Nationalrat. Demokratisch waren auch die Landtage ebenso wie die Gemeinden zu bestellen. Die Ebene der Bezirksverwaltung – ein wichtiges Erbe der Monarchie – verblieb in der Hand durch die Landesregierungen bestellter Bezirkshauptleute. Beschlossen wurde die Bundesverfassung am 1.10.1920. Sie ermöglichte die Trennung von Wien und Niederösterreich: Übereinstimmende Beschlüsse des Wiener Gemeinderates und des Landtages von Niederösterreich-Land Ende Dezember 1921 führten zur vollständigen Trennung in zwei selbstständige Länder. Seit dem 1. Jänner 1922 ist Wien daher ein eigenes Bundesland.

Nach Neuwahlen am 17. Oktober trat die Bundesverfassung am 10. November 1920 in Kraft. Sie blieb »ein Torso, neben dem noch zahlreiche andere Gesetze im Verfassungsrang standen, die erst in ihrer Gesamtheit die Bundesverfassung ausmachen.«[13]

8.2 Das Staatsgebiet

Zwar beschloss die provisorische Nationalversammlung nach Beitrittserklärungen der Länder – zusätzlich zu den österreichischen Kronländern waren dies mit »Deutschböhmen« und »Sudetenland« kurzlebige Gründungen der deutschsprachigen Gebiete der böhmischen Länder – den Umfang des neuen Staates als geschlossenes deutschsprachiges Siedlungsgebiet des früheren Cisleithanien, das seit 1915 »Österreich« hieß. Ebenso deklarierte man den Anschluss an die soeben (9. November) gegründete Deutsche Republik, der freilich noch speziellere Durchführungsgesetze beider Staaten zu seiner Realisierung bedurft hätte. Aber die Siegermächte machten der Republik einen Strich durch die Rechnung und die neuen Nachbarstaaten besetzten einfach die von ihnen beanspruchten Gebiete: Italien okkupierte Südtirol und das Gebiet von Tarvis, die Tschechoslowakei die deutsch besiedelten Gebiete in den historischen Grenzen der böhmischen Länder, der Staat der Slowenen, Kroaten und Serben die Untersteiermark mit Marburg/Maribor bis zur Mur. Von den strittigen Städten bleib nur Radkersburg österreichisch. Gegen die slowenische Besetzung von Teilen Kärntens wurde aber militärischer Widerstand organisiert, getragen von Kärntner Freiwilligen und von der Volkswehr, dem neuen Heer der Republik.

Inzwischen hatten sich in Paris die Vertreter der Siegermächte zur Vorbereitung der Friedensverträge versammelt. Eine amerikanische Expertenkommission unter der Leitung des Historikers Archibald Cary Coolidge studierte die Situation in umstrittenen Gebieten wie Unterkärnten und Westungarn. Ihre für Österreich günstigen Empfehlungen gingen später in den Vertrag ein. Eine Unterkommission unter der Leitung des amerikanischen Offiziers Sherman Miles bereiste ab Mitte Jänner 1919 Unterkärnten. Auf Grund ihrer Berichte entschied sich der amerikanische Präsident Woodrow Wilson für eine Volksabstimmung im Klagenfurter Becken, was auch Italien unterstützte; für Italien war das neue Königreich der Serben, Kroaten und Slowenen der an die Stelle der Habsburgermonarchie getretene Konkurrent um die Beherrschung der Adria.

Im Mai 1919 reiste eine österreichische Delegation unter der Führung des Staatskanzlers zur Entgegennahme eines Entwurfs eines Friedensvertrages nach

Paris. Österreich vertrat die Rechtsauffassung, dass es sich um einen »Staatsvertrag« handle, da sowohl die österreichisch-ungarische Monarchie wie auch Österreich (Cisleithanien) durch Dismembration als Völkerrechtssubjekte untergegangen seien. Die Republik Deutschösterreich sei daher eine Neubildung, die sich am 12. November mit keiner Macht im Kriegszustand befunden habe. Dagegen betonten die alliierten Mächte, Österreich (mit diesem Namen!) sei der Rechtsnachfolger Cisleithaniens, das ja seit 1915 den Namen »Österreich« trug. Es sei daher für den Kriegsausbruch mitverantwortlich und habe Reparationen zu zahlen und auf die an Italien, Jugoslawien, Rumänien, Polen und die Tschechoslowakei abgetretenen Gebiete ausdrücklich zu verzichten. Dennoch wurde der Vertrag in Österreich immer als »Staatsvertrag« bezeichnet. Er wurde am 10. September unter Protest angenommen.

Die territorialen Verluste wurden bereits erwähnt. Es gab allerdings einen Pluspunkt: die überwiegend deutschsprachigen Gebiete Westungarns, das heutige Burgenland, wurden Österreich zugesprochen. Man berücksichtigte unter anderem (wie im Bericht der Coolidge-Kommission erwähnt), dass dieses weitgehend agrarische Gebiet die Ernährungsprobleme Österreichs erleichtern würde. Als 1921 die österreichische Gendarmerie einrückte, stieß sie auf heftigen Widerstand ungarischer Freischärler. Unter italienischer Vermittlung wurde der ungarischen Forderung nach einer Volksabstimmung in Ödenburg (Sopron) entsprochen (Protokoll von Venedig, 13.10.1921). Sie ging programmgemäß zugunsten Ungarns aus. Das übrige Gebiet bildet als Burgenland seit 1922 das jüngste Bundesland Österreichs. In Unterkärnten wurde das fragliche Gebiet in zwei Zonen geteilt. Sollte in der von südslawischen Truppen besetzten – und sprachlich mehrheitlich slowenischen – Zone A die Mehrheit für das Königreich SHS stimmen, würde anschließend auch in der Zone B (mit Klagenfurt) abgestimmt werden. Die Volksabstimmung am 10. Oktober 1920 ergab in der Zone A das Ergebnis von etwa 22.000 Stimmen für Österreich und etwas mehr als 15.000 für das Königreich SHS.

Der Wunsch eines Anschlusses an Deutschland wurde abgelehnt – das war bei klarer Sicht der Dinge vorauszusehen, denn bei einem Anschluss auch des verkleinerten Rest-Österreich wäre Deutschland besser dagestanden als zuvor. Das konnte Frankreich, dem es um eine nachhaltige Schwächung des gefährlichen Nachbarn ging, niemals akzeptieren. Österreich musste seine eigene staatliche Selbstständigkeit anerkennen, was nur vom neuen Völkerbund – einstimmig – abgeändert werden konnte. Nicht nur Österreich, sondern auch die Tschechoslowakei und andere Nachfolgestaaten wurden zur Einhaltung einer Minderheitenschutzgesetzgebung verpflichtet, Italien nicht. Im umfangreichen

Vertrag (381 Artikel, 250 Seiten im österreichischen Bundesgesetzblatt) wurden Österreich auch Reparationen auferlegt. Die Tschechoslowakei und Polen wurden auf 15 Jahre zur ungehinderten Lieferung von Kohle an Österreich verpflichtet, auch der Zugang zum Hafen von Triest wurde Österreich garantiert. Dagegen wurden alle Vermögenswerte, die außerhalb Österreichs lagen und der »ehemaligen oder gegenwärtigen« österreichischen Regierung gehörten sowie die Güter der früheren kaiserlichen Familie den Staaten zugesprochen, in denen sie lagen. Österreich haftete für die Bezahlung der Reparationen, wobei allerdings der Versorgung Österreichs mit Lebensmitteln und Rohstoffen ein Vorrang eingeräumt wurde – tatsächlich hat Österreich keine Reparationen gezahlt. Der Tschechoslowakei, Ungarn und Österreich wurde das Recht eingeräumt, bis 1925 sich gegenseitige Zollvergünstigungen einzuräumen Diese Möglichkeiten wurden bedauerlicherweise nicht genützt.

Der Staatsname »Österreich« wurde von der Friedenskonferenz in Paris festgelegt. Wie das gesamte Vertragswerk wurde er Teil der Verfassung. Die seit 1.1.1922 endgültigen Grenzen der Republik sind auch die Grenzen der Zweiten Republik.

8.3 Hunger, Krankheit, Kälte und Putschversuche

Der Konflikt um den Friedensvertrag und die Verfassung wurde ständig von der ungelösten Frage der Versorgung der Bevölkerung mit dem Nötigsten überschattet. Durch Hunger, Unterernährung und Krankheiten war die Zivilsterblichkeit stark angestiegen, in Wien war sie 1918 um 57 % größer als 1913. Die Tuberkulose forderte um 78 % mehr Opfer als 1913. Nicht einmal 8 % der Kinder konnten im Sommer 1918 als gesund bezeichnet werden. Eine schwere Grippewelle (»Spanische Grippe«) forderte im Spätherbst 1918 und im folgenden Winter zahlreiche Opfer.

Nach dem Waffenstillstand vom 3. November wurde es nicht besser. Aus den ehemaligen Kronländern wurde nichts mehr geliefert. Deutsch-Österreich war fast völlig abgeschnitten. Auch aus den Bundesländern kam praktisch nichts mehr. Mit dem Ausland gab es bestenfalls Kompensationsgeschäfte – etwas Mehl gegen Papier, Kartoffeln gegen Petroleum. Auch die Steinkohle aus Mährisch-Ostrau fehlte. Die frierenden Wiener gingen in den Wienerwald, fällten Bäume und trugen Holz nach Hause. Einigermaßen über die Runden kam nur, wer mit dem Rucksack auf das Land zog und Schmuck oder ein besseres Gewand gegen ein Stück Speck, Fleisch oder ein paar Kartoffeln eintauschen konnte. Sofort nach dem Waffenstillstand musste daher die Regierung bei der Entente um Lebensmittel betteln. Endlich, im Jänner, sagten die »Feindstaaten« Lieferungen zu, erste Lebensmittel kamen noch im selben Monat. Im April 1919 wurde die Quote von Kochmehl von 250 auf 500 Gramm (pro Person und Woche) erhöht, ebenfalls im April konnte erstmals amerikanisches Schweinefleisch im Gewicht von 125 Gramm bis 250 Gramm (pro Person und Woche) ausgegeben werden.

Inzwischen ging die Verelendung breiter Bevölkerungsschichten weiter. Heimkehrer von der Front und aus der Kriegsgefangenschaft vermehrten die Zahl der Arbeitslosen. Die aufgeblähte Kriegsindustrie stand still, der Friedensvertrag verlangte die Vernichtung des noch vorhandenen Kriegsmaterials. Das Beispiel der russischen Revolution wirkte anfeuernd auf die aufgebrachten Massen. Im März und April 1919 wurden in Ungarn und in Bayern Räterepubliken ausgerufen. Kommunistische Revolutionäre wollten am Gründonnerstag (17. April 1919) auch in Wien die Räterepublik ausrufen, doch scheiterte der Putschversuch am Widerstand der Polizei. Ein zweiter Versuch erfolgte am 15. Juni 1919. Wieder wurde er von der Polizei niedergeschlagen. 20 Tote und zahlreiche verletzte Demonstranten waren die Folge. Danach ebbte die revolutionäre Welle ab. Die bayerische Räterepublik war bereits gescheitert, die ungarische endete am 4. August.

Die Unterzeichnung des Friedensvertrages änderte nichts an der wirtschaftlichen Not im Land. Im Dezember 1919 appellierte Kanzler Renner in Paris an die Ententemächte, er brauche dringend »Brot und Kredit«[14] denn in drei Wochen würde Wien ohne Brot und Mehl sein. Schließlich gewährten die USA im März 1920 einen Kredit, dem noch weitere folgten *(Relief Credits)*. Als Pfand waren die Valutaeingänge aus Österreichs Holzexporten und andere Werte bestimmt.

Die Regierung zerbrach am 11. Juni 1920 über eine an sich nicht besonders wichtige Zuständigkeitsfrage. Das war ein Zufall, legte aber nur die stets vorhandenen Bruchlinien zwischen den Koalitionsparteien bloß. Schließlich einigte man sich auf eine Proporzregierung unter dem Vorsitz Michael Mayrs, Renner wurde Außenminister. Für den Oktober 1920 wurden Neuwahlen ausgeschrieben.

Die Parteien

Das für die Geschichte der Ersten Republik in der Folgezeit offenbar unlösbare Problem war das gegenseitige Misstrauen der Parteien.

Die Sozialdemokraten waren eine straff zentralistisch organisierte Partei, in der auf den jährlichen Parteitagen heftig über Strategie und Taktik diskutiert wurde. Sie verstand sich als marxistische Partei, deren politische Zielsetzung eine klassenlose Gesellschaft war, ohne Privatbesitz an Produktionsmitteln. Aber dieses Ziel sollte auf demokratischem Weg erreicht werden, nicht durch Gewalt. Das ständige Wachstum der Arbeiterklasse und der zahlenmäßige Rückgang an Selbstständigen und Bauern würden den letztlichen Sieg der Arbeiterklasse und des Sozialismus quasi von selbst herbeiführen. Zur katholischen Kirche verhielt sich die Partei distanziert, ein Teil allerdings kämpferisch ablehnend.

Die Christlichsozialen hingegen besaßen keine zentrale Organisation, sieht man vom Parlamentsklub ab. Sie bestand aus Landesparteien, innerhalb dieser Parteien bildeten in der Regel die Bauernvertreter die stärkste Gruppe. Die einzelnen Bauernbünde vereinigten sich 1919 zu einem Reichsbauernbund. Vom städtischen Bürgertum, das ideologisch überwiegend liberal und deutschnational orientiert war, neigte nur der bewusst katholische Teil den Christlichsozialen zu. Ihr Arbeitnehmerflügel, aus christlichen Gewerkschaften bestehend, war in der Partei in der Minderheit. Die Partei kämpfte für die traditionell starke Position der katholischen Kirche, die starke Stellung der Länder, die Interessen der Unternehmer und der Bauern. Revolution und klassenlose Gesellschaft lehnte man ab. Die harmonische Gesellschaft der Zukunft sollte ihre Probleme im Rahmen einer ständischen Ordnung lösen.

Die dritte Partei, die Großdeutsche Volkspartei, verband die Traditionen des Liberalismus, in erster Linie die Distanz zur katholischen Kirche, mit der Forderung nach einem möglichst raschen Anschluss an das Deutsche Reich. Sie wurde von bürgerlichen Gruppierungen gewählt, traditionell galt sie als Beamtenpartei, Akademiker waren hier stärker vertreten als in den anderen beiden Parteien. Ihre (groß-)bäuerlichen Anhänger versammelten sich im »Landbund«, der ab 1927 in den Regierungskoalitionen vertreten war. Alle Parteien waren mit einer dichten Vereinslandschaft verbunden. Bei den Sozialdemokraten galten diese Vereine als Teil der Partei, bei Christlichsozialen und Großdeutschen galten die entsprechenden Vereine (Turner, Sänger, Studentenverbindungen, Gesellenvereine usw.) als Vorfeldorganisationen.

8.4 Die Sozialgesetzgebung der Republik

Noch aus der Monarchie stammten der Mieterschutz (Jänner 1917) und die Beschwerdekommissionen (März 1917). Seit Ende Oktober 1918 entfaltete das Staatsamt für soziale Verwaltung unter Ferdinand Hanusch eine intensive Aktivität. Im Dezember 1918 wurde eine Arbeitslosenunterstützung eingeführt, die 1920 zu einer Arbeitslosenversicherung ausgestaltet wurde. Zur selben Zeit wurde der Achtstundentag als Normalarbeitstag eingeführt. Schon von der konstituierenden Nationalversammlung wurde zur Beseitigung der Heimkehrerarbeitslosigkeit für Betriebe ab einer gewissen Größe der Einstellungszwang festgesetzt. Ein Sozialisierungsgesetz wurde verabschiedet, auch einige Gesetze gegen den Großgrundbesitz (Schlössergesetz, Luftkeuschengesetz, Wiederbesiedlungsgesetz – alle recht wirkungslos). Diese Welle ebbte seit dem Sommer 1919 wieder ab. Erstmals wurde ein Urlaubsanspruch auch für Arbeiter fixiert, zunächst eine Woche. Mit der Einrichtung der Einigungsämter (Dezember 1918), und der gleichzeitigen Verknüpfung dieser Ämter mit den Kollektivvertragsbestimmungen konnte eine breitere Geltung der Kollektivverträge erreicht werden.

In das Jahr 1920 fällt eine Reihe von Berufsgesetzen. Ein Hausgehilfengesetz ersetzte endlich die Dienstbotenordnungen aus dem Jahr 1810. Durch die Errichtung von Arbeiterkammern erhielten alle Arbeitnehmer in Gewerbe und Industrie eine öffentlich-rechtliche Interessenvertretung, die analog zu jenen der Handelskammern gestaltet wurden. In der Sozialversicherung kam es zu einer Neuregelung der Krankenversicherung der Staatsbediensteten. Die Landarbeiter wurden in die Kranken- ebenso wie in die Unfallversicherung einbezogen (1921).

Aber die wirklich tiefgreifenden gesellschaftlichen Veränderungen waren nicht die Folge der Sozialgesetzgebung. Krieg und Inflation erschütterten die wirtschaftliche Lage breiter bürgerlicher Kreise. Da fast alle wohlhabenden Bürger große Teile ihrer Vermögen in Kriegsanleihe angelegt hatten, bedeutete die Rückzahlung der Anleihe in entwerteten Kronen einen weitgehenden Verlust des gezeichneten Vermögens. Dazu kam noch die faktische Enteignung der Zinshausbesitzer, deren Einkommen aus Mietzinsen infolge des Mieterschutzes ausfielen. Auch die höheren Beamten erlitten schwere Einkommensverluste, da ihre Einkünfte nur sehr langsam an die galoppierende Inflation angepasst wurden. »Es war das Altwiener Patriziat, es waren die führenden Schichten der österreichischen Intelligenz, es waren große Teile des mittleren und kleineren Bürgertums, die durch die Geldentwertung verelendet wurden […] Sie waren die Träger des österreichischen Patriotismus, der altösterreichischen Tradition gewesen […] Sie waren die eigentlich Besiegten des Krieges. Es war ihr Reich, das im Oktober 1918 zusammengebrochen war. Und mit ihrem Reich hatten sie auch ihren Reichtum verloren.«[15]

8.5 »Bürgerliche« Regierungen

Mit 1. Oktober 1920 wurde die Bundesverfassung verkündet und trat am 10. November in Kraft. Am 10. Oktober erfolgte die Volksabstimmung in Kärnten und am 17. Oktober fanden die Wahlen zum ersten Nationalrat der Republik statt. Die Mehrheitsverhältnisse kehrten sich um. Die Christlichsozialen erhielten mit 42 % der Stimmen 79 Mandate, die Sozialdemokraten mit 36 % 62, die Großdeutschen 18. Zum Bundespräsidenten wurde Michael Hainisch gewählt, ein überparteilicher Gutsbesitzer. Er blieb bis 1928 im Amt. Michael Mayr wurde Bundeskanzler, sein Kabinett blieb aber nur bis Juni 1921 im Amt, er wurde von Johann Schober abgelöst, dem Wiener Polizeipräsidenten, der den Großdeutschen nahestand (Juni 1921 bis Mai 1922). Beide regieren mit Kabinetten, die von Christlichsozialen und Großdeutschen unterstützt wurden. Beide konnten das zentrale Problem der Republik, die Verelendung und den Währungsverfall, nicht lösen. Johann Schober wurde von seiner eigenen Partei gestürzt, nachdem er bei einem Treffen mit dem tschechoslowakischen Präsidenten Masaryk im Dezember 1921 die korrekte Durchführung der Friedensverträge vereinbart und dafür eine Kreditzusage in der Höhe von 500 Millionen tschechischer Kronen erhalten hatte. Die Großdeutschen sahen darin nationalen Verrat.

Ignaz Seipel und die Genfer Sanierung

Der Verfall der Kronenwährung hatte schon im Krieg eingesetzt. Die Monarchie war wirtschaftlich und finanziell auf den Krieg nicht vorbereitet gewesen. Man bediente sich zunächst – nach Suspendierung der Banksatzungen – der österreichisch-ungarischen Bank, die gegen staatliche Schuldverschreibungen Papiergeld druckte. Damit wurden etwa zwei Fünftel der Kriegskosten gedeckt. Drei Fünftel wurden über Anleihen finanziert. Etwa 25 Milliarden Kronen erbrachten die österreichischen, etwa 18 Milliarden Kronen die ungarischen Kriegsanleihen. Das waren verzinste Schatzscheine, die später zurückgezahlt werden sollten – nach dem erhofften Sieg mit Hilfe der Kriegsentschädigungen der Verlierer. Die Kriegswirtschaft konzentrierte sich auf militärische Ausrüstungen, Waffen und Munition. Die meisten dieser Werte dienten der Vernichtung von Menschenleben und materiellen Werten und fielen zuletzt selbst der Vernichtung anheim. Die Produktion für das Zivilleben ging stark zurück. Ganze Industriezweige mussten schließen. Die Landwirtschaft produzierte aus Mangel an Betriebsmitteln, Arbeitskräften und Energie immer weniger. Am Ende des Krieges stand daher mit zwingender Logik ein gewaltiger Überhang an Geld einem ebenso gravierenden Mangel an Gütern gegenüber – der klassische Fall einer Inflation. Schon 1918 war der Lebenshaltungskostenindex mehr als zehnmal so hoch wie 1914. Die stark entwertete österreichische Währung wurde bereits im Jänner 1919 in Jugoslawien, im März 1919 in der Tschechoslowakei mittels Abstempelung durch je eine neue Währung ersetzt. Die Tschechoslowakei ließ die Hälfte der umgetauschten Banknoten auf Sperrkonten legen, was eine rasche Stabilisierung der tschechischen Krone ermöglichte. In Österreich aber ging die Inflation weiter. Man brauchte Unmengen an Geld für Lebensmittelzuschüsse. Da die mit Hilfe ausländischer Kredite angekauften Lebensmittel viel teurer waren als die heimischen (die es aber nicht gab), mussten diese Preise künstlich vermindert werden. Dazu kamen Arbeitslosenunterstützung, Beamtenentlohnung und die Defizite der Bahnen. Lange getraute man sich nicht, die Defizitwirtschaft zu beenden, da man eine soziale Revolution fürchtete. Dazu kam eine ausgeprägte Spekulation gegen die Krone. In der zweiten Jahreshälfte 1921 waren nur mehr 36 % der Staatsausgaben durch Einnahmen gedeckt. Hatten sich die Preise von 1914 bis 1921 jedes Jahr verdoppelt, stiegen sie seit dem Herbst 1921 monatlich um mehr als 50 Prozent. Kredite wurden in entwerteten Kronen zurückgezahlt, Schuldner wurden schuldenfrei, Gläubiger verarmten. Die Inhaber von Kriegsanleihen wurden völlig enteignet. Durch die Inflation wurden österreichische Waren, aber auch Kunstgüter oder Aktien österreichischer Unternehmungen zu Schleuderpreisen verkauft. Die Inflation kurbelte wenigstens die Produktion an, die Zahl der Arbeitslosen ging 1921 und 1922 stark zurück. Im Spätherbst 1921 stellte die Regierung die Lebensmittelzuschüsse ein. Eine große Demonstration mit erheblichen Sachbeschädigungen (1. Dezember 1921) war die Folge. Dann erfolgte eine langsame Normalisierung des Preisniveaus.

Verschiedene Maßnahmen wie eine geplante Vermögensabgabe waren von den schwachen Regierungen nicht oder nur so durchzusetzen, dass sie kaum einen Effekt hatten. Spätestens im Frühjahr 1922 stand die Existenz der Republik selbst zur Diskussion. Anschlusskundgebungen und -abstimmungen in Tirol und Salzburg waren Ausdruck breiter Hoffnungslosigkeit. Am 31. Mai trat Ignaz Seipel an die Spitze einer Koalitionsregierung aus Christlichsozialen und Großdeutschen. Schon davor galt er als die bedeutendste Persönlichkeit seiner Partei. Der Priester und Professor für Moraltheologie an der Wiener Universität Ignaz Seipel war schon im letzten kaiserlichen Kabinett Lammasch Sozialminister gewesen. Er hatte in einer Artikelserie in der »Reichspost« im November 1918 den Katholiken (und seiner Partei) die Mitarbeit an und in der demokratischen Republik nahegelegt und damit versucht, die Skrupel monarchietreuer

Abb. 11 Ignaz Seipel (1876–1932), Professor für Moraltheologie, war die führende Persönlichkeit der Christlichsozialen, der ersten Regierungspartei von 1920 bis 1933. Von 1922 bis 1924 und von 1926 bis 1929 war er Bundeskanzler.

Katholiken zu beruhigen. In der Folge war er Abgeordneter und trat als Exponent der Wiener Christlichsozialen unter anderem bei der Verabschiedung der Verfassung hervor. Seipel wollte die Autorität des Staates wiederherstellen, denn nur diese Autorität konnte die öffentliche Ordnung garantieren. In dieser Auffassung des Regierungshandelns erscheint jene Tendenz zu autoritären Regierungsformen grundgelegt, die ab 1927 bei Seipel immer deutlicher hervortrat. Seine Auffassung vom Staat als einer letztlich von Gott geschaffenen Einrichtung stand der marxistischen, wonach der »bürgerliche« Staat nur ein Ausdruck der Klassenverhältnisse sei, diametral gegenüber.

Seipels erster Plan gegen die Inflation – Stilllegung der Notenpresse, Gründung einer Notenbank und ein ausgeglichenes Budget – scheiterte an der Weigerung zweier Großbanken in englischem bzw. französischem Besitz, sich an dem nötigen großen Kredit für den Staat zu beteiligen. Die Inflation erreichte einen neuen Höhepunkt. Im Sommer 1922 entsprach eine Goldkrone 14.400 Papierkronen. Nun europäisierte Seipel das österreichische Problem: Er besuchte der Reihe nach Prag, Berlin und Verona. Überall machte er klar, dass Österreich in nächster Zukunft vielleicht nicht mehr existieren würde und daher in einer anderen territorialen Kombination unterkommen müsse. Niemand wollte diese

Erschütterung der Friedensordnung von 1918. Seipel wurde an den Völkerbund verwiesen. In einer eindrucksvollen Rede vor dem Völkerbund in Genf (am 6. September 1922) führte er der internationalen Gemeinschaft die Gefahren vor Augen, die aus einem Scheitern Österreichs erwachsen würden. Schließlich wurden am 4. Oktober 1922 in Genf drei Protokolle zwischen Österreich einerseits und Vertretern der britischen, französischen, italienischen und tschechoslowakischen Regierungen andererseits unterzeichnet. Österreich versprach, durch die nächsten 20 Jahre seine Unabhängigkeit nicht aufzugeben. Dafür erhielt es einen von den vier Mächten garantierten Kredit in der Höhe von 650 Millionen Goldkronen. Zur Besicherung wurden das Tabakmonopol und die Zölle verpfändet. Österreich verpflichtete sich, den Staatshaushalt auszugleichen. Die Regierung sollte vom Parlament die Vollmacht erhalten, diese Maßnahmen ohne Befassung des Parlaments durchzuziehen. Sogleich begann ein scharfer Kampf der sozialdemokratischen Opposition gegen die Protokolle. Man einigte sich schließlich auf die Konstruktion eines Parlamentsausschusses mit dem Titel eines »außerordentlichen Kabinettsrates«, dem man die geforderten Vollmachten übertrug. Damit blieb die Opposition eingebunden. Sie stimmte in der Folge für jene Gesetze, für die man eine Zweidrittelmehrheit benötigte und gegen jene, für die eine einfache Mehrheit genügte.

Die Durchführung der Genfer Sanierung brachte zahlreiche Härten mit sich. Österreich stand unter der strengen Kontrolle eines Völkerbund-Kommissärs, des Niederländers Dr. Alfred R. Zimmermann, dessen Amt bis 30. Juni 1926 dauerte. Die Notenpresse wurde stillgelegt, die österreichisch-ungarische Bank stellte ihre Tätigkeit ein, mit 1. Jänner 1923 begann die Wirksamkeit der neuen Österreichischen Nationalbank. Schon seit der Genf-Reise Seipels war die Inflation zum Stillstand gekommen. 1925 wurde die neue Schilling-Währung eingeführt, dabei galten 10.000 Papierkronen = 1 Schilling. Zur Budgetsanierung wurde ein rigoroser Abbau von 100.000 Beamten aufgetragen, bis 1926 waren es 96.000. Das verschärfte die Stabilisierungskrise, die 1923 noch schwach einsetzte und erst 1926 stärker spürbar wurde. Die wichtigste neue Steuer war eine Warenumsatzsteuer, die bald große Erlöse brachte. Die Zahl der Arbeitslosen begann wieder zu steigen. Währung und Staatsfinanzen waren saniert, die Wirtschaft jedoch nicht. Im Gegenteil: Als Folge der Währungssanierung wurden die Kreditzinsen überaus hoch gehalten. Ende der 1920er Jahre musste man in Österreich mit Kreditkosten von fast 15 % rechnen, während man in Deutschland mit 9,5 %, in der Schweiz gar mit 6,5 % auskam. Investitionen zur Modernisierung der Industrie kamen daher sehr teuer und fanden zu selten statt.

Bei den Neuwahlen zum Nationalrat im Oktober 1923 erzielten Seipels Christlichsoziale ihr bestes Ergebnis in der Ersten Republik (82 Mandate), während die Sozialdemokraten auf 68, die Großdeutschen auf zehn und der deutschnationale Landbund auf fünf Sitze kamen. Seipel bildete wieder eine Regierung mit den Großdeutschen. Am 1. Juni 1924 verübte ein Sozialdemokrat ein Revolverattentat auf den Bundeskanzler – Seipel wurde schwer verletzt. Otto Bauer distanzierte sich von der Tat.

Die »Länderregierung« Ramek

Im November 1924 trat Seipel zurück, nicht nur geschwächt durch das Attentat, sondern auch wegen zunehmender Kritik aus den eigenen Reihen, die von den Ländern ausging. Die Regierung übernahm der Salzburger Abgeordnete Dr. Rudolf Ramek. In dieser Regierung fungierte der Steirer Dr. Jakob Ahrer als Finanzminister. Er galt als Vertrauensmann des steirischen Landeshauptmannes Dr. Anton Rintelen. Rintelen förderte die steirischen Heimwehren nach Kräften. Überhaupt »regierte« er das Land ziemlich unbekümmert um Regierung und Parlament in Wien. Ahrer stand im Mittelpunkt zweifelhafter Finanzgeschäfte. Die gesamte Regierung geriet in ein schiefes Licht, als sie mehr als 60 Millionen Schilling zur Rettung der gefährdeten Zentralbank der deutschen Sparkassen aufwendete, ohne das Parlament zu befragen. Nur wenig später musste die staatliche Postsparkasse um 125 Millionen Schilling gerettet werden – man hatte sich dort an der europaweiten Anti-Franc-Spekulation beteiligt und verloren.

Immerhin gelangen 1925 einige wichtige Schritte in der Entwicklung der Verfassung. Die staatliche Verwaltung in den Ländern wurde endgültig den Ländern unterstellt, die Bezirkshauptmannschaften wurden in den Verwaltungsorganismus der Länder eingegliedert. Im Bereich der mittelbaren Bundesverwaltung wurde ein Weisungsrecht der Bundesregierung gegenüber den Ländern statuiert. Gleichzeitig wurde ein neues Verwaltungsverfahrensgesetz verabschiedet, das die gesamte Verwaltung rechtsstaatlichen Prinzipien unterwarf. Die 1920 offen gebliebene Kompetenzverteilung zwischen Bund und Ländern wurde geklärt.

Ramek bildete sein Kabinett im Jänner 1926 um, Ahrer war nicht mehr Finanzminister. Aber die Autorität der »Länderregierung« war angeschlagen. Im Oktober kehrte Ignaz Seipel als Bundeskanzler zurück.

Die zweite Regierungsperiode Seipels

Im November 1926 gab sich die Sozialdemokratische Arbeiterpartei ein neues Programm, von dem bis heute eigentlich nur das Problem der möglichen »Diktatur« in Erinnerung blieb. Zwar sprach Otto Bauer diese »Diktatur« nur als äußerstes Mittel an, wenn die »Bourgeoisie« die demokratisch errungene Macht der Arbeiterklasse durch planmäßige Unterbindung des Wirtschaftslebens, gewaltsame Auflehnung und Verschwörung mit ausländischen gegenrevolutionären Mächten behindern würde. Denn nach der demokratischen Eroberung der Staatsmacht würde die sozialdemokratische Mehrheit darangehen, dem »Großkapital und dem Großgrundbesitz die in ihrem Eigentum konzentrierten Produktions- und Tauschmittel zu entreißen«.[16] Ob sich die Angesprochenen freilich ihr Eigentum so ohne weiteres würden »entreißen« lassen? Ganz abgesehen davon, dass man auch mit einer Mehrheit von 51 % (1927 errangen die Sozialdemokraten allerdings erst 42 %) nicht so ohne weiteres das Grundrecht auf Eigentum aushebeln konnte. Dafür wäre, rechtsstaatlich und demokratisch korrekt, schon eine Zweidrittelmehrheit notwendig gewesen. Man war da programmatisch etwas großzügig, um den linken Parteiflügel nicht zu vergrämen. Infolge der betont »linken« Sprache der Programme und der Parteipresse blieb die österreichische KP tatsächlich nur eine kleine Splitterpartei. Jener Passus bot aber den politischen Gegnern ohne besondere Veranlassung die Möglichkeit, vor der »Diktatur des Proletariats« zu warnen.

Das christlichsoziale Parteiprogramm, wenig später verabschiedet, wendet sich gegen »Klassenkampf« und gegen jede »Klassendiktatur«. Gegen die kirchenfeindlichen Tendenzen der Sozialdemokraten wird die Bedeutung des Christentums als Basis für das gute Zusammenleben betont. Sozialgesetzgebung und Demokratie werden bejaht, ebenso das »rechtmäßig erworbene Eigentum«. Ein eher verhaltenes Bekenntnis zum Deutschtum und eine im Vergleich zur Gründungszeit der Partei eher moderate antijüdische Formulierung ergänzten das kurze Programm. Es war weder ein mitreißender noch ein utopischer Text.

Eigenartigerweise setzte Ignaz Seipel für die Neuwahlen im April 1927 auf eine Listenkombination, in der er alle antimarxistischen Kräfte, Christlichsoziale, Großdeutsche, den Landbund, die Reste des liberalen Bürgertums und die kleine nationalsozialistische Gruppe vereinigen wollte. Die Rechnung ging nicht auf: Die Einheitsliste erreichte zwar mit 85 Mandaten knapp die absolute Mehrheit, aber von diesen waren 12 Großdeutsche und nur mehr 74 Christlichsoziale, die so als eigentliche Wahlverlierer dastanden. Die Sozialdemokraten gewannen drei Mandate dazu. Seipel hatte zwar die Wahlen verloren, gewann aber durch die

Einbeziehung des ebenfalls gestärkten Landbundes in die Koalition eine solide Regierungsmehrheit.

Von Schattendorf zum Justizpalast

Im Jänner 1927 kam es im burgenländischen Schattendorf zu einem an sich belanglosen Zwischenfall, der aber zwei Todesopfer forderte. Die wichtigste Voraussetzung: Die Erste Republik konnte niemals das staatliche Gewaltmonopol durchsetzen. Da die »Volkswehr«, die Armee der Republik, anfangs als der Sozialdemokratie ergebene Truppe galt, versuchten rechte Kreise, aus diversen bewaffneten Gruppen verlässliche antisozialistische Einheiten zu bilden, die meist »Heimwehren«, »Heimatschutz« oder so ähnlich hießen (Tirol, Kärnten, Steiermark). Sie standen mit bewaffneten Einheiten der Rechten in Bayern in Verbindung. Nach der Genfer Sanierung 1922 waren sie für Seipel, dem sie sich davor angedient hatten, entbehrlich. Auch gelang es dem christlichsozialen Heeresminister Carl Vaugoin, das Bundesheer sukzessive politisch umzupolen. Die Heimwehren verloren an Bedeutung. Auf der linken Seite des Parteienspektrums wurde als Nachfolgeorganisation der 1918/19 entstandenen Arbeiterwehren 1923 der »Republikanische Schutzbund« gegründet, einerseits als Ordnertruppe bei den zahlreichen Demonstrationen und Streiks, andererseits auch als bewaffneter Arm der Sozialdemokratie. Er wurde zunehmend militarisiert.

Eine von mehreren militanten »rechten« Organisationen war die Frontkämpfervereinigung. Als am 30. Jänner 1927 die wenigen Frontkämpfer von Schattendorf im Burgenland für eine Versammlung Zuzug aus Wien erwarteten, besetzten Schutzbündler den Bahnhof. Die auswärtigen Frontkämpfer zogen nach einem Geplänkel entlang der Bahnlinie ab. Nachmittags marschierten die »siegreichen« Schutzbündler in den Ort zurück. Dabei kamen sie beim Gasthaus der Frontkämpfer vorbei, beschimpften die »christlichen Hunde« und »monarchistischen Mordbuben«. Es fielen Schüsse auf die im Hof befindlichen Schutzbündler, doch ohne jemanden zu treffen. Drei Männer gaben dann auch Schüsse Richtung Straße ab, auf der die Schutzbündler abzogen. Durch diese wurden ein Kriegsinvalider und ein Kind getötet. Der Prozess gegen die drei Angeklagten fand im Juli 1927 in Wien statt. Die Anklage lautete auf öffentliche Gewalttätigkeit, mit Eventualfragen nach schwerer bzw. fahrlässiger Körperverletzung. Nur die letzte Frage wurde von den Geschworenen mehrheitlich bejaht, aber nicht mit der für eine Verurteilung nötigen Zweidrittelmehrheit. Am Abend des 14. Juli erfolgten daher drei Freisprüche. Sogleich breitete sich Unruhe in Wien aus.

Der Parteivorstand der SDAP steckte in einem Dilemma. Stets hatte die Partei den Wert der Geschworenengerichte betont. Eine Delegation von Arbeitern des Städtischen Elektrizitätswerkes verließ am späten Abend das Parteihaus, ohne klare Aussage des Parteivorstandes. Wohl aber heizte der Chefredakteur der Arbeiter-Zeitung, Friedrich Austerlitz, die Stimmung mit einem leidenschaftlichen Artikel an, in dem er die Geschworenen als »eidbrüchige Gesellen« und »ehrlose Gesetzesbecher«[17] bezeichnete. Schon in den ersten Morgenstunden schalteten Arbeiter in den städtischen Elektrizitätswerken von 8 bis 9 Uhr den Strom ab. Das war das auslösende Signal für den Generalstreik. Immer mehr Menschen strömten gegen das Stadtzentrum. Die Polizei war nicht auf die unangemeldete Demonstration vorbereitet. Der Schutzbund war nicht als Ordnertruppe der Demonstranten mobilisiert. Die Demonstranten zogen an der Universität vorbei zum Rathaus, dann zum Parlament. Hier kam es zum ersten Zusammenstoß mit der Polizei. Berittene Polizei wurde – erfolglos – eingesetzt, was die Erregung der Demonstranten noch steigerte. Schließlich versammelten sich die Massen am benachbarten Schmerlingplatz, vor dem Justizpalast. Bald nach 12 Uhr wurde der Justizpalast in Brand gesteckt. Etwa gleichzeitig verwüsteten Demonstranten die Redaktion der christlichsozialen »Reichspost«. Andere zerschnitten die Schläuche der Feuerwehr. Auch die persönlichen Appelle des Bürgermeisters Seitz halfen nichts. Unterdessen hatten eilig mobilisierte Schutzbündler Polizisten, Richter und Beamte unversehrt aus dem brennenden Justizpalast gerettet. Die um 10 Uhr zusammengetretene Regierung befahl den Einsatz der Schusswaffe, der Schmerlingplatz wurde gewaltsam geräumt, es wurde scharf und gezielt geschossen. Demonstranten verlangten von der Sozialdemokratischen Partei die Ausgabe von Waffen – sie wollten zum allgemeinen Aufstand übergehen. Die Partei verweigerte dieses Ansinnen. Um dennoch Entschlossenheit zu demonstrieren, rief sie einen eintägigen Generalstreik und einen unbefristeten Verkehrsstreik aus. Otto Bauer forderte den Rücktritt der Regierung, Seipel lehnte kühl ab. Nach dem Einsatz der Heimwehren in der Steiermark, in Tirol und Vorarlberg zur Brechung des Verkehrsstreiks musste dieser abgeblasen werden. Der blutige Tag forderte 89 Tote, davon 4 Polizisten. Etwa 120 Polizisten wurden schwer, zahlreiche leicht verletzt. Die Zahl der verletzten Demonstranten lässt sich nicht verlässlich eruieren. Sie lag irgendwo zwischen etwa 500 und mehr als 1.000.

In einer Sondersitzung des Nationalrates am 26. Juli 1927 gab Seipel die berühmte Erklärung ab, wonach man nichts fordern dürfe, »[…] was den Opfern und den Schuldigen an den Unglückstagen gegenüber milde scheint, aber grausam wäre gegenüber der verwundeten Republik.«[18] Darauf eröffnete die Sozialdemokratie heftige Attacken gegen den »Prälaten ohne Milde«, die in einer großen Kirchenaustrittskampagne kulminierten. Tatsächlich war aber der 15. Juli eine schwere Niederlage für die Sozialdemokratie. Sie hatte den spontanen Ausbruch zerstörerischer Gewalt weder vorausgesehen noch beherrscht. Das Gespenst der roten Revolution war wieder lebendig geworden. Die Heimwehren erhielten einen neuen Auftrieb. Erstmals kam es auch zu einer einheitlichen Bundesführung unter dem Tiroler Richard Steidle. Die seit dem Herbst 1918 spürbare Einschüchterung der bürgerlichen Kreise wich einem neuen Selbstbewusstsein. Das »Recht auf die Straße« war kein Monopol der Linken mehr.

Dennoch wäre es verfehlt, den 15. Juli schon als jenen Zeitpunkt zu fixieren, ab dem die Geschichte der Ersten Republik unaufhaltsam Richtung Diktatur wies: Ende Juli, zwei Wochen nach dem Justizpalastbrand, wurden die seit 1918 ungelösten Schulprobleme durch die einvernehmliche Verabschiedung der Schulgesetze gelöst. Die damals eingerichtete Hauptschule mit begrenzten Übertrittsmöglichkeiten ins Untergymnasium wurde von allen Seiten akzeptiert.

Der Aufstieg der Heimwehren, die Verfassungsreform 1929 und die letzte Phase der Demokratie

Zwar kann der 15. Juli 1927 als eigentlicher Geburtstag der Heimwehrbewegung gelten, sie blieb aber von sehr verschiedenen, ja gegensätzlichen Ideologien beherrscht, einerseits deutschnational, andererseits eher monarchistisch-katholisch. Einig war sie sich in der Ablehnung des Marxismus, des Parteienstaates und der Demokratie. Immer stärker orientierte sie sich an Mussolinis Italien. Teile des Großgrundbesitzes und der Industrie leisteten finanzielle Hilfe. Die Heimwehren wurden jetzt offen von Seipel unterstützt. Die Linke hatte aus dem 15. Juli gelernt: Auf einem Parteitag im Herbst 1927 wurde die Partei auf strengste Disziplin eingeschworen. Man wollte sich keinesfalls zu einer offenen militärischen Konfrontation provozieren lassen.

Die Heimwehren organisierten immer häufiger provokante Aufmärsche auch in Industriegebieten, den traditionellen Hochburgen der Linken. Für den 7. Oktober 1928 kündigten sie einen großen Aufmarsch in Wiener Neustadt an. Daraufhin setzte auch der Republikanische Schutzbund für den gleichen Tag eine Gegenveranstaltung an, ebenfalls in Wiener Neustadt. Wieder drohte der Bürgerkrieg. Seipel setzte Bundesheer, Polizei und Gendarmerie ein. Stacheldrahtrollen trennten die beiden Aufmärsche. Letztlich geschah nichts. Man hatte nur die Muskeln spielen lassen. Verhandlungen über die innere Abrüstung, von der SDAP vorgeschlagen, verliefen ergebnislos.

Die Heimwehren bezeichneten sich als breite, elementare Volksbewegung nach dem Vorbild der italienischen Faschisten. Immer öfter wurde vom »Marsch auf Wien« geredet. Gewalttätige Übergriffe wurden häufiger. Im April 1929 demissionierte Seipel überraschend. Schon früher hatte er über eine Verfassungsreform gesprochen, die einen starken Bundespräsidenten nach dem Vorbild der Weimarer Republik bringen sollte.

Verfassungsreform 1929

Alle rechten Parteien forderten eine Stärkung der Staatsspitze. Die Regierung des Industriellen Ernst Streeruwitz war viel zu schwach, im September übernahm Johann Schober das Kanzleramt. Der langjährige Wiener Polizeipräsident galt seit dem 15. Juli 1927 als starker Mann, die Heimwehren begrüßten seine Kanzlerschaft. Gleich in den ersten Tagen der Regierung brach die Bodencreditanstalt zusammen, ein angesehenes Bankinstitut. Der Hauptaktionär der ehrwürdigen »Creditanstalt«, Louis Nathaniel Rothschild, wurde massiv bedrängt, die »Boden« zu übernehmen. Das geschah auch. Allerdings stand auch die Creditanstalt bereits auf unsicheren Fundamenten.

Schober erklärte sich für die Verfassungsreform, wollte sie aber nur auf legalem Weg zustande bringen. Der Verhandlungspartner Schobers auf der Seite der Sozialdemokraten war Robert Danneberg. Die beiden einigten sich auf einen Mittelweg: Volkswahl des Bundespräsidenten, erweiterte Rechte wie Ernennung der Regierung und sogar ein Notverordnungsrecht, freilich unter parlamentarischer Kontrolle. Diese Verfassungsnovelle 1929 wurde korrekt verabschiedet. Sie gilt im Wesentlichen bis heute. Schober war auch international erfolgreich, er erreichte die Aufhebung der im Friedensvertrag verankerten Generalpfandrechte, die Aufhebung aller Kriegsschulden und die Streichung aller Forderungen der Nachfolgestaaten. Innenpolitisch gelang ihm die Verabschiedung des »Antiterrorgesetzes« zum Schutz der Arbeits- und Versammlungsfreiheit, das sich in erster Linie gegen das angeblich auch gewaltsam durchgesetzte Organisationsmonopol der Freien (= sozialdemokratischen) Gewerkschaften richtete. Als Schober aber das Problem der Entwaffnung der Wehrverbände anging, protestierten die Heimwehren. Auf einer Versammlung des Führungspersonals in Korneuburg (Mai 1930) beschwor man die gemeinsamen Zielsetzungen: Die Heimwehren verwarfen den »westlichen demokratischen Parlamentarismus und den Parteienstaat«, sie forderten eine »Selbstverwaltung der Stände« und eine »starke Staatsführung«[19], natürlich aus den Reihen der Heimwehren. Einige Heimwehrführer erklärten offen den italienischen Faschismus als ihr Vorbild, Ernst Rüdiger Starhemberg sprach vom »Austrofaschismus«. Den seltsamen Eid leisteten auch viele Mandatare der Christlichsozialen, die damit ebenfalls ihre Skepsis gegenüber der demokratischen Republik ausdrückten.

Schließlich wurde Schober gestürzt. Eine christlichsoziale Minderheitsregierung (mit Heimwehrbeteiligung) unter dem Heeresminister Vaugoin bereitete Neuwahlen vor. Der Versuch, eine Einheitsliste von Christlichsozialen und Heimwehren zu bilden, gelang nur in Niederösterreich. Die eher deutschnational orientierte Mehrheit der Heimwehren beschloss, mit einer eigenen Liste zu kandidieren. Die Wahlen am 10. November 1930 endeten für die »unwiderstehliche Volksbewegung« der Heimatschützer blamabel, sie erhielten nur acht Mandate. Die Christlichsozialen verloren deutlich und kamen nur mehr auf 66 Mandate, während das um den gestürzten Schober versammelte Parteienbündnis (Großdeutsche und Landbund) auf 19 Mandate kam. Wahlsieger waren die Sozialdemokraten, die erstmals seit 1919 wieder stimmen- und mandatsstärkste Partei wurden (knapp 42 %, 72 Mandate).

Die letzte Phase der demokratischen Republik

Nun bildete der Vorarlberger Otto Ender eine Regierung aus Christlichsozialen, Landbündlern und Großdeutschen. Schober wurde Vizekanzler und Außenminister. Schon beherrschte die immer bedrohlicher anwachsende Wirtschaftskrise die öffentliche Aufmerksamkeit. Schober und der deutsche Außenminister Julius Curtius vereinbarten daher im März 1931 die Vorbereitung einer Zollunion. Frankreich, Italien und die Tschechoslowakei protestierten sofort – dies verstoße gegen die Genfer Protokolle. Im Mai 1931 brach die Creditanstalt zusammen, der Zusammenschluss mit der Bodencreditanstalt hatte den Sack mit uneinbringlichen Forderungen zum Platzen gebracht. Das Zollunionsprojekt musste begraben werde, sonst hätte es keine internationalen Kredite für die Creditanstalt gegeben. Als die Regierung für die insolvent gewordene Creditanstalt hohe Mittel bereitstellte und Haftungen übernahm, demissionierten einige Minister aus Protest, Ender trat ebenfalls zurück. Nun trat nochmals Ignaz Seipel auf den Plan. Zur allgemeinen Überraschung schlug er eine Konzentrationsregierung vor, in der Otto Bauer Vizekanzler werden sollte. Die Sozialdemokraten befürchteten eine Falle, der Parteivorstand der SDAP lehnte ab, auch der meist koalitionsfreundliche Karl Renner. Man wollte eben nicht »die Geschäfte des zusammenbrechenden Kapitalismus mit administrieren.«[20] Eine bürgerliche Koalition zu

Abb. 12 Das Begräbnis des verdienten Gewerkschaftsfunktionärs Franz Domes vereinigte die Prominenz der Sozialdemokratie – von links Otto Bauer (1881–1938), Karl Seitz (1869–1950) und Karl Renner (1870–1950).

bilden gelang Seipel ebenfalls nicht (mehr). So wurde schließlich eine Regierung unter dem niederösterreichischen Landeshauptmann Karl Buresch gebildet, aus Christlichsozialen, Landbündlern und Großdeutschen. Sie galt als »Regierung der schwachen Hand«.

In dieser Situation erfolgte der schon lange erwartete Putschversuch der Heimwehren. Der steirische Heimwehrführer Walter Pfrimer, Rechtsanwalt aus Judenburg, setzte seine Einheiten am 12. September 1931 in Bewegung und behauptete, der Heimatschutz ergreife »im Sinne seiner Grundsätze« die Macht im Staat. Sofort wurde der Schutzbund mobilisiert, die Regierung setzte das Bundesheer ein, allerdings so zögerlich, dass sich die für den Operettenputsch Verantwortlichen absetzen konnten. Unter neuer Führung ging der steirische Heimatschutz in der Folge zu den Nationalsozialisten über.

Diese machten sich nun auch in Österreich immer stärker bemerkbar – durch Demonstrationen und gewalttätige Aktionen, Überfälle auf politische Gegner, Attentate auf jüdische Geschäftsleute und Institutionen. Das »nationale« Argument gewann zunehmend an Schärfe. Die Ablehnung des Schober-Curtius-Planes verstanden die Großdeutschen als nationale Beleidigung. Die in der Krise notwendigen Kredite konnten aber nur von den Westmächten kommen. Die

Anschluss-Karte konnte also nicht mehr ausgespielt werden. Schober musste zurücktreten. Daraufhin zogen sich die Großdeutschen im Jänner 1932 aus der Regierung zurück.

Dieser Rückzug bedeutete das Ende der »bürgerlichen« Regierungskonstellationen seit 1922. Er bildet den eigentlichen Hintergrund für die folgende Dauerkrise mit Kabinetten ohne oder mit geringsten Mehrheiten. Dadurch wurde die autoritäre Versuchung, die schon bei Seipel spürbar war, schließlich unter Dollfuß zur realisierten Option. Vorläufig wurde aber Bureschs Minderheitskabinett von der Opposition toleriert. Buresch versuchte im Februar 1932 – wie Seipel 1922 – eine Europäisierung des österreichischen Wirtschaftsproblems. Der französische Ministerpräsidenten André Tardieu reagierte mit einem Vorschlag: Die Donaustaaten, Österreich, Ungarn, Tschechoslowakei, Jugoslawien und Rumänien sollten einander Vorzugszölle gewähren. Mussolini und die deutsche Reichsregierung waren ebenso dagegen wie die Kleine Entente. Der Tardieu-Plan wurde rasch zur Makulatur.

Landtagswahlen in Wien, Niederösterreich, Steiermark, Salzburg und Kärnten (April 1932) brachten erstmals stärkere Gewinne der Nationalsozialisten. Die Anhänger der »klassischen« deutschnationalen Parteien, der Großdeutschen und des Landbundes, aber auch die der Heimwehren wechselten fast komplett zur Hitler-Partei. Die Christlichsozialen erlitten Verluste, die in Wien schwer ausfielen. Hier konnte sich die Sozialdemokratie gut halten, während sie in den ländlichen Bezirken ebenfalls Verluste hinnehmen musste. Neuwahlforderungen der Nazis und der Sozialdemokraten führten zum Sturz der Minderheitsregierung Buresch. Sein Nachfolger hieß Engelbert Dollfuß.

8.6 Das »Rote Wien«

In der ersten Republik lebte die klassenbewusste »marxistische« Arbeiterschaft in einem dichten klassenspezifischen Milieu. Es war gekennzeichnet durch gemeinsames Wohnen in Arbeitervierteln und im (Wiener) Gemeindebau, durch gemeinsame Freizeitkultur und hohen gewerkschaftlichen und politischen Organisationsgrad.

Die Gemeinde Wien ließ zwischen 1923 und 1933 etwa 64.000 neue Wohnungen bauen, die in erster Linie den Wohnbedürfnissen der Arbeiterklasse dienen sollten. Der private Wohnungsbau war als Folge des Mieterschutzes völlig zum Erliegen gekommen. Zunächst hatte die extreme Wohnungsnot nach dem Kriegsende eine »wilde« Siedlerbewegung hervorgerufen. Adolf Loos stand, beeinflusst von der englischen Tradition und der Gartenstadtbewegung, gemeinsam mit Josef Frank auf der Seite der Siedlerbewegung. Es wurden auch nicht wenige Siedlungen von Einfamilienhäusern bzw. Reihenhäusern errichtet. Allerdings fiel 1923 die Entscheidung für den innerstädtischen Massenwohnbau, weil es einerseits hier zahlreiche Baulandreserven gab, andererseits auch die Infrastruktur (Kanalisation, Wasser, Gas, Strom, Straßenbahn) schon vorhanden war, die an der Peripherie erst geschaffen hätte werden müssen. Die Finanzierung erfolgte über die Wohnbausteuer, eine ausschließlich von den vermögenden Schichten zu bezahlende Luxussteuer. Wegen ihres Klassenkampf-Charakters wurde sie heftig kritisiert. Die Architekten dieser Großwohnbauten entstammten durchwegs der Otto-Wagner-Schule, wie Karl Ehn, der Planer des riesigen Karl-Marx-Hofes in Wien-Heiligenstadt. Diese Architekten beherrschten die große architektonische Geste, Ehrenhöfe, Türme mit Uhren, die Anlage großer begrünter Innenhöfe und Toranlagen. Der Bauschmuck war im Stil der Zeit gehalten – dezente *Art-déco*-Keramik. Loos empfand an den neuen »Volkswohnpalästen« die traditionellen architektonischen Symbole von Macht unangemessen, die neuen Bauten sollten den Menschen dienen und nicht neue Machtverhältnisse ausdrücken. Er wirkte auch nur an der Planung eines einzigen Gemeindebaues mit, überließ die Details dann der bekannten Erfinderin der Frankfurter Küche, Grete Schütte-Lihotzky. Diese Kritik übersieht jedoch, dass die Architektur des Gemeindebaus nicht nur Wohnbedürfnisse befriedigen, sondern auch die neue Macht der Arbeiterklasse bzw. der Sozialdemokratie zum Ausdruck bringen und auch der Identifikation der Arbeiterbevölkerung mit der Stadtverwaltung dienen sollte. Dazu brachten die Architekten der Wagner-Schule, die den Umgang mit großen städtebaulichen Gesten gelernt hatten, die besten Voraussetzungen mit.

Die Wohnungen waren zunächst klein, 38 bzw. 48 Quadratmeter, erst später gab es auch Wohnungen mit 57 Quadratmetern. Die Privatsphäre der bürgerlichen Familie sollte auch der Arbeiterklasse ermöglicht werden. Keine Untermieter und Bettgeher in den eigenen vier Wänden! Zahlreiche öffentliche Bibliotheken in allen Teilen Wiens sollten den weniger vermögenden Schichten billig und problemlos den Weg zum Buch öffnen. Der große Wohnblock ermöglichte nicht nur ein besseres Wohnen – freilich nur für kleine Familien, man konnte auch ganz gut überwacht werden, was später auch den Nationalsozialisten zugutekam.

8.7 Das österreichische Wirtschaftsproblem

»Lebensfähig« oder nicht?

Viele hielten den neuen Staat nicht für »lebensfähig«. Zwar erschien das neue Österreich als einer der begünstigten Erben der alten Monarchie. Österreich erbte vom alten Cisleithanien nur 22 % der Bevölkerung, aber 30 % des Volkseinkommens und etwa 32 % der Fabriken. Das Gebiet der Republik Österreich hatte das höchste Pro-Kopf-Einkommen der Monarchie. Aber diese Zahlen stammen aus den letzten Friedensjahren. Damals war Wien das Zentrum der Handelsverbindungen und der großen Konzerne gewesen. Ein kluger Beobachter meinte, Deutschösterreich habe in der Monarchie die Rolle des »Bourgeois« gespielt, seit 1918 gab es für diese Rolle aber keine Nachfrage mehr. Jetzt war fast alles anders geworden. Wien und die Alpenländer waren nicht mehr in ein großes gemeinsames Wirtschaftsgebiet eingebunden, mit überregionaler Arbeitsteilung, sondern bildeten einen kleinen Staat, den ein Mangel an Energie (Steinkohle!) und eigenen Nahrungsmitteln kennzeichnete. Aus dem Binnenhandel innerhalb der Monarchie wurde nun ein vielfach behinderter Außenhandel, mit einem deutlichen strukturellen Einfuhrüberschuss. Durch die Kriegswirtschaft hatte eine enorme Kapazitätsausweitung besonders in den Bereichen Eisen und Stahl stattgefunden, die sich als schwere Hypothek für einige Industrieregionen Niederösterreichs und der Steiermark erwiesen. Im neuen Österreich standen die meisten Lokomotiv- und Automobilfabriken des alten Österreich. Aber der Markt war klein geworden, die Kaufkraft eingebrochen. Die Reduktion dieser Überkapazitäten erfolgte durch schmerzhafte Betriebsstilllegungen. Die Arbeitslosenzahlen bleiben daher auch in den besseren Jahren der Republik, 1927 bis 1929, hoch.

Die neuen Staaten, neben Österreich und Ungarn die Tschechoslowakei, Polen, (Groß-) Rumänien und Jugoslawien, wollten ihre jungen und – mit Ausnahme der Tschechoslowakei – oft noch wenig entwickelten Industrien fördern und errichteten Zollschranken zu deren Schutz. Dieser Zollschutz wandte sich vor allem gegen Österreich. Außerdem gingen alle diese Staaten daran, ihre Wirtschaft zu »nationalisieren«. Man wollte den Einfluss Wiens und des (deutsch-)österreichischen Unternehmertums und Großgrundbesitzes reduzieren. So mussten in der Tschechoslowakei die Mehrheiten der Aktieninhaber und der Organe von Aktiengesellschaften von Bürgern der Tschechoslowakei gestellt werden; außerdem erfolgte eine Bodenreform, durch die der alte Adel erhebliche Besitzeinbußen erlitt. Das Bürgertum konnte sich damit arrangieren, man passte sich der neuen Situation unter anderem dadurch an, dass ein Familienmitglied die Staatsbürgerschaft der Tschechoslowakei oder Jugoslawiens annahm.

Stabilisierung, Bankenkrise, Weltwirtschaftskrise

Die Inflation führte zu Spekulationsgeschäften, wodurch der Bankenapparat, der für die kleine Republik sowieso schon zu groß war, noch weiter wuchs: in Wien verdoppelte sich die Zahl der Aktienbanken von 1913 bis 1924 auf 61, die Zahl der Privatbanken sogar von 15 auf 260. Umso schlimmer wirkten sich die unvermeidlichen Zusammenbrüche aus. Durch die mit dem Genfer Abkommen von 1922 abgesicherte Währungsstabilisierung wurden die Valutaverhältnisse geklärt, doch die Wirtschaftssituation wurde schwieriger. Voll brach die Stabilisierungskrise erst 1925 aus: die Arbeitslosenzahlen stiegen an, notwendige Investitionen waren auf Grund der jetzt sehr restriktiven Geldpolitik von Völkerbundrat, Regierung und Notenbank sehr schwierig geworden. Auch die Konjunkturperiode 1927 bis 1929 führte nicht zu einer entscheidenden Belebung der Wirtschaft. Immerhin erreichte die österreichische Wirtschaft in diesen Jahren in etwa den Stand von 1913. Innerhalb des Bruttonationalproduktes verschoben sich die Gewichte von der Industrie und der Bauwirtschaft hin zur Land- und Forstwirtschaft. Besonders die Bauwirtschaft lahmte, sie erreichte auch in der besten Zeit kaum 50 % der Leistung von 1913.

Die Politik der Wiener Großbanken zielte wie vor 1914 auf den Raum der (ehemaligen) Habsburgmonarchie. Verlorenes Terrain in den Nachfolgestaaten wollte man mit Hilfe ausländischen (westlichen) Kapitals wieder zurückgewinnen. Dagegen wurden die Investitionsbedürfnisse der österreichischen Industrie und das Interesse der Bundesländer am Ausbau der eigenen Wasserkräfte zu wenig berücksichtigt. Das betraf vor allem das schon länger diskutierte Projekt großer Tauernkraftwerke, das dem Salzburger Landeshauptmann Franz Rehrl am Herzen lag. Seine Umsetzung begann erst unter der Herrschaft des Nationalsozialismus. Große Teile der österreichischen Industrie waren gleichwohl ebenfalls mit diesen Banken (Länderbank, Österreichische Creditanstalt für Handel und Gewerbe, Bodencreditanstalt, Union-Bank usw.) geschäftlich verbunden bzw. von ihnen abhängig. Auf Grund der enormen Überkapazitäten, nicht selten verbunden mit Spekulationen, war schon vor 1929 ein Bankkrach nach dem anderen erfolgt. Die Zusammenbrüche der Bodencreditanstalt und der Creditanstalt (1931) wurden schon erwähnt. Letztlich wurde die Creditanstalt verstaatlicht, das Haus Rothschild zog sich mit deutlichen Verlusten zurück.

Die 1929 ausgebrochene Weltwirtschaftskrise wirkte sich in Österreich besonders schwer aus. Bis 1932 sank die Industrieproduktion um etwa zwei Fünftel des Wertes von 1929, die Arbeitslosenrate stieg auf weit mehr als 20 %, unter Einbeziehung der versteckten Arbeitslosen sogar auf weit über 30 %.

Trotz aller Stockungen der Wirtschaft änderte sich das Alltagsleben. Das Fahrrad wurde zum Massenverkehrsmittel. Es diente nicht länger dem Zeitvertreib der Oberschichten. Das Netz an Autobuslinien wurde dichter und erleichterte die überlokale Mobilität. Das Kino, schon in der späten Monarchie als Instrument der Massenunterhaltung wirksam, veränderte das Freizeitverhalten. Der Achtstundentag ermöglichte eine tägliche Freizeit. Das Radio breitete sich aus. Nicht nur die sozialdemokratischen »Naturfreunde«, auch die bürgerlichen Mitglieder des deutschen und österreichischen Alpenvereins oder des Österreichischen Touristenclubs wanderten an den Wochenenden in den Alpen. Schon entstanden ab etwa 1927 erste Seilbahnen, von der Raxbahn in Niederösterreich bis zum Pfänder in Vorarlberg. Der Skilauf eroberte die Jugend – nicht nur in Kitzbühel, auch im Wienerwald zogen in den damals oft sehr schneereichen Wintern die Wintersportler ihre Spuren über die Hänge. Die Jugend fand sogar an der Arbeitslosigkeit guten Seiten: »Wir haben die Arbeitslosigkeit schon genossen auch«[21], sagte eine Interviewpartnerin Jahrzehnte später (natürlich im Wiener Dialekt). Man zog im Sommer in die Lobau, eine weitläufige Aulandschaft östlich von Wien und lebte dort, naturnah und billig, wohl auch von den Kartoffeln mancher Bauernäcker. Anders in reinen Industriegemeinden, vor allem solchen, wo es nur eine Sorte von Industrie gab: Dort waren alle Menschen vom Gedeihen dieser einen Fabrik abhängig. Als die Textilfabriken in Marienthal, südöstlich von Wien, in der Krise schlossen, waren hunderte Menschen erwerbslos. Anders als in der Großstadt gab es auch keine kleinen Nebenverdienste, auch nicht als Straßenmusikant. Nach wenigen Monaten war die Zahlung des Arbeitslosengeldes zu Ende, dann folgte noch eine gewisse Zeit die Notstandshilfe. Dann war man »ausgesteuert«. Die Frauen hielten die Familien zusammen. Die arbeitslosen Männer saßen, standen oder gingen herum. Zuletzt ging's ans Betteln, in Österreich »Fechten« genannt. »Ein Fechter hat dem nächsten die Türschnalle in die Hand gedrückt«, berichtete der Großvater des Autors über die Lage in den Dreißigerjahren.

8.8 Kanzlerdiktatur, »autoritärer Ständestaat« oder »Austrofaschismus«?

Der Weg in die Diktatur

Engelbert Dollfuß kam aus dem Niederösterreichischen Bauernbund, der stärksten Einzelorganisation der Christlichsozialen. Dessen Führer, Josef Reither, galt als Demokrat. Dollfuß war einer der Konstrukteure des Gesetzes über die Sozialversicherung der Landarbeiter (1928). Als Landwirtschaftsminister in der Regierung Ender versuchte er die Agrarkrise durch Staatsinterventionen in Form von Marktordnungen zu bewältigen. Otto Bauer achtete seine agrarpolitische Kompetenz. Dennoch »begrüßte« er die Regierung Dollfuß, in der auch die Heimwehren vertreten waren, schon am ersten Tag im Parlament mit einem Misstrauensantrag. Die Abneigung Dollfuß' steigerte sich, als die Sozialdemokraten die Bedingungen für die Anleihe von Lausanne in der Höhe von 300 Millionen Schilling ablehnten, und zwar wegen des erneuerten Anschlussverbotes. Am 21. Oktober kam es zum schwersten persönlichen Konflikt zwischen Dollfuß und Bauer. Bauer beschuldigte Dollfuß des wöchentlichen Gesinnungswechsels, Dollfuß schlug mit der Bezeichnung »Bolschewik« zurück, denn Bauer habe sich nie deutlich zur Demokratie bekannt. Das war historisch falsch. Aber der persönliche Hass erwies sich in der Folge als unüberwindbar.

Sektionschef Robert Hecht riet zur Anwendung des Kriegswirtschaftlichen Ermächtigungsgesetzes aus dem Jahr 1917. Das Gesetz war nach dem Krieg nie aufgehoben worden, es wurde zwischen 1918 und 1920, aber selbst noch zwischen 1920 und 1931 etwa zweihundert Mal angewendet. Die Regierung Dollfuß begründete damit die persönliche Haftung von Direktoren der Creditanstalt für Verluste der Bank. Das hatte auch einen antisemitischen Anstrich und war jedenfalls populär. Parlamentarisch brachte Dollfuß die Lausanner Anleihe (300 Millionen Schilling) zur Bedeckung der Kosten der Creditanstalt-Sanierung schließlich durch, die, wieder, wie 1922, mit einer neuerlichen Völkerbundkontrolle verbunden war. Die Anleihe bedeutete nur den Austausch bereits bezogener kurzfristiger Kredite (vor allem aus England) gegen langfristige Schulden. Für Investitionen war sie nicht gedacht.

Der Auslöser für das Ende des Parlaments wurde ein Eisenbahnerstreik. In der Parlamentsdebatte über diesen Streik kam es am 4. März 1933 zu einem Streit über die Gültigkeit eines Stimmzettels. Um der Opposition die Stimme des Präsidenten zu sichern, forderte der Parteivorstand der SDAP den Präsidenten Karl Renner auf, zurückzutreten. Der zweite Präsident, der Christlichsoziale Ramek, trat, provoziert vom Wiener Bürgermeister Seitz, ebenfalls zurück.

Nun war der Großdeutsche Sepp Straffner an der Reihe, auch er demissionierte. In allgemeiner Verwirrung löste sich die Versammlung auf. Natürlich wäre die Parlamentskrise sanierbar gewesen, aber die Regierung meinte, sie könne der jetzt riesenhaft aufschießenden Gefahr des Nationalsozialismus – soeben hatte Hitler die Macht in Deutschland übernommen – nur mit einer konsequenten Handhabung der Staatsgewalt Herr werden. Als der letzte der zurückgetretenen Präsidenten des Nationalrates, Straffner, das Haus für den 15. März zu einer Sitzung einberief, verhinderte dies die Regierung durch Kriminalbeamte. Das bedeutete die aktive Ausschaltung des Parlaments. Bis auf weiteres wollte Dollfuß »autoritär« regieren.

Und wie reagierte die Sozialdemokratie? Der Parteivorstand rief keinen Generalstreik aus, auch der Schutzbund wurde nicht mobilisiert. Am 1. Mai folgten die Sozialdemokraten dem für diesen Tag verhängten Kundgebungsverbot. Man ging würdevoll und demonstrativ – spazieren.

Der Weg der Regierung Dollfuß in die Diktatur wurde durch die Zurückhaltung der SDAP beschleunigt. Dollfuß verhandelte mit dem für Österreich zuständigen »Landesinspektor« der NSDAP, Habicht, über eine Regierungsbeteiligung. Die Nazis wollten jedoch nur die volle Machtübernahme. Dollfuß hatte sich aber zu Ostern 1933 bei Mussolini die Zusicherung geholt, dass Italien am Donauraum nach wie vor höchst interessiert sei. Als nun aus Berlin der Naziminister Hans Frank mit dem Flugzeug in Wien eintraf, wurde ihm offiziell mitgeteilt, er sei hier »nicht willkommen«. Am 19. Juni wurden nach einem Handgranatenüberfall auf Hilfspolizisten mit einem Todesopfer und mehreren Verletzten die NSDAP und ihre Gliederungen verboten. Das hinderte die nunmehr illegalen Nationalsozialisten nicht an weiteren Gewalttaten. Schon am 1. Juni hatte die Reichsregierung mit der berüchtigten Tausend-Mark-Sperre – jeder Deutsche, der aus dem Deutschen Reich nach Österreich ausreiste, hatte 1000 Reichsmark zu bezahlen – begonnen, den Fremdenverkehr vor allem in den westlichen Bundesländern Österreichs massiv zu schädigen.

Schon zuvor hatte die Regierung den Republikanischen Schutzbund und die Kommunistische Partei verboten. Als die Wiener Landesregierung Verordnungen der Bundesregierung auf der Basis des Kriegswirtschaftlichen Ermächtigungsgesetzes vor dem Verfassungsgerichtshof anfocht, wurden vier Mitglieder des Gerichtshofes, die der Regierung nahestanden, zum Rücktritt veranlasst. Dadurch war der Verfassungsgerichtshof handlungsunfähig.

Vom Trabrennplatz zum Bürgerkrieg

Für den September 1933 war ein »gesamtdeutscher« Katholikentag in Wien geplant. Er bot den Rahmen für eine programmatische Rede des Bundeskanzlers am Trabrennplatz im Wiener Prater. Seine Zielsetzungen: »Wir wollen den sozialen, christlichen, deutschen Staat Österreich auf ständischer Grundlage unter starker, autoritärer Führung dieses Staates.«[22] Wie das genau aussehen sollte, blieb nebulos. Im Herbst 1933 wuchs der Einfluss der Heimwehren, der Landbund wurde ausgebootet, auch der Chef der Christlichsozialen, Vaugoin. Dollfuß hatte sich damit von »seiner« Partei getrennt (oder emanzipiert). 1934 wurde sie auch offiziell aufgelöst. Der Wiener Heimwehrführer Fey wurde Vizekanzler. Im Herbst 1933 gab es geheime Verhandlungen zwischen Dollfuß und dem für Österreich zuständigen Nazichef Habicht, gleichzeitig aber ebenso geheime zwischen den (miteinander rivalisierenden) Heimwehrführern Fey bzw. Starhemberg und den Nazis. Ein Weg nach links war Dollfuß durch das Versprechen an Mussolini, die »Roten« endgültig auszuschalten, wohl auch durch seinen persönlichen Widerwillen, versperrt. Gleichzeitig intensivierten die Nazis den Terror, allein Anfang Jänner 1934 wurden 140 Bombenexplosionen gezählt.

Die Sozialdemokraten wiederum beschlossen im Herbst 1933 eindeutige Grenzen, deren Überschreitung ihren gewaltsamen Widerstand auslösen würde: Die Oktroyierung einer Verfassung, die Einsetzung eines Regierungskommissärs für Wien, die Auflösung der SDAP und die Gleichschaltung der Freien Gewerkschaften. Aber gleichzeitig versuchte man doch immer wieder, mit Dollfuß ins Gespräch zu kommen. Karl Renner entwarf ein Staatsnotstandsgesetz, das der Regierung weitreichende Möglichkeiten gegeben hätte – es sollte nur verfassungsmäßig beschlossen werden. Aber die Verständigung nach links schloss Dollfuß aus.

Inzwischen wurden die Forderungen der Heimwehren nach der endgültigen Installierung einer rechten Diktatur immer lauter. Die demokratisch legitimierten Landesregierungen sollten ausgeschaltet werden. Mit Jahreswechsel wurden die demokratisch gewählten Leitungen der Arbeiterkammern abgesetzt; sie erhielten neue Verwaltungskommissionen mit nichtsozialdemokratischer Mehrheit. Am 9. Februar 1934 mahnte Leopold Kunschak im Wiener Gemeinderat zu Frieden und Versöhnung, aber am 11. Februar rief der Vizekanzler (und Verantwortliche für die Polizei) Emil Fey auf einer Heimwehrversammlung, man werde morgen an die Arbeit gehen und ganze Arbeit leisten. Die »Arbeit« bestand in häufigen Waffensuchen nach den geheimen Vorräten des verbotenen Republikanischen Schutzbundes. Man wollte auf diese Weise die »Roten« zum bewaffneten Widerstand provozieren, um so endlich den Vorwand für die gewaltsame und vollständige Niederwerfung des »Marxismus« zu bekommen. Gegen die Anordnung seines Parteivorstandes erfüllte der Linzer Schutzbundführer Richard Bernaschek in den Morgenstunden des 12. Februar den »Rechten« genau diesen Wunsch: Er ließ auf Polizisten, die im Parteiheim nach Waffen suchen sollten, schießen. Der Aktivismus Bernascheks war auch von der Befürchtung genährt, die Arbeiter, besonders die Jugend, könnten zu den Nazis – als den vielleicht konsequenteren Feinden Dollfuß' – übergehen.

Das war das Signal für den lang erwarteten Bürgerkrieg. Der Generalstreik wurde ausgerufen. Der Schutzbund sollte in Wien die um die inneren Bezirke der Stadt verlaufende Straße des »Gürtel« besetzen und von dort ins Zentrum vordringen. Aber viele Kommandanten waren schon verhaftet, der Schutzbundführer Alexander Eifler seit dem 3. Februar. Ein aussichtsloser Kampf begann um die großen Wiener Gemeindebauten in den Arbeiterbezirken der Stadt ebenso in den Hochburgen der Sozialdemokratie in Steyr, in der Obersteiermark um Bruck an der Mur und Kapfenberg, im oberösterreichischen Braunkohlenrevier. Der Aufruf zum Generalstreik wurde nur vereinzelt befolgt, die Eisenbahnen fuhren, Post, Telefon und Telegraphenverbindungen funktionierten. Da die in den großen Gemeindebauten geschickt positionierten Schutzbündler der Polizei und dem Bundesheer erhebliche Verluste zufügten, wurde zur Abkürzung der Kämpfe Artillerie eingesetzt. Nach wenigen Tagen waren auch die letzten Widerstandsnester gefallen. Otto Bauer war schon am 13. Februar, Julius Deutsch am 14. Februar in die Tschechoslowakei geflüchtet. Die Zahl der Todesopfer wird derzeit mit 356 angegeben. 88 davon waren Kombattanten auf der Seite der Aufständischen, 111 auf Regierungsseite, meist Mitglieder von Bundesheer, Polizei und Gendarmerie, 112 waren Nichtkombattanten, also Unbeteiligte, 45 Fälle waren nicht zuordenbar. Elf Tote waren Opfer des Artilleriebeschusses, 86 starben im Freien, sie waren »zufällige« Opfer. Neun der Todesopfer des Schutzbundes wurden hingerichtet, sechs davon wurden in Holzleithen (Oberösterreich) nach ihrer Kapitulation ohne standrechtliches Verfahren erschossen. Dass man den schwer verwundeten Schutzbündler Karl Münichreiter hingerichtet hat, erscheint ebenso kleinlich und rachsüchtig wie die Ausdehnung des am 12. Februar verkündeten Standrechtes bis zum 18. Februar: Erst an diesem Tag erwischte man den bei den »Heimatschützern« besonders verhassten steirischen Schutzbundführer Koloman Wallisch; er wurde sogleich justifiziert. Emotional wogen diese Toten schwerer als die Opfer der Kämpfe. Sofort wurde die sozialdemokratische Partei aufgelöst und verboten und die Mandate sozialdemokratischer Funktionäre in Ländern und Bundesparlament für ungültig erklärt.

Abb. 13 Der sechsjährige Georg Eisler (1928–1998) sah am 12. Februar 1934, wie Soldaten (oder Heimwehrmänner) einen Verwundeten misshandelten. Diese Erinnerung wird in dem 1954/55 entstandenen Ölbild evoziert.

Die Verfassung 1934

Die neue Verfassung wurde Ende April 1934 zunächst auf Grund des Kriegswirtschaftlichen Ermächtigungsgesetzes verkündet und dann noch durch das Parlament ohne Sozialdemokraten bestätigt. Österreich »erhält« eine neue Verfassung, noch dazu im Namen Gottes. Sie gilt für den »Bundesstaat Österreich«. In dessen Staatswappen erscheint wieder der Doppeladler, aber nicht bekrönt, sondern nimbiert, also mit einer Art Heiligenschein um die beiden Häupter. Der neue Staat heißt zwar »Bundesstaat«, aber viele Kompetenzen wurden von den Ländern auf die Ebene des Staates verschoben. Die Mitwirkung der »Stände« an der Gesetzgebung erfolgt durch vorberatende Körperschaften – Länderrat, Bundeswirtschaftsrat, Bundeskulturrat, Staatsrat. Auf Grund der Gutachten der vorberatenden Gremien hat der Bundestag zu entscheiden, ohne Debatte. Der Bundestag bestand aus 59 Mitgliedern aus den vier vorberatenden Körperschaften. Diese Gremien hatten kein Initiativrecht, dieses war ausschließlich der Regierung vorbehalten, die sich gleich auch selbst eine weitgehende Gesetzgebungsermächtigung zuerkannte. Im Bundeswirtschaftsrat waren sieben Hauptgruppen vertreten: Land- und Forstwirtschaft, Industrie und Bergbau, Gewerbe, Handel und Verkehr, Geld-, Kredit und Versicherungswesen, Freie Berufe und Öffentlicher Dienst. Von den 80 Mitgliedern sollten je 40 Arbeiternehmer bzw. Arbeitgeber sein. Die Mitglieder wurden nicht durch Wahlen delegiert (das sollte einmal später kommen), sondern ernannt. Dabei kamen nur Vertreter der Heimwehr und der früheren Christlichsozialen Partei zum Zug. Immerhin wurden von 140 Gesetzen des Jahres 1937 doch 75 von jenen eigentümlichen Organen der Gesetzgebung verabschiedet, der Rest direkt von der Regierung.

Im September 1933 erließ die Regierung eine Verordnung, die die vorübergehende Anhaltung bestimmter Personen ohne gerichtliches Urteil ermöglichte. Als Ort dafür war Wöllersdorf vorgesehen, wo Gebäude der ehemaligen Munitionsfabrik für diese Zwecke adaptiert wurden. Die ersten Häftlinge waren Nationalsozialisten. Nach dem Februaraufstand des Schutzbundes kamen die ehemaligen Mandatare der SDAP dorthin. Nach dem 25. Juli 1934 füllten NS-Putschisten das Lager. Am Höchststand (20. September 1934) waren 567 »Linke« und 823 Nationalsozialisten interniert, dazu kamen noch fast 3.700 Männer, bei denen irgendein Verdacht auf Zusammenarbeit mit den Nazi-Putschisten bestand. Allerdings wurde bis Jahresende ein Großteil von ihnen freigelassen. Eine zweite Welle an Entlassungen folgte dem Juliabkommen 1936. Meist profitierten auch die »Linken« von Entlassungen. 1938 wurde das Lager aufgelassen. So unangenehm die Internierung dort war – es war kein KZ der Nazis.

Gleichzeitig mit der Verfassung trat ein Konkordat mit dem Heiligen Stuhl in Kraft, die für Katholiken nach wie vor ausschließlich die kirchliche Trauung, samt folgender Unauflöslichkeit der Ehe, festlegte.

Juliputsch 1934 und Juliabkommen 1936

Der Juliputsch wurde von den Spitzen der NSDAP geplant. Hitler wollte die Regierung Dollfuß stürzen und Österreich zunächst wohl »gleichschalten«. Dafür spricht, dass in der Person des früheren steirischen Landeshauptmanns und Ministers Anton Rintelen der zukünftige Bundeskanzler in einem Wiener Hotel auf den Erfolg des Putschversuchs wartete. Dass bei der Besetzung des Bundeskanzleramtes durch eine als Bundesheereinheit getarnte Gruppe der SS am 25. Juli Dollfuß sogleich durch zwei Schüsse tödlich getroffen wurde, dürfte nicht geplant gewesen sein. Dem tödlich Verletzten versagten die Putschisten ärztliche Hilfe und geistlichen Beistand. Da die Mehrheit der Minister nicht mehr im Bundeskanzleramt weilte, war der Putsch gescheitert. Der Bundespräsident betraute den Justizminister Kurt Schuschnigg mit dem Amt des Bundeskanzlers. Rintelen wurde verhaftet. Er wurde zu lebenslanger Haft verurteilt (und kam natürlich später wieder frei).

Als die ersten Nachrichten vom Putsch in der Steiermark eintrafen, begannen hier sofort Vorbereitungen zum Aufstand, den der mit der SS kooperierende »Steirische Heimatschutz« auslösen sollte. Dagegen brach in den anderen Bundesländern, hauptsächlich in Kärnten, Salzburg und Oberösterreich, der Aufstand der SA erst mit einer deutlichen Verspätung los. Da wusste man schon vom Scheitern des Putsches in Wien. Auch jetzt siegte, wie im Februar, die vereinte Kraft von Bundesheer, Polizei und regierungstreuen Wehrverbänden. Die Kämpfe dauerten noch bis 28. Juli. Wieder gab es zahlreiche Todesopfer, mindestens 111 Aufständische, 101 Angehörige von Bundesheer, Heimatschutz, Polizei usw., sowie 11 Unbeteiligte.

Mussolini hatte sofort reagiert und einige Truppen an den Brenner geschickt. Hitler änderte die Strategie gegenüber Österreich. Die Terroranschläge wurden seltener. An die Stelle des bisherigen Gesandten schickte Hitler den deutschen Katholiken Franz von Papen nach Wien. Er sollte einerseits beruhigen, andererseits zur Unterwanderung des Regierungslagers beitragen. Das gelang ihm auch bemerkenswert gut.

Nur ein Jahr später änderte Mussolinis Abessinienkrieg die europäischen Konstellationen von Grund auf. Die Isolierung Mussolinis gegenüber den Westmächten nützte Hitler sofort mit einem Hilfsangebot an Italien aus. Für Österreich war die Situation fatal. Denn Mussolini empfahl Schuschnigg, mit Hitler direkt zu verhandeln. Das ist der Hintergrund des Juliabkommens 1936. Darin verpflichtete sich das Deutsche Reich zwar, Österreichs Unabhängigkeit anzuerkennen. Andererseits sagte Bundeskanzler Schuschnigg zu, die »nationale Opposition« (also die Nazis) in die politische Willensbildung einzubinden.

1936 übernahm Schuschnigg selbst die bisher Starhemberg überlassene Position des Führers der Vaterländischen Front. Aber Schuschnigg war kein faschistischer Führer, ihm fehlte vollkommen jedes Charisma. Die nationalsozialistische Propaganda konnte jetzt immer ungehinderter wirken, vor allem mit dem Hinweis auf die wachsende Macht des unter Hitler wieder erstarkten Reiches – und auf das rasante Wirtschaftswachstum dort. Dass dieses nur der hastigen Aufrüstung zu verdanken war, war nicht allen Bewunderern des »Dritten Reiches« klar.

»Autoritärer Ständestaat«, »Austrofaschismus« oder Kanzlerdiktatur?

Alle Versuche, das diktatorische Regierungssystem auf einen knappen Begriff zu bringen, erscheinen unzulänglich. Der »autoritäre Ständestaat« war zwar autoritär, die beschworene Selbstverwaltung der Stände aber illusionär. »Austrofaschismus« war ein Begriff, den nicht nur Starhemberg – als Zielsetzung der Heimwehrpolitik – gebrauchte, sondern auch die Linke, die als Variante auch noch »Klerikofaschismus« verwendete. Nun hatte die Heimwehr eindeutig das italienische Modell des Faschismus im Sinn, aber sie blieb doch immer nur der vom Herbst 1933 bis zum Juli 1934 starke Juniorpartner Dollfuß', übernahm aber nie selbst die Macht. Die »Vaterländischen Front« wurde keine breite Volksbewegung faschistischen Charakters, sondern eine bürokratische Organisation, der man aus Karrieregründen beitrat. Ferner fehlt dem österreichischen Modell jener gesellschaftlich modernisierende Anspruch, der sowohl in Italien wie im Deutschen Reich erhoben und partiell durchaus auch umgesetzt wurde. Sowohl kulturpolitisch wie wirtschaftlich war der österreichische Autoritarismus extrem konservativ. Technikfeindlichkeit und verbaler Antikapitalismus dominierten. Die Arbeitsbeschaffung konzentrierte sich auf Bauprojekte – Großglockner-Hochalpenstraße, Packstraße, Plöckenpassstraße, Gerlosstraße, Wiener Höhenstraße, Reichsbrücke. Die ausführenden Firmen mussten sich verpflichten, so viel wie möglich in Handarbeit durchzuführen. Der Industrie stand die Regierung sehr skeptisch gegenüber.

Und schließlich waren »echte« Faschismen erfolgreich in der Massenmobilisierung durch extrem nationalistische bis chauvinistische Programme. Das war aber in Österreich unmöglich. Denn »national« waren die Österreicher seit 1918 nur Deutsche. In den österreichischen Schulen wurden die Kinder zu Deutschen erzogen. In der Politik wurde der Anschluss durch die Angleichung von Rechtsmaterien vorbereitet – der Entwurf eines neuen Strafgesetzbuches (1927) entstand in Absprache mit dem Deutschen Reich. Die kulturelle Zusammengehörigkeit äußerte sich in großen »gesamtdeutschen« Sängerfesten, wie 1928 zum hundertsten Todestag Franz Schuberts in Wien. Daneben besorgten überparteiliche Organisationen die Absicherung der Anschlussfreude der Österreicher: In erster Linie der »Österreichisch-deutsche Volksbund« (1925), der als Massenbewegung zahlreiche Gruppierungen der verschiedensten Schattierungen zusammenfasste.

Den Deutschnationalismus sowie das damit zusammenhängende »Anschluss«-Programm konnten die Nationalsozialisten monopolisieren, weil ab 1933 die Regierung, aber auch die Sozialdemokraten den Anschluss an das Deutsche Reich

Hitlers ablehnten. »Nationale« Mobilisierung hieß jetzt Mobilisierung für den Anschluss an Hitlers Reich! Der Anschlusswunsch gewann umso mehr Anhänger, je mehr Erfolge Hitler außenpolitisch einfuhr (Wiederbewaffnung, Rheinlandbesetzung, Saarland-Abstimmung) und je stärker die deutsche Wirtschaft als Folge der Aufrüstung wuchs. In der »nationalen« Mobilisierung konnte der »Austrofaschismus« daher nur an ein »vaterländisches«, semantisch gegenüber dem »nationalen« schwaches Gefühl appellieren, denn national blieb man auch unter Dollfuß – und unter Schuschnigg – »deutsch«. Der »vaterländische« Appell an die Jugend verfing kaum. »Vaterländisch« klang alt, verstaubt, unmodern. Große Teile der österreichischen Jugend, weit über das alte deutschnationale »Lager« hinaus, waren in den 1930er Jahren von den Erfolgen des nationalsozialistischen Deutschen Reiches fasziniert.

Was blieb von der Ersten Republik? Eigentlich alle wesentlichen Grundlagen auch der Zweiten Republik: Staatsform und Verfassung, Staatsname, Staatsgebiet! Das Staatsgebiet wurde durch den Vertrag von St. Germain bestimmt, endgültig seit 1.1.1922 (mit Burgenland). Antagonismus der Parteien, bewaffnete Formationen, gegensätzliche Staatsauffassung. Das unlösbare Wirtschaftsproblem. *Es blieben ferner:* Der Wiener Gemeindewohnbau, analoge Bauten in anderen Städten. *Neu:* Kriegerdenkmäler, wenige Industriebauten (Tabakfabrik Linz). Straßenbauten. Streit um Begriffe: Austrofaschismus, Kanzlerdiktatur oder Ständestaat?

9. 1938 – Der »Anschluss« und die Folgen

9.1 Der »Anschluss«

Das Juliabkommen 1936 hatte die Handlungsfähigkeit der österreichischen Regierung stark eingeschränkt. Am 12. Februar 1938 kam es zum folgenschweren Treffen zwischen Hitler und Schuschnigg in Berchtesgaden. Hitler warf Schuschnigg die mangelhafte Durchführung des Juliabkommens vor. Schuschnigg wurde massiv eingeschüchtert: Dem Kettenraucher wurde das Rauchen verboten, mehrere Generäle standen herum, als Drohkulisse. Hitler stellte ein bis 18. Februar befristetes Ultimatum: Der Nationalsozialist Arthur Seyß-Inquart wird Sicherheitsminister, gleichzeitig werden alle verurteilten Nazis amnestiert. In der letzten Februarwoche traten die österreichischen Nationalsozialisten immer offener auf. Am 24. Februar hielt Schuschnigg vor dem Bundestag eine große Rede, die mit den Worten endete: »Bis in den Tod Rot-Weiß-Rot! Österreich!«[23] In Graz, wo die Nazis bereits die Straßen beherrschten, zerrissen Demonstranten die österreichische Fahne. Diese Tendenz der »quasirevolutionären Machtergreifung«[24] steigerte sich noch bis zum 11. März 1938. Sie wäre allerdings ohne den massiven Druck des Deutschen Reiches kaum erfolgreich gewesen.

Diese zweite Ebene des kommenden »Umsturzes« ist immer mitzudenken. Sie wurde entscheidend, als sich Schuschnigg zu einem dramatischen Schritt entschloss: Am 9. März kündigte er für den 13. März eine Volksbefragung an. Die Bevölkerung wurde aufgefordert, für ein »freies und deutsches, unabhängiges und soziales, für ein christliches und einiges Österreich [...]«[25] zu stimmen. Abgesehen von der Problematik einer solchen überstürzten Abstimmung wurde doch eine deutliche Mehrheit für den Aufruf des Kanzlers erwartet. Auch die Revolutionären Sozialisten und die Kommunisten riefen zu Ja-Stimmen auf. Hitler antwortete auf die Ankündigung Schuschniggs am 10. März mit einem neuen Ultimatum. Schuschnigg gab am 11. März nach – die Volksbefragung wurde zuerst verschoben, dann ganz abgesagt. Schuschnigg trat am Nachmittag zurück. Während am 10. März noch die Vaterländische Front mobil machte, beherrschten am 11. März zunehmend die Demonstrationen der Nationalsozialisten die Stadtbilder. Als um 19 Uhr die Nachricht vom Rücktritt Schuschniggs im Rundfunk bekannt gegeben wurde, übernahmen die Nationalsozialisten in den Bundesländern die Macht. Gleichzeitig marschierten deutsche Truppen an der Grenze auf. Um 20 Uhr hielt Schuschnigg im Rundfunk seine Abschiedsrede, in der er mitteilte, dass »[…] wir der Gewalt weichen«. Da er nicht gesonnen sei, »auch in dieser ernsten Stunde nicht, deutsches Blut zu vergießen«, habe er den österreichischen Truppen den Befehl gegeben, sich ohne Widerstand zurückzuziehen. Schuschnigg schloss: »Gott schütze Österreich!«[26] Nun forderte Hermann Göring, der die Aktion von Berlin aus leitete, ultimativ eine Regierung Seyß-Inquart und die Legalisierung der österreichischen NSDAP. Gleichzeitig sollten die österreichischen Nazis in Berlin um militärische Hilfe ersuchen, um den bereits für die Morgenstunden des 12. März geplanten Einmarsch zu legitimieren. Hitler hatte den Einmarschbefehl schon um 20:45 Uhr erteilt – er hatte inzwischen erfahren, dass Mussolini nicht eingreifen würde, wofür der »Führer« sich überaus dankbar zeigte. Um 22 Uhr gab Bundespräsident Miklas dem Drängen des Deutschen Reiches und der österreichischen Nazis nach und ernannte Seyß-Inquart zum Bundeskanzler. Das war die sozusagen »legale« Machtergreifung.

Inzwischen erfolgte auf den Straßen die »Machtergreifung von unten«. Überall tauchten Hakenkreuzfahnen auf, schon lange vorbereitet oder improvisiert, es wurde geschrien, gelärmt, gebrüllt. »Die lang aufgestauten Frustrationen durch die Weltwirtschaftskrise und den ›Ständestaat‹ schlugen um in einen irrealen Hoffnungsausbruch.«[27] Schon kam es zu den ersten Übergriffen gegen Juden – endlich konnte sich der alte antisemitische Hass ungehemmt ausleben! Auch die Vertreter des ständestaatlichen Regimes wurden attackiert, einige auch ermordet. SA-Leute ernannten sich selbst zu Polizisten, schon wurden Menschen verhaftet, in den nächsten Monaten wurden es insgesamt etwa 20.000.

Am Morgen des 12. März erfolgte der Einmarsch der deutschen Truppen. Der Weg der deutschen Truppen Richtung Wien war gesäumt von jubelnden Menschenmassen. Man sprach vom »Blumenkrieg«. Für den März herrschte außerdem ein ungewöhnlich warmes und schönes Wetter – es unterstützte die Feststimmung. Man kann den Stimmungsumschwung dieser Tage wohl nur als pseudoreligiöses Erlösungserlebnis (oder zumindest als Erlösungshoffnung) nach einer Phase ständig steigender Spannung deuten. Das »Tausendjährige Reich« des Friedens und Überflusses schien anzubrechen. Alles würde jetzt besser werden. Als Hitler auf der Fahrt nach Linz diesen Jubel erlebte, beschloss er die volle Integration Österreichs in das Deutsche Reich. Am 13. März ergingen zwei gleichlautende Gesetze, ein deutsches und ein österreichisches, über den Vollzug des Anschlusses Österreichs an das Deutsche Reich. Bundespräsident Miklas war davor zurückgetreten – er unterschrieb das Gesetz nicht.

Was sich in Österreich zwischen dem 13. März und dem 10. April 1938 abspielte, war ein »Volksfest in Permanenz«[28]. Eine gewaltige Propagandamaschine lief an. Kein mögliches Medium wurde ausgelassen, Kino, Radio, Flugzeuge, die Flugblätter abwarfen oder Parolen in den Himmel schrieben, Versammlungen, Aufmärsche, Reden prominenter Nationalsozialisten, zuletzt: Der Auftritt des »Führers«. Die Propaganda beließ es nicht bei verbalen Beschwörungen und Versprechen. Man schickte Kinder zur Erholung in das »Altreich«. Die »Ausgesteuerten«, jene Arbeitslosen, die keine Unterstützung mehr erhielten, bekamen wieder ein Arbeitslosengeld. Demonstrativ nahm man ehemalige Schutzbündler und andere Sozialdemokraten, die 1934 aus dem Dienst der Gemeinde Wien entlassen worden waren, wieder auf. Auch wurde sogleich ein Verbot der Versteigerung verschuldeter Bauernhöfe erlassen. Das wichtigste aber war: Jeder Mensch in Österreich sollte bis zum 10. April ohne Unterbrechung mit der Abstimmung konfrontiert sein. Sie sollte dem »Führer« die tiefe Dankbarkeit ausdrücken, der »seine Heimat« in das Deutsche Reich »heimgeführt« hatte. Für die Vorbereitung der Volksabstimmung ernannte Hitler einen persönlichen Beauftragten, den Pfälzer Josef Bürckel. Er hatte schon die für Hitler erfolgreiche Volksabstimmung im Saarland (1935) vorbereitet, galt daher als bestens qualifiziert. Überflüssig zu erwähnen, dass es keine Möglichkeit für die Artikulation auch nur einer oppositionellen Stimme gab.

Denn die dafür in Frage kommenden Männer befanden sich inzwischen schon in Dachau. Der berüchtigte erste »Prominenten«-Transport in dieses Konzentrationslager erfolgte am 1. April 1938. Ihm gehörten zahlreiche Mitglieder der ständestaatlichen Eliten an. Unter ihnen befanden sich der Wiener Bürgermeister von 1934 bis 1938, Richard Schmitz (KZ Dachau bis 1945), der Gewerkschaftspräsident Johann Staud (1939 im KZ umgekommen), der frühere Bauernbunddirektor und spätere Bundeskanzler Leopold Figl (Dachau 1938 bis 1943 und Mauthausen 1944/45) und viele andere. Ebenso »erwischte« es Offiziere von Bundesheer und Polizei, die 1934 gegen die Nazi-Putschisten vorgegangen waren. Aber auch Funktionäre der illegalen Revolutionären Sozialisten wie der spätere Minister Franz Olah wurden schon im ersten Transport eingeliefert, dazu viele prominente Juden, Journalisten und Künstler, wie der Komiker Fritz Grünbaum der sich über die Nazis lustig gemacht hatte. Der Terror stand von Beginn an neben der Propaganda.

Am wertvollsten waren den Nazis zustimmende Stellungnahmen von Seiten, die dem Nationalsozialismus nicht nahestanden. Zwei sind hier besonders zu nennen: Die Stellungnahme der katholischen Bischöfe und jene von Karl Renner. Der Erzbischof von Wien, Kardinal Theodor Innitzer, bemühte sich schon beim ersten Besuch Hitlers in Wien (15.3.) um einen Termin beim »Führer«. Hitler gab dem verunsicherten Innitzer einige beruhigende Auskünfte. Am 18. März unterzeichneten die Bischöfe gemeinsam eine von Bürckel vorgelegte und vorformulierte Erklärung, in der sie dazu aufrufen, mit »Ja« zu stimmen und »freudig« die sozialen Leistungen des Nationalsozialismus anerkannten. Gemeinsam mit dem Begleitbrief Innitzers an Bürckel, den der Kardinal handschriftlich mit »und Heil Hitler!« versehen hatte, wurde diese Erklärung sogleich faksimiliert und auf zahlreichen Plakaten affichiert. In Rom war man empört. Innitzer wurde in den Vatikan zitiert und dazu verhalten, der Bischofserklärung einige Vorbehalte hinzuzufügen und diese zu veröffentlichen. Als Innitzer am Vorabend der Abstimmung, am 9. April, wieder bei Hitler vorsprach, war Schluss mit der Freundlichkeit – wegen der von Rom verlangten Einschränkungen gäbe es leider keine Zugeständnisse des Reiches. Der Mohr hatte seine Schuldigkeit getan. Viel feuriger als die Erklärung der katholischen Bischöfe fiel die Erklärung des Oberkirchenrates der Evangelischen Kirchen (A. B. und H. B.) aus. Aber das war wenig relevant, die Protestanten waren schon vorher auf Anschlusskurs. Mindestens ebenso nützlich wie die Bischofserklärung fanden die Nationalsozialisten die Erklärung Karl Renners, die am 3. April 1938 im »Neuen Wiener Tagblatt« veröffentlicht wurde. Renner bejahte den Anschluss an Hitlers Reich, obgleich er »nicht mit jenen Methoden errungen [wurde], zu denen ich mich bekenne [...]«[29].

Nun, mit oder ohne Renner und die Bischöfe – das Ergebnis wäre jedenfalls für Hitler und den »Anschluss« ausgefallen. Ob die genannten 99,6 % tatsächlich »stimmen«, ist verhältnismäßig irrelevant. Alle Juden und die inhaftierten politischen Gegner durften sowieso nicht abstimmen, das waren allein in Wien mindestens 230.000 Personen. Der Anschluss war vollzogen, die Abstimmung war nur die plebiszitäre Bestätigung des Faktischen. Wie für Renner bedeutete der »Anschluss« auch für sehr viele Nicht-Nationalsozialisten in Österreich in erster Linie die Umsetzung des am 12. November 1918 beschlossenen nationalen Programms – und die Möglichkeit, ihre judenfeindliche Gesinnung endlich auch in die Tat umzusetzen.

9.2 Das Herrschaftssystem

Es gab eine Vielzahl miteinander konkurrierender Gewalten: die Partei und ihren Apparat, der immer selbstständiger agierende SS-Komplex, der auch die Polizei, die Geheime Staatspolizei (Gestapo) und die Konzentrationslager umfasste, die Deutsche Arbeitsfront (DAF), die Wehrmacht, die Wirtschaft. Hitler war mit »Führerbefehlen« sparsam, er ließ seine Paladine gewähren, gemäß seiner sozialdarwinistischen Anschauung, dass sich der Stärkere durchsetzen werde. Die Konkurrenz verschiedener Herrschaftsträger führte dazu, dass sich jeder einzelne von ihnen noch »tüchtiger«, noch fanatischer und gewalttätiger gab, um Hitler zu gefallen.

Noch im Frühjahr wurde die neue Parteigliederung in »Gaue« vorgenommen. Dabei wurde das Burgenland aufgeteilt auf Niederösterreich, jetzt »Niederdonau« und Steiermark, Vorarlberg an Tirol angegliedert, Osttirol wurde Kärnten zugesprochen. Während Bürckel als oberster Vertreter Hitlers in Österreich fungierte, wurden als Gauleiter durchwegs Österreicher ernannt.

Die österreichische »Landesregierung« unter Seyß-Inquart verlor ständig an Kompetenzen. Nach längeren Vorbereitungen wurde mit dem »Ostmarkgesetz« vom April 1939 das »Land Österreich« aufgelöst. Die früheren Bundesländer wurden zu »Reichsgauen«, die direkt Berlin unterstellt wurden. In diesen Reichsgauen vereinigte der Gauleiter die Funktionen des Leiters der NSDAP mit denen des »Reichsstatthalters«, des früheren Landeshauptmannes. Nach Kriegsbeginn erhielt der Gauleiter noch zusätzliche Kompetenzen als »Reichsverteidigungskommissar«. Die Gauleiter im ehemaligen Österreich verfügten daher über eine beträchtliche Machtfülle. Außerdem waren die meisten von ihnen, mit Ausnahme des Steirers Uiberreither, im SS-Komplex verankert, was ihnen auch die Loyalität dieses gewichtigen Machtzentrums sicherte. Bürckel übernahm jetzt auch die Position des Gauleiters für den Reichsgau Wien.

Aber auch der scheinbar allmächtige Bürckel, bei den Wiener nicht besonders beliebt (»Bierleiter Gauckel«), wurde den Berliner und Münchener Zentralstellen bald zu eigenmächtig. 1940 ersetzte man ihn durch den Reichsjugendführer Baldur von Schirach, aber nur als Gauleiter von Wien. Schirach betonte den Charakter Wiens als Kulturstadt, was dem Selbstbewusstsein der Wiener schmeicheln sollte.

Alle wichtigen Positionen in der Staats- und Gauverwaltung sowie in Wirtschaft, Kultur, Kunst, in den Schulen und Universitäten waren nur durch Parteibeziehungen zu erlangen. Entschieden drängten seit dem 12. März 1938 »verdiente« Nazis, vor allem die Mitglieder der zurückgekehrten Österreichischen Legion und natürlich alle »Illegalen« (Parteimitglieder seit 1933, in der Phase der Illegalität) und »alten Kämpfer« (Parteimitglieder schon vor 1933) zur Futterkrippe. Das Problem der »Legionäre«, aber auch vieler anderer verdienter Parteigenossen war ihre oft sehr bescheidene Qualifikation. Das war auch einer der Gründe, warum der SS-Komplex, in dem Leute mit höherer Bildung das

Sagen hatten, ziemlich leicht die wichtigsten Positionen besetzen konnte. Diesen SS-Typus charakterisiert Ernst Hanisch als »eine Kombination von Jugend, Aggressivität, Intelligenz und Effizienz, vermischt mit einem religiösen Rassenglauben«[30]. Die SS beherrschte auch die Geheime Staatspolizei (Gestapo). Das Wiener Hotel Metropol wurde als Sitz der Wiener Gestapo ein gefürchteter Schreckensort. Von dort ging es dann nicht selten weiter in eines der Konzentrationslager.

Oberösterreich, die »Heimat des Führers«, hatte die Auszeichnung, das einzige Konzentrationslager in der angeschlossenen »Ostmark« zu beherbergen. Das teilte der Gauleiter Eigruber bereits zwei Wochen nach dem »Anschluss« seinem begeisterten Publikum mit. Deutsche und österreichische KZ-Insassen aus Dachau mussten das Lager aufbauen, später war es aber mit Gefangenen aus vielen Nationen belegt. Die Granitsteinbrüche von Mauthausen sollten für die SS gewinn- und für die Häftlinge todbringend genützt werden. Insgesamt gingen etwa 190.000 Menschen durch die Hölle von Mauthausen, mindestens 90.000 kamen zu Tode. Im Nebenlager Gusen starben von 60.000 bis 70.000 Gefangenen nochmals etwa die Hälfte.

Der Terror blieb für die »normale«, also nichtjüdische (»arische«) Bevölkerung neben der Propaganda zunächst ein zweitrangiges Herrschaftsinstrument. Noch stand die ständige Mobilisierung, standen Aufmärsche, Aufrufe und öffentliche Feiern im Vordergrund. Dazu kamen immer wieder Sammlungen, vor allem für das Winterhilfswerk, denen sich niemand entziehen durfte. Seit Kriegsbeginn berichtete der Rundfunk in »Sondermeldungen« von den großen deutschen Siegen. Sie wurden seit 1942 immer seltener.

Die Zahl der Parteimitglieder und -anwärter war hoch. Bis 1943 stieg sie auf mehr als 500.000 – und das trotz der Befehle der Partei, dass diese eine »Elite« bleiben und der Zugang zur Mitgliedschaft erschwert werden müsse.

9.3 Der große Raubzug

Die massenhafte Aneignung fremden Eigentums begann sofort mit dem Umsturz. Nicht nur »echte« Nazis steckten sich ein Hakenkreuzabzeichen an, betraten ungeniert die Wohnungen von Juden und »beschlagnahmten« Bilder, Teppiche, Geld, Schmuck, das gute Geschirr. Nicht selten haben sich einfach die Nachbarn »bedient«. Einen Schritt weiter gingen zahlreiche Nazis, die ohne weiteres Geschäfte beschlagnahmten und sich als »kommissarische Leiter« bezeichneten. Man beschlagnahmte auch Wohnungen, die man für die aus Deutschland gekommenen NS-, Polizei- und Wehrmachtsmitglieder brauchte. Die bisherigen Mieter wurden einfach hinausgeworfen. Diese Exzesse wurden rasch so arg, dass sogar die Partei einschreiten musste. Im Mai 1938 verbot Bürckel der SA strengstens alle »Ausschreitungen, Unruhestiftungen, Anpöbelungen von Volksgenossen oder Nichtariern«[31]. Jedenfalls war die jüdische Bevölkerung bereits vor der großen Verfolgungswelle massiv eingeschüchtert. Der Wert der in diesem ersten großen, noch planlosen Raubzug erbeuteten Dinge dürfte in die Millionen gegangen sein. Wesentlich größere Dimensionen nahm die systematische Übernahme von großen Vermögenswerten jüdischer Einzelpersonen oder Familien an, die ebenfalls sehr schnell, aber systematisch und bürokratisch erfolgte. Schon am 26. April 1938 wurde die Anmeldung aller »jüdischen« Vermögen verfügt, die 5.000 Reichsmark überstiegen. Anmeldepflichtig waren fast 44.000 Personen, etwa 146.000 fielen nicht unter die Anmeldepflicht. Für die Abwicklung der vorgesehenen »Arisierungen« wurde beim (österreichischen) Handelsministerium die Vermögensverkehrsstelle unter dem SS-Funktionär Walter Rafelsberger eingerichtet.

Bis 1940 wurden 18.800 »jüdische« Betriebe in Österreich – von insgesamt etwa 25.400 – liquidiert, also 75 %. 4.164 Betriebe wurden »arisiert«, etwa 2.000 waren noch »in Abwicklung« begriffen. Von den »arisierten« Betrieben entfielen 1.614 auf das Handwerk, 1.870 auf den Handel, 563 auf die Industrie, 75 auf den Sektor Verkehr. Über den Wert der 43.629 angemeldeten »jüdischen« Vermögen liegen die Schätzungen zwischen etwa mehr als 2 Milliarden und etwa 2,8 Milliarden Reichsmark.

Die quasi legale »Arisierung« war systematisierter Vermögensentzug, radikal durchgeführt nach dem Novemberpogrom 1938. Von den angemeldeten jüdischen Vermögen wurden ab November 1938 20 % bis 25 % als Judenvermögensabgabe eingehoben. Wer Hitler entfliehen konnte, musste zynischerweise noch eine »Reichsfluchtsteuer« zahlen (wieder 25 % des einbekannten Vermögens). Zuerst wurde der auf Grund der von den Juden geforderten Vermögensanmeldungen erstellte Verkehrswert geschätzt. Der jüdische Verkäufer musste weit unter diesem Wert verkaufen. Der Kaufwerber kaufte das Unternehmen immer noch erheblich billiger als der eigentliche Verkehrswert gewesen wäre. Er musste noch eine »Entjudungsauflage« begleichen. Der Erlös für den jüdischen Verkäufer wurde auf ein Sperrkonto gelegt, von dem bestenfalls die Mittel für ein bescheidenes Weiterleben bzw. für die Auswanderung freigegeben wurden. Vom größeren Teil dieser Mittel sahen die »Verkäufer« nichts mehr.

Bei den Banken und der Großindustrie standen meist die Interessen des Deutschen Reiches bzw. großer deutscher Unternehmungen im Vordergrund.

Diese »Arisierungen« liefen nicht über die Vermögensverkehrsstelle, sondern über ein Bankinstitut, die Österreichische Kontrollbank, in der eine eigene »Arisierungsabteilung« unter Walther Kastner (1902–1994) eingerichtet wurde. Er war übrigens später auch bei der Rückabwicklung von »Arisierungen« tätig und wurde 1964 Professor für Handelsrecht an der Universität Wien. Die Kontrollbank hat bis Ende 1942 102 industrielle Großunternehmungen und Großhandelsfirmen weiterverkauft. Sie wurde 1943 aufgelöst – Kastner dachte an ein mögliches schlimmes Ende des »Dritten Reiches« und wollte allfällige Haftungen der Aktionäre der Bank vermeiden.

Die »Arisierungen« der großen Unternehmen bedeuteten häufig ihren Übergang in die Hände »reichsdeutscher« Gesellschaften. So wurde die Hirtenberger Patronen- und Waffenfabrik dem Konzern der Wilhelm-Gustloff-Stiftung einverleibt, die Lenzinger Zellstoff- und Papierfabrik des Bunzl-&-Biach-Konzerns wanderte zur Thüringischen Zellwolle AG. Die Berndorfer Krupp-Werke wurden von der deutschen Krupp-Gruppe vereinnahmt. Auch österreichische Unternehmen konnten sich gute Betriebe sichern. So erwarben die Firmen F. M. Hämmerle und Franz M. Rhomberg günstig das Großkaufhaus Herzmansky, die Harmersche Gutsinhabung die Brauerei der Familie Kuffner (Ottakringer Brauerei).

Von den 100 Privatbanken mit jüdischen Eigentümern erwiesen sich die meisten als längst nicht mehr rentabel, sie hatten nur mehr der Vermögensverwaltung der Eigentümerfamilien gedient. Der prominenteste Häftling der Nazis war zweifellos Louis Rothschild. Er wurde vom März 1938 bis Mai 1939 festgehalten, um ihm seine Anteile an Witkowitz abzupressen. Diese waren inzwischen an den englischen Familienzweig übergegangen. Nur ein kleiner Teil des Aktienpaketes kam nach seiner Freilassung in das Deutsche Reich – aber die Witkowitzer Eisenwerke arbeiteten auf jeden Fall für die deutsche Kriegsmaschinerie, denn im März 1939 war ja nach dem »Sudetenland« auch Tschechien unter deutsche Herrschaft geraten.

Zwischen 1938 und 1945 gingen erhebliche Teile des Aktienkapitals österreichischer Unternehmungen an deutsche Eigentümer über. Der deutsche Anteil am österreichischen Aktienkapital hatte 1938 9 % betragen, 1945 lag er bei 57 %. Bei den Banken betrug das Verhältnis 8:83, in der Elektroindustrie 19:72, im Berg- und Hüttenwesen 25:72, im Transportwesen sogar 0:48. Nur bei Zucker, Nahrungsmitteln und Brauereien blieb der deutsche Anteil gering. Ein Teil des Zuwachses war auf Investitionen des Reiches oder von privaten Unternehmern zurückzuführen. Solche Neugründungen waren vor allem die Hermann-Göring-Werke und die Stickstoffwerke in Linz, die Aluminiumfabrik in Ranshofen, Raffinerien, Flugzeug- und Motorenwerke. Auch in die arisierten Zellstoffwerke in Lenzing wurde kräftig investiert. Im Bankwesen war die Creditanstalt der größte Fisch. Seit ihrer Sanierung war sie mehrheitlich im Staatsbesitz. Letztlich landete sie bei der Deutschen Bank. Aus dem Konzern der Creditanstalt wurden 21 Großunternehmen an deutsche Konzerne abgetreten, so die Steyr-Daimler-Puch AG und fast alle Eisen- und Stahlwerke sowie der Waggon- und Maschinenbau an die Hermann-Göring-Werke. Die I.G. Farben übernahmen die chemischen Betriebe und machten daraus die Donau-Chemie usw.

Vom Vermögensentzug war auch die katholische Kirche stark betroffen, ebenso wie alle politischen Gegner des Nationalsozialismus. Zunächst verlor die Kirche die staatlichen Zuwendungen durch die Verstaatlichung des Religionsfonds. Diese Einkünfte mussten jetzt die Gläubigen über den Kirchenbeitrag ersetzen. Viele Stifte und Klöster wurden aufgehoben, wie u.a. Klosterneuburg, Kremsmünster, St. Florian, St. Peter in Salzburg, Admont, St. Paul in Kärnten, Mehrerau und Wilten, ferner 188 kleinere Klöster. Über 1000 kirchliche Räume wurden beschlagnahmt, viele Stiftungen eingezogen, kircheneigene Wirtschaftsbetriebe (etwa Klosterbrauereien) privatisiert.

9.4 Verfolgung, Vertreibung, Deportation

Mit den spontanen antijüdischen Exzessen seit dem 12. März 1938 begann die Geschichte der Entrechtung einer ganzen Bevölkerungsgruppe, die zunächst in materieller Beraubung bestand, zu erzwungener Emigration (oder besser: Flucht) führte und zuletzt im Massenmord endete. Die nationalsozialistische Verfolgung betraf zunächst die (1934) etwa 190.000 Personen jüdischen Glaubens. Die meisten davon lebten in Wien (176.000), größere Gruppen bestanden in Niederösterreich (7.700), dem Burgenland (3.600) und in der Steiermark (2.200). Bis 1938 war ihre Zahl auf etwa 182.000 zurückgegangen. Als »Juden« galten nach den so genannten Nürnberger Gesetzen darüber hinaus etwa 25.000 Menschen einer anderen Konfession oder ohne Konfession, mit mindestens drei jüdischen Großeltern. Insgesamt waren also etwa 200.000 bis 210.000 – eine Studie bringt die Zahl 206.000 – Menschen von der beginnenden Verfolgung betroffen.

Wer allerdings noch am Abend des 11. März spontan zu fliehen versuchte, wurde an den bereits geschlossenen Grenzen wieder zurückgewiesen. »Korrekt« auswandern durften Juden erst, nachdem sie ihr Vermögen »abgegeben« hatten. In den beiden großen Prominententransporten nach Dachau waren die Hälfte der Häftlinge Juden. Ihnen folgten noch im Frühjahr weitere Verhaftungen und

KZ-Einweisungen. Viele verzweifelte Jüdinnen und Juden begingen Selbstmord. Im März 1938 nahmen sich 213 Menschen in Wien das Leben, im März 1937 waren es 67 gewesen. Auch manche politischen Morde wurden als Selbstmord getarnt, so jener am General Wilhelm Zehner (11.4.1938), der das Bundesheer mit aufgebaut hatte und als strikter Gegner der Nazis galt.

Seit dem Mai 1938 förderten die Nationalsozialisten die Emigration von Juden durch Druck und Repressalien. Juden verloren ihre Arbeitsplätze. Jüdische Schüler wurden aus den Schulen und jüdische Studenten aus den Hochschulen entfernt. Seit 1939 war jeder öffentliche Unterricht für Juden verboten. Im früheren Rothschild-Palais wurde die »Zentralstelle für jüdische Auswanderung in Wien« untergebracht, geleitet vom SS-Obersturmführer Adolf Eichmann. Die erzwungene Auswanderung beschleunigte sich: Bis November 1939 hatten 126.445 Personen jüdischen Glaubens bzw. jüdischer Herkunft Österreich verlassen.

Das Problem der Fluchtwilligen war die Aufnahme durch andere Länder. Wissenschaftlerinnen und Wissenschaftler, Unternehmerinnen und Unternehmer, Erfinderinnen und Erfinder, Regisseurinnen und Regisseure oder Schauspielerinnen und Schauspieler erhielten ziemlich leicht Visa, obwohl auch sie, nach der Beraubung durch die Nazis, meist über kein Vermögen verfügten. Die meisten Länder sahen Quoten für Juden vor. Man brauchte – etwa in den USA – Bürgschaftserklärungen (Affidavits). Der Kampf um die Ausreise- und Einreisepapiere wurde – was man 1938 noch nicht wusste – zu einem Kampf auf Leben und Tod. Die meisten österreichischen Juden wurden von Großbritannien aufgenommen (31.000), gefolgt von den USA (knapp 30.000). Etwas mehr als 15.000 Flüchtlinge schafften es, trotz der Verbote der britischen Mandatsmacht, nach Palästina. Mehr als 6.000 landeten in China, zumeist in Shanghai. Die Schweiz nahm 5.800 Menschen auf, Frankreich 4.850; Ungarn 4.400, die Tschechoslowakei 4.100, Italien 3.870.

Für Österreich bedeutete die Massenflucht einen ungeheuren Aderlass an intellektuellem, wissenschaftlichem und künstlerischem Potential: Fast alle Nobelpreisträger verließen das Land. Karl Landsteiner (1868–1943), der Entdecker der Blutgruppen, war schon seit 1922 in New York. Otto Loewi (1873–1961), Professor an der Universität Graz, hatte 1936 den Nobelpreis für seine Untersuchungen über das vegetative Nervensystem erhalten. Er wurde von den Nazis verhaftet und kam erst frei, als er das Preisgeld für den Nobelpreis auf eine deutsche Bank überwies. Er sah davon nichts mehr. Ähnlich erging es Victor Franz Hess (1883–1964). Er erhielt 1936 den Nobelpreis für Physik für die Entdeckung der kosmischen Strahlung. Sein Nobelpreisgeld musste er in wertlose

Abb. 14 Dieses Bild zeigt Juden, die unter den schadenfrohen Blicken zahlreicher Wienerinnen und Wiener die Parolen für die Schuschnigg-Volksbefragung von den Gehsteigen abwaschen mussten (März 1938).

Schatzscheine des Deutschen Reiches umtauschen. Dann emigrierte er in die USA. Erwin Schrödinger (1887–1961) hatte den Nobelpreis für Physik 1933 erhalten, als Auszeichnung für die Schrödingergleichung, eine grundlegende Erkenntnis im Bereich der Atomphysik. Der Wiener Schrödinger war erst 1936 aus Oxford nach Graz berufen worden, 1938 emigrierte er nach Irland. – Auch alle wichtigen Schriftsteller gingen außer Landes – Stefan Zweig und Josef Roth waren schon weg, Robert Musil, Hermann Broch und Franz Werfel folgten 1938, ebenso wie der Dichter des bewegenden Dramas auf das Ende der Habsburgermonarchie, des *3. November 1918*, Franz Theodor Csokor (1885–1969). Von den Jüngeren flohen Erich Fried (1921–1988), Hilde Spiel (1911–1990) und Friedrich Torberg (1908–1979) nach England bzw. Amerika. Ganze Wissenschaftszweige wurden in den USA von jüdischen Emigranten wie Oskar Morgenstern (1902–1977, Begründer der ökonomischen Spieltheorie) oder Paul Lazarsfeld (1901–1976, empirische Sozialforschung) entscheidend bereichert. Anna Freud (1895–1982) begleitete ihren schon todkranken Vater Sigmund Freud ins Londoner Exil; sie trug wesentlich zur Entwicklung der Kinderpsychologie bei. Die Liste ließe sich noch erheblich verlängern.

Karte 7 Konzentrationslager und Judenverfolgung im Nationalsozialismus.

Die zentral angeordneten Racheakte wegen der Ermordung eines deutschen Diplomaten in Paris durch einen jüdischen Attentäter in der Nacht vom 9. auf den 10. November 1938 mündeten in Zerstörungen, Plünderungen, Verhaftungen und Tötungen von Juden. In Wien wurden tausende jüdische Geschäfte und Wohnungen zerstört, 42 Synagogen und Bethäuser durch Sprengungen und Brandlegungen vernichtet, 27 Juden getötet und 88 schwer verletzt. Allein in Wien wurden 6547 Juden verhaftet, viele in Konzentrationslager gesteckt, 3700 kamen nach Dachau. Die Zahl der Selbstmorde von Juden und Jüdinnen stieg neuerdings an. Damit war eine weitere Stufe der Radikalisierung im Umgang mit der jüdischen Bevölkerung erreicht. Unmittelbar nach dieser »Reichskristallnacht« (nach den zerbrochenen Fensterscheiben jüdischer Bethäuser, Wohnungen und Geschäfte) wurden die außerhalb Wiens wohnenden Juden zunächst nach Wien abgeschoben. Immer mehr Gemeinden meldeten freudig, sie seien »judenfrei«. Wer konnte, flüchtete aus Hitlers Reich. Die Übriggebliebenen wurden auf immer enger werdenden Raum zusammengedrängt, immer mehr Wohnungen wurden für »Arier« konfisziert.

Seit Hitler mit 1. September 1939 den zweiten Weltkrieg vom Zaun gebrochen hatte, wurde es für Juden sehr schwierig, zu entkommen. Viele, die sich in den Niederlanden, in Belgien oder Frankreich schon in Sicherheit wähnten, wurden 1940 wieder von den Nazis eingeholt. Die meisten der etwa 16.000 Betroffenen überlebten nicht. Nach ersten Versuchen schon 1939 begannen 1941 die massenhaften Deportationen der noch immer in Wien weilenden jüdischen Menschen nach Polen (Lublin und Łódź, später nach Sobibor), nach Lettland (Riga), Litauen (Kaunas/Kowno), Weißrussland (Minsk bzw. Maly Trostinez) und Theresienstadt (Terezín) in Böhmen. Nach Eichmann leitete Alois Brunner von Februar 1941 bis Oktober 1942 die »Zentralstelle für jüdische Auswanderung« und stellte die Transporte zusammen. Er lebte später unbehelligt in Syrien. Der Kommandant des Lagers Sobibor war der Oberösterreicher Franz Stangl. Direkt nach Auschwitz ging nur ein Transport aus Wien. Die Festung Theresienstadt war nicht nur selbst ein KZ, freilich mit einer auf Grund der längeren Aufenthaltsdauer vieler Insassen stärker differenzierten Binnenstruktur, mit Unterricht für die Kinder usw. Theresienstadt war aber auch ein Durchgangslager in die Vernichtungslager Izbica, Lublin, Treblinka und Maly Trostinez. Die Alten und Kranken wurden dort meist sofort erschossen oder vergast, die noch Arbeitsfähigen mussten Zwangsarbeit leisten. Hunger, Krankheit und gewalttätige Behandlung führten früher oder später zum Tod. In Theresienstadt herrschten drei aus Österreich stammende »Eichmann-Männer«: Siegfried Seidl, Anton Burger und Karl Rahm. Von der jüdischen Bevölkerung Österreichs wurden etwa 65.000 ermordet. In Wien überlebten rund 5.500 Menschen jüdischer Herkunft oder Religion, die meisten in so genannten »privilegierten Mischehen« (ein Ehepartner war nicht jüdisch). 619 sollen als so genannte U-Boote überlebt haben, in Verstecken bei nichtjüdischen Mitmenschen.

Ebenfalls in das rassistische Vernichtungsprogramm gerieten die »Zigeuner«, Roma und Sinti, von denen etwa 5.500 ermordet wurden, etwa die Hälfte der Gesamtzahl. Auch das »lebensunwerte Leben« von etwa 20.000 bis 30.000 Menschen mit Behinderung oder psychisch Kranker wurde vorzeitig beendet. Diese Morde geschahen im Schloss Hartheim bei Linz, der größten Anstalt für »Euthanasie« in »Dritten Reich«.

Ein eigenes Kapitel der Verfolgung betrifft die Kärntner Slowenen. Ihre Vertreter hatten wie die Wiener Tschechen und die burgenländischen Kroaten ihren Leuten empfohlen, bei der Volksabstimmung 1938 mit »Ja« zu stimmen. Die traditionelle Entnationalisierungspolitik ging in Kärnten zunächst weiter wie früher. Bei der Volkszählung 1939 wurde nicht nur die Muttersprache, sondern auch die »Volkszugehörigkeit« erhoben. Dabei wurden etwa 43.000 Sprachslowenen und etwa 7.700 Slowenen nach der Volkszugehörigkeit erhoben. Bei den letzteren ist ein klares slowenisches (National-)Bewusstsein anzunehmen.

Nach dem Überfall auf Jugoslawien (April 1941) wurde die Slowenenpolitik deutlich verschärft. Aus der Öffentlichkeit und aus den Kirchen sollte das Slowenische verschwinden. 1939 wurde mit Italien die Umsiedlung der Südtiroler und Kanaltaler auf das Reichsgebiet vereinbart. Die Kanaltaler sollten zur Stärkung des Deutschtums im Kärntner Grenzgebiet angesiedelt werden. Dafür wurden 221 bäuerliche Betriebe ausersehen, deren bisherige Inhaber samt Familien am 14. und 15. April 1942 »evakuiert« wurden. Die zuletzt 917 deportierten Personen aller Altersklassen blieben bis Kriegsende in mehreren Lagern der »Volksdeutschen Mittelstelle«. 1944 wurden etwa 10 % der Betroffenen als Landarbeiter in Niederösterreich eingesetzt. Zweifellos gab die Vertreibung den Anstoß für eine breitere Unterstützung des bewaffneten Widerstandes der slowenischen Partisanen.

9.5 Der große Krieg

Die Krise um die überwiegend deutsch besiedelten Randgebiete der Tschechoslowakei (September 1938) sollte nach Hitlers Wunsch militärisch gelöst werden. Doch die Westmächte im Verein mit Italien zwangen die Tschechoslowakei im Münchener Abkommen (30. September 1938) zur Abtretung dieser Gebiete. Die an »Ober-« und »Niederdonau« angrenzenden Gebiete im Böhmerwald und in Südmähren (Znaim) wurden diesen beiden Reichsgauen angegliedert. Durch den Ersten Wiener Schiedsspruch – ein Diktat Hitlers, unterstützt von Mussolini – vom 2. November 1938 wurde die Tschechoslowakei durch Gebietsabtretungen an Ungarn (Südslowakei, Karpato-Ukraine) und Polen weiter geschwächt. Am 15. März 1939 marschierten deutsche Truppen in Prag ein. Für die Westmächte war damit endlich klar, dass Hitler keines seiner Versprechen hielt. Man musste sich auf Krieg einstellen.

Nun löste Hitler die nächste Krise aus – Polen. Mit dem völlig überraschenden Nichtangriffspakt, den Molotow und Ribbentrop im August 1939 in Moskau abschlossen, erhielt Hitler den Rücken frei für den Angriff auf Polen. Sogar den Häftlingen in Dachau wurde der Abschluss des Paktes über Lautsprecher triumphierend mitgeteilt; Leopold Figl berichtete davon. Tage vor dem 1. September wurden die Reservisten einberufen; auch die Lebensmittelkarten und -marken lagen spätestens seit dem 27. August bereit. Die sofortige kriegswirtschaftliche Rationierung sollte die Wiederholung der Hungerszenen des ersten Weltkrieges verhindern. Tatsächlich blieb die Versorgung der Bevölkerung mit Lebensmitteln auf einem von Beginn an reduziertem Niveau doch lange Zeit gesichert – unter anderem auch durch die rücksichtslose Ausbeutung der besetzten Gebiete.

In der deutschen Wehrmacht gab es keine rein »österreichischen« Einheiten. Aber einige Einheiten waren doch ganz überwiegend aus den Wehrkreisen XVII und XVIII rekrutiert, also aus dem Westen bzw. dem Osten der »Ostmark«. Überdurchschnittlich viele Österreicher waren in der Partisanenbekämpfung in Serbien und Griechenland eingesetzt und dabei an Kriegsverbrechen (Geiselerschießungen, sonstige Morde, Vernichtung ganzer Dörfer etc.) beteiligt. Das völkerrechtswidrige Bombardement Belgrads – ohne Kriegserklärung – am 6./7. April 1941 durch die deutsche Luftwaffe wurde von einer Luftflotte durchgeführt, die unter dem Kommando des früheren Kommandanten der österreichischen Luftstreitkräfte, Alexander Löhr, stand. Viele Österreicher gehörten auch zur 6. deutschen Armee, die bei Stalingrad vernichtet wurde. Insgesamt dienten etwa 1,2 Millionen meist junge Männer aus den »Donau- und Alpenreichsgauen« (so wurde das Gebiet Österreichs ab 1941 genannt, nicht mehr »Ostmark«) in der deutschen Wehrmacht. Der Krieg kostete etwa 274.000 Österreichern als Soldaten der Wehrmacht das Leben. 170.000 trugen eine dauernde Invalidität davon.

In der Heimat sah man bei Kriegsbeginn wenig Begeisterung, ältere Leute sollen geweint haben – kein Jubel, wie 1914. Erst die raschen Siege im »Blitzkrieg« 1939/40 verbesserten die Stimmung. Die »Sondermeldungen« jagten einander. Nach dem Überfall auf die Sowjetunion im Juni 1941 und der Kriegserklärung an die USA im Dezember musste es jedoch klar sein, dass der Krieg für das Deutsche Reich nicht zu gewinnen war. Von 1942 bis 1945 dienten die militärischen Leistungen der Wehrmacht objektiv nur mehr dem Ziel, die Vernichtung möglichst vieler europäischer Juden zu ermöglichen. Solange die Fronten hielten, fuhren die Züge nach Auschwitz.

Da die britischen Bomber die österreichischen Gebiete lange nicht erreichten, galt diese Region als »Reichsluftschutzkeller«. Zahlreiche Produktionen für die Kriegswirtschaft wurden hierher verlagert. Doch seit die Alliierten Stützpunkte in Nordafrika bzw. in Süditalien hatten (Sommer 1943), wurden auch österreichische Städte bombardiert, vor allem die Zentren der Rüstungsindustrie. Am stärksten wurde Wiener Neustadt zerstört. Dort wurde schon 1938 eine riesige Flugzeugproduktion aufgezogen, die nun zum bevorzugten Ziel der alliierten Bomber wurde. Nun wurden die Bombardements immer häufiger und stärker, Linz, Wien, Salzburg, Graz, Innsbruck, Villach, St. Pölten – Industriestädte und Verkehrszentren, Bahnknotenpunkte – wurden gezielt angegriffen. Bei einem großen Angriff auf Wien (12. März 1945) fielen die Bomben versehentlich nicht auf die Fabriken in Floridsdorf, sondern auf die Innenstadt. Die Oper wurde getroffen, aber auch große Wohnhäuser. Es gab hunderte Ziviltote. Insgesamt wurden mehr als 12 % des Wiener Wohnraumes zerstört.

Während die Luftangriffe häufiger wurden, rückten auch die Fronten näher. Im Herbst 1944 mobilisierten die Nazis das letzte Aufgebot – den »Volkssturm«. Das waren die ganz Jungen, fast noch Kinder, und die Alten, bis 65. Ganz ungenügend ausgerüstet und ausgebildet dienten sie nur mehr als Kanonenfutter. Aber die Bewaffnung fanatisierter HJ-Mitglieder ermöglichte diesen noch zahlreiche Verbrechen in der Endphase des Krieges. Nach der Eroberung von Budapest durch die Rote Armee im Winter 1944/45 war es nur mehr eine Frage der Zeit, bis sie den Osten Österreichs erreichte.

9.6 Friedens- und Kriegswirtschaft. Zwangsarbeit

Die österreichische Wirtschaft hatte sich bis 1938 langsam erholt, aber immer noch gab es freie Kapazitäten in der Produktion. Die Aufträge der deutschen Kriegswirtschaft an österreichische Unternehmen, die Einberufungen zur Wehrmacht und die Einführung des verpflichtenden Reichsarbeitsdienstes fegten den Arbeitsmarkt in kurzer Zeit leer. Etwa 100.000 Arbeitskräfte, darunter 10.000 Ingenieure, gingen nach Deutschland, ins »Altreich«. An Österreich interessierte die deutsche Wirtschaftsplanung nicht nur das Potential an Arbeitskräften oder die freien Kapazitäten der Industrie, sondern auch Eisenerz, Magnesit und Erdöl, dazu der Reichtum an Holz und die noch weithin ungenutzte Wasserkraft. Nicht zu übersehen ist auch der Gold- und Devisenschatz der Österreichischen Nationalbank, der jenen der Deutschen Reichsbank um ein Mehrfaches überstieg.

Konsumgüter spielten in der Vorbereitung auf den Krieg eine geringere Rolle als Investitionsgüter. Aber noch legte man Wert auf eine einigermaßen gute Versorgung der Zivilbevölkerung. Erst ab 1942 stieg der Anteil der Rüstung an der deutschen Industrieproduktion stark an – von 16 % 1941 auf 31 % 1943 und 40 % 1944. Die mit großem Pomp angekündigten eher zivilen Großvorhaben wie Autobahnbau, Kraftwerk Kaprun, Donaukraftwerk Ybbs-Persenbeug wurden bald – unvollendet – zurückgestellt, dafür wurden die Hermann-Göring-Werke in Linz errichtet, das große Flugzeugwerk in Wiener Neustadt, die Panzerproduktion in St. Valentin usw. Rasch wurden zusätzliche kalorische Kraftwerke errichtet. Die Stromerzeugung im Gebiet des früheren Österreich verdoppelte sich zwischen 1937 und 1944.

Die Beschäftigung in der (Kriegs-)Industrie nahm rasch zu. Waren 1939 490.000 Menschen in der Industrie beschäftigt, so waren es 1944 690.000. Dabei stieg auch der Anteil der in der Industrie beschäftigten Frauen deutlich an, er betrug im letzten Kriegsjahr etwa 33 %. Der Anteil der Zwangsarbeitskräfte betrug 1944 28 %. Denn das heimische Arbeitskräftepotential war bald ausgeschöpft. Je mehr Männer als Soldaten gebraucht wurden, desto mehr brauchte man Ersatz. Schon im Februar 1940 waren fast 11.000 polnische Kriegsgefangene primär in der Bau- und Landwirtschaft beschäftigt. Ab dem Sommer 1940 kamen zahlreiche Franzosen und Belgier dazu. Bis Jahresende 1940 stieg die Zahl der in der »Ostmark« beschäftigten Kriegsgefangenen auf etwa 88.000. Ab 1940 wurden auch tschechische, slowakische und jugoslawische Arbeitskräfte geworben. Erst ab 1942 wurden auch Kriegsgefangene aus der Sowjetunion als Arbeitskräfte eingesetzt, vorher ließ man sie einfach verhungern. Daneben begann nun die »Anwerbung« bzw. gewaltsame Aushebung von »Ostarbeitern«. Sie wurden – weil an sich ja »Untermenschen« – unter ein diskriminierendes Sonderrecht gestellt. Nach der Kapitulation Italiens wurden etwa 600.000 italienische Soldaten als »Militärinternierte« in das Reich verbracht. Auf österreichischem Gebiet arbeiteten 1944 etwa 170.000 Kriegsgefangene. Das größte Kontingent stellten die Franzosen, gefolgt von Italienern und Sowjetrussen.

Doch der Kriegsverlauf ermöglichte immer weniger Gefangene. Nun wurden die KZ-Häftlinge als letzte Arbeitskraftreserve entdeckt. Als die Kriegsindustrie des Hitlerreiches unter die Erde ging, um vor den Luftangriffen geschützt zu sein, waren in erster Linie KZ-Häftlinge aus Mauthausen damit beschäftigt, Stollen in die Berge zu graben. Ende 1944 befanden sich in Mauthausen selbst etwa 10.000 Häftlinge, mehr als 60.000 arbeiteten in zahlreichen Außenlagern für die Rüstungsindustrie. Das war etwa ein Viertel der Kriegsgefangenen und ausländischen Zivilarbeitskräfte. Schon ab Juni 1943 arbeiteten KZ-Häftlinge am Loibl-Tunnel. Ab Februar 1944 wurde im Römersteinbruch bei Leibnitz eine unterirdische Fertigungshalle für Flugmotorenteile errichtet. Die größten Stollenbauten entstanden in Ebensee (28.000 Häftlinge) und in Melk (15.000 Häftlinge), wo das Außenlager in der ehemaligen Kaserne situiert wurde. Kleinere Lager für die Herstellung unterirdischer Industriebauten bestanden in Redl-Zipf, Peggau und Mödling-Hinterbrühl. Überall wütete der Tod unter den unterernährten und krankheitsanfälligen Häftlingen.

In großer Zahl waren ausländische Arbeitskräfte in der Landwirtschaft beschäftigt. Propagandistisch kamen der Landwirtschaft und der bäuerlichen Bevölkerung für die nationalsozialistische Ideologie große Bedeutung zu, nicht nur für die Ernährung, sondern auch für die Erhaltung der exzellenten Eigenschaften der deutschen bzw. nordischen »Rasse« (des »Blutes«). Man hat daher auch eine Reihe von Maßnahmen angekündigt bzw. umgesetzt, die dem Bauerntum dienen sollten. Vom sofort verfügten Versteigerungsverbot war schon die Rede. Im Mai 1938 wurde der »Reichsnährstand« eingerichtet. Das war keine bäuerliche Interessenvertretung, sondern eine komplexe (Zwangs-)Organisation, über die Produktion und Vermarktung zentral organisiert wurden. Ab 27. August 1939 galt alles, was über den Eigenbedarf eines Hofes oder Gutes hinaus produziert wurde, als beschlagnahmt und war zu Fixpreisen abzuliefern. Kontrolliert wurde jeder Bauernhof durch die »Hofkarte«, die alle wichtigen Informationen über den Hof (Fläche, Früchte, Viehstand, Arbeitskräfte) enthielt. So war jeder Betrieb für die Agrarbürokratie vollkommen transparent.

Sehr bald nach dem Anschluss machte sich ein gravierender Mangel an Arbeitskräften bemerkbar. Der Boom am Bau und in der Industrie lockte die Landarbeiter weg vom Land. Zuerst wanderten familienfremde Knechte und Mägde ab (20 bis 30 % aller Landarbeitskräfte), dann auch die erwachsenen Bauernkinder (10 %). Das Problem wurde schließlich durch den Krieg »gelöst«. Nun kamen Kriegsgefangene und später auch Zivilarbeitskräfte, besonders aus Polen und der Sowjetunion (meist der heutigen Ukraine) in großer Zahl zum Einsatz: 1942 arbeiteten in der Landwirtschaft des früheren Österreich 75.000 Kriegsgefangene, 1943 allein in »Niederdonau« fast 70.000 ausländische Zivilarbeitskräfte.

Das Prestige des Bauern sollte durch die Erhöhung seines Hofes zum »Erbhof« gesteigert werden. Erbhöfe durften nur in männlicher Linie vererbt werden. Sie waren vor Verschuldung gesichert, was aber auch eine Reduktion der Kreditmöglichkeiten bedeutete. Da in vielen Gegenden Österreichs das Miteigentum der Bäuerin ebenso wie das Erbrecht der Töchter üblich war, musste das Erbhofgesetz diesen Traditionen angepasst werden. Ein bis heute nachlebender Mythos ist die große Entschuldung. Neuere Studien zeigen, dass die so genannte Entschuldung nur größeren, leistungsfähigen Höfen zuteilwurde. Nicht mehr als 5 % der Bauern profitierten davon. Außerdem handelte es sich nicht um Entschuldung, sondern um eine Umschuldung – alle Schulden des Bauern wurden auf das Deutsche Reich konzentriert und waren langfristig rückzahlbar (das war sicher eine Erleichterung).

Die Produktionsergebnisse waren ab 1940 zwar niedriger als 1938, blieben aber dann einigermaßen stabil. Nur bei Gerste und Kartoffeln gab es bis 1944 schon deutliche Rückgänge. Auch die Bestände von Pferden und Rindern blieben bis 1944 praktisch unverändert, nur die Schweinehaltung ging deutlich zurück.

Was blieb wirtschaftlich von diesen sieben Jahren? Häufig wird auf die stärkere Industrialisierung Westösterreichs, insbesondere Oberösterreichs (Linz – Stahlwerke und Stickstoffwerke, Ranshofen – Aluminium, Lenzing – Kunstfaser) verwiesen. Während des Krieges wurde jedoch im Osten Österreichs (Wiener Neustadt, Kapfenberg usw.) mindestens genauso viel investiert wie im Westen. Allerdings wurden die Industrien im Osten häufig zerstört und nach dem Krieg demontiert, im Westen konnten sie mit Marshallplan-Mitteln wiederaufgebaut und modernisiert werden. Ohne Zweifel erfolgte ein starker Bedeutungszuwachs der Investitionsgüterindustrie (Eisen, Stahl etc.) zu Ungunsten der traditionell in Österreich überwiegenden Konsumgüterindustrie. Mit der Zunahme der Schwerindustrie beschleunigte sich auch der Trend zum Großbetrieb. Allerdings dürften sich die Investitionen und die Kriegsschäden etwa die Waage gehalten haben. Infolge des massiven Eindringens des deutschen Kapitals in die österreichische Wirtschaft entstand nach 1945 die Frage des »deutschen Eigentums«, das nach dem Potsdamer Abkommen von 1945 von den Siegermächten als vorläufiger Ersatz für deutsche Reparationen beschlagnahmt werden konnte.

Die Kriegswirtschaft zerstörte endgültig das Erbe der Monarchie – die alten Handels- und Finanzverbindungen ebenso wie die überkommene Struktur der Industrie und des Bankwesens. Auch gesellschaftlich waren die alten Eliten, Großunternehmer, Bankiers, Rentiers weitgehend verschwunden (als Juden). Große Teile des Kapitals waren in deutsche Hände geraten. Dieter Stiefel spricht von »egalitärer Armut« als Basis des Wiederaufbaues. War der Hunger einmal überwunden, mochte das vielleicht sogar für die Zukunft positive Auswirkungen zeitigen.

9.7 Zustimmung, Skepsis, Widerstand

Die Freude über die endlich errungene deutsche Einheit führte zu einer weit über die nationalsozialistischen Kreise hinausreichenden Zustimmung. Alle Juden waren aus der neuen »Volksgemeinschaft« ausgeschlossen. Auch die Träger der vorherigen Regierung, die Eliten des »Ständestaates«, galten als Gegner und wurden vielfach sofort verhaftet, ihre wichtigsten Exponenten in das KZ Dachau eingeliefert. Die Revolutionären Sozialisten verhielten sich ruhig. Gerade die »marxistische« Arbeiterschaft wurde anfangs massiv umworben. Die ehemaligen Sozialdemokraten waren als Folge ihrer großdeutschen Orientierung auch nicht primär an der Wiederherstellung Österreichs interessiert. Anders die Kommunisten, die entsprechend den Stalin'schen Volksfrontparolen für die Zusammenarbeit mit allen Gegnern der Nazis eintraten. Sie streuten auch als Erste kritische Flugzettel. Als erste Oppositionsgruppe traf sie auch die erfolgreiche Arbeit der Gestapo. Dennoch blieben sie am stärksten im Widerstand engagiert. Immer wieder bildeten sie nicht nur Betriebszellen, sondern auch zentrale Leitungen, die aus dem Ausland kamen. Diese wurden meist rasch von der Gestapo enttarnt und verhaftet. Von 1938 bis 1943 wurden nach einem Bericht der Gestapo Wien 6.272 kommunistische Widerstandskämpfer festgenommen. Viele dieser meist männlichen und meist jungen Leute aus dem Arbeitermilieu waren bis 1934 sozialdemokratisch organisiert und gingen nach den Februarkämpfen zu den Kommunisten. Der äußerst wagemutige kommunistische Widerstand hatte daher auch die meisten Todesopfer zu beklagen, jedenfalls mehrere tausend. Eine besonders widerständige Berufsgruppe bildeten die Eisenbahner. Sie waren auf Grund ihrer beruflichen Situation in der Lage, einerseits lokale Zellen zu bilden, andererseits leichter als andere überregionale Kontakte zu pflegen. Bis 1934 waren sie durchwegs sozialdemokratisch organisiert, nun sollen viele kommunistisch orientiert gewesen sein. Von der Gehaltssituation her gehörten sie zu den Benachteiligten des Anschlusses, ihre Löhne waren wegen diverser Lohnsenkungen und Abzüge häufig niedriger als vor 1938. Auch die Untergrundorganisation der Eisenbahner wurde durch die Gestapo aufgedeckt. Als einzelne Berufsgruppe gehörten die Eisenbahner zu den am stärksten Verfolgten.

Ein größeres Problem bedeuteten auch die gläubigen Katholiken. Zuerst durch die Bischofserklärung stark verunsichert, wurden sie durch die Zerstörung des kirchlichen Schul- und Vereinswesens weiter getroffen. Als sich am 7. Oktober 1938 viele jugendliche Katholiken – man schätzte 6.000 bis 8.000 – im Dom zu St. Stephan zu einer Jugendfeierstunde anlässlich des Rosenkranzfestes einfanden, entwickelte sich daraus eine Demonstration der Treue zur Kirche. Nach der Feier sang die begeisterte Menge auf dem Stephansplatz »Auf zum Schwure Volk und Land …«, ein Tiroler Herz-Jesu-Lied. Das war aber ein ziemlich offener Angriff auf den Eid auf Adolf Hitler. Es war die größte öffentliche, spontane und gewaltlose Demonstration in der Geschichte des Hitlerreiches. Die Rache kam am nächsten Tag, als Mitglieder der Hitlerjugend das erzbischöfliche Palais stürmten, die Fensterscheiben einschlugen und die Einrichtung verwüsteten. Die Polizei schaute zu. Aus dem ersten Stock des Churhauses warfen sie einen Domkuraten auf das Pflaster, der mit gebrochenem Oberschenkel liegen blieb. Am 13. Oktober fand eine große Kundgebung der Partei gegen Innitzer und die katholische Kirche statt. Dabei sah man Transparente mit Aufschriften wie »Innitzer und Jud, eine Brut«[32]. Aber in ihren Predigten hatten die Pfarrer nach wie vor die Möglichkeit, sich an das Kirchenvolk zu wenden – und das waren zumindest auf dem Land noch ganz große Mehrheiten der Bevölkerung. »Die Gestapo verzweifelte schier über den zweideutigen Predigten, die metaphorisch angelegt waren [...].«[33] Die Staatsgewalt schlug zurück: Mehr als 800 Priester wurden verhaftet, kamen in Gefängnisse und Konzentrationslager, 27 haben es nicht überlebt. 15 Priester wurden hingerichtet. Mehr als 1500 erhielten Predigt- und Schulverbot. Die Austrittsbewegung der Nazis war wirkungsvoll, besonders in den Städten, in denen eine weithin säkularisierte, antikirchliche Gesinnung – links wie rechts – verbreitet war. Insgesamt traten etwa 300.000 Menschen aus der katholischen Kirche aus. Aber ab Oktober 1939 (Kriegsausbruch) sank die Austrittsquote stark ab.

Das Beharren auf der Treue zur Kirche, besonders ausgeprägt in vielen ländlichen Regionen, war noch kein offener »Widerstand«. Konservative oder bürgerliche Menschen taten sich überhaupt schwer mit einer konspirativen Organisation – sie hatten einfach keine Übung darin. Dagegen waren die »Linken« seit 1934 an solche Techniken gewöhnt. Die 1938 entstandene hauptsächlich katholisch-österreichische Gruppe um den Klosterneuburger Chorherrn Roman Karl Scholz (1912–1944) zählte etwa 200 Mitglieder. Ein eingeschleuster Gestapo-Spitzel verriet 1940 die Gruppe. Eine andere Gruppe bildete sich um Jakob Kastelic (1897–1944), eine »Großösterreichische Freiheitsbewegung«, die ebenfalls verraten wurde. In Kontakt mit Kastelic stand auch eine Gruppe um Karl Lederer (1909–1944). Programmatisch war auch sie auf die Wiederherstellung Österreichs ausgerichtet. Sie flog ebenfalls 1940 auf. Scholz, Kastelic und Lederer wurden hingerichtet.

Gewaltsamen Widerstand gegen die Nazis übten in vielen Teilen Europas Untergrundkämpfer, Partisanen. Ab 1942 – wir haben auf die Deportationen von Slowenen aus Kärnten verwiesen – bildeten sich slowenische Partisanengruppen, in Verbindung mit der Befreiungsfront (OF – *osvobodilna fronta*) in Slowenien, die ersten in der Gegend von Eisenkappel und Zell/Pfarre. Sie wurden im Spätherbst 1942 von der Gestapo aufgedeckt, 13 Personen wurden hingerichtet. Freilich verfocht die OF das Ziel einer politischen Einigung aller Slowenen, auch der Kärntner. Im Gebiet der Koralm war eine mit Fallschirmen abgesetzte österreichische Einheit tätig (»Koralmpartisanen«), die aber bei der Zivilbevölkerung kaum ein positives Echo fand. Aktiver war eine Gruppe um Leoben-Donawitz. Auch im Ötztal gab es eine bewaffnete Gruppe, die aber kaum Aktionen durchführte. Im Herbst 1944 wurden im Rahmen der Jugoslawischen Volksarmee »Österreichische Bataillone« aufgestellt, die in Slowenien operierten.

Für die Reorganisation der alten politischen Lager, der Sozialisten und der Christlichsozialen, die sich nur im Geheimen trafen, immer bedacht darauf, nicht aufzufallen, bedeutete der 20. Juli 1944 einen schweren Rückschlag. Zwar gelang der Coup in Wien, musste aber nach Scheitern des Anschlags in Hitlers Hauptquartier abgebrochen werden. Sofort setzten breite Verhaftungswellen durch die Gestapo ein, denen unter anderen der frühere Bürgermeister von Wien, Karl Seitz und der spätere Bundeskanzler Leopold Figl ihre neuerliche KZ-Haft verdankten. Erst in der letzten Phase der NS-Herrschaft bildeten sich neuerdings Widerstandsgruppen, deren bekannteste sich O5 (=OE, Österreich) nannte. Ihr gehörte unter anderen der spätere Verleger Fritz Molden an, der über die Schweiz Kontakt mit den Amerikanern aufnehmen konnte. Eine militärische Widerstandsgruppe um Major Carl Szokoll und Feldwebel Ferdinand Käs, die Anfang April 1945 mit den Sowjets Kontakt aufnahm, um diesen die rasche Einnahme Wiens zu ermöglichen, flog im letzten Moment auf. Drei Offiziere, Karl Biedermann, Alfred Huth und Rudolf Raschke wurden noch am 8. April in Wien-Floridsdorf öffentlich gehenkt.

Als zentrales Problem des österreichischen Widerstands erwies sich – wieder, wie beim »Anschluss« – die Frage der nationalen Zugehörigkeit. Die praktisch allgemein angenommene Zugehörigkeit der österreichischen Bevölkerung zur deutschen Nation behinderte jeden Widerstand gegen ein deutsches Regime. Alle Widerstandsgruppen litten darunter, dass sie die gleiche Sprache sprachen wie ihre Verfolger. Die Frage »deutsch oder österreichisch?« war eine für Widerständigkeit entscheidende Alternative. National österreichische Orientierungen blieben in der österreichischen Bevölkerung noch lange in der Minderheit. Dagegen waren aktive Widerständler oft von einem starken Österreichbewusstsein motiviert.

9.8 Das Ende – Zusammenbruch, Niederlage, Befreiung?

Die »Endphasenverbrechen«

Im Angesicht der bevorstehenden Niederlage steigerte sich der Blutrausch der Nationalsozialisten noch einmal zu einer wahren Orgie. Die »Todesmärsche« ungarischer Juden führten von der Ostgrenze nach Mauthausen oder in andere Konzentrationslager. Es handelte sich um die Überlebenden der etwa 75.000 jüdischen ungarischen Zwangsarbeiter, die an der Grenze des Deutschen Reiches Abwehrstellungen gegen die Rote Armee bauen sollten. Militärisch war das völlig nutzlos. Als sich die Rote Armee näherte, wurde ein Teil der Zwangsarbeiter gleich umgebracht, wer noch irgendwie arbeitsfähig schien, musste den

Marsch nach Mauthausen antreten. Durch Unterernährung geschwächt, blieben viele einfach am Straßenrand liegen und starben an Erschöpfung oder wurden von Begleitmannschaften erschossen. Diese Verbrechen geschahen nicht (mehr) in Polen oder Russland, fernab von der eigenen Bevölkerung, sondern direkt vor den Augen der Burgenländer, Steirer, Nieder- und Oberösterreicher. Nun konnte niemand mehr sagen, man habe von den Verbrechen der Nazis nichts gewusst. Diesen Endphasenverbrechen waren daher auch die ersten Gerichtsverfahren vor österreichischen Volksgerichten (ab August 1945) gewidmet. Von diesen ungarischen Juden dürften etwa 23.000 nicht überlebt haben.

Aber nicht nur die Arbeitssklaven vom »Ostwall« machten sich auf den Weg, auch die meisten Nebenlager von Mauthausen wurden aufgelöst. Ziel dieser Evakuierungen war entweder Mauthausen selbst, Steyr oder das »Hungerlager« Ebensee. Die Belegschaft dieser Lager war international – Polen, Russen, Franzosen, Spanier, Jugoslawen. Wieder brachen Tausende auf, immer nur ein Teil von ihnen kam lebend in Mauthausen an. Die ausgemergelten Gestalten lösten bei den Einheimischen verschiedenste Gefühle aus – Angst, Grauen, Mitleid. Versuche, den »KZlern« etwas zu essen oder zu trinken geben, wurde von den Wachmannschaften oft verhindert.

Anfang April versuchten Mitarbeiter der Justiz, Häftlinge freizulassen, um deren Überleben zu sichern. Das gelang im Wiener Straflandesgericht recht gut, wo am 6. April 1945 die Häftlinge, unter ihnen Leopold Figl, freigelassen wurden. Auch der Direktor des Zuchthauses Stein/Krems ließ die Häftlinge frei, wurde aber selbst auf Befehl des Gauleiters erschossen, die etwa 300 Häftlinge wurden in den nächsten Tagen unter Teilnahme der Bevölkerung ebenfalls liquidiert. Noch am 15. April wurden in Stein 44 Häftlinge aus Wien getötet. Nur zwei Tage davor waren in St. Pölten zwölf Mitglieder einer Widerstandsgruppe unter der Leitung des stellvertretenden Polizeichefs Otto Kirchl und Josef Graf Trautmansdorff-Weinsbergs von einem Standgericht zum Tod verurteilt und sofort erschossen worden. Auch ihre Frauen Hedwig Kirchl und Helene Trautmansdorff-Weinsberg wurden getötet. Allein in Niederösterreich sollen in diesen Tagen die Nazis 1.700 Zivilpersonen umgebracht haben. Zwei Tage später war die Rote Armee in St. Pölten.

Das militärische Ende

Ende März überschritt die Rote Armee die damalige Reichsgrenze. Die unter großen Menschenopfern errichteten »Befestigungen« waren zwecklos. Rasch stießen die Truppen der 3. Ukrainischen Front auf Wiener Neustadt vor. Vom 6. bis zum 13. April dauerte der Kampf um Wien. Am 15. April erreichten die Sowjets St. Pölten. Dort endete vorläufig ihr Vormarsch. Im Weinviertel konnten sich deutsche Truppen ebenso halten wie in der Oststeiermark. Aber für die Sowjets hatte jetzt Berlin Vorrang. Am 28. April überschritten die Amerikaner die Grenze Tirols. Am 3. Mai erreichten sie Innsbruck, das ihnen vom Tiroler Widerstand bereits als befreite, rot-weiß-rot beflaggte Stadt übergeben wurde. Am gleichen Tag besetzten amerikanische Verbände Salzburg. Ab 30.4. hatten französische Truppen Vorarlberg besetzt. Noch hatte man etwas Respekt vor der »Alpenfestung«. Doch die stellte sich rasch als Hirngespinst heraus. Die Eroberung Oberösterreichs dauerte bis 6. Mai. Am 5. Mai wurde das KZ Mauthausen befreit. Erst am 8. Mai erreichten die Briten Kärnten, gleichzeitig mit jugoslawischen Truppen, die drauaufwärts einmarschierten. Noch am 8. Mai wurden Deserteure der Wehrmacht von Standgerichten justifiziert. Am selben Tag trafen sich Amerikaner und Sowjets in dem kleinen Ort Erlauf in Niederösterreich. Der Krieg war zu Ende. Die deutschen Truppen, etwa 1,5 Millionen Soldaten, gingen in Gefangenschaft.

Befreiungen

Die Überlebenden der Konzentrationslager waren frei. Ebenfalls frei waren die politischen Gefangenen, soweit sie sich in Österreich befanden. Frei waren alle, die sich unter dem Druck der Nazis unfrei gefühlt hatten, sich nicht artikulieren durften, keine »Feindsender« hören und keinen freundlichen Umgang mit »Fremdarbeitern« haben durften. Frei war die katholische Kirche, frei waren alle, die jetzt ihr Österreichbewusstsein nicht mehr verbergen mussten. Aber nicht alle Menschen fühlten sich befreit. Fanatische Nationalsozialisten verübten Selbstmord (wie der niederösterreichische Gauleiter Jury) oder versuchten unterzutauchen. Und es gab ja mehr als 500.000 Parteimitglieder oder -anwärter, die sich weniger befreit, sondern enttäuscht, getäuscht oder betrogen fühlten.

Auch hatten die Soldaten der Roten Armee als Befreier nicht durchwegs feine Umgangsformen. Freilich – sie kamen aus einem Land, das von den Deutschen fürchterlich zerstört worden war und das Millionen von Menschen in diesem Krieg verloren hatte. Jetzt kamen sie in das Deutsche Reich – allerdings in einen Teil, der wieder selbstständig werden sollte. Und sie fanden, trotz aller Zerstörungen, vielfach einen Lebensstandard vor, der weit höher war als der bei ihnen gewohnte. Die ersten Tage durften sie auch legal plündern. Nicht nur materielle

Güter, vor allem die Frauen erschienen ihnen als legitime Beute. Wer sich da in den Weg stellte, wurde nicht selten erschossen. Zahlreiche Selbstmorde verraten etwas von der Verzweiflung der Betroffenen.

Österreich war zwar befreit – dennoch glich fast das ganze Land einem einzigen übervollen Lager. Da waren einmal die Truppen der Alliierten, mehrere hunderttausend Mann. Dann waren die Reste der deutschen Wehrmacht im Land, zusammengedrängt aus Bayern, Italien, Jugoslawien, Ungarn. Hier lagerten auch die Reste der früheren verbündeten Armeen, Ungarn, Slowaken, Kroaten, slowenische Domobranzen, die gegen die Partisanen gekämpft hatten. Dazu kamen hunderttausende Fremdarbeiter, freigekommene KZ-Häftlinge und, vor allem, Flüchtlinge. Schon seit dem Herbst 1944 waren sie gekommen, so genannte Volksdeutsche aus Rumänien und Jugoslawien, oftmals in Trecks mit Planwagen, von Pferden gezogen, auch aus dem Osten Österreichs flüchtete, wer konnte, nach Westen. Nun kamen Flüchtlinge und bald auch vertriebene Deutsche aus der wieder errichteten Tschechoslowakei dazu. Schon vor dem offiziellen »Abschub« (*odsun*) der »Sudetendeutschen« aus der Tschechoslowakei kam es zu wilden Vertreibungen. Ende Mai 1945 wurde etwa die Hälfte der deutschsprachigen Bevölkerung Brünns, mehr als 25.000 Menschen, zu Fuß Richtung österreichische Grenze getrieben, durchwegs Frauen, Kinder, alte Menschen. Etwa 5.000 starben auf diesem Brünner Todesmarsch, an Erschöpfung, Krankheiten oder Misshandlungen. Im Juni folgte die Vertreibung aus der deutschen Sprachinsel Iglau (Jihlava), wieder starben viele, vor allem Kinder; die Flüchtlinge kamen im nördlichen Waldviertel an. Bis August 1945 waren schon etwa 250.000 »Sudetendeutsche« nach Österreich gekommen. Und wieder kamen Juden, die vor neuen Pogromen in Osteuropa nach Palästina oder Amerika auswandern wollten. 1945 lebten vorübergehend etwas mehr als 1,6 Millionen *displaced persons* in Österreich, die alle irgendwohin gelangen wollten oder mussten – zurück oder in eine neue, oft noch unbekannte Heimat. In den Tagen der Kämpfe und danach wurden die Vorräte geplündert, jetzt drohte eine Hungersnot.

Besetzung und Besatzungsmacht. Die provisorische Regierung Renner

Dabei waren die Planungen der Siegermächte, die ab dem 9. Mai auch Besatzungsmächte waren, noch gar nicht so voll ausgegoren. Man hatte in der Moskauer Deklaration vom 30. Oktober 1943 den Österreichern versprochen, dass Österreich wieder unabhängig werden sollte. Aber dafür würde man den Beitrag der österreichischen Bevölkerung zu ihrer Befreiung in Rechnung stellen, außerdem müsse

Österreich für seinen Beitrag am Hitlerkrieg Mitverantwortung tragen. Wie das aussehen sollte, war noch keineswegs klar. Im Westen dachte man an eine längere Phase direkter Herrschaft der Besatzungsmächte, in der die Bevölkerung schön langsam wieder zu Demokratie und Rechtsstaatlichkeit erzogen werden sollte. Eine neue österreichische Verwaltung sollte von unten her aufgebaut werden.

Da wurden aber im Osten bereits neue Fakten geschaffen. Karl Renner, der Staatsgründer der Ersten Republik, lebte in Gloggnitz, im südlichen Niederösterreich. Nach der Besetzung von Gloggnitz durch die sowjetischen Truppen begab er sich zur örtlichen Kommandantur, um Schutz für die Bevölkerung zu erbitten. Er wurde umgehend in das sowjetische Kommando gebracht. Am 15. April 1945 schrieb Renner einen Brief an Stalin, in dem er als letzter Parlamentspräsident vor 1934, aber auch als erster Staatskanzler 1918/19, sich bereit erklärte, das Geschäft der Staatsgründung noch einmal zu übernehmen. Es hatte aber auch Stalin selbst nach Renner suchen lassen und die Armeeführung beauftragt, Renner bei der Wiedererrichtung der Demokratie zu unterstützen. Inzwischen agierte in Wien die in den Tagen der Schlacht um Wien aktiv gewordene Befreiungsfront O5 etwas planlos und unprofessionell. Das erleichterte es den traditionellen Parteien, sie ziemlich schnell zu verdrängen. Am 14. April wurde die SPÖ (Sozialdemokraten und Revolutionäre Sozialisten) gegründet, ihr Obmann wurde Adolf Schärf (1890–1965), Jurist und bis 1933 für den sozialdemokratischen Parlamentsklub tätig. Er galt als Vertreter des – eher rechten – Renner-Flügels. Am 17. April folgte die ÖVP, als Nachfolgepartei der früheren Christlichsozialen. Bei der Konstituierung wurde Leopold Kunschak zum Obmann gewählt, zog sich aber bald aus der Parteiführung zurück. Bald trat Leopold Figl (1902–1965) in den Vordergrund, der als früherer Bauernbunddirektor schon am 12. April von den Sowjets mit der Lebensmittelversorgung Wiens beauftragt wurde. Figl gründete unmittelbar darauf den Österreichischen Bauernbund wieder, als zunächst wichtigsten Bund der neuen ÖVP. Am 20. April fand in Wien eine erste Besprechung zwischen Renner sowie Vertretern von SPÖ, KPÖ und ÖVP statt. Am 27. April stellte sich die neue provisorische Regierung Österreichs bei Marschall Tolbuchin, dem sowjetischen Oberkommandierenden vor. Sie bestand aus dem Staatskanzler Renner, drei Staatssekretären ohne Portefeuille (Figl, quasi als Vizekanzler, Schärf und Koplenig) und den Staatssekretären, die Ministerien verwalteten. Allen Staatssekretären wurden Unterstaatssekretäre der beiden anderen Parteien als Kontrollore beigegeben. Am gleichen Tag wurde die von Renner formulierte Unabhängigkeitserklärung veröffentlicht. Sie erklärte den Anschluss 1938 für null und nichtig. Österreich sollte wieder eine demokratische Republik im Sinne der Verfassung von 1920 werden. Alle dem Deutschen Reich geleisteten militärischen oder dienstlichen Gelöbnisse wurden ebenfalls als nichtig erklärt. Die Unabhängigkeitserklärung etablierte die Opferthese: Österreich war das erste Opfer Hitlers und daher an allem, was seit dem 13. März 1938 geschah, unschuldig. Das mochte für den Staat zutreffen, keineswegs für die überaus zahlreichen nationalsozialistischen und anderen Täter, die ihre jüdischen Mitbürger beraubten und schon gar nicht für die nicht wenigen aktiven und gewalttätigen österreichischen Nazis, die mit Begeisterung an Hitlers Kriegen und Unterdrückungsmaßnahmen mitgewirkt hatten. Mit dieser Deklaration wurde aber auch die Okkupationstheorie formuliert: Österreich wurde vom Deutschen Reich okkupiert, sei wehrlos gewesen und trage daher für nichts Verantwortung, was seither auf seinem Gebiet geschah.

Aber die Unabhängigkeitserklärung ging sowieso nicht in das kollektive österreichische Gedächtnis ein. Anderes war viel dringlicher, vor allem die Versorgung der Bevölkerung. Dafür zuständig waren die Besatzungsmächte. In Wien verteilte die Rote Armee eine »Maispende«, die überwiegend aus wurmigen Erbsen bestand. Aber das reichte nicht. Viele Neugeborene starben, ebenso alte Leute. Die Aktionen Figls in Niederösterreich erbrachten gerade so viel Milch, dass man einige Spitäler versorgen konnte, mehr nicht.

Dennoch ging man an den Wiederaufbau. Schon bildeten sich wieder Beamtenstäbe, im Wiener Bundeskanzleramt, im Wiener Rathaus, im Niederösterreichischen Landhaus. Hier übernahm Figl gemeinsam mit einem Vertreter der SPÖ und der KPÖ provisorisch das Amt des Landeshauptmannes.

Aber wie sah es im Rest Österreichs aus? Als die provisorische Regierung zusammentrat, lief die Front noch quer durch Niederösterreich. Auch nach Kriegsende (8.Mai 1945) wusste man in Wien nicht, wie es in den westlichen und südlichen Bundesländern aussah. In Tirol wurde Karl Gruber (1909–1995) als zentrale Figur des Widerstandes von den Amerikanern nach einigem Zögern als Landeshauptmann anerkannt, gründete eine eigene »Österreichische Staatspartei« und richtete eine provisorische Landesregierung ein. Gruber wurde in der Folge der Wortführer der westlichen Bundesländer. In Vorarlberg geschah ähnliches, hier bildete sich ebenfalls im Mai ein Landesausschuss, als dessen Präsident Ulrich Ilg fungierte, der dann bis 1964 als Landeshauptmann amtierte. In der Steiermark übergab der nationalsozialistische »Gauhauptmann« am 8. Mai einem Komitee unter Vorsitz des Sozialisten Reinhard Machold die Geschäfte. Dieses sorgte für die kampflose Übergabe von Graz an die Rote Armee. Die Sowjets verlangten aber eine drittelparitätische Umbildung der provisorischen Landesregierung, die sie am 15. Mai – immer noch unter Machold – anerkannten. Renner übertrug Machold seitens der Staatsregierung das volle Pouvoir für die Steiermark. Seltsam war die Situation in Kärnten. Obwohl sich bereits eine provisorische Landesregierung unter dem Sozialisten Hans Piesch gebildet hatte, verweigerte Gauleiter Rainer noch bis zum 8. Mai den Rücktritt. Schließlich übertrug er doch die Geschäfte an den Gauhauptmann, der sie sofort auf die provisorische Landesregierung übertrug. Die Briten lösten diese am 4. Juni auf und ernannten einen »konsultativen Landesausschuss« – aus den Mitgliedern der aufgelösten Landesregierung. Da Kärnten als britische Besatzungszone vorgesehen war, mussten die jugoslawischen Verbände das Land wieder verlassen. Rainer wurde, von den Briten gefangen gesetzt, an Jugoslawien ausgeliefert und 1947 wegen Kriegsverbrechen zum Tode verurteilt und hingerichtet. In Oberösterreich wurde von den Amerikanern sofort der sozialistische Bürgermeister von Linz, Ernst Koref, anerkannt, dagegen akzeptierten sie die provisorische Landesregierung unter dem Sozialisten Alois Oberhummer nicht. Sie setzten dafür den nationalsozialistischen Regierungsdirektor Adolf Eigl ein, der bis zu seiner Verhaftung im August im Amt blieb.

Erst im August rückten die Truppen endgültig in ihre Zonen ein, die Sowjets räumten die Steiermark, die Briten kamen. In Wien übernahmen endlich Amerikaner, Briten und Franzosen die ihnen zugewiesenen Bezirke. Diese lagen aber nur im Wien der Grenzen von 1937, das ganze darum liegende Gebiet von Groß-Wien blieb sowjetisch. Die Besatzungszonen wurden jetzt hermetisch voneinander abgeriegelt. Als die ÖVP-Bundesleitung mit den analogen Parteien im Westen Kontakt aufnehmen wollte, schickte sie einen Studenten – Herbert Braunsteiner – los, der die Enns durchschwamm, um so in den Westen zu gelangen. Das wichtigste Ergebnis war wohl, dass sich auch Karl Gruber mit seiner nun in Tiroler Volkspartei umbenannten Partei der gesamtösterreichischen Volkspartei anschloss. Gegenüber der Renner-Regierung (nicht gegenüber der Person Renners!) blieb man im Westen skeptisch.

Die Westalliierten waren über die rasche Konstituierung der Renner-Regierung verblüfft und verärgert und verweigerten deren Anerkennung. Erst als Renner die Einberufung einer Länderkonferenz anregte, die auch die westlichen Bundesländer einbezog, lockerte sich das Klima langsam auf. Bei der ersten Sitzung des Alliierten Rates für Österreich (11. September) wurden zwar die drei Parteien österreichweit anerkannt, aber nicht die Renner-Regierung. Auf der 1. Länderkonferenz im Niederösterreichischen Landhaus in Wien (24.–26. September) wurde Gruber zum Staatssekretär für das Äußere bestellt und dem kommunistischen Innenstaatssekretär ein eigener Unterstaatssekretär für die Durchführung der Wahlen beigestellt. Damit war endlich der Weg für die Anerkennung der provisorischen Regierung Renner frei. Sie erfolgte am 20. Ok-

Abb. 15 Die erste Länderkonferenz (24.–26. September 1945) im Nö. Landhaus ermöglichte die Akzeptanz der provisorischen Regierung Renner durch die westlichen Bundesländer und danach auch durch die Besatzungsmächte. Karl Renner steht hier am Rednerpult.

tober. Gleichzeitig damit begann aber auch eine Phase strenger Kontrolle durch den Alliierten Rat: Jedes Gesetz und jede Verordnung mussten extra genehmigt werden. Diese Phase der strikten Kontrolle dauerte bis zum zweiten Kontrollabkommen im Frühsommer 1946.

> **Die Opfer von Nationalsozialismus und Zweitem Weltkrieg**
>
> 247.000 Österreicher, die in der deutschen Wehrmacht gedient hatten, kehrten aus dem Krieg nicht zurück (davon 76.000 dauernd Vermisste). Bei Luftangriffen und bei den Kämpfen auf österreichischem Boden 1945 wurden mehr als 24.000 Zivilisten getötet. Mehr als 32.000 Österreicher starben durch politische Verfolgung, 65.000 österreichische Juden fielen dem nationalsozialistischen Rassenwahn zum Opfer. Bezogen 1948 noch über 400.000 Österreicher eine Kriegs-, Invaliditäts-, Witwen- oder Waisenpension, so belief sich die Zahl 1997 noch immer auf rund 85.000. Die Umsetzung des so genannten Auschwitz-Erlasses (ab Frühjahr 1943), der die Ausrottung aller »Zigeuner« und »Zigeunermischlinge« vorsah, kostete zwei Drittel der 11.000 österreichischen Roma und Sinti das Leben.
>
> Literatur: Kurt Bauer: Die dunklen Jahre. Politik und Alltag im nationalsozialistischen Österreich 1938 bis 1934, Frankfurt am Main 2017.

Nun ging es an die Vorbereitung der ersten demokratischen Nationalratswahlen seit 1930. Die drei anerkannten Parteien durften kandidieren. Frühere NSDAP-Mitglieder (mehr als 500.000) waren von der Wahl ausgeschlossen. Auch hunderttausende in den alliierten Staaten kriegsgefangene männliche Österreicher konnten nicht wählen. Es gab daher bei den Wahlen am 25. November (»Kathrein-Wahlen«) einen starken Frauenüberhang.

Was blieb aus der Phase des »Anschlusses« an das nationalsozialistische Deutsche Reich? Trotz Kriegszerstörungen neue Industrien (VÖEST, Stickstoffwerke, Alu in Ranshofen), Beginn des Autobahnbaus, Gedenkstätten: KZ Mauthausen und Gusen, Außenlagen (Melk, Loibl), Hinrichtungsstätte im Landesgericht in Wien. Das Gedenken an die zahllosen Opfer von Verfolgung und Krieg. Das Verbotsgesetz vom 8. Mai 1945.

10. Die Zweite Republik

10.1 Die große Koalition und das Ringen um den Staatsvertrag

Regierung Leopold Figl (1945–1953)

Der Ausgang der Wahlen vom 25. November 1945 war für viele Beobachter überraschend: 85 Abgeordnete für die ÖVP, 76 für die SPÖ, 4 für die KPÖ. Dass der Parteichef der stärksten Partei den Bundeskanzler stellen würde, lag nahe, die Bildung einer Konzentrationsregierung ebenfalls, denn die Probleme waren kaum zu überschauen: Ernährung, Entnazifizierung, Wiederaufbau der zerstörten Brücken, Eisenbahnen, Straßen, Wohnungen, die Wiederankurbelung der Wirtschaft, die offenen Vermögensfragen, die Wiedereingliederung Österreichs in die internationalen Wirtschaftskreisläufe, die *displaced persons*, die Vertriebenen, die Kriegsgefangenen, und nicht zuletzt: der Staatsvertrag.

Die ÖVP stellte den Bundeskanzler (Figl) und den Außenminister (Karl Gruber), ferner die Minister für Unterricht, Finanzen, Land- und Forstwirtschaft, für Handel und Wiederaufbau sowie für Vermögenssicherung und Wirtschaftsplanung; die SPÖ den Vizekanzler (Adolf Schärf) sowie die Minister für Inneres (Oskar Helmer), soziale Verwaltung, Volksernährung und Verkehr; die KPÖ stellte mit Karl Altmann den Minister für Elektrifizierung und Energiewirtschaft. Acht Minister waren schon in der provisorischen Renner-Regierung gesessen. Als langjähriger KZ-Häftling (1938–1943, 1944/45) verkörperte Figl das von den Nazis verfolgte Österreich überaus glaubwürdig.

Die Kontrolle der Alliierten war zunächst sehr beengend. Jedes Gesetz und jede Regierungsverordnung mussten vom Alliierten Rat genehmigt werden. Das zweite Kontrollabkommen (28. Juni 1946), das bis 1955 galt, forderte nur mehr für Verfassungsgesetze die einstimmige Zustimmung des Alliierten Rates. Hingegen galten einfache Gesetze, wenn der Rat nicht binnen 30 Tagen einstimmig Einspruch erhob. Die österreichische Regierung durfte nun auch diplomatische Beziehungen zu den Mitgliedsstaaten der Vereinten Nationen aufnehmen.

> **Leopold Figl (1902–1965)**
>
> Leopold Figl (1902–1965) stammt aus einer Bauernfamilie in Rust im Tullnerfeld. »Weil er so gern redete« empfahl der Pfarrer ein Studium. Nach der Matura in St. Pölten studierte er Bodenkultur. Schon während des Studiums engagierte er sich im Niederösterreichischen Bauernbund, bereits 1933 wurde er dessen Direktor (eigentlich: Generalsekretär), später auch Direktor des Reichsbauernbundes, »Reichsbauernführer« wurde unter Dollfuß Josef Reither, bisher Präsident des Nö. Bauernbundes. Der unbeirrbare österreichische Patriot warnte vor dem Nationalsozialismus, daher wurde er sofort nach dem »Anschluss« verhaftet und mit dem ersten »Prominententransport« nach Dachau verbracht. Nach einer furchtbaren Prügelstrafe, Dunkelhaft und Typhus kam er 1943 frei wurde aber 1944 wieder verhaftet. Am 6.4.1945 wurde er in Wien entlassen und ging sogleich daran, den Bauernbund und die niederösterreichische Landesverwaltung wieder aufzubauen. In der provisorischen Regierung Renner nahm er bereits eine wichtige Position ein, nach der für die ÖVP erfolgreichen Wahl vom 25.11.1945 wurde er zum ersten demokratischen Bundeskanzler der Zweiten Republik bestellt. Er leitete die Regierung in der schwierigsten Phase der Republik. Als sich die Situation besserte, wurde er von seiner eigenen Partei 1953 gestürzt, doch bald wieder als Außenminister in die Regierung zurückgeholt. In dieser Funktion unterzeichnete er den Staatsvertrag von Wien am 15. Mai 1955. Eine Ikone der Zweiten Republik ist das Bild, das Figl auf dem Balkon des Belvedere zeigt, wie er den Vertrag den jubelnden Menschen zeigt, inmitten der Außenminister der bisherigen Besatzungsmächte.
>
> Literatur: Ernst Bruckmüller, Figl von Österreich, St. Pölten 2015.

Das zentrale Problem der ersten Nachkriegszeit war die Ernährung. Im Frühjahr 1946 setzte die UNRRA-Hilfe ein, was die Ernährungssituation ein wenig entspannte. Aber der nächste Winter brachte wieder große Kälte. Schulen und Fabriken mussten wegen Kohlenmangels länger geschlossen werden. Noch dazu waren die Jahre 1946 und 1947 sehr trocken, was die landwirtschaftlichen Erträge verminderte. Noch immer schien das Überleben nicht gesichert. Erst 1948 besserte sich die Situation.

Für die 1949 fälligen Parlamentswahlen kandidierte eine vierte Partei – der Verband der Unabhängigen (VdU) bzw. als Wahlpartei der Wahlverband der Unabhängigen (WdU). Damit erhielten die wieder wahlberechtigten »minderbelasteten« Nationalsozialisten eine eigene politische Plattform. Die Zahl der Wahlberechtigten vermehrte sich durch Heimkehrer aus der Kriegsgefangenschaft, der Überhang an weiblichen Wählern wurde reduziert. Der sozialistische Innenminister Helmer, der sich davon eine entscheidende Schwächung der ÖVP versprach, unterstützte die Gründung der vierten Partei. Tatsächlich erreichte diese fast 12 % der Stimmen und 16 Mandate, die ÖVP kam auf 44 % und 77 Mandate. Aber die SPÖ büßte ebenso viele Stimmen und Mandate wie die

ÖVP ein: Sie fiel auf knapp 39 % und 67 Mandate. Die KPÖ stagnierte bei fünf Mandaten. Die Regierung veränderte sich nur wenig, Figl blieb Kanzler, Schärf Vizekanzler.

Zu Silvester 1950 starb Bundespräsident Karl Renner, unmittelbar nach seinen 80. Geburtstag.

> **Karl Renner (1870–1950)**
>
> Der zweimalige »Staatsgründer« hatte sich weit über seine Partei hinaus Respekt und Ansehen erworben. Er stammte aus einer zuletzt abgehausten Bauernfamilie im südmährischen Dorf Untertannowitz/Dolní Dunajovice. Mit Hilfe der christlichen und jüdischen bürgerlichen Familien von Nikolsburg/Mikulov konnte er mit Nachhilfestunden und als Hauslehrer die Matura ablegen. Nach einem Jahr als Einjährig-Freiwilliger studierte er Jus, wieder halfen ihm seine pädagogischen Fähigkeiten bei adeligen oder großbürgerlichen Zöglingen. Einem solchen Kontakt verdankte er – nach erfolgreicher Beendigung der Studien – auch die Aufnahme in die Parlamentsbibliothek. Hier konnte er seine wissenschaftlichen Studien zum Nationalitätenproblem anstellen. Doch engagierte er sich zur gleichen Zeit bereits in der Sozialdemokratie. 1907 wurde er in den Reichsrat gewählt. Als Staatskanzler von 1918 bis 1920 vertrat er in St. Germain die Republik mit Anstand. Während der Oppositionsphase der SDAP (Sozialdemokratische Arbeiterpartei) widmete er sich dem Konsumgenossenschaftswesen und der von ihm gegründeten Arbeiterbank. Nach dem Februaraufstand verhaftet, hielt er dem Untersuchungsrichter historische Spezialvorträge. Jenes Interview, mit dem er den Anschluss an Hitlerdeutschland trotz eines Vorbehaltes bejahte, wurde nach 1945 ebenso kritisiert wie einige bedenkliche Aussagen über Juden im Parteivorstand. Aber mit derselben Beredsamkeit, mit der er 1938 den Anschluss verteidigt hatte, argumentierte er 1946 für die vollständige kulturelle und historische Eigenständigkeit Österreichs, letztlich für eine besondere eigene Nationalität der Österreicher. Das besondere Verdienst Renners in der Gründungsphase der Zweiten Republik lag darin, dass er mit seiner zunächst vollkommen machtlosen Regierung schon von April bis Oktober 1945 ganz selbstverständlich für ganz Österreich zu reden und zu entscheiden vorgab.
>
> Literatur: Karl Renner, An der Wende zweier Zeiten, Wien 1946. Walter Rauscher, Karl Renner. Ein österreichischer Mythos. Wien 1995.

Die 1951 erstmals als Volkswahl durchgeführte Wahl des Bundespräsidenten erbrachte als Überraschungssieger den Wiener Bürgermeister Theodor Körner (1873–1957). Die Wahlniederlage des ÖVP-Kandidaten Heinrich Gleißner verstärkte die seit 1949 laut gewordene innerparteiliche Kritik an Figl: Als »KZ-ler« habe er keinen Zugang zu den ehemaligen Nazis und den »Heimkehrern«, er lasse sich zu viel von den »Roten« vorschreiben usw. Nun übernahm Figls älterer Freund Julius Raab (1891–1964) den Parteivorsitz (1951 bzw. 1952). Nach der Niederlage bei den Nationalratswahlen 1953, bei der die ÖVP nur durch die

Wahlarithmetik ein Mandat Vorsprung vor der SPÖ behielt, wurde Figl von Raab auch als Bundeskanzler abgelöst. Er kehrte jedoch im Herbst 1953 als Außenminister in die Regierung zurück.

Entnazifizierung

Zu Beginn erließ jede Besatzungsmacht eigene Vorschriften. Dazu kamen die Gesetze der provisorischen Regierung, die aber nur in der sowjetischen Zone galten. Die Besatzungsmächte drängten auf eine rasche und radikale Entnazifizierung – Parteimitglieder der NSDAP sollten zumindest vorübergehend aus dem Erwerbsleben entfernt werden, aus dem öffentlichen Dienst aber gänzlich und auf Dauer. Schon die provisorische Regierung Renner hatte mit dem Verbotsgesetz vom 8. Mai und dem Kriegsverbrechergesetz vom 26. Juni 1945 verbrecherische Handlungen ebenso wie höhere Ränge in der NSDAP und ihren Gliederungen unter Strafandrohung gestellt. Die »Illegalen« (Mitglieder der illegalen NSDAP von 1933 bis 1938) galten sogar als des Verbrechens des Hochverrates schuldig. Später wurden alle Mitglieder der SS sowie alle höheren Funktionäre der Partei als »Belastete« angesehen, die einfachen Mitglieder, sofern sie nicht wegen Verbrechen strafrechtlich belangt wurden, hingegen als »Minderbelastete«. Abgesehen von gerichtlichen Strafen, die durch eigene Volksgerichte (aus zwei Berufs- und drei Laienrichtern) verhängt werden konnten, wurden auf dem Verwaltungsweg »Sühnefolgen« verhängt: Entlassungen, (meist vorübergehende) Berufsverbote, Eigentumsentzug, Heranziehung zu unentgeltlicher Arbeit, materielle Leistungen. Doch erst im Jänner 1946 genehmigte der Alliierte Rat das Verbotsgesetz. Im Februar übergaben die Alliierten die Durchführung der Entnazifizierung der österreichischen Regierung. Ein nicht unerheblicher Teil der Staatstätigkeit konzentrierte sich in den Jahren 1945 bis 1948 auf die Registrierung der Nationalsozialisten und auf die Strafverfolgung bestimmter Tätergruppen. Insgesamt wurden etwa 536.000 ehemalige Nationalsozialisten registriert, aber 85–90 % dieser großen Gruppe machten von der Möglichkeit eines Ausnahmeansuchens Gebrauch. Das musste die Verwaltung vollkommen lahmlegen. Die Parteien einigten sich daher auf ein neues Gesetz, das aber der Alliierte Rat im Dezember 1946 ablehnte. Daher wurde das neue Nationalsozialistengesetz unter Berücksichtigung der alliierten Forderungen (Ausweitung des Personenkreises, längere Dauer der Sühnefolgen, insbesondere der Berufsverbote) erst im Februar 1947 verabschiedet. Dieses Gesetz wurde aber nicht mehr als »eigenes«, sondern als ein durch die Besatzungsmächte auferlegtes Gesetz angesehen. Die »Illegalen« wurden nicht mehr als »belastet« eingestuft, daher zählte man 1948 nur mehr etwa 42.000 »Belastete« und fast 496.000 »Minderbelastete«. In Deutschland erließ man bereits Amnestien. Man wollte in Österreich nicht schlechter dastehen als die Deutschen. Nun regte der Alliierte Rat selbst – über Anstoß der Sowjets! – eine Amnestie für alle »Minderbelasteten« an. Damit war die administrative Entnazifizierung 1948 faktisch beendet. Auch die »Belasteten« wurden einige Jahre später rehabilitiert.

Noch nicht zu Ende war die Arbeit der Volksgerichte. Sie hatte schon im Sommer 1945 mit den ersten Engerau-Prozessen begonnen, benannt nach dem Lager Engerau/Petržalka in der Slowakei (in der NS-Zeit Gau »Niederdonau«). Hier hatte man ungarische Juden zur Zwangsarbeit an den Befestigungen der Reichsgrenze konzentriert und von hier ab Ende März in den »Todesmärschen« nach Mauthausen getrieben. In insgesamt sieben Prozessen wurden bis 1954 20 mutmaßliche Täter angeklagt und neun von ihnen zum Tod verurteilt und hingerichtet (das war nach dem Verbots- und dem Kriegsverbrechergesetz möglich). Insgesamt fällten die österreichischen Volksgerichte zwischen 1945 und 1955 mehr als 23.000 rechtskräftige Urteile. Davon waren fast 10.000 Freisprüche, mehr als 13.000 Schuldsprüche, darunter 43 Todesurteile und 29 Verurteilungen zu einer lebenslänglichen Freiheitsstrafe. 30 Todesurteile wurden vollstreckt, zwei Verurteilte begingen vor der Vollstreckung Selbstmord. Ein großer Teil der Volksgerichtsprozesse behandelte Verbrechen »vor der Haustür«, wogegen der im Osten Europas vollzogene Massenmord auch an österreichischen Juden kaum in den Blick kam. Die hochrangigen Nationalsozialisten wurden allerdings von den Alliierten abgeurteilt, wie der Chef des Reichssicherheitshauptamtes, Ernst Kaltenbrunner, der kurzzeitige Bundeskanzler Arthur Seyß-Inquart (Hitlers Scherge in den Niederlanden) oder der Gauleiter Friedrich Rainer, der 1947 in Ljubljana zum Tod verurteilt wurde.

Man kann also weder der österreichischen Verwaltung noch der Justiz den Vorwurf machen, sie hätten sich um den Nationalsozialismus und seine Verbrechen nicht gekümmert. Allerdings bezweifelten viele Menschen die Durchführung der Entnazifizierung. Die rasche Wende von 1948, mit der weitgehenden Amnestie und dem anschließenden Werben der Parteien um die Stimmen der ehemaligen Nazis vor den Wahlen 1949 stellte die Sinnhaftigkeit der Maßnahmen von 1945 bis 1948 erst recht in Frage. Als erfolgreicher Weg zur Entfaltung einer neuen, demokratischen und rechtsstaatsbewussten Mentalität konnte daher die österreichische Entnazifizierung kaum gelten. Aber auch die Methode der Amerikaner und der Briten, Nazis in Lager zu sperren, die Amerikaner in Glasenbach bei Salzburg und die Briten bei Wolfsberg in Kärnten, hat bei den

Insassen kaum einen Läuterungsprozess herbeigeführt. Vielmehr spannen die bis zu 12.000 »Glasenbacher« und die bis zu 7.000 »Wolfsberger« ihre Netzwerke für die Zeit nach der Entlassung, die spätestens 1948 erfolgte. Der 1949 gegründete Verband der Unabhängigen (VdU, daraus 1955/56 die FPÖ) bestand zu einem guten Teil aus »Glasenbachern«.

Südtirol

Das beherrschende politische Thema des Jahres 1946 lautete: Rückgabe Südtirols. Das Hitler-Mussolini-Abkommen von 1939 hatte die Umsiedlung aller deutschsprachigen Südtiroler, die dafür optierten, in das Deutsche Reich vorgesehen. Beeinflusst von der massiven nationalsozialistischen Propaganda entschied sich ein Großteil der Südtiroler Bevölkerung (86 % der Deutschsprachigen und Ladiner, 213.000 Menschen) für die Abwanderung. Bis 1943 wanderten etwa 70.000 »Optanten« wirklich aus, der Rest blieb, neben den »Dableibern«, noch im Land. Den Optanten hatte man neue Bauernhöfe »im Osten« versprochen, einige wurden in Slowenien angesiedelt, viele blieben in Lagern. 1945 schien die Südtirolfrage wieder offen: Italien war ein besiegtes Land. Die Frage musste also auf der Pariser Friedenskonferenz gelöst werden. Mehr als 150.000 Unterschriften von Südtirolern unterstützten die österreichische Forderung auf Rückkehr Südtirols zu Österreich. Auch in Österreich demonstrierten Tausende auf großen Kundgebungen für Südtirol. Allerdings war im Sommer 1946 die österreichische Position recht schwach, das wirtschaftliche Überleben schien noch immer unsicher. Der österreichische Außenminister Karl Gruber gehörte selbst zu den Pessimisten, daher auch sein zögerliches Auftreten in Paris, wohin Österreich im August 1946 eingeladen wurde. Die Westalliierten waren sich zwar des Unrechts von 1919 bewusst, Briten und Amerikaner fürchteten aber das Abgleiten Italiens in den Kommunismus. Südtirol blieb daher bei Italien. Dafür versprach das Gruber-De-Gasperi-Abkommen vom 5. September 1946 – ein Annex zum Friedensvertrag zwischen den Alliierten und Italien – den deutschsprachigen Südtirolern die Erhaltung ihrer eigenen Sprache und Kultur sowie Mitbestimmung auf ihrem Territorium. Man hat aber in der Durchführung dieser Bestimmungen eine gemeinsame autonome Region Trentino-Südtirol (Trentino-Alto Adige) gebildet, in der die Italiener eine große Mehrheit hatten. Das war der Hintergrund für die ab etwa 1956 immer lauter geäußerte Unzufriedenheit in Südtirol. Immerhin erhielten die »Optanten« wieder die italienische Staatsbürgerschaft.

Das »deutsche Eigentum«

In Potsdam (Juli/August 1945) hatten sich die Alliierten darauf geeinigt, dass sie jedes Eigentum des Deutschen Reiches oder deutscher Staatsbürger bis zur Regelung der Reparationsfrage vorläufig an sich nehmen und nutzen konnten. Unter Berufung auf dieses Abkommen beschlagnahmte mit dem »Befehl Nr. 17« die sowjetische Besatzungsmacht am 27. Juni 1946 das »Deutsche Eigentum« in der sowjetischen Besatzungszone. Das waren mehr als 300 Industriebetriebe und etwa 140 Großgüter mit 150.000 ha Kulturfläche. Dagegen übergab die amerikanische Regierung am 10. Juli 1946 das »Deutsche Eigentum« treuhändig an die Republik Österreich. In Österreich war seit dem März 1938 der Anteil des »Deutschen Eigentums« gewaltig angewachsen, durch »Arisierungen«, Firmenübernahmen, Investitionen des Reiches oder »reichsdeutscher« Firmen in der »Ostmark«. So ging mit der Beschlagnahme des »Deutschen Eigentums« durch die Sowjets ein großer Teil der Industrie Niederösterreichs und Wiens für die österreichische Wirtschaft faktisch verloren. Die niederösterreichischen Erdölquellen, die DDSG, die Voith-Werke in St. Pölten, Böhler-Edelstahl in Ternitz usw., aber auch große Gutsbetriebe sollten im nächsten Jahrzehnt ausschließlich der Sowjetunion dienen (sog. USIA-Betriebe, USIA= Upravlenje Sowjetskim Imuschestwom w Awstrij). 1955 arbeiteten in USIA-Betrieben und in der ebenfalls sowjetisch beherrschten Erdölwirtschaft fast 58.000 Menschen, davon 42.000 in Industriebetrieben. Faktisch bezahlte Österreich damit erhebliche Reparationen an die UdSSR.

Entschädigung, Rückgabe, Wiedergutmachung?

Der große Raubzug der Nationalsozialisten musste rückgängig gemacht werden. Aber wie? Die Republik Österreich stellte sich erfolgreich auf den Standpunkt der Okkupationstheorie: Österreich sei im März 1938 besetzt, okkupiert worden und daher als Staat handlungsunfähig gewesen. Es habe daher als Staat keine Verbrechen begangen – die Verbrechen waren dem Deutschen Reich zuzurechnen. Entschädigung sollten daher die Deutschen leisten. Österreich hatte allenfalls dafür zu sorgen, dass die Geschädigten wieder zu ihrem Eigentum kamen. Individuelle Rückgaben waren zunächst nicht vorgesehen. Doch die Amerikaner forderten genau diese Naturalrestitutionen. Ein österreichisches Gesetz über die Nichtigkeit von Vermögensentziehungen während der NS-Zeit (Mai 1946) sollte alle fragwürdigen Eigentumsübergänge betreffen. Dann wurden mehrere

Rückstellungsgesetze beschlossen, von denen das dritte (Februar 1947) das private Eigentum betraf. Davon waren die meisten jüdischen Geschädigten betroffen. Schadenersatz für nicht mehr vorhandene Vermögen (zerstörte Häuser oder Fabriken, liquidierte Betriebe etc.) leistete die Republik nicht. Ein niemals gelöstes Problem waren die entzogenen Miet- und Bestandrechte. Die Rückgabe dieser etwa 60.000 Wohnungen bzw. eine Entschädigung dafür lehnte Österreich stets ab, was zu dauernder Verbitterung der geschädigten Juden und einem entsprechenden Imageschaden für Österreich führte. Geraubte Kunstgegenstände wurden eher schleppend zurückgestellt, das Problem blieb bis in die Gegenwart virulent. Auf die Frage nach dem Effekt der Rückstellungsgesetze ergibt die Untersuchung von etwa 1.400 (erhaltenen!) Rückstellungsanträgen in Wien, dass etwa die Hälfte der Verfahren negativ, die Hälfte positiv für die Antragsteller ausging. Die Sammelstellen – das waren Einrichtungen, die anstelle der oft nicht mehr lebenden jüdischen Eigentümer deren Ansprüche oder die der Erben vertraten – waren erfolgreicher. Aber auch sie schlossen häufig Vergleiche, durch die die Käufer des »arisierten« Eigentums nicht selten in dessen Besitz blieben.

Eine richtige »Wiedergutmachung« lehnte Österreich ab (siehe oben). Überlebende Opfer des Nationalsozialismus erhielten Unterstützungen im Wege der Opferfürsorge. Diese war im Prinzip ebenso gestaltet wie die Fürsorge für Kriegsopfer. Die primären Opfer (Juden, »Zigeuner«, politisch Verfolgte) des Nazi-Regimes wurden also nicht besser behandelt als die sekundären (Kriegs- und Bombenopfer, Vertriebene). Diese waren ja der erheblich größere Teil der wahlberechtigten Bevölkerung.

Der Staatsvertrag

Die volle Souveränität sollte Österreich erst durch einen Staatsvertrag erhalten. Im Jänner 1947 begannen Verhandlungen. Einiges Aufsehen erregten 1947 die Forderungen der jugoslawischen Regierung nach der Abtretung von Teilen Kärntens und kleinerer Gebiete der Steiermark. Doch Moskau unterstützte die jugoslawischen Forderungen nicht besonders nachdrücklich.

Ein für die Sowjets zentraler Punkt war das Deutsche Eigentum. Die Sowjets hatten das Deutschen Eigentum im Juni 1946 beschlagnahmt. Diese USIA-Betriebe musste Österreich 1955 den Sowjets abkaufen.

Mit der Verschärfung des Kalten Krieges (Machtübernahme der Kommunisten in der Tschechoslowakei im Februar 1948, Berlin-Krise seit Juni 1948) schienen die Staatsvertragsverhandlungen auf längere Zeit vertagt. Doch zur selben

Zeit (Juni 1948) kam es zum Bruch zwischen Tito und Stalin. Die jugoslawischen Forderungen wurden reduziert, zuletzt auf einen besonderen Minderheitenschutz und den Anspruch auf österreichische Vermögen in Jugoslawien. Im Mai/Juni 1949 schien der Staatsvertrag plötzlich zum Greifen nahe, inhaltlich war er weitgehend fertig. Doch zögerten zuerst die Amerikaner, weil Österreich noch kein Heer hatte, später wieder die Sowjets. Schließlich verschärfte sich die Weltlage wieder (Koreakrieg, 1950), und die Chance war vorüber.

Erst nach dem Tod Stalins im März 1953 änderte sich die weltpolitische Lage. Die Nachfolger Stalins, insbesondere Nikita Chruschtschow, wollten sich außenpolitisch beweglicher und konzilianter zeigen. In Österreich wiederum verzichtete der neue Kanzler, Julius Raab, gegenüber den Sowjets auf scharfe verbale Attacken. 1953 kam es zu Erleichterungen im Besatzungsregime. Auch die Sowjets verzichteten jetzt auf die von Österreich zu tragenden Besatzungskosten (die Amerikaner hatten das schon 1947 getan). Raab bedankte sich artig für jede Verbesserung und Erleichterung, was ihm heftige Vorwürfe von sozialistischer Seite eintrug. Immer wieder ventilierten die Sowjets die Neutralität Österreichs. Langsam befreundete sich auch die österreichische Politik mit diesem im Westen abgelehnten, weil häufig von kommunistischer Seite verwendeten Begriff. Raab hatte damit geringere Schwierigkeiten, denn sein in der Schweiz lebender Bruder Heinrich hatte ihn schon mit der Schweizer Neutralität vertraut gemacht.

Bei der Berliner Konferenz im Februar 1954 nahm Österreich erstmals als gleichberechtigter Partner teil. Wieder kam es zu keinem Abschluss. Aber am Rand der Verhandlungen trafen sich die Außenminister der UdSSR und der USA, Wjatscheslaw M. Molotow und John Foster Dulles zu einem geheimen Gespräch. Zum Thema Neutralität versicherte Dulles, die USA würden einer Neutralität wie im Falle der Schweiz nicht im Wege stehen. Die Verankerung der Neutralität im Staatsvertrag lehnte er jedoch ab – eine auferlegte Neutralität sei für einen Staat nicht ehrenvoll, eine freiwillig gewählte hingegen schon.

Mit dieser Formulierung Dulles' konfrontierte Molotow am 13. April 1955 die Mitglieder der österreichischen Delegation (Raab, Figl, Schärf und Bruno Kreisky) bei den entscheidenden Gesprächen in Moskau. Die daraufhin von Raab trotz der Bedenken des Vizekanzlers Schärf abgegebene Erklärung über eine zukünftige österreichische Neutralität nach Schweizer Muster öffnete die Tür für den Abschluss des Staatsvertrages. Diese Neutralität sollte nicht im Vertrag stehen, sondern »freiwillig« von österreichischer Seite erklärt werden. Auch in den wirtschaftlichen Fragen zeigten die Sowjets plötzlich Entgegenkommen.

Abb. 16 Die österreichische Delegation mit Bundeskanzler Julius Raab (1891–1964), Vizekanzler Adolf Schärf (1890–1965) Außenminister Leopold Figl (1902–1965) und Staatssekretär Bruno Kreisky (1911–1990) bei den Staatsvertragsverhandlungen in Moskau im April 1955.

Die Hintergründe liegen in der Entwicklung in Westeuropa. Durch das Scheitern der Europäischen Verteidigungsgemeinschaft am französischen Parlament (1954) musste zur Absicherung der westlichen Verteidigungsbereitschaft die Bundesrepublik Deutschland remilitarisiert und in die NATO aufgenommen werden. Das bedeutet auch, dass die westlichen Besatzungsmächte der Bundesrepublik die volle Souveränität (und damit die Bündnisfähigkeit) zugestehen mussten. Im Februar 1955 ratifizierte Bonn die Pariser Verträge, mitsamt dem Beitritt zu NATO. Die Sowjets stellten Österreich den Bundesdeutschen als Vorbild für ein neutrales, vereinigtes Deutschland vor Augen: So freundlich würden sie auch mit einem künftighin neutralen Deutschland umgehen. Die sowjetischen Schritte lösten einige Debatten in Deutschland aus, aber Konrad Adenauer beharrte unbeirrbar auf seinem Kurs der Westintegration der Bundesrepublik. Doch ein erheblicher Vorteil blieb den Sowjets aus der österreichischen Neutralität auf jeden Fall: Der neutrale Keil Schweiz–Österreich trennte die NATO-Staaten Deutschland und Italien voneinander, das bedeutete jedenfalls eine Schwächung der NATO.

> **Der Staatsvertrag von Wien 1955**
>
> Der Staatsvertrag »betreffend die Wiederherstellung eines unabhängigen und demokratischen Österreich« wurde am 15. Mai 1955 im Wiener Belvedere von den fünf Außenministern Wjatscheslaw Molotow für die UdSSR, John Foster Dulles für die USA, Harold Macmillan für das Vereinigte Königreich und Antoine Pinay für Frankreich sowie von den Botschaftern dieser Staaten einerseits, von Außenminister Leopold Figl für Österreich andererseits unterzeichnet. Er enthält ein Verbot des Anschlusses an Deutschland, zahlreiche Bestimmungen finanzieller Natur (auch eine Entschädigung für westliche Ölfirmen!), ferner Rüstungsbeschränkungen und im Artikel 7 besondere Sicherungen für den Gebrauch der slowenischen und kroatischen Sprache in Schulen, Ämtern und Gerichten in Teilen Kärntens, der Steiermark und des Burgenlandes. Österreichischer Besitz in Jugoslawien blieb dort beschlagnahmt, die österreichischen Eigentümer mussten von der Republik Österreich entschädigt werden. Die USIA-Betriebe gingen gegen 150 Millionen Dollar in das Eigentum der Republik Österreich über. Die Ölförderung löste man den Sowjets um 10 Millionen Tonnen Rohöl ab, die später auf 6 Millionen reduziert wurden.
>
> Der Vertrag trat mit der Hinterlegung der Ratifikationsurkunden in Moskau am 27. Juli 1955 in Kraft. Damit begann die 90-tägige Frist für den Abzug der Besatzungstruppen. Sie endete am 25. Oktober. Am Tag danach, als erstmals seit 1938 wieder nur die rot-weiß-rote Fahne wehte, wurde das Neutralitätsgesetz beschlossen. Aus diesem »Tag der Fahne« wurde 1966 der Nationalfeiertag.
>
> Literatur: Gerald Stourzh – Wolfgang Müller, Der Kampf um den Staatsvertrag 1945–1955, 6. Aufl., Wien – Köln – Weimar 2020.

Kriegs- und politische Gefangene wie die 1948 an der Zonengrenze verhaftete hohe Beamtin Margarethe Ottillinger (1919–1992) kehrten aus der UdSSR zurück. Die mit den Wirtschaftsplänen für den Marshallplan beauftragte Volkswirtin war als Spionin für die USA verdächtigt worden und verschwand für sechs Jahre in sowjetischen Arbeitslagern. Als Dank für ihre Rettung ließ sie später von dem bekannten Bildhauer Fritz Wotruba (1907–1975) eine Kirche in Wien-Mauer errichten.

Heftig erregte sich der deutsche Bundeskanzler Konrad Adenauer über den Staatsvertrag, die Übernahme des Deutschen Eigentums durch die Republik und das Verbot, es den deutschen Vorbesitzern zurückzugeben. Da sich große deutsche Firmen, die schon vor 1938 in Österreich Unternehmen besaßen, wie AEG oder Siemens, unter den »Opfern« der Staatsvertragsverpflichtungen befanden, suchte man nach Auswegen. 1957 gab Österreich das »kleine« deutsche Eigentum an deutsche Vorbesitzer aus der Zeit vor 1938 zurück. Später erleichterte man deutschen Großunternehmungen den Wiedereinstieg in »ihre« früheren Betriebe. So erfolgte 1971 die Fusion der deutschen Siemens AG mit der verstaatlichten österreichischen Siemens, die Deutschen erhielten so wieder die Mehrheit im Unternehmen, 2001 wurde die Privatisierung abgeschlossen.

10.2 Wiederaufbau, Wirtschaftswunder, Wohlfahrtsstaat

Viele Wohnhäuser, Bahnhöfe, Eisenbahnen, Brücken und Fabriken waren zerstört oder beschädigt. Daher war auch die Nachfrage nach Investitionsgütern, nach Eisen und Stahl, nach Baustoffen, Dachziegeln, Bauholz und Fensterglas usw. sehr hoch. Vielfach fehlte es an Kohle. Die Bewirtschaftungsmaßnahmen (Lebensmittelmarken) aus der Kriegszeit wurden fortgesetzt, aber gegen Marken und Geld bekam man anfangs fast nichts. Der Hunger regierte. Die Ernten 1945 und 1946 erbrachten nur etwa die Hälfte der Erträge von 1937. Anbau und Ernte waren schwierig, denn die Frauen trauten sich allein nicht auf die Felder, und die Männer waren meist (noch) nicht da. Ab dem Frühjahr 1946 kam die UNRRA-Hilfe, aus ihr stammten etwa 60 % der noch kleinen Rationen. Der strenge Winter 1946/47 zwang zur vorübergehenden Stilllegung vieler Betriebe wegen Kohlenmangels. Noch 1947 war Österreich eines der am schlechtesten versorgten Länder Europas. Aber schon in diesem Jahr wuchs die Wirtschaft kräftig. Schon 1949 war in der Industrie das Produktionsniveau von 1937 erreicht.

Ab 1948 sicherte der Marshall-Plan diese Entwicklung – das European Recovery Program. Diese ERP-Hilfe machte 689 Millionen Dollar aus. Insgesamt erhielt Österreich internationale Hilfe von 1,6 Milliarden Dollar, 87 % davon kamen von den USA. Das war etwa sechsmal so viel wie die Genfer Anleihe 1922 und musste auch nicht zurückgezahlt werden. Das Verfahren des Marshall-Plans war klug: Österreich erhielt die Hilfsgüter, zuerst noch Lebensmittel, dann Maschinen für die Landwirtschaft und die Industrie, als Geschenk, aber die Unternehmen, in denen sie verwendet wurden, mussten dafür zahlen. Aus den Rückzahlungen, den so genannten Counterpart-Mitteln, entstand der ERP-Fonds, aus dem dann wieder günstige Kredite vergeben wurden – lange nur mit Zustimmung der Amerikaner. Der Fonds existiert noch immer. Regional wurden die ERP-Mittel ungleich verteilt: USIA-Betriebe bekamen nichts, die östlichen Bundesländer wenig, Kärnten und Oberösterreich am meisten.

Die Handelsbeziehungen änderten sich grundlegend – die Amerikaner verpflichteten die ERP-Hilfsempfänger zu wirtschaftlicher Kooperation. Dafür gründeten sie die 1948 die OEEC (Organisation for European Economic Co-Operation, seit 1961 OECD = Organisation for Economic Co-Operation and

Development), die die Wirtschafts- und Außenhandelspolitik der Mitgliedsstaaten koordinieren sollte. Am Ende dieser Entwicklung sollte ein weitgehend freier, gemeinsamer europäischer Markt stehen. Durch die wirtschaftliche Westbindung ebenso wie durch die kommunistische Machtübernahme in Ungarn (1947) und der Tschechoslowakei (Februar 1948) ging der Handelsverkehr mit den östlichen Nachbarstaaten stark zurück. Der wichtigste Handelspartner wurde die 1949 gegründete Bundesrepublik Deutschland, dann folgten Italien, die Schweiz usw. Der Osten Österreichs war dadurch ein zweites Mal benachteiligt. Denn er hatte auch den größten Anteil an den Kriegsschäden – 71 % der Schäden an Bauwerken (Wohnbauten, Fabriken, Bauernhöfen) entfielen allein auf Niederösterreich, in Wien waren 86.000 Wohnungen ganz oder teilweise zerstört. Noch vor Kriegsende wurden ganze Fabriken nach Westen verlagert. Auch die Demontagen von Maschinen und Anlagen betrafen besonders die sowjetische Zone, bis zum Sommer 1945 auch die Industriegebiete der Steiermark. Oberösterreich wurde das neue Kernland der österreichischen Industrie – auch vertriebene Sudetendeutsche bauten hier neue Fertigungen auf. 1955 war Westösterreich daher höher industrialisiert als die alten Industriegebiete im Osten.

Die Kriegswirtschaft hatte Industrien für Investitionsgüter bevorzugt. Sollten diese Kapazitäten übernommen werden? Letztlich sprach sich die Regierung dafür aus. Die beiden großen Linzer Werke (VÖEST und Stickstoff), die Werke in Ranshofen (Aluminium) und Lenzing (Zellwolle) – alle in Oberösterreich – wurden nicht nur repariert, sondern noch ausgebaut. 1947 konnte man in Linz schon wieder den ersten Hochofen anblasen. Die Nachfrage nach Grundstoffen wie Eisen, Stahl usw. stieg aber auch nach dem Ende des unmittelbaren Wiederaufbaus noch weiter – denn 1950 kam der Koreakrieg und kurbelte die Rüstungskonjunktur an. Das Bruttoinlandsprodukt wuchs von 1946 bis 1951 jährlich um fast 15 %, von 1951 bis 1955 immer noch im Schnitt um fast 6 % pro Jahr (der Knick des Krisenjahres 1953 wurde rasch wieder ausgebügelt).

Das Wachstum wurde in erster Linie von der Industrie getragen. Die Landwirtschaft hinkte nach. Zunächst fehlten ihr etwa 80.000 Arbeitskräfte. Erst ab 1952/53 erreichte die Landwirtschaft das Niveau von 1913, die Erträge stiegen seither kontinuierlich weiter.

Wie nach dem Ersten erhob sich auch nach dem Zweiten Weltkrieg das Gespenst der Inflation. Aber diesmal war man gewarnt. Zunächst wurde ein großer Teil der auf Banken liegenden Guthaben eingefroren. Im Herbst 1945 erfolgte der Umtausch in den Schilling, der damit wieder zur österreichischen Währung wurde (1 Reichsmark = 1 Schilling). Nur 150 Schilling wurden ausbezahlt, der Rest auf Sperrkonten hinterlegt. Doch die Inflation belebte sich bald wieder, weil die Regierung die zu Beginn sehr hohen Besatzungskosten durch den Druck neuer Banknoten finanzierte; damit stieg der Geldumlauf sofort wieder, aber das Warenangebot blieb noch knapp. Lebensmittel, Kleider oder Schuhe waren nach wie vor »bewirtschaftet« und wurden nur gegen Marken abgegeben. Der »schwarze Markt« florierte, die geheime Währung waren Zigaretten. Im November 1947 wurde die Währung neuerdings reformiert, jeder Besitzer einer Lebensmittelkarte erhielt gegen 450 alte Schillingnoten 150 Neu-Schilling, die Sperrkonten wurden ersatzlos gestrichen.

Dennoch entstand in der Folge erneut eine inflationäre Entwicklung, die man durch mehrere Lohn-Preis-Abkommen auffangen wollte. Diese Abkommen markieren den Beginn der Sozialpartnerschaft. Die Interessenvertretungen von Arbeitnehmern (Gewerkschaften und Arbeiterkammern) und Arbeitgebern (Bundeskammer der gewerblichen Wirtschaft und Industriellenvereinigung) waren die Partner dieser Abkommen. Sie waren das Symbol für die Einbindung der Arbeitnehmerschaft in die Gestaltung der Wirtschaftspolitik. Allerdings wirkten die letzten Lohn-Preis-Abkommen nicht mehr, die Inflation ging munter weiter.

Aus Protest gegen das Vierte Lohn- und Preisabkommen brachen Ende September 1950 Streiks aus – zuerst bei der VÖEST, wo bei Betriebsratswahlen die neue vierte Partei, der VdU, erfolgreich angetreten war. Die Streiks weiteten sich in der Folge aus. In Wien wurden die Streiks schon von den Kommunisten beherrscht, die aus den Streiks politisches Kapital schlagen wollten. Am 26. September demonstrierten streikende Arbeiter vor dem Bundeskanzleramt. Die Lage war dramatisch. Bundeskanzler Figl weigerte sich, das Haus durch eine Hintertür zu verlassen. Die Regierungsparteien sprachen schnell von einem Putschversuch der Kommunisten. Immerhin war die Prager Machtübernahme (Februar 1948) noch in wacher Erinnerung! Es stand viel auf dem Spiel: Der gesamte Konsens der Eliten, wie er sich seit 1945 entwickelt hatte. Und der beruhte auf der Zustimmung der Arbeitermassen zur Politik der SPÖ. Eine von den Kommunisten einberufene gesamtösterreichische Betriebsrätekonferenz wurde daher vom sozialistisch dominierten Österreichischen Gewerkschaftsbund boykottiert. Gegen gewalttätige kommunistische Demonstranten mobilisierte die Bau- und Holzarbeitergewerkschaft unter dem strikten Antikommunisten und ehemaligen KZ-Häftling Franz Olah (1910–2009) ihre eigenen Trupps. Die Sowjets behinderten zwar die österreichische Gendarmerie, wenn diese gegen Kommunisten vorgehen wollte, hielten sich aber zurück – die Herbststreiks 1950 waren nicht von Moskau aus gesteuert. Die Streiks brachen zusammen, die Mehrheit der Arbeiterschaft blieb den sozialistischen Gewerkschaftern treu.

1949 näherten sich die (steigenden) offiziellen Preise und die fallenden Preise des Schwarzmarktes einander an, der Schwarzmarkt verschwand. Infolge der finanziellen Belastungen durch den Koreakrieg mussten die USA ihre Hilfszahlungen für Europa reduzieren. Da Österreich schon mehr produzierte als 1937, sollte es künftig auf eigenen Füßen stehen. Raab hatte 1952 Reinhard Kamitz (1907–1993) als Finanzminister (1952–1960) installiert. Er sollte die neue Wirtschaftspolitik umsetzen. Die Amerikaner und die Europäische Zahlungsunion forderten Budgetausgleich und Verteuerung der Kredite. Kamitz ergänzte diese Vorgaben durch Stabilisierung der Kosten: Die Industrie erklärte sich zu Preissenkungen bereit, was auf Grund der abklingenden Nachfrage nach Rohstoffen leicht möglich war, international sanken die Preise sowieso. Dadurch konnten auch die Gewerkschaften auf Lohnforderungen verzichten. Das Staatsbudget wurde durch Steuererhöhungen und Investitionskürzungen ausgeglichen. Großhandelspreise und Verbraucherpreise sanken. Die Stabilisierung wurde dennoch mit einer Stabilisierungskrise erkauft. Die Arbeitslosigkeit stieg 1953 auf 8,5 %. Der Wechselkurs des Schillings wurde auf niedrigem Niveau stabilisiert: Ein US-Dollar galt ab jetzt gleich 26 ATS. Da dieser Kurs erheblich über der Kaufkraftparität von etwa 1:15 lag, bedeutete er eine kräftige Unterstützung für den österreichischen Export. Gleichzeitig stieg endlich auch die landwirtschaftliche Produktion über das Vorkriegsniveau. 1953 verschwanden die Lebensmittelkarten. Der Fremdenverkehr kam in Schwung – als Folge des deutschen Wirtschaftswunders kamen wieder Touristen aus Deutschland. Die Importe unterlagen hingegen noch zahlreichen Beschränkungen, ebenso der Geldverkehr. Vorzeitige Abschreibungen und Steuersenkungen wirkten sich günstig aus. Der Wiederaufbau ging in das Wirtschaftswunder über. Schon 1953 wuchs das BIP um fast 4 %, 1954 um fast 9 %, 1955 um mehr als 11 %. Dann gingen die Wachstumsraten zurück, ab den 1970er Jahren glich sich das österreichische Wachstumsmuster dem europäischen an.

Der Lebensstandard stieg endlich, und erstmals für eine Mehrheit der Bevölkerung. Zuerst wollte man sich ordentlich satt essen. Die »Fresswelle« brachte eine gute Konjunktur für Backhendlstationen und Heurige. Dann kam die Bekleidungswelle, schließlich die Einrichtungswelle. Als die Motorisierungswelle begann, hat man ihr späteres Ausmaß völlig unterschätzt: Schlimmstenfalls würden eine Million Automobile verkehren. 1994 waren es 3,3 Millionen.

In den 1960er Jahren begann der private Fernsehapparat das Kino zu ersetzen. In der Zwischenkriegszeit und nach 1945 war der Kinobesuch das beliebteste Freizeitvergnügen. Unmittelbar nach dem Krieg waren auch Theater und Konzerte sehr gefragt – denn diese Karten bekam man ohne Marken. Wer überlebt hatte, wollte sich unterhalten. Aber schon zwischen 1960 und 1977 wurden in Österreich mehr als 700 Kinos geschlossen, das waren fast so viele, wie es 1937 gegeben hatte.

Die Ausstattung der Wohnungen verbesserte sich. 1951 verfügte nur jede zehnte Wohnung über Bad oder Dusche, 1961 schon jede fünfte, 1971 jede zweite, 1993 fast alle. Zu den Renovierungen beschädigter Häuser kam ein regelrechter Boom an Neubauten. Eine Statistik aus dem Jahr 2011 zeigt, dass 77 % aller etwa 2,2 Millionen Häuser und Wohnungen im Bundesgebiet nach 1945 gebaut wurden. Neue Siedlungen an den Rändern von Dörfern und Städten entstanden. Auch privates Geldvermögen bildete sich neu. Es wurden wieder Sparbücher angelegt und Lebensversicherungen abgeschlossen. Aktien spielen hingegen im Sparverhalten der österreichischen Bevölkerung bis heute nur eine geringe Rolle.

Um 1960 lag das wirtschaftliche Niveau bereits weit über dem von 1913, dem letzten Friedensjahr. Die Sicherung von Wirtschaftsaufschwung und Vollbeschäftigung wurde zum zentralen Ziel der Wirtschaftspolitik. Aber Mitte der 1960er Jahre kam es zu einem deutlichen Konjunktureinbruch mit dem Höhepunkt 1967/68. Wieder wurde ein namhafter Ökonom, Stephan Koren (1919–1988), als Krisenmanager herangezogen. Der »Koren-Plan« (1968) enthielt einerseits Steuererhöhungen und Ausgabenkürzungen, andererseits förderte er Strukturverbesserungen und Investitionen. Noch im selben Jahr begann ein neuer Konjunkturaufschwung, der bis 1973 anhielt.

Auch die Systeme der sozialen Sicherheit wurden entscheidend verbessert. Das wichtigste Gesetz war das Allgemeine Sozialversicherungsgesetz (ASVG) aus dem Jahr 1955, das die seit 1939 geltenden deutschen Gesetze ersetzte. Damals war schon die Altersversicherung für Arbeiter eingeführt worden, freilich auf bescheidenem Niveau. Das ASVG regelte Kranken-, Unfall- und Altersversicherung für Arbeiter und Angestellte. Für die Unterstützung von Familien mit Kindern wurde die Familienbeihilfe eingeführt (erstmals 1950). Für die Bauern wurde 1957 die Zuschussrente geschaffen, für die gewerblichen Selbstständigen 1958 ein eigenes System der Alterspension eingerichtet. Ihr System der Krankheitsvorsorge in den traditionellen »Meisterkrankenkassen« wurde 1966 neu geregelt. 1965 wurde die Krankenversicherung für die Bauern eingeführt. Mit der Bauernpension (1969) erhielt das System der sozialen Sicherheit seinen vorläufigen Abschluss.

10.3 Die Krise der Koalition. Die Alleinregierungen Klaus und Kreisky

Krisenjahre der Großen Koalition

Nach dem Abschluss des Staatsvertrags gewann die ÖVP mit dem »Staatsvertragskanzler« Raab die vorgezogenen Nationalratswahlen 1956, aber doch nur eine relative Mehrheit. Geprägt wurde die Erinnerung an dieses Jahr durch die Unruhen im Herbst 1956 in Polen, dann in Ungarn. Im Oktober wurde der populäre Imre Nagy Ministerpräsident, János Kádár Parteichef der KP. Ungarn schien sich in einen freien, demokratischen Staat zu verwandeln. Aber am 4. November begann der Angriff der Roten Armee. Von den Unterlegenen in diesem ebenso verzweifelten wie ungleichen Kampf flohen viele über Österreich in den Westen. Eine Welle der Solidarität schlug den Flüchtlingen entgegen. Von den etwa 180.000 Ungarn-Flüchtlingen blieb nur etwa ein Zehntel in Österreich, die meisten gingen nach Amerika.

Eine Neuauflage der »großen Koalition« folgte. Nach dem Tod Theodor Körners (1957) wurde der bisherige sozialistische Vizekanzler Adolf Schärf zum Bundespräsidenten gewählt. Raab konnte noch eine Erleichterung bei den Erdöllieferungen von den Sowjets erreichen. Er war aber nach einem Schlaganfall gesundheitlich angeschlagen. Nach der Niederlage der ÖVP bei den Nationalratswahlen 1959, die eine Wiederholung von 1953 brachte – ein Mandat Vorsprung für die ÖVP bei Stimmenmehrheit für die SPÖ – wurde die innerparteiliche Kritik an Raab unüberhörbar. Der Steirer Alfons Gorbach (1898–1972) löste 1960 Raab als Parteiobmann, 1961 als Bundeskanzler ab. Der konziliante ehemalige KZ-Häftling Gorbach war allerdings nach Meinung seiner Parteifreunde dem klugen und fintenreichen neuen SPÖ-Chef und Vizekanzler Bruno Pittermann (1905–1983) nicht gewachsen. 1959 war übrigens Bruno Kreisky (1911–1990) Außenminister geworden. Die »Reformer« in der ÖVP, vor allem der Bundeskanzler Josef Klaus (1910–2001) forderten eine »Versachlichung« der Politik. Eine heftige Polemik brach um die dem Habsburgergesetz 1919 entsprechende Verzichtserklärung Ottos von Habsburg-Lothringen (1961) aus. Die Regierung einigte sich wegen des Widerstandes der SPÖ nicht auf die Akzeptanz dieser Erklärung. Otto Habsburg rief den Verfassungsgerichtshof an. Dieser erklärte sich für unzuständig, woraufsich Habsburg an den Verwaltungsgerichtshof wandte. Der entschied auf die Korrektheit der Verzichtserklärung, wieder gab es keine Einigung im Ministerrat. In einer überaus lebhaften Parlamentsdebatte beschlossen am 4. Juli 1963 SPÖ und FPÖ (die stärker deutschnational orientierte, 1955/1956 gegründete Nachfolgepartei des VdU) eine Empfehlung an die Bundesregierung, sie möge Otto Habsburg die Einreise nicht ermöglichen. Etwa zur selben Zeit unterstrich ein Wahlrechtsentwurf des sozialistischen Innenministers Franz Olah mit der Begünstigung kleiner Parteien eine mögliche weitere Annäherung zwischen SPÖ und FPÖ. Immerhin gelang der Koalitionsregierung Gorbach 1962 noch die Verabschiedung der Schulgesetze. 1963 trat auch die staatliche Studienbeihilfe in Kraft – ein wichtiger Schritt zur Ermöglichung höherer Bildung auch für weniger Begüterte.

Die letzte Phase der großen Koalition (bis 1966) entwickelte sich zu Ungunsten der SPÖ. Ihr Innenminister Franz Olah, früher Präsident des Österreichischen Gewerkschaftsbundes, wurde der missbräuchlichen Verwendung von Gewerkschaftsgeldern zur Unterstützung eines Printmediums und der FPÖ beschuldigt und 1964 aus der Partei ausgeschlossen, später auch gerichtlich verurteilt. Er gründete eine eigene Partei (Demokratisch Fortschrittliche Partei), die der SPÖ 1966 wichtige Stimmen kostete. Weiteres Ungemach kam aus Vorarlberg. Dort sollte 1964 ein neues Bodenseeschiff auf den Namen »Karl Renner« getauft werden. Eine Großdemonstration richtete sich gegen den sozialistischen Verkehrsminister sowie gegen den »Wiener« Zentralismus und forderte den Namen »Vorarlberg«. Schließlich wurde das Schiff »Vorarlberg« benannt. Zu guter Letzt wurde im selben Jahr (Oktober 1964) das erste große Volksbegehren der Zweiten Republik gestartet, in dem mehr als 832.000 Wahlberechtigte die Entpolitisierung von Rundfunk und Fernsehen forderten. Die ÖVP stellte sich hinter diese Forderungen, die SPÖ lehnte sie ab. Mitte der 1960er Jahre hatte daher die SPÖ das Image einer konservativen Partei der Machterhaltung, während die ÖVP eher als Partei der notwendigen Reformen galt. Der »Reformer« Josef Klaus war 1963 zum Parteichef gewählt worden, seit 1964 war er Bundeskanzler, konnte allerdings zunächst nur wenig umsetzen.

Tab. 1 Wahlergebnisse und Mandatsverteilung im Nationalrat 1956–1966

Jahre	ÖVP		SPÖ		KPÖ		FPÖ (ex VdU)	
	Stimmen in %	Mandate	Stimmen in %	Mandate	Stimmen in %	Mandate	Stimmen in%	Mandate
1956	46,0	82	43,0	74	5,4	3	6,5	6
1959	44,2	79	44,8	78	3,3	–	7,7	8
1962	45,4	81	44,0	76	3,0	–	7,0	8
1966	48,3	85	42,6	74	0,4	–	5,3	6

165 Mandate waren zu vergeben.

ÖVP-Alleinregierung unter Josef Klaus 1966–1970

Bei den Nationalratswahlen 1966 erreichte die ÖVP die absolute Mehrheit. Klaus wurde zum Kanzler der ersten Alleinregierung in der Zweiten Republik. Erstmals kam eine Frau als Ministerin ins Kabinett, die Sozialministerin Grete Rehor. Klaus stürzte sich voll Eifer in das Reformgeschäft. Das Gesetz über die Neuordnung von Rundfunk und Fernsehen setzte die Forderungen des Volksbegehrens um. Der neue Rundfunk (samt Fernsehen) verbesserte vor allem das Informationsangebot entscheidend. Davon profitierte weniger die Regierung, als vielmehr die Opposition, an deren Spitze seit 1967 mit Bruno Kreisky ein wirklicher Medien-Profi stand, der die neuen Verhältnisse optimal zu nutzen verstand. Josef Klaus hingegen tat sich mit dem Fernsehen schwer.

Weitere wichtige Vorhaben der Regierung Klaus waren eine neue Art der Wohnbauförderung (Wohnbauförderung 68), die automatische Angleichung der Pensionen an die Inflation und die Errichtung von mindestens einer höheren Schule (Gymnasium o.ä.) in jedem Bezirk Österreichs. Klaus fragte seine Minister stets prüfend nach dem Stand ihrer Vorhaben. Ein bisschen wirkte er wie der Oberlehrer des Kabinetts und der Nation. Nach ersten Wahlniederlagen (Oberösterreich 1967) überlegte Klaus laut eine »Hofübergabe« an den Generalsekretär der ÖVP, Hermann Withalm (1912–2003). Das warf ein ungünstiges Licht auf den Kanzler. Der finanzielle Paukenschlag des Koren-Planes mit seinen nicht unerheblichen Belastungen der Steuerzahler war zwar volkswirtschaftlich nützlich, schadete aber der ÖVP. Außerdem bot die ÖVP mit ihren drei Bünden (Bauernbund, Wirtschaftsbund, Arbeiter- und Angestelltenbund) und den ausgeprägten Interessen der einzelnen Bundesländer in vielen Materien ein keineswegs einheitliches Bild. Die »Aktion 20« als Forum der Verbindung von Wissenschaft und Politik wurde von Kreiskys »1400 Experten« bald in den Schatten gestellt.

Auf den Einmarsch von Truppen der Warschauer-Pakt-Staaten in der Tschechoslowakei am 21. August 1968 reagierte man viel weniger couragiert als das Kabinett Raab im Ungarnaufstand 1956. Österreichischer Gesandter in Prag war damals Rudolf Kirchschläger. Er stellte entgegen einer Weisung aus Wien zahlreiche Visa aus, die gefährdeten Personen die Ausreise ermöglichten. Der österreichische Rundfunk sendete monatelang seine Nachrichtensendungen nicht nur auf Deutsch, Englisch und Französisch, sondern auch auf Tschechisch. Von den Flüchtlingen aus der Tschechoslowakei gingen später viele wieder zurück, andere emigrierten in die USA.

1969 wurde nach langen Verhandlungen eine einvernehmliche Lösung für die Probleme Südtirols gefunden. Außenminister Bruno Kreisky hatte 1960 die

Südtirolfrage vor der UNO thematisiert, worauf die Vollversammlung Italien und Österreich aufforderte, in Verhandlungen einzutreten, was 1961 bestätigt wurde. Bis 1964 war man sehr weit gekommen. Die Außenminister Saragat und Kreisky einigten sich darauf, den so erarbeiteten Status zu akzeptieren. Doch die Tiroler aus Nord und Süd legten sich quer. Nach einer vorübergehenden Verschärfung wegen neuerlicher Attentate und des darauffolgenden italienischen Vetos gegen die österreichischen EWG-Ambitionen einigten sich 1969 die Außenminister Pietro Nenni und Kurt Waldheim auf einen »Operationskalender« über die Umsetzung der von Italien zugestandenen Autonomieregelungen. Nach heftigen Debatten akzeptierten die Südtiroler im Oktober 1969 die jetzt als »Paket« bezeichneten Regelungen. Die Parlamente in Rom und Wien (Dezember 1969) nahmen das »Paket« ebenso an – in Wien gegen die Stimmen der SPÖ. Kreisky kritisierte, dass das »Paket« ausschließlich als inneritalienische Angelegenheit galt und international nicht abgesichert war. Die Umsetzung des »Pakets« dauerte lange. Erst 1992 gab der österreichische Außenminister Alois Mock (1934–2017) vor der UNO die Erklärung ab, dass der Streit zwischen Italien und Österreich nunmehr beigelegt sei.

Bei den Nationalratswahlen 1970 siegten die SPÖ und Bruno Kreisky mit einer relativen Mehrheit. Während sich Klaus jeder Koalition mit den Freiheitlichen verschloss, nahm der kluge Taktiker Bruno Kreisky noch in der Wahlnacht Kontakt mit dem FPÖ-Obmann Friedrich Peter auf. Das Versprechen einer Wahlreform zugunsten dieser kleinen Partei honorierte Peter mit der Unterstützung einer Minderheitsregierung der SPÖ.

Die Ära Kreisky

Damit begann die längste Periode einer Alleinregierung, die Ära Kreisky (1970–1983). Dass der sprachgewandte Diplomat aus großbürgerlichem Haus mit jüdischem Hintergrund dreimal hintereinander (1971, 1975 und 1979) absolute Mehrheiten gewann, verweist auf sein außerordentliches politisches Talent. Kreisky traf den Ton einer neuen Zeit, die nach mehr Demokratie, mehr Mitbestimmung auf vielen gesellschaftlichen Ebenen, aber auch nach mehr persönlicher Entfaltungsmöglichkeit und Selbstbestimmung strebte. Von den Zielvorstellungen der Sozialdemokratie von 1926 hatte sich die SPÖ schon in den 1950er Jahren mit einem neuen Parteiprogramm weit entfernt. Zwar wurde noch immer die klassenlose »sozialistische Gesellschaft« als Zielvorstellung beschworen, aber das war nur mehr ein Zugeständnis an die Vertreter der Linken in der Partei. Primär sollte es nunmehr darum gehen, ein möglichst hohes Maß an sozialer Gerechtigkeit zu erreichen – das war natürlich auch eine Reaktion auf das Erleben der Wohlstandsgesellschaft im Kapitalismus bei gleichzeitigem Blick auf den wenig ermutigenden »realen Sozialismus« in der unmittelbaren Nachbarschaft Österreichs.

> **Bruno Kreisky (1911–1990)**
>
> Kreisky war schon in jungen Jahren aus der israelitischen Kultusgemeinde ausgetreten. Früh wurde er Mitglied bei der Jugendorganisation der Sozialdemokratie. 1935 verhaftet und zu einer Gefängnisstrafe verurteilt, wurde er 1936 entlassen, schloss im März 1938 sein Jus-Studium ab und emigrierte im Sommer 1938 nach Schweden. Nach 1945 half er mit, die diplomatische Vertretung Österreichs in Schweden aufzubauen. 1951 nach Österreich zurückgekehrt, wurde er 1953 Staatssekretär im Außenministerium, 1959 Außenminister. 1970 wurde nicht nur das Wahlrecht zugunsten der FPÖ reformiert. Mit der Aufnahme von vier ehemaligen Nationalsozialisten in sein erstes Kabinett sendete er ein weiteres Signal an das deutschnationale bzw. das »Lager« der ehemaligen Nationalsozialisten.
>
> Kreiskys Reformprojekt umfasste einerseits nachholende Liberalisierungsmaßnahmen, wie die Straffreiheit für Homosexualität, Ehebruch und Abtreibung in der Frühphase der Schwangerschaft (»Fristenlösung«), andererseits Erleichterung der Ehescheidungen und die Gleichstellung der Ehefrau in der ehelichen Partnerschaft. Eine Fülle materieller Verbesserungen kam hinzu: Freifahrt für Schüler, kostenlose Schulbücher für alle, das Ende der (nicht sehr hohen) Kolleggelder an den Universitäten, schließlich auch Heiratsbeihilfen (die später wieder gestrichen wurden). Dieses Programm der Erleichterungen für alle wurde durch eine dreimalige absolute Mehrheit honoriert. Bis in die Gegenwart dauert die Hochschätzung Kreiskys an: Nach Maria Theresia nimmt – laut einer Umfrage vom Juni 2019 – der »Sonnenkönig« den zweiten Platz in der Liste der historisch bedeutenden Persönlichkeiten ein.
>
> Literatur: Wolfgang Petritsch: Bruno Kreisky. Die Biographie, Wien 2010.
> Internet-Verweis: https://de.wikipedia.org/wiki/Bruno_Kreisky

Kreisky hatte auch Glück: Seit 1969 herrschte, dank des Koren-Plans und im internationalen Gleichklang, Hochkonjunktur, 1970 erreichte das Wirtschaftswachstum sogar 7 % – ein seither nie mehr erreichter Wert. Die Steuereinnahmen sprudelten, die erste Welle an Reformen wurde aus Budgetüberschüssen bezahlt. Die erste Ölpreiskrise 1973/74 beendete diese Phase abrupt. 1975 schrumpfte die Wirtschaft sogar, ebenso wie 1978, wenn auch nur geringfügig.

Seit Kreisky werden auch die Parteien gefördert (Parteiengesetz) und außerdem die Presse – alles unter dem Prätext der Förderung demokratischer Vielfalt. Dagegen sollte die Rundfunkreform von 1974 eine neuerliche stärkere Staats- (also Regierung-)Nähe des gar zu unabhängig gewordenen Medienkolosses bewirken. Mehr Demokratie sollte auch die Universitätsreform 1975 bringen, die von der Wissenschaftsministerin Hertha Firnberg (1909–1994), einer promovierten Historikerin, umgesetzt wurde. Die universitären Gremien (Senat, Fakultäten) wurden semiparitätisch (50 % Professoren, je 25 % Assistenten und Studenten), die Studienkommissionen drittelparitätisch besetzt.

Das Verhältnis zur katholischen Kirche, mit der der Agnostiker Kreisky schon seit den 1950er Jahren ein gutes Einvernehmen herzustellen bemüht war, wurde zwar durch die von Kreisky so nicht gewünschte, aber von den SPÖ-Frauen durchgesetzte Abtreibungsbestimmung belastet, dafür übernahm der Staat unter Kreisky die vollständige Finanzierung aller Personalkosten der konfessionellen (meist katholischen) Privatschulen (1971). Mit der eindrucksvollen Persönlichkeit des Wiener Erzbischofs Franz Kardinal König (1905–2004), der tiefen Glauben mit einer hohen Intellektualität vereinigte, verstand sich Kreisky persönlich recht gut. Die ÖVP, immer noch die Partei, die von der Mehrheit der praktizierenden Katholiken gewählt wurde, konnte wenig dagegen unternehmen. Kreisky verfolgte aber nicht nur das Ziel, das Verhältnis zur katholischen Kirche zu entkrampfen, er wollte auch die ÖVP dauerhaft zu einer Minderheitsposition verurteilen, nach schwedischem Vorbild – am liebsten wären ihm mehrere bürgerliche Parteien gewesen. Dazu dienten ihm unter anderem gut überlegte Personalentscheidungen, wie die Nominierung des parteilosen katholischen Diplomaten Rudolf Kirchschläger (1915–2000) zum Außenminister (bis 1974) und nach dem Tod des Bundespräsidenten Franz Jonas (1899–1974) zum Präsidentschaftskandidaten, der auch die Wahlen souverän gewann. Die Wiederwahl Kirchschlägers 1980 war eine Formsache, da die ÖVP auf eine Gegenkandidatur verzichtete. Aber die ÖVP zerfiel nicht und stieg später wieder in der Wählergunst.

Bruno Kreisky scheiterte hingegen beim Versuch, den Artikel 7 des Staatsvertrages umzusetzen. 1945 war das Kärntner Schulwesen neu geordnet worden. Alle Schüler des zweisprachigen Gebietes sollten auf Vorschlag des slowenischen Landesrates Joško Tischler beide Sprachen erlernen (Oktober 1945). Tischler wurde übrigens der erste Direktor des 1957 gegründeten Bundesgymnasiums für Slowenen in Klagenfurt. Die Spaltung in zwei ideologisch verfeindete Organisationen erwies sich für die sowieso schon recht klein gewordene slowenische Minderheit als problematisch. Ab 1955 kam es in Kärnten zu einer raschen Rekonstruktion des deutschnationalen Lagers. Der zweisprachige Unterricht sollte abgeschafft werden. Auf den von dieser Seite organisierten »Schulstreik« von 1958 reagierte der Landeshauptmann Ferdinand Wedenig (1896–1975) mit der Ermöglichung der Abmeldung bzw. der Verpflichtung der jährlich neuen Anmeldung zum zweisprachigen Unterricht. Diese neue Lage, die jenes Bekenntnisprinzip erzwang, das die Schulregelung von 1945 ebenso wie der Staatsvertrag vermeiden wollten, wurde auch durch ein Bundesgesetz unterstrichen. 1972 beabsichtigte Kreisky wenigstens die im Staatsvertrag vorgesehenen zweisprachigen Ortstafeln umzusetzen. Im September 1972 wurden die ersten zweisprachig beschrifteten Ortstafeln aufgestellt. Dagegen erhob sich der so genannte Ortstafelsturm, in dem fast alle zweisprachigen Ortstafeln in Südkärnten abmontiert wurden. Diese Reaktionen führten zum Rücktritt des Landeshauptmannes Hans Sima (1918–2006), mit dem Kreisky die Ortstafellösung vorbesprochen hatte. Kreisky änderte jetzt seine Taktik: Nur mehr gemeinsame Gesetzesbeschlüsse aller drei damaligen Parlamentsparteien sollten zur Minderheitenproblematik erlassen werden. Das Ergebnis war das Volksgruppengesetz 1976, das der Verfassungsgerichtshof seither in mehreren Entscheidungen als gegenüber den Intentionen des Staatsvertrages zu restriktiv bezeichnete. Erst im 21. Jahrhundert – 2011 – kam es zu einer Lösung, die zwar auch nicht voll befriedigt, aber doch besser ist als die von 1976.

Eine Abstimmungsniederlage konnte Kreisky in einen vollen Sieg ummünzen. 1978 sollte das schon 1969 (also unter Klaus) geplante Atomkraftwerk Zwentendorf in Betrieb gehen. Da die Kritik an der Atomkraft immer heftiger wurde, setzte die Regierung eine Volksabstimmung über die Inbetriebnahme des bereits fertigen Kraftwerkes an. Kreisky verband sein politisches Schicksal mit dem Kraftwerk – er würde zurücktreten, falls das teure Projekt nicht in Betrieb gehen könne. Daraufhin trat die ÖVP – gegen ihren Wirtschaftsflügel – gegen das AKW auf. Zahlreiche Menschen votierten gegen das AKW, die gar nichts dagegen hatten, aber Kreisky meinten. Die Abstimmung ging knapp gegen das Atomkraftwerk aus. Kreisky bot innerhalb der SPÖ seinen Rücktritt an, der wurde abgelehnt und bei der Nationalratswahl 1979 war der Anteil der SPÖ so hoch wie nie zuvor (und nie mehr danach). Seither ist im Tullnerfeld das 1:1-Modell eines fertigen AKW zu besichtigen.

1975 publizierte Simon Wiesenthal (1908–2005), der ein Dokumentationszentrum über NS-Verbrechen und -Verbrecher leitete, Material über den Obmann der FPÖ, Friedrich Peter. Peter war Offizier einer SS-Einheit, die in der Sowjetunion an schweren Kriegsverbrechen beteiligt war. Peter selbst behauptete, er sei während der Mordaktionen jeweils auf Urlaub gewesen. Wie auch immer: Kreisky reagierte wütend und beschuldigte Wiesenthal selbst der Kollaboration mit den NS-Verbrechern. Wiesenthal hatte, indem er Peter, der schon als möglicher Vizekanzler einer SPÖ-FPÖ-Regierung gehandelt wurde, so schwer beschuldigte, ein persönliches Tabu Kreiskys berührt. Freilich steht dieser Konflikt in einer gewissen Traditionslinie. Denn schon im Jahr 1970 hatte der Unterrichtsminister und Zentralsekretär der SPÖ, Leopold Gratz, auf dem Parteitag der SPÖ Simon Wiesenthal scharf angegriffen.

Die Reaktion Kreiskys in der Kreisky-Peter-Wiesenthal-Affäre hat aber auch einen internationalen Hintergrund. Kreisky verstand sich auch als Bundeskanzler als Gestalter der Außenpolitik. Auf Grund seiner langen diplomatischen Tätigkeit und seiner breiten personellen und inhaltlichen Kenntnisse war er ein international geschätzter Gesprächspartner. Es war ein Teil seines Sicherheitskonzeptes für das neutrale Österreich, in der UNO eine aktive Rolle zu spielen und Wien zum dritten Zentrum der UNO (neben New York und Genf) auszubauen. Neben der 1973–79 errichteten UNO-City, die schon unter der Regierung Klaus beschlossen worden war, wurde ergänzend ein internationales Konferenzzentrum (Austria Center Vienna) errichtet. Kontakte zu zahlreichen ausländischen Politikern waren für diese Politik wichtig. Besonders verbunden zeigte er sich mit seinen sozialdemokratischen Parteifreunden Willi Brandt und Olof Palme im Rahmen der sozialistischen Internationale. Kreisky wirkte auch an der Konferenz für Sicherheit und Zusammenarbeit in Europa (KSZE, Helsinki 1975) aktiv mit. Ganz besonderen Ehrgeiz legte er jedoch in die Vermittlung im Nahostkonflikt. Er wurde aber von den Israelis als Vermittler zunehmend abgelehnt, da er sich zu sehr den Positionen der Palästinenser annäherte. Das schützte Österreich aber nicht vor dem arabischen Terror, der durch den Überfall auf einen Transport von aus der Sowjetunion kommenden Juden die Schließung eines Transitlagers für diese Juden in Österreich erzwingen wollte. Kreisky schloss das Lager zwar, aber Österreich blieb weiterhin ein wichtiges Transitland für Juden aus der Sowjetunion. Dass er bei den Kontroversen mit Israel manchmal unbedachte Äußerungen von sich gab, minderte allerdings sein internationales Ansehen.

Die Spätphase der Regierung Kreisky war von Problemen überschattet. Das erste waren die sich häufenden Korruptionsvorwürfe gegen SP-Politiker. Während vor 1970 eher die ÖVP mit Vorwürfen dieser Art konfrontiert war, betraf es jetzt zunehmend die SPÖ. Vor allem der Neubau des Allgemeinen Krankenhauses in Wien (»Europas teuerster Krankenhausbau«) stand im Mittelpunkt der Aufmerksamkeit. Wichtige gesellschaftliche Kontakte vermittelte der »Club 45«, in dem viele Prominente aus der SPÖ und den ihr nahestehenden Kreisen verkehrten und der sein Domizil in der traditionsreichen Hofzuckerbäckerei Demel hatte. Der Demel gehörte damals Udo Proksch, einer überaus schillernden Figur, die letztlich durch die (vermittels einer ferngesteuerten Explosion ausgelösten) Versenkung eines Frachtschiffes mit einer wertlosen Ladung bekannt wurde, die sechs Todesopfer forderte (1977). Zum Versicherungsbetrug kam mehrfacher Mord.

Dazu traten jetzt auch noch wirtschaftliche Probleme auf. 1974/75 kam es, nach dem Jom-Kippur-Krieg 1973, als Folge der Drosselung der Ölförderung durch mehrere arabische Länder, zum ersten Ölpreisschock. Die längste Aufschwungsphase der Nachkriegszeit ging abrupt zu Ende. Die Bundesregierung steuerte mit einem kräftigen *deficit spending* dagegen. Steuererhöhungen verringerten das Defizit und schränkten die Inlandsnachfrage ein. Das Budgetdefizit stieg bald wieder an, aber die Arbeitslosigkeit blieb zunächst niedrig. Allerdings wurde dieses Ziel unter anderem nur dadurch erreicht, dass die verstaatlichte Industrie um jeden Preis Arbeitskräfte behalten musste und der öffentliche Sektor stark aufgebläht wurde. Die Arbeitslosigkeit wurde auch durch erleichterte Frühpensionen und den Abbau von ausländischen Arbeitskräften (von 226.000 1973 auf 171.000 1979) scheinbar verringert. Nach dem zweiten Ölpreisschock 1979/80 funktionierte das österreichische Modell immer schlechter.

1981 endete die Zeit der Vollbeschäftigung. Über Budgetdefizite die Arbeitsplätze zu sichern war nicht mehr so leicht möglich, da die Staatsverschuldung (nicht nur in Österreich) kräftig angestiegen war – von (1973) etwa 12 % des BIP auf (1981) 27 % und (1986) 42,3 %. Eine der letzten geplanten Maßnahmen des bereits schwer kranken Kreisky war das so genannte Mallorca-Paket, ein Steuerpaket zur Budgetsanierung. Die Wähler akzeptierten es nicht, auch die Partei selbst war voll Skepsis. So endete die Kanzlerschaft Kreiskys mit einem Misserfolg. Bei den Nationalratswahlen 1983 behielt die SPÖ zwar die relative Mehrheit, musste aber einen Koalitionspartner suchen.

Tab. 2 Wahlergebnisse und Mandatsverteilung im Nationalrat 1970–1986

Jahre	SPÖ		ÖVP		FPÖ		Grün-Alternative	
	Stimmen in %	Mandate	Stimmen in %	Mandate	Stimmen in %	Mandate	Stimmen in %	Mandate
1970	48,4	81	44,7	78	5,5	6	–	–
1971	50,0	93	43,1	80	5,5	10	–	–
1975	50,4	93	43,0	80	5,5	10	–	–
1979	51,0	95	41,9	77	6,0	11	–	–
1983	47,7	90	43,2	81	5,0	12	3,3	–
1986	43,1	80	41,3	77	9,7	18	4,9	8

1970 waren 165 Mandate zu vergeben, seit der Wahlreform 1970 183.

Kreisky setzte noch selbst seinen Nachfolger ein und knüpfte auch die Koalition mit den Freiheitlichen. Der Burgenländer Fred Sinowatz (1929–2008) übernahm kein leichtes Erbe. Die Konsolidierung des Budgets gelang ebenso wenig wie die Sanierung der bereits schwer mit Krisen kämpfenden verstaatlichten Industrie. Die FPÖ leitete zwar nach Friedrich Peter mit Norbert Steger (*1944) ein Mann der jüngeren Generation, dem man den Wandel von einer Partei der »Ehemaligen« zu einer liberalen Partei zutraute. Doch wurde 1983 der noch jüngere Oberösterreicher Jörg Haider (1950–2008) Obmann der Kärntner Landespartei, und die war nach wie vor deutschnational orientiert. Später wurde er auch Landeshauptmann, 1986 auch Obmann der Bundespartei.

Ähnlich wie Kreisky mit Zwentendorf bekam auch Sinowatz »sein« Kraftwerksproblem. Gegen ein Kraftwerksprojekt in der Nähe von Hainburg lief die schon kräftig erstarkte Umweltbewegung Sturm. Im Dezember 1984 besetzten Schüler, Studenten, Journalisten und Wissenschaftler das Augebiet, als hier die für den Bau des Kraftwerkes notwendigen Schlägerungen beginnen sollten. Nach einer kurzfristigen Eskalation verhängte die Regierung noch vor Weihnachten einen Baustopp. Das Gebiet gehört seit 1996 zum Nationalpark Donau-Auen.

Schließlich standen 1986 nach dem Ende der zwölfjährigen Amtszeit Kirchschlägers Präsidentenwahlen bevor. Für die ÖVP kandidierte Kurt Waldheim (1918–2007), unter Klaus Außenminister und von 1972 bis 1981 Generalsekretär der UNO. Waldheim hatte schon 1971 kandidiert, war aber dem amtierenden Bundespräsidenten Franz Jonas (1899–1974, Bundespräsident von 1965 bis 1974) unterlegen. Kreisky hatte seine UNO-Kandidatur kräftig unterstützt. Als Außenminister hatte Kreisky Waldheim zum obersten Beamten des Ministeriums ernannt, später auch zum Botschafter bei den Vereinten Nationen. Der Generalsekretär Waldheim förderte Anliegen der »Dritten Welt«. Dabei geriet er zuweilen in Gegensatz zu den USA, aber auch zu Israel. Plötzlich stand im Wahlkampf die »braune Vergangenheit« Waldheims im Mittelpunkt, mit schwachen Argumenten. Schwerer wog, dass er in seiner Autobiographie die Jahre als Offizier der Deutschen Wehrmacht auf dem Balkan einfach weggelassen hatte. Als Stabsoffizier, der Nachrichten sammelte und weitergab, muss er über Kriegsverbrechen informiert gewesen sein, involviert war er nicht. Aber seine Rechtfertigung, er habe doch nur »seine Pflicht getan« zeigt einen für einen hochrangigen Diplomaten und Politiker bemerkenswerten Mangel an Auseinandersetzung mit der jüngeren – auch eigenen – Vergangenheit. Waldheim wurde im zweiten Wahlgang gewählt. Er blieb international weitgehend isoliert. Fred Sinowatz, den man beschuldigte, die Kampagne gegen Waldheim ausgelöst zu haben, trat unmittelbar danach zurück.

10.4 Von Vranitzky zu Kurz. Österreich und Europa

Die Nachfolge des glücklosen Sinowatz übernahm Franz Vranitzky (* 1937). Der bisherige Finanzminister (seit 1984) war Mitarbeiter bei Hannes Androsch, ehe er selbst eine Laufbahn im Bankwesen antrat. Als Vorstandsvorsitzender der Österreichischen Länderbank leitete er von 1981 bis 1984 eine der beiden großen verstaatlichten Banken. Die Bank wurde 1991 mit der Zentralsparkasse der Gemeinde Wien zur Bank Austria vereinigt. Vranitzky sollte die Probleme der verstaatlichten Industrie lösen und die durch die Isolierung Waldheims notwendig gewordene Vertretung Österreichs nach außen übernehmen. Diese Aufgabe löste er recht gut, als er in einer Rede vor dem österreichischen Parlament – und später ähnlich in Israel – erstmals von der undifferenzierten Opfertheorie (Österreich ausschließlich als erstes Opfer des Nationalsozialismus) abrückte und die Mitschuld zahlreicher Österreicher an den Verbrechen des Nationalsozialismus bedauernd thematisierte. Auch optisch vermittelte Vranitzky mit seinem Auftreten als kühler, rationaler Banker ein neues Politikverständnis. Mit derselben distanzierten Rationalität, mit der er die Privatisierung der verstaatlichten Industrie einleitete, trennte er sich als Parteichef der SPÖ von der traditionsreichen, aber verlustbringenden Arbeiter-Zeitung. 1995 war auch ein anderes sozialistisches Paradeunternehmen zahlungsunfähig, der »Konsum Österreich«, die Dachorganisation der Konsumgenossenschaften, die lange Zeit als dritte Säule der Arbeiterbewegung gegolten hatte (das notwendige Ausgleichsverfahren wurde korrekt und vollständig abgewickelt).

Nach dem fast putschartigen Führungswechsel in der FPÖ von Steger zu Haider löste Vranitzky im Herbst 1986 die Koalition auf. Neuwahlen erbrachten weiterhin eine knappe Führungsposition für die SPÖ. In der nun folgenden Neuauflage der großen Koalition von ÖVP und SPÖ (1987–1999) blieb Vranitzky Kanzler, Alois Mock wurde Außenminister und Vizekanzler. Beide hatten eine schwere Aufgabe zu bewältigen. Österreich war an die Europäischen Gemeinschaften heranzuführen.

Der Weg in die EU

Österreich war über die OEEC bzw. OECD mit den westlichen Industriestaaten verbunden. Aber diese Vereinigung bedeutete keine wirtschaftliche Union. Diese entstand aus einer anderen Konstellation, der 1951 geschaffenen Europäischen Gemeinschaft für Kohle und Stahl (EGKS, Montanunion). Die Montanunion wurde zum wichtigsten Handelspartner Österreichs. Von dort, vor allem aus Westdeutschland, kam der größte Teil von Kohle und Koks. Umgekehrt wurde der größte Teil der Stahl- und Eisenexporte Österreichs von der Montanunion abgenommen, meist von Westdeutschland und Italien. Der Beitritt Österreichs (1956) zum Europarat hatte eher symbolische Bedeutung. Als 1958 die Europäische Wirtschaftsgemeinschaft ins Leben trat, war Österreich ebenso wenig dabei wie alle anderen OEEC-Länder außerhalb der sechs Gründungsstaaten. Aus Rücksicht auf den Staatsvertrag konnte Österreich – so die Interpretation der Sowjets, aber auch der Franzosen – nicht an der EWG teilnehmen.

Österreich wurde dafür Mitglied der 1960 auf Betreiben des Vereinigten Königreichs gegründeten Europäischen Freihandelsassoziation (EFTA), die neben Österreich und dem Vereinigten Königreich die Schweiz, Dänemark, Norwegen, Portugal und Schweden umfasste. Sieht man von der Schweiz ab, waren das durchwegs Länder, mit denen relativ wenig wirtschaftlicher Austausch stattfand. Man musste daher weiterhin versuchen, mit der EWG zu irgendeiner Einigung zu kommen. Der sowjetische Ministerpräsident Nikita Chruschtschow warnte 1962 eindringlich vor einem Vertrag mit der EWG – dadurch würde Österreich den Staatsvertrag und den Neutralitätsstatus verletzen. Inzwischen hatte aber die Wirtschaft Alarm geschlagen: Österreichs Exporte erlitten in der BRD und in Italien deutliche Verluste, die durch Gewinne in den EFTA-Staaten nicht aufgewogen wurden. Man probierte einen Alleingang. Italien und später Frankreich blockten ab. Als 1972 das Vereinigte Königreich der EG beitrat, wurden auch vier Abkommen zwischen Österreich und der EGKS bzw. der EWG abgeschlossen, durch die faktisch eine Freihandelszone für Industrieprodukte zwischen den Vertragspartnern errichtet wurde. Analoge Abkommen wurden zwischen den Europäischen Gemeinschaften und Schweden bzw. der Schweiz vereinbart. Ab 1977 war der Handel mit Industriewaren zwischen der EG (Europäische Gemeinschaften, seit 1967 gemeinsame Organisation für EWG, EGKS und Euratom) und den EFTA-Staaten zollfrei. Die Landwirtschaft war in diese Regelungen nicht eingebunden.

In den 1980er Jahren beschleunigten die EG-Staaten das Tempo der weiteren Entwicklung. 1987 erklärten sie, dass sie bis 1993 das Ziel einer Vollendung des Binnenmarktes, aber auch die politische Union verwirklichen wollten. Das bedeutete für die Nichtmitglieder, die wie Österreich in einer Freihandelszone mit der EG verbunden waren, dass sie, um im politischen Entscheidungsprozess mitreden zu können, die Mitgliedschaft anstreben mussten.

Die Regierung Vranitzky-Mock setzte sich im Jänner 1987 das Ziel einer Teilnahme am entstehenden europäischen Binnenmarkt. Im Juli 1988 sprachen sich 74 % der Befragten für einen Beitritt aus. Die eindeutigsten Gegner des Beitritts sammelten sich um die neue Grün-Bewegung. Auch die Bauern waren skeptisch: Sie sahen, dass in der EG die große Agroindustrie den Ton angab, während in Österreich immer noch eine kleinteilige bäuerliche Landwirtschaft vorherrschte. Die Landwirtschaft wurde daher auch ein schwieriges Thema bei den Beitrittsverhandlungen.

Im Frühjahr 1989 scheiterte die von Kommissionspräsident Jacques Delors vorgeschlagene Zollunion EG-EFTA an den Vorbehalten der Schweiz und Finnlands. Das bestätigte den Alleingang Österreichs nach Brüssel. Am 17. Juli 1989 übergab Vizekanzler und Außenminister Alois Mock dem Präsidenten des Rates der EG, Roland Dumas, das Beitrittsansuchen, den berühmten »Brief an Brüssel«. Die Regierungen der zwölf EG-Staaten stimmten der Weiterleitung des Ansuchens an die Kommission zu.

Bis zum Beginn der Beitrittsverhandlungen hatte es aber noch eine gute Weile. Denn inzwischen hatte sich durch den Zusammenbruch des Kommunismus in den Nachbarstaaten Österreichs ein grundlegender Wandel vollzogen. Die Beitrittsverhandlungen mit Österreich, Finnland, Norwegen und Schweden begannen erst 1993. Schwierigkeiten bereiteten die Themen Neutralität, Landwirtschaft und Transitverkehr. Der Neutralitätsvorbehalt Österreichs wurde von der seit 1993 Europäische Union genannten Gemeinschaft akzeptiert; allerdings hat sich Österreich in der Folge doch partiell an transnationalen Vorhaben wie seit 1995 der NATO-Partnerschaft für den Frieden beteiligt. Österreichische Einheiten waren 1995–2001 im Rahmen von multinationalen Friedensoperationen in Bosnien-Herzegowina, seit 1999 im Kosovo im Einsatz. Ein schwieriges Kapitel war die Landwirtschaft, weil das österreichische Preisniveau erheblich höher war als das in der EG. Durch vier Jahre erhielten Österreichs Landwirte degressive Ausgleichszahlungen. Seit 2000 ist die österreichische Landwirtschaft voll in die Gemeinsame Agrarpolitik der EU integriert. Während im alten österreichischen System die Preise gestützt wurden, bilden sich in der EU, die ihre Agrarmärkte nach außen weitgehend abschottet, Marktpreise. Die Landwirte selbst werden direkt unterstützt – je größer die Fläche, desto höher die Förderung. Ein schwieriges Problem war (und ist) die Transitfrage. Ein bereits 1992 abgeschlossener Transitvertrag wurde in den EU-Vertrag übernommen. Er lief 2004 aus, seine Auswirkungen sind umstritten. Die Zustimmung zum EU-Vertrag war daher in Tirol relativ gering.

1994 waren die Verhandlungen abgeschlossen, eine Volksabstimmung im selben Jahr brachte eine Zustimmung von ziemlich genau zwei Drittel aller Wahlberechtigten. Neben den Grünen hatte auch die FPÖ unter Haider heftig gegen den EU-Beitritt argumentiert, in völliger Umkehrung ihrer früheren Haltung. Mit. 1.1.1995 trat Österreich der Europäischen Union bei.

Der Zusammenbruch des Kommunismus, Ostöffnung und neue Konfliktzonen

Die Krise in der Sowjetunion und die Reformversuche Gorbatschows leiteten den Zusammenbruch des Kommunismus ein. Im engeren Umfeld Österreichs ging – wieder – Ungarn voran. Auch hier litt die Bevölkerung unter einer Wirtschaftskrise. In der relativen Diskussionsfreiheit der späteren Kádár-Ära formierten sich bereits verschiedene Gruppen, aus denen später Parteien wurden. 1988 wurde Kádár – noch von seinen Parteifreunden – abgesetzt. Der neue Außenminister Gyula Horn durchschnitt gemeinsam mit Alois Mock demonstrativ den Stacheldraht als Symbol des »Eisernen Vorhanges« (27. Juni 1989). Der Abbau der Grenzsperren hatte jedoch schon früher begonnen. Am 19. August 1989 war bei einem österreichisch-ungarischen »Picknick« der Paneuropa-Union die Grenze für einige Stunden offen, was mehrere hundert Menschen aus der DDR zur Flucht nach Österreich (und weiter in die BRD) nutzten. Im September beschloss Ungarn, allen DDR-Bürgern im Land die Ausreise nach Österreich zu gestatten. Eine neue Verfassung folgte, 1990 die ersten freien Wahlen. Im Herbst 1989 brach das DDR-Regime zusammen, die Berliner Mauer fiel. Nun fehlte nur noch die ČSSR. Auch hier erfolgte noch im Spätherbst der Regimewechsel, der bekannte Schriftsteller Václav Havel wurde Ende Dezember zum Präsidenten gewählt. Wieder wurde ein Stacheldrahtzaun durchschnitten, diesmal vom neuen tschechoslowakischen Außenminister Jiří Dienstbier gemeinsam mit Alois Mock (17.12.1989).

In Jugoslawien hatte schon vor Titos Tod (1980) eine andauernde Wirtschaftskrise die Krise des politischen Systems, in dem nun die zentrale Autorität fehlte, verstärkt. Vor allem in Slowenien engagierten sich junge Intellektuelle zunehmend für Menschenrechte, auch für den Kosovo, wo die serbische Regierung die albanische Bevölkerungsmehrheit zu unterdrücken versuchte. Die jugoslawische Krise trat offen zu Tage, als im Jänner 1990 ein gesamtjugoslawischer Parteitag des Bundes der Kommunisten Jugoslawiens durch die Sezession der slowenischen (und in der Folge der kroatischen) Parteiführung die Partei gespalten hinterließ. Damit war ein wesentlicher Faktor der staatlichen Einheit Jugoslawiens ausgefallen. Da die Wünsche der nördlichen Republiken auf eine föderative Umgestaltung des Staates nicht erfüllt wurden, beschloss Slowenien im Dezember

1990 die staatliche Unabhängigkeit. Sie wurde ebenso wie in Kroatien im Juni 1991 ausgerufen. Während aber die Umgestaltungen in Ungarn, der Tschechoslowakei, in Polen und der DDR unblutig verliefen, versuchte die Zentralregierung in Belgrad die Selbstständigkeitserklärungen Sloweniens (und Kroatiens) am 25. Juni 1991 militärisch zu verhindern. Die weitere Existenz Jugoslawiens wurde von den meisten europäischen Staaten und den USA unterstützt. In Österreich war die Regierung gespalten: Während Außenminister Mock die Unabhängigkeitsbestrebungen Sloweniens und Kroatiens unterstützte, verhielt sich Bundeskanzler Vranitzky abwartend. Es gab ja auch deutliche Warnungen aus mehreren europäischen Hauptstädten, besonders aus Paris. Obgleich die militärischen Maßnahmen der jugoslawischen Armee ab dem 27. Juni 1991 auch die österreichisch-slowenische Grenze berührten und den österreichischen Luftraum verletzten, zögerte die Regierung. In der Steiermark und in Kärnten regte sich Unmut. Schließlich setzte der Verteidigungsminister doch Bundesheereinheiten in Marsch, zur Absicherung der Grenze. Nach insgesamt zehn Tagen kam es aber in Slowenien zu einem Waffenstillstand, später zog die jugoslawische Armee aus Slowenien ab. In Kroatien, wo eine beträchtliche serbische Bevölkerung lebte, gingen die militärischen Auseinandersetzungen jedoch weiter, mit schweren Beeinträchtigungen für die betroffene Zivilbevölkerung. Die Unabhängigkeit Sloweniens wurde zwar ausgesetzt, da aber keine politische Lösung zustande kam, wurde sie von den Slowenen am 8. Oktober wieder aktiviert und am 15. Jänner 1992 von zahlreichen Staaten, unter ihnen auch Österreich, anerkannt.

Nun hatte sich auch Bosnien-Herzegowina für unabhängig erklärt. Der starke serbische Bevölkerungsteil lehnte dies aber ab. Das Land wurde, nach Kroatien, zum zweiten Kriegsschauplatz im ehemaligen Jugoslawien. Bald setzte eine Flüchtlingswelle ein. Menschen aus Bosnien erhielten das vorübergehende Bleiberecht – eine prekäre Ausnahmeregelung, aber besser als nichts. Die Balkankonflikte weckten in der österreichischen Bevölkerung eine breite Hilfsbereitschaft. Im Frühjahr 1992 nahmen Caritas, ORF und Rotes Kreuz im Rahmen des Programms »Nachbar in Not« die Hilfe für Flüchtlinge und Notleidende sowohl in den Krisengebieten selbst als auch in Österreich auf. Dabei wurden ungefähr 80 Millionen Euro gespendet.

Das Ende der verstaatlichten Industrie

Die Verstaatlichungsgesetze der Jahre 1946 und 1947 betrafen zunächst das »Deutsche Eigentum«, sachlich Bergbau (Eisenerz, Kohle, Kupfer, Blei), Verhüttung, Eisen- und Stahlerzeugung, Aluminiumproduktion sowie Chemie und Erdöl, Anlagen- und Schiffbau. Dazu kamen die Großbanken, der Creditanstalt-Bankverein, die Länderbank und das (kleinere) Österreichische Credit-Institut. 1947 wurde mit dem zweiten Verstaatlichungsgesetz die Energieerzeugung verstaatlicht, aber mit Ausnahme des Verbund-Konzerns, der für den überregionalen Ausgleich zuständig war, wurde die Energieerzeugung Landesgesellschaften im Eigentum der Bundesländer übertragen. Ein großer Teil der österreichischen Wirtschaft stand unter öffentlicher Kontrolle. Diese machte sich insbesondere auf dem personellen Sektor bemerkbar. Die Vorstände waren streng paritätisch zusammengesetzt. Dabei hatten die Sozialisten das Problem, dass es zu wenige »echte« Sozialdemokraten in den Bereichen Technik und Kommerz gab. Man musste daher für diese Positionen besonders häufig auf ehemalige Nationalsozialisten zurückgreifen, die in den technischen Berufen stark vertreten waren. Der »Bund Sozialistischer Akademiker« (BSA) erhielt kräftigen Zuzug aus diesem Segment.

Die verstaatlichte Industrie stand einerseits unter politischer Kontrolle, hatte sich andererseits aber auch auf den internationalen Märkten durchzusetzen. Insbesondere der VÖEST gelang das ganz hervorragend. Mit dem so genannten LD-Verfahren (Linz-Donawitz-Verfahren) erfanden die Linzer Stahlerzeuger eine interessante und energiesparende Innovation. Träger der raschen Expansion waren die Eisen- und Stahlerzeugung sowie die Aluminium- und Stickstofferzeugung. Diese günstige Situation änderte sich in den sechziger Jahren. Der Boom für Grundstoffe war vorüber. Jetzt machte sich der starke politische Einfluss negativ bemerkbar. Mit Ausnahme der Zeit von 1956 bis 1959 unterstand die »Verstaatlichte« einem sozialistischen Minister. Die wichtigste Zielvorgabe lautete: Beschäftigung und angemessenes Einkommen für die Arbeitnehmer. Rationalisierungen oder Betriebsschließungen bei mangelnder Rentabilität wurden kaum erwogen. Unterstützt wurde dieser Immobilismus durch die meist von der ÖVP gestellten Landespolitiker, die jeden schwachen Betrieb in »ihrem« Bundesland unbedingt erhalten wollten. Zuerst hatten die verstaatlichten Unternehmungen hohe ERP-Mittel erhalten, dann finanzierten sie sich durch ihre guten Erträge. Als diese schmäler wurden, war guter Rat teuer: Kapitalaufstockungen aus den Mitteln des Staates lehnte die ÖVP ab, Kapitalzufuhr durch Ausgabe von Aktien auf dem freien Kapitalmarkt die SPÖ. Man begab daher Anleihen, die aber verzinst und zurückgezahlt werden mussten. Mitte der sechziger Jahre konnte die verstaatlichte Industrie die gesetzlich vorgeschriebenen Steuern nicht mehr erwirtschaften. Unter der Regierung Klaus wurde daher die verstaatlichte Industrie aus der direkten staatlichen Verwaltung herausgenommen und ein neues Dach für sie geschaffen, das auch die direkte politische Einflussnahme reduzieren sollte – die ÖIG, seit 1970 ÖIAG (Österreichische Industrie Aktiengesellschaft, seit 2015 ÖBIB – Österreichische Bundes- und Industriebeteiligungen GmbH, seit 2019 ÖBAG – Österreichische Beteiligungs AG). Auf die wachsenden Schwierigkeiten reagierte man unter Kreisky mit Fusionen. So wurde die Österreichisch-Alpine Montangesellschaft (Leoben-Donawitz) mit der VÖEST zur VOEST-Alpine zusammengelegt. Aber betriebswirtschaftliche Konsequenzen (Rationalisierungen, Entlassungen, Betriebsstilllegungen) blieben aus. In der ersten Ölpreiskrise erhielt die Verstaatlichte 1975 den Auftrag, um jeden Preis Arbeitskräfte zu halten. Gleichzeitig versuchte man in den Handel einzusteigen (VOEST-Intertrade). Nun waren die VOEST-Manager zwar gute »Stahlkocher«, aber keine ausgebildeten Kaufleute. Diese Versuche endeten desaströs. Zuletzt erhielten die verstaatlichten Betriebe 1987 eine neuerliche massive Subvention, nunmehr aber schon mit der Auflage, dass künftig die Finanzierung über den Verkauf von Aktien, also durch Privatisierung, vor sich gehen solle. 1993 wurde die mehrheitliche Privatisierung aller ÖIAG-Beteiligungen beschlossen, die in den folgenden Jahren auch weitgehend durchgeführt wurde.

Das Ende des traditionellen Parteiensystems

Schon die Wahlen von 1986 hatten einen radikalen Wandel des Parteiensystems angedeutet: Erstmals war eine grüne Liste ins Parlament eingezogen, und erstmals hatten die Freiheitlichen unter Jörg Haider ihre »normalen« 5 % hinter sich gelassen und sich auf knapp zehn Prozent beinahe verdoppelt. Bei den nächsten Nationalratswahlen verschärfte sich der Trend.

Hatten die Verluste für die ÖVP schon 1986 begonnen und sich 1990 dramatisch fortgesetzt, wurde 1994 auch die regierungsgewohnte SPÖ vom Abwärtstrend erfasst. Bei den vom damaligen ÖVP Obmann Wolfgang Schüssel (* 1945) ausgelösten Neuwahlen 1995 konnte Vranitzky allerdings den deutlichen Vorsprung der SPÖ noch einmal sichern. Im Jänner 1997 übergab er den Parteivorsitz und das Amt des Bundeskanzlers an Viktor Klima (* 1947, Bundeskanzler 1997–2000). Unter seiner Regierung erfolgte der Verkauf des bisher als Domäne der bürgerlichen »Reichshälfte« geltenden verstaatlichten Creditanstalt-Bankvereins an die SPÖ-nahe Bank Austria. Bei der nächsten Wahl, 1999, kamen FPÖ und ÖVP auf je gleich viele Mandate, die FPÖ hatte um einige hundert Stimmen mehr erhalten. Die Koalitionsverhandlungen zwischen SPÖ und ÖVP scheiterten zuletzt an der fehlenden Unterschrift eines SPÖ-Gewerkschafters.

Tab. 3 Wahlergebnisse und Mandatsverteilung im Nationalrat 1990–2019

Jahr	SPÖ		ÖVP		FPÖ		Grün-Alternative	
	Stimmen in %	Mandate	Stimmen in %	Mandate	Stimmen in %	Mandate	Stimmen in %	Mandate
1990	42,8	80	32,0	60	16,6	33	4,80	10
1994	34,9	65	27,7	52	22,5	42	60,0	11
1995	38,1	71	28,3	53	21,9	40	4,8	9
1999	33,2	65	26,9	52	26,9	52	7,4	14
2002	36,5	69	42,5	79	10,0	18	9,5	17
2006	35,3	68	34,3	66	11+4	21+7	11,0	21
2008	29,3	57	26,0	51	17,5+10,7	34+21	10,4	21
2013	26,8	52	24,0	47	20,5	40	12,4	24
2017	26,9	52	31,5	62	26,0	51	3,8	–
2019	21,2	40	37,5	71	16,2	31	13,9	26

Es waren 183 Mandate zu vergeben.
2006 und 2008 kandidierten zwei freiheitliche Listen unter FPÖ und BZÖ. 1994 und 1995 gelang auch dem Liberalen Forum mit sechs bzw. 5,5 % und elf bzw. zehn Mandaten der Einzug in den Nationalrat. 2013 schied die FPÖ-Abspaltung BZÖ aus dem Parlament aus, dafür zogen zwei andere neue Parteien ein: Die »Liste Frank« des austrokanadischen Unternehmers Frank Stronach (5,2 %, elf Mandate), sowie die Neos, eine ÖVP-Abspaltung, die sich mit dem Liberalen Forum zusammenschloss (5 % und neun Mandate). 2017 kandidierte die »Liste Frank« nicht mehr. Die Grünen schieden mit 3,8 % der Stimmen überraschend aus dem Nationalrat aus, dafür schaffte die »Liste Pilz« (4,4 % und acht Mandate) eines ehemaligen Grün-Abgeordneten ebenso den Einzug in den Nationalrat wie die Neos (5,3 %, zehn Mandate). Die Nationalratswahlen 2019 verstärkten die führende Position der ÖVP. SPÖ und FPÖ verloren deutlich, während die Grünen mit ihrem besten Ergebnis (13,9 % und 26 Mandate) wieder in das Parlament einzogen. Die in der Tabelle nicht berücksichtigten Neos verbesserten sich auf 8,1 % und 15 Mandate.

Nun präsentierte Schüssel dem Bundespräsidenten Thomas Klestil (1932–2004, als ÖVP-Kandidat Bundespräsident 1992–2004) eine Koalitionsregierung aus ÖVP und FPÖ. Da beide Parteien gemeinsam über eine solide Mehrheit im Parlament verfügten, musste sie der unwillige Bundespräsident akzeptieren. Der neuen Regierung begegnete massives Misstrauen im In- und Ausland. Noch jahrelang fanden wöchentlich Demonstrationen in Wien gegen sie statt. Das europäische Ausland reagierte konsterniert – wie konnte man mit einer Person wie Haider, dem eine gefährliche Nähe zu nationalsozialistischem Gedankengut nachgesagt wurde, koalieren? Haider trat nicht in die Regierung ein, er blieb Landeshauptmann von Kärnten. Die Regierungen aller EU-Staaten beschlossen die Reduktion der Kontakte mit der Regierung Schüssel auf ein Minimum. Das nützte der Regierung nur, der es gelang, aus ihrer internationalen Isolierung Kapital zu schlagen. Nach einigen Monaten wurden die Sanktionen wieder aufgehoben. Wolfgang Schüssel löste das Problem der Entschädigungszahlungen für frühere Zwangsarbeiter in Österreich während der NS-Zeit. Die Verhandlungen führte der Regierungsbeauftragte der USA, Stuart Eizenstat und die frühere Präsidentin der Österreichischen Nationalbank, Maria Schaumayer (1931–2013). Bis 2005 wurden fast 132.000 Anträge bearbeitet und rund 352 Millionen € aus dem im Juli 2000 vom Nationalrat einstimmig beschlossenen und von der Republik ebenso wie von der Wirtschaft dotierten Versöhnungsfonds ausbezahlt. Ferner nahm die Regierung Schüssel mehrere Probleme wenigstens in Angriff, die bisher immer nur weitergeschleppt worden waren (Pensionsreform, Universitätsreform usw.). Die sachliche Dominanz der ÖVP innerhalb der Regierung (»ÖVP-Alleinregierung mit FPÖ-Behinderung«) löste eine Art Aufstand in der FPÖ aus, was 2002 zu vorgezogenen Neuwahlen führte. Schüssel gewann diese Wahlen überzeugend. Danach hätte auch die Chance für eine andere Koalition bestanden (ÖVP-Grüne), das Scheitern dieser Möglichkeiten an der grünen Basis führte zur Fortsetzung der ÖVP-FPÖ-Koalition bis zum Ende der Legislaturperiode 2006. 2004 wurde der Sozialdemokrat Heinz Fischer nach dem Tod Klestils – er starb knapp vor Ende seiner zweiten Amtsperiode – zum Bundespräsidenten gewählt, seine Wiederwahl 2010 war problemlos. 2016 setzte sich allerdings der frühere Parteivorsitzende der Grünen, Alexander Van der Bellen, in einer Stichwahl gegen den freiheitlichen Norbert Hofer durch; die Kandidaten der traditionellen Regierungsparteien schieden schon im ersten Durchgang aus.

Bei den nächsten Nationalratswahlen (2006) lag die SPÖ knapp voran, Kanzler in der erneuerten (dritten) SPÖ-ÖVP-Koalition wurde Alfred Gusenbauer (* 1960). Schon im Dezember 2008 wurde er von Werner Faymann (* 1960) abgelöst, der bereits vorher das Amt des Parteiobmanns übernommen hatte. Faymann blieb Regierungschef bis Mai 2016. Danach wurde Christian Kern Bundeskanzler einer weiteren Koalitionsregierung aus SPÖ und ÖVP. Vorgezogene Neuwahlen im Oktober 2017 erbrachten einen klaren Erfolg für den neuen ÖVP-Obmann Sebastian Kurz. Von Dezember 2017 bis Juni 2019 war Kurz Bundeskanzler einer Koalitionsregierung von ÖVP und FPÖ. Die »Ibiza-Affäre« führte zum Ende der Koalition und zur Abwahl von Bundeskanzler und Regierung durch die Mehrheit des Nationalrates. Ein Video aus dem Jahr 2017 zeigte den damaligen Vorsitzenden der FPÖ und (späteren) Vizekanzler bei einem Treffen mit einer angeblichen Nichte eines russischen Oligarchen, in dem er reichlich illusionär über den Kauf der »Kronen-Zeitung« und den weiteren politischen Aufstieg der FPÖ schwadronierte. Das ganze Szenario war eine Falle. Im Juni 2019 veröffentlichten deutsche Medien Teile des Gesprächs. Die Untersuchung wäre in der Hand des von der FPÖ geleiteten Innenministeriums gelegen, weshalb der Bundeskanzler dem Bundespräsidenten die Entlassung des Innenministers Herbert Kickl vorschlug. Daraufhin trat die gesamte FPÖ-Riege zurück, die von Kurz umgebildete Regierung wurde durch ein Misstrauensvotum des Nationalrats gestürzt. Der Bundespräsident ernannte eine Expertenregierung unter dem Vorsitz der Präsidentin des Verfassungsgerichtshofes, Brigitte Bierlein, zur Vorbereitung der notwendig gewordenen Nationalratswahlen im Herbst 2019. Diese Wahlen brachten einen Absturz der FPÖ, deutliche Verluste der SPÖ und eine triumphale Wiederkehr der Grünen. Mit Jahresbeginn 2020 betrat die neue Koalitionsregierung der Wahlsieger ÖVP und Grüne unter Sebastian Kurz als Bundeskanzler und Vizekanzler Werner Kogler die politische Bühne. Sie wurde ab Februar 2020 mit der Covid-19-Pandemie konfrontiert. Soweit man das im Hinblick auf die noch fehlende zeitliche Distanz beurteilen kann, bewältigte die Regierung mit dem grünen Gesundheitsminister Rudolf Anschober die erste Welle durch ihre rasche und entschlossene Reaktion sehr gut. Doch unterblieb während des Sommers die Vorbereitung auf die im Herbst zu erwartende zweite Welle. Ab Mitte Oktober begannen die Zahlen der Infektionen und Erkrankungen rasch zu steigen. Offenbar behinderte die bevorstehende Wahl zum Wiener Gemeinderat eine schnelle Reaktion, erst im November folgten zunächst schwächere, dann stärkere Reaktionen (»zweiter Lockdown«), der im Dezember gelockert wurde, jedoch mit 26.12.2020 neuerdings verhängt wurde. Ab Mai 2021 erfolgten gewisse Öffnungsschritte. Ob die bis dahin erfolgten Impfungen sowie die Immunität der Genesenen ausreichen, um eine neuerliche Ausbreitung der Infektionen im Herbst 2021 zu verhindern, ist nicht abzusehen. Zur wirtschaftlichen Abmilderung von Ertragsausfällen wurden enorme Summen mobilisiert, die Staatsverschuldung schnellte auf neue Höhen. Am 2. November 2020 erfolgte in Wien ein Terroranschlag durch einen Sympathisanten des «Islamischen Staates«, der vier Todesopfer forderte. Eine Untersuchung erbrachte Hinweise auf erhebliche Ermittlungspannen im Vorfeld.

2021 sitzen im Parlament eine etwas größere (ÖVP) und drei mittlere Parteien (SPÖ, FPÖ und Grüne), zusätzlich eine kleine Partei (Neos). Was war da geschehen?
– Erstens: Die österreichischen Wähler sind mobiler geworden. Alte ideologische und familiäre Bindungen spielen nur mehr eine geringe Rolle, ebenso

wenig die soziale (Klassen-)Lage. Die von männlichen Arbeitern präferierte Partei ist ziemlich stabil die FPÖ, nicht (mehr) die SPÖ. Man wählt die Kandidaten, die gerade aus verschiedenen Gründen glaubwürdig oder sympathisch erscheinen. Viele wählen nicht (mehr). Auch die hohe Wahlbeteiligung ist Geschichte.

- Zweitens: Die ständigen rot-schwarzen Koalitionsregierungen (1987–2000, 2007–2017) verloren beim Wählervolk immer mehr an Attraktivität. Da SPÖ und ÖVP in ihren Koalitionen zwar eine ähnliche Politik machten, sich aber gleichzeitig verbal scharf voneinander abzugrenzen versuchten und erfolgreich danach trachteten, dem Koalitionspartner möglichst keinen politischen Erfolg zu erlauben, waren ihre Wähler zunehmend frustriert.
- Drittens: Der Rechtspopulismus der FPÖ (später: BZÖ) unter Jörg Haider (1950–2008) zog nicht nur die »Ehemaligen« und ihre Sympathisanten an, sondern darüber hinaus die Stimmen der so genannten Modernisierungsverlierer, verunsicherter Arbeiter (von der SPÖ) und konservativer Katholiken (von der ÖVP), denen der postkonziliare Katholizismus nicht gefällt. Das Wählerpotential hat sich bei 15 bis 30 % eingependelt und ist relativ instabil. Haiders ungenierte Wortwahl, von der »ordentlichen Beschäftigungspolitik des Dritten Reiches«[34] bis zur ideologischen »Missgeburt«[35] der österreichischen Nation fand Zuspruch bei allen jenen, die aus Familientradition oder unzureichendem Wissen über das Nazi-Reich nur dessen angeblich positive Seiten kannten (Autobahnbau, Beseitigung der Arbeitslosigkeit, »Entschuldung« der Bauern). Andererseits war Haider in seinen medialen Auftritten völlig modern. Besonders erfolgreich war er in Kärnten. Mit seinen großen Unternehmungen (Stadion, Seebühne) und einer Landesbank, die ihm die Mittel dafür lieferte und gleichzeitig mit einer raschen Expansion ihre spätestens 2009 zu Tage tretende Zahlungsunfähigkeit vorbereitete, überzog er freilich die materiellen Möglichkeiten Kärntens bei weitem. Sein früher Unfalltod (2008) beendete diese ungewöhnliche Karriere.
- Viertens: Die Umweltbewegung etablierte sich nach der Jahrtausendwende als Partei mit einem Potential von etwa 10–15 %, das sich sehr stark aus Menschen nichtsozialdemokratischer Herkunft mit Sympathien für Umweltschutz, biologisch gesunde Nahrungsmittel, Radfahren und mit sozialem Verantwortungsgefühl rekrutiert. Die Grünen gelten daher auch als typisch urbane »Bobo«-Partei (Bobo = Bourgeois-Bohemien) und Vertreter »moderner« Minderheiten.
- Fünftens: Daneben existieren offenbar immer noch Freiräume für kurzzeitig erfolgreiche, aber ephemere politische Erscheinungen wie die »Liste Frank«,

die mit kaum definierten Werten gegen die Dauerkoalitionen aus SPÖ und ÖVP kurzzeitig punkten konnte. Übrigens hat Frank Stronach (* 1932), ein 1954 nach Kanada ausgewanderter Steirer, in diesem Land in kurzer Zeit einen überaus erfolgreichen Konzern aus Unternehmungen der Zulieferung zu Automobilfabrikationen geschaffen. Seit 1986 investierte er auch in Österreich. 2001 wurde das Unternehmen Magna-Steyr gegründet, dessen Hauptwerk in Graz liegt (das frühere Puch-Werk). 2016 beschäftigte Magna-Steyr etwa 10.000 Mitarbeiter. Das politische Engagement war hingegen wenig dauerhaft.
- Sechstens: Die ÖVP als traditionelle Partei der Mitte Vertreterin der Bauern, Beamten und Unternehmer sowie des katholischen Milieus litt unter dem demographischen Wandel und dem Bedeutungsrückgang des organisierten Katholizismus. In den Koalitionen mit der SPÖ ging es eher darum, eine »linke« Politik zu verhindern als eigene Vorstellungen durchzusetzen. Als die Flüchtlingspolitik der deutschen Bundeskanzlerin Angela Merkel und ihres österreichischen Gefolgsmanns Werner Faymann (2015) immer unpopulärer wurde, wandte sich die ÖVP unter Sebastian Kurz stärker nach rechts, was ihr 2017 und 2019 die relative Mehrheit einbrachte.
- Siebentens: Zumindest derzeit sieht es so aus, dass die NEOS, deren Anhänger durchwegs aus bürgerlichen Milieus stammen, sich links von der ÖVP beständig etabliert haben. Seit Herbst 2020 sind sie in der Wiener Stadt- und Landesregierung in Koalition mit der SPÖ.

10.5 Kritische Begleitung – die Kultur der Zweiten Republik

Die Literatur wie die Kultur der Nachkriegszeit sei, so der Tenor der Geschichtsschreibung, restaurativ gewesen. Nun hat dieses Urteil durchaus seine Berechtigung. Aber ist restauratives Denken nach dem Unheil, das die großen Entwürfe des Kommunismus, Faschismus und Nationalsozialismus über Europa gebracht hatten, nicht eine eher normale Reaktionsweise? Das größte Romanwerk eines österreichischen Autors entstand übrigens im amerikanischen Exil – Hermann Brochs *Der Tod des Vergil* (1945 in New York sowohl in englischer wie deutscher Sprache erschienen). Broch starb 1951 in New Haven. Man hatte ihn nicht zurückgeholt.

Im selben Jahr erschien *Die Strudlhofstiege oder Melzer und die Tiefe der Jahre* von Heimito von Doderer (1896–1966). Dieser große Roman ist ein Roman der Großstadt Wien. Doderer repräsentiert recht gut die österreichischen Irrwege – vor dem Krieg war er Nationalsozialist, sein großer Roman *Die Dämo-

nen, in dem der Juli 1927 eine wichtige Rolle spielt, war vor 1938 zunächst als »Dämonen der Ostmark« konzipiert, in durchaus eindeutiger Absicht. Schon vor 1945 distanzierte sich Doderer innerlich vom Nationalsozialismus, der Protestant wurde katholisch. Sein Werk steht zentral für die konservative Variante der Rekonstruktion Österreichs, in der die Kontinuitäten zur Welt vor 1914 und vor 1938 besonders betont wurden. Die überaus reiche Sprache Doderers ist an der klassischen Latinität geschult, die der Schriftsteller angeblich auch verwendete, um unerwünschte Kontakte abzukürzen.

Während Doderer stellvertretend für den restaurativen künstlerischen Habitus steht, ist für die Literatur der Zweiten Republik doch von Beginn an auch eine andere, Politik und gesellschaftliche Entwicklung kritisch begleitende Literatur typisch gewesen. Hier sollten nur wenige Namen, ausschließlich von bereits Verstorbenen, erwähnt werden, wobei die Subjektivität des Autors eine gewisse Rolle spielt. Der erste Roman dieser Richtung nach 1945 war *Die größere Hoffnung* von Ilse Aichinger (1921–2016). Er beschreibt das Leben einer jugendlichen Halbjüdin, fast noch ein Kind, im nationalsozialistischen Wien. Schon 1945 hatte Ilse Aichinger eine Kurzgeschichte über Konzentrationslager geschrieben. Ihre geliebte Großmutter war deportiert worden. Weitere Verbreitung und größere Bekanntheit erlangte die Lyrikerin und Novellistin Ingeborg Bachmann (1926–1973). 1953 erhielt sie den Literaturpreis der die deutsche Gegenwartsliteratur repräsentierenden »Gruppe 47« für den Gedichtband *Die gestundete Zeit*. Sie war mit Hans Weigel, kurz auch mit der großen, tragischen Persönlichkeit von Paul Celan (1920–1970) verbunden. Im Band *Das dreißigste Jahr* thematisierte sie ihre Herkunft in der kurzen Erzählung Jugend in einer österreichischen Stadt. 1958 traf sie den Schweizer Autor Max Frisch, mit dem sie bis 1963 verbunden blieb. 1971 erschien ihr Roman *Malina*. Bachmann gilt als eine der bedeutendsten deutschsprachigen Lyrikerinnen und Prosa-Schriftstellerinnen des 20. Jahrhunderts.

Zweifellos der bekannteste männliche Exponent der kritischen Begleitung der Zweiten Republik war der Salzburger Thomas Bernhard (1931–1989). Seine Prosatexte sind durchwegs als Monologe gestaltet. Schon der erste großer Roman, *Frost* (1963) schneidet sein Leitthema an: den Tod, das Sterben. Den schon mit 18 Jahren todkrank gewesenen Bernhard wird dieses Thema nie verlassen. In mehreren Titeln nimmt er direkt darauf Bezug: *Der Untergeher* (1983), *Auslöschung. Ein Zerfall* (1986). In mehreren Büchern setzt er sich mit seiner schwierigen Kindheit und Jugend auseinander (*Der Keller. Eine Entziehung*, 1976, *Ein Kind*, 1982). Bernhard war auch als Dramatiker erfolgreich. Die Verbindung mit dem Theater begann 1970 mit *Ein Fest für Boris*, dann folgten *Der Ignorant und die Wahnsinnige* 1972, *Die Jagdgesellschaft* (1974), *Der Theatermacher* (1984). Am Burgtheater hatte unter Claus Peymanns Regie 1988 das Drama *Heldenplatz* seine skandalumwitterte Premiere. Im Zentrum des Stückes stehen ein kürzlich verstorbener Professor, dessen Begräbnis bevorsteht, der Bruder des Professors und eine Haushaltshilfe, die in einem langen Monolog (beim Bügeln) an dem Verstorbenen kein gutes Haar lässt. Die Pointe besteht darin, dass der Schauplatz der Handlung eine Wohnung mit Blick zum Heldenplatz in Wien ist und dass die beiden Brüder aus dem Exil zurückgekehrte Juden sind. Zuletzt ertönt – in der Einbildung der Trauergesellschaft – vom Heldenplatz her das frenetische Gebrüll aus dem Jahr 1938. – Bernhards öffentliche Wirkung lebte von den Skandalen, die er bewusst provozierte, wobei ihm nicht wenige Persönlichkeiten bereitwillig auf den Leim gingen. Es begann mit dem Skandal bei der Verleihung des österreichischen Staatspreises für Literatur 1968, als auf Bernhards Dankrede für den Preis (»Es ist alles lächerlich, wenn man an den Tod denkt...«[36]; später folgte dann massive Kritik am Staat, an der Politik usw.) der Unterrichtsminister Theodor Piffl-Perčević empört den Saal verließ.

Nicht fehlen darf der Lyriker Ernst Jandl (1925–2000). Sein vielleicht bekanntestes Gedicht über den Wiener Heldenplatz während Hitlers Rede (15.3.1938) übersetzt die Emotionen der Teilnehmer in eine eindrucksvolle, assoziative Kunstsprache.

Erhebliche Aufregung erzeugte eine 1961 auch im Fernsehen ausgestrahlte Kabarettnummer von Carl Merz (1906–1979) und Helmut Qualtinger (1928–1986), *Der Herr Karl*. Der Herr Karl war als Bewohner einer Gemeindewohnung des »Roten Wien« der typischen Klientel jener Bauten zuzuzählen (»Bis Vieradreißig war i Sozialist«). Später demonstrierte er für die Heimwehren oder für die Nazis. 1938 begeisterte er sich für den »Führer«. Er selbst »führte« den Juden Tennenbaum zum Trottoir, wo Juden antinazistische Parolen wegwischen mussten. Nach dem Krieg erwiderte der zurückgekehrte Tennenbaum den Gruß des Herrn Karl nicht. Aber: »Irgendwer hätt's ja wegwischen müssen«. Die Nazis machten ihn im Gemeindebau zum Blockwart. Immer schwamm der Herr Karl irgendwie mit, der klassische Opportunist aus kleinen Verhältnissen. Er sah sich selbst als typisches österreichisches Opfer der Zeit und der Verhältnisse.

Von den kritischen Autoren der ersten Jahrzehnte der zweiten Republik sollte Gerhard Fritsch (1924–1969) Erwähnung finden, Autor der Romane *Moos auf den Steinen* (1956) und *Fasching* (1967), verdienter Herausgeber von Literaturzeitschriften. Der Titel der von Fritsch 1967 herausgegebenen Anthologie *Aufforderung zum Mißtrauen* klingt wie ein Motto für seine Literatur und die seiner Generation. Hans Lebert (1919–1993), während des Nationalsozialismus der

Wehrkraftzersetzung angeklagt (was er mit Glück überlebte), thematisierte in seinen Roman *Die Wolfshaut* (1960) und *Der Feuerkreis* (1971) das kollektive Beschweigen und Verdrängen der Verbrechen des Nationalsozialismus in der österreichischen Gesellschaft.

Die Bildende Kunst hatte nach dem Zweiten Weltkrieg ebenfalls ihre »restaurative« Periode. Sie war zuerst von Künstlern geprägt, die schon vor 1938 gearbeitet hatten, wie Albert Paris Gütersloh (1887–1973). Die von Gütersloh beeinflussten Maler werden der Wiener Schule des phantastischen Realismus zugeordnet. Die wichtigsten Vertreter dieser auch materiell recht erfolgreichen Richtung waren Arik (Erich) Brauer (1929–2021), Ernst Fuchs (1930–2015), Wolfgang Hutter (1928–2014, ein Sohn Güterslohs), Rudolf Hausner (1914–1995) und Anton Lehmden (1929–2018). Während Hutter meisterliche Blumen- und Pflanzenbilder malte, stellte Hausner sein Selbstporträt als »Adam« immer wieder ins Zentrum seiner Bilder. Lehmden thematisierte mit *Panzerschlacht* traumatische Kriegserfahrungen. Ein Riesenmosaik von Lehmden ziert eine U-Bahn-Station in Wien. Brauer war auch als Sänger und Liedermacher, wunderbarer Erzähler und Architekt tätig, ähnlich wie Friedensreich (Friedrich) Hundertwasser (1928 – 2000), dessen inzwischen international berühmten Häuser angeblich ohne gerade Linien auskommen. Hundertwassers Spiralen und endlosen Linien leuchten in kräftigen Farben. Der Künstler befasste sich früh theoretisch und praktisch mit dem Umweltschutz.

Als Gegenpole zu den phantastischen Realisten sind die Vertreter von expressionistischen und letztlich bis zur vollständigen Abstraktion vorstoßenden Richtungen zu nennen, wie Markus Prachensky (1932–2011), Wolfgang Hollegha (* 1929) oder Josef Mikl (1929–2008). Mikl wurde 1992 nach dem Brand des großen Redoutensaals in der Wiener Hofburg die künstlerische Neugestaltung dieses Raumes aufgetragen. Arnulf Rainer (*1929) wurde durch seine Übermalungen bekannt und gilt heute wohl als der international renommierteste Maler Österreichs. Er lebte durch mehrere Jahre mit der etwas älteren Maria Lassnig (1919–2014) zusammen, einer Kärntnerin, deren Kunstwerke versuchten, die Empfindungen insbesondere des weiblichen Körpers sichtbar zu machen. Damit dürfte sie wahrscheinlich die innovativste Malerin der zweiten Jahrhunderthälfte des 20. Jahrhunderts in Österreich gewesen sein.

Ein vielfältiger, politisch konsequent kommunistisch orientierter und engagierter Künstler war Alfred Hrdlicka (1928–2009). Er beherrschte sowohl die Kunst der Grafik, in der er bemerkenswerte Zyklen schuf (etwa über die Französische Revolution), wie die Bildhauerei. Anders als sein Lehrer Fritz Wotruba (1907–1975), dessen Skulpturen immer blockhafter und abstrakter wurden, blieb Hrdlicka figürlich. Im öffentlichen Raum Wiens bleibt Hrdlicka durch den eindrucksvollen Bauernkopf Karl Renners an der Ringstraße und durch sein Denkmal gegen Krieg und Faschismus auf dem Platz neben der Albertina dauerhaft präsent.

10.6 Die österreichische Gesellschaft um 2020

Die Gliederung der österreichischen Gesellschaft nach den großen Wirtschaftssektoren änderte sich zwischen 1918 und 1938 nur wenig. Die ökonomischen und politischen Krisen bremsten den sozialen Wandel. Erst die nationalsozialistische Herrschaft brachte Bewegung in die gesellschaftliche Entwicklung.

Der industriell-gewerbliche Bevölkerungsanteil, 1934 schon mit 31 % der relativ größte, wuchs bis 1951 nochmals an (auf 35 %), um dann bis 1971 auf diesem Stand zu verharren. Bis 1993 sank dieser Anteil auf knappe 27 %, seither sinkt er langsam, bleibt aber im internationalen Vergleich relativ hoch. 2019 war in der Warenproduktion noch immer etwa ein Viertel aller Beschäftigten tätig. Die Landwirtschaft beschäftigte nur mehr 3,7 % der Berufstätigen (nach 5,2 % 2010), der große Rest von 71 % entfiel auf den Dienstleistungssektor: Handel und Verkehr, persönliche, soziale und öffentliche Dienste, Gesundheit und Fürsorge, Unterricht und Wissenschaft, juristische und finanzielle Dienste, Medien, Internet usw.

Für immer mehr Berufe benötigt man mindestens Matura, schon 2011/12 waren das fast 40 % der Angestelltenberufe; in mehr als 11 % aller Beschäftigungen war eine akademische Qualifikation Voraussetzung – mit rasch wachsenden Anteilen. Auch der Anteil der technischen Fachkräfte steigt stetig. Handwerker und ähnlich qualifizierte Fachkräfte werden immer weniger gebraucht, dasselbe gilt für unqualifizierte Hilfskräfte.

Vom Auswanderungs- zum Einwanderungsland

Die jüngere Geschichte Österreichs wurde stark von Migrationsbewegungen geprägt. In der Ersten Republik stand die Auswanderung im Vordergrund – etwa 60.000 Menschen wanderten aus dem klein gewordenen Österreich mit seinen verminderten sozialen Chancen aus. 1938/39 flohen etwa 125.000 Juden, aber auch tausende aus anderen Gründen Verfolgte aus der »angeschlossenen« Heimat. 1945 war ein besonders heftiges Migrationsjahr: Auf der Flucht zogen hunderttausende »Volksdeutsche« (aus dem Südosten) durch, zu denen 1945 und danach noch einmal hunderttausende »Sudetendeutsche« aus der Tschechoslowakei kamen. Zwar war Deutschland ihr Zielland, aber zahlreiche »Volksdeutsche« blieben doch in Österreich. Im Spätherbst 1956 kamen etwa 180.000 Menschen aus Ungarn auf der Flucht nach Österreich, nur 18.000 blieben. Als Truppen des Warschauer Paktes im August 1968 die Tschechoslowakei besetzten, befanden sich etwa 60.000 Tschechen und Slowaken als Touristen im Westen, 96.000 weitere flohen kurzfristig. Ungefähr 130.000 gingen wieder zurück, andere reisten weiter, nur wenige blieben in Österreich. Als 1981 in Polen das Kriegsrecht erklärt wurde, kamen in kurzer Zeit 120.000 bis 140.000 Polen, wieder blieben nur wenige dauerhaft in Österreich. Die viel besprochenen Flüchtlingsbewegungen von 1956, 1968 und 1981/82 bedeuteten jeweils nur kurzzeitige Belastungen, außerdem stammten Ungarn, Polen und Tschechen aus der engeren Nachbarschaft und waren – trotz der kommunistischen Herrschaft – keineswegs kulturell »fremd«.

Genauere Zahlen für die Wanderungsbewegung stehen erst für die Zeit ab 1961 zur Verfügung. In den frühen 1960er Jahren zeigte die Wanderungsstatistik wenig Bewegung. 1966 wanderten – netto – mehr als 22.000 ausländische Staatsbürger ein, die ersten Gastarbeiterkontingente, die die blühende österreichische Wirtschaft dringend erwartete. Von den 1960er Jahren bis in die 1980er Jahre bildet die Wanderungsbewegung ziemlich genau die Konjunkturentwicklung in Österreich ab. Schon beim ersten Konjunktureinbruch 1968 verließen mehr als 4.000 ausländische Staatsangehörige Österreich. Ab 1969 kamen wieder mehr Menschen ins Land, 1971 und 1972 jeweils mehr als 40.000, 1973 nur knapp weniger. Der Konjunktureinbruch nach dem ersten Ölpreisschock machte sich aber sofort wieder bemerkbar: 1974 und 1975 verließen etwa 52.000 ausländische Staatsangehörige Österreich, 1978 (zweiter Ölpreisschock) nochmals 8.500. Die Krise in Polen ist für die Zahl von 33.000 Immigranten 1981 verantwortlich. Die wirtschaftliche Flaute der frühen 1980er Jahre schlägt sich 1982 mit einem neuerlichen Minus von fast 20.000 nieder, da ist auch mancher polnische Flüchtling weiter- oder rückgewandert. Damals war der Wanderungssaldo – letztmals – passiv. Es blieben aber aus jeder Zuwanderungsphase immer etwas mehr ausländische Arbeitskräfte im Land als wieder abwanderten.

Seit 1983 ist der Wanderungssaldo immer positiv – seither wandern stets mehr Menschen ein als aus. Ab 1988 wuchsen die Zahlen ausländischer Zuwanderer rasch: 25.000 1988, 59.000 im Jahr 1989, fast 72.000 1990. Ein erster Höhepunkt wurde 1991 erreicht, als mehr als 85.000 Menschen zuwanderten (und nur 8.000 das Land wieder verließen). Der kriegerische Zerfall Jugoslawiens trieb viele Menschen, vor allem aus Bosnien, aber auch aus Kroatien, in die Flucht. 1993 waren es wieder fast 42.000 Menschen, dann ging die Zahl stark zurück. Ab 1996 gab es wieder wachsende Zahlen von Immigranten, denen aber auch sehr hohe Zahlen von Wegzügen ins Ausland gegenüberstanden. Aber stets blieb ein positiver Einwanderungssaldo von ausländischen Staatsangehörigen bestehen. Er ist seit 1999 nie mehr unter 20.000 gefallen.

Tab. 4 Netto-Zuwanderung nach Österreich 2000–2015

2000	21.587	2010	29.000
2001	37.355	2011	37.000
2002	41.666	2012	51.000
2003	44.401	2013	61.000
2004	54.228	2014	77.7009
2005	48.195	2015	113.000 (88.000*)
2006	28.000	2016	64.700
2007	35.000	2017	44.600
2008	34.000	2018	35.300
2009	24.000	2019	40.600

* nur Asylanträge

Durch die Zuwanderung hat sich die österreichische Bevölkerung nicht unerheblich verändert: Anfang 2020 lebten in Österreich 1,765 Millionen Menschen mit einem Geburtsort im Ausland – ein Fünftel der Bevölkerung und ein Anstieg von 20 % gegenüber 2015. Der Großteil der Menschen mit nichtösterreichischer Staatsbürgerschaft lebt in Wien (38 % dieser Gruppe), das sind ziemlich genau 40 % der Wiener Bevölkerung von derzeit knapp 1,9 Millionen. Bundesweit die häufigsten Herkunftsländer sind Deutschland (238.000) vor Bosnien-Herzegowina (170.000), Türkei (160.000), Serbien (144.000), Rumänien (129.000), Ungarn (82.000), Polen (76.000), Syrien (50.000) usw. Hingegen »führt« in Wien die Herkunft aus Serbien (90.000) vor der aus der Türkei (66.000), Deutschland (54.000), Polen (49.000), Bosnien und Herzegowina (46.000) und Rumänien (36.000).

Die frühen Gastarbeiter kamen aus der Türkei und aus Jugoslawien. Seit 2011 (Ende des Beschäftigungsverbotes für Angehörige der EU-Beitrittsstaaten von 2004) kommen auf der Suche nach Arbeit immer mehr Menschen aus Mitgliedsländern der EU, und zwar vor allem aus den Nachbarländern, besonders auch aus Deutschland. Aber nicht jede Zuwanderung ist Arbeitsmigration. Die politische und wirtschaftliche Situation führt in zahlreichen Ländern der Welt zu Flucht oder Vertreibung; die Flüchtigen suchen nicht selten ein neues Leben in Europa. Auch in Österreich.

Von den 88.000 Asylanträgen des historischen Flüchtlingsjahres 2015 kam die relativ größte Gruppe nicht aus Syrien (24.538), sondern aus Afghanistan (25.475). Dann folgten Asylsuchende aus dem Irak (13.600), dem Iran und Pakistan (jeweils mehr als 3.000), dem Kosovo (2.500), Somalia (2.000) usw. 2016 wurden 42.000 Asylanträge gestellt, dann gingen die Zahlen zurück: 2017 waren es 24.700, 2018 13.700. 2019 und 2020 dürfte diese Zahl um 13.000 pendeln. 2019 wurden knapp 40 % der Anträge positiv beschieden.

Während bis in die 1980er Jahre der Zustrom aus dem Ausland ungefähr mit der Wirtschaftsentwicklung korrespondierte, hat er sich in den letzten drei Jahrzehnten davon abgekoppelt: Österreich litt zwischen 2008 und 2015 unter sehr niedrigen Wachstumsraten, nach der weltweiten Finanzkrise 2008 trat faktisch Stagnation ein. Erst zwischen 2016 bis 2018 lagen die Wachstumsraten bei 2 % oder knapp darüber, 2019 nur mehr bei 1,45. Für 2020 ist eine hohe negative Rate zu erwarten. Aber der Zustrom aus dem Ausland hielt nicht nur an, sondern wuchs weiter. Das Angebot an Arbeitsplätzen ist deutlich zu gering gewachsen, um das stark zunehmende Arbeitskräfteangebot aufzusaugen. 2019 betrug die Arbeitslosenquote bei Inländern (österreichische Staatsbürgerschaft) 6,4 %, bei Ausländern 10,8 % – wohl ein deutliches Indiz für die begrenzte Aufnahmefähigkeit des Arbeitsmarktes.

Die starke Netto-Zuwanderung verdeckt aber eine durchaus problematische Wanderungsbewegung: Pro Jahr verlassen etwa 25.000 hoch qualifizierte Österreicher das Land, nur halb so viele kehren wieder zurück. Sie sind im Durchschnitt 25–35 Jahre alt. Ihre Zielländer sind Deutschland, die Schweiz, Nordamerika und Großbritannien. Die Wegzugsrate ist bei Universitäts- und Fachhochschulabsolventen mit Abstand am höchsten. Männer zieht es öfter in die Ferne als Frauen.

Der Wandel in der religiösen Zugehörigkeit

Die vielleicht wichtigste Veränderung der österreichischen Gesellschaft geht weder aus der Zuwanderungs-, noch aus der Sozialstatistik hervor. Es ist dies die Veränderung der Verteilung der religiösen Zugehörigkeit. Die durch Jahrhunderte nicht in Frage gestellte Mehrheitsposition der Katholiken in Österreich geht in unserer Gegenwart zu Ende. Als zweitstärkste religiöse Gruppe gelten die orthodoxen Christen, dritt- wenn nicht inzwischen zweitstärkste Religionsgemeinschaft sind schon die Muslime, die noch 1981 nur 1 % der Bevölkerung ausmachten.

In 20 Jahren sank die Zahl der Katholiken um mehr als zehn Prozentpunkte, Menschen ohne Bekenntnis nahm um sechs Prozentpunkte zu. Auch die protestantischen Kirchen verlieren langsam an Gefolgschaft. Dagegen stieg der Anteil der Muslime in denselben 20 Jahren auf mehr als das Vierfache. Zwei Faktoren dürften zunächst wesentlich gewesen sein: Einmal die Familienzusammenführung, vor allem im Hinblick auf Gastarbeiter aus der Türkei; und zum Zweiten die große Fluchtbewegung aus dem Balkan, wo ja zuerst die bosnischen Muslime zu den Verlierern des Krieges gehörten. Auch in späteren Jahren änderte sich dieser Trend nicht, sondern verstärkte sich durch weitere Flüchtlingsbewegung (Tschetschenien-Kriege 1994–96 und ab 1999) und durch weitere Familienzusammenführungen. Die Immigrationsbewegung des Jahres 2015, die fast ausschließlich Muslime nach Österreich gebracht hat, hat diesen Trend noch einmal kräftig verstärkt.

Für 2051 wird nach einer Studie der Österreichischen Akademie der Wissenschaften erwartet, dass der Anteil der Katholiken auf weniger als 50 % sinkt, der Anteile der muslimischen Bevölkerung hingegen auf 14–18 % der Bevölkerung ansteigt.[37]

* * *

Was blieb noch aus der bisherigen Geschichte der Zweiten Republik? Auf jeden Fall eine starke Veränderung der Landschaft durch die enorme Bauwelle. 46 % der Bevölkerung leben in Einfamilienhäusern, von denen ein ganz überwiegender Teil nach 1945 errichtet wurde. 2011 zählte man 2,1 Millionen Wohnungen bzw. Gebäude, davon wurden etwa 327.000 vor 1919 errichtet, 166.000 zwischen 1919 und 1944, 1,698.000 nach 1945. Das sind 77 %, mehr als drei Viertel aller Gebäude. Ein sehr großer Teil der Bevölkerung lebt also in relativ neuen »vier Wänden«. Da ein sehr großer Teil der Wohngebäude aus Einfamilienhäusern besteht, bedeutet das einen enormen Raumverbrauch, das Schlagwort »Zersiedelung« steht im Raum. Doch nicht nur Wohnhäuser, auch Supermärkte, Lagerhallen und Produktionsstätten entstanden in großer Zahl und häufig auf guten – früheren – Ackerböden. Während im 19. und frühen 20. Jahrhundert eine Eisenbahnanbindung die notwendige Voraussetzung für die Situierung von Industrie- und Gewerbebetrieben war, ist es in den letzten Jahrzehnten die Anbindung an eine Autobahn. Autobahn- und Straßenbau trugen ebenso erheblich zum Bodenverbrauch und zur Versiegelung früher offener Äcker und Wiesen bei. Wie sich diese Tendenz mit der Aufforderung zu sparsamem Ressourcenverbrauch an Wirtschaft und Gesellschaft vereinigen lassen wird, muss die Zukunft zeigen.

Was ist geblieben aus der Zweiten Republik? Erinnerung an Besatzungsmächte, Staatsvertrag, Wiederaufbau, Währungsstabilisierung, Wirtschaftsaufschwung, Beginn einer anhaltenden Verbesserung der Lebensumstände. *Ab 1955:* Neutralität, Sozialpartnerschaft. *Die Ära Kreisky:* Vier Wahlsiege, von 1971 bis 1979 dreimal absolute Mehrheit, Reformen, Ölpreisschock, Kreisky-Peter-Wiesenthal-Affäre. 1983 Kleine Koalition SPÖ-FPÖ unter Sinowatz (1983–1986). – 1986 »Waldheim-Affäre«, 2. Große Koalition bis 1999 – EU-Beitritt. 2000 bis 2006: Erste ÖVP-FPÖ-Koalition, 2007–2017 3. Große Koalition SPÖ-ÖVP 2007–2017, Bankenkrise, Zusammenbruch der Hypo-Alpe-Adria, Flüchtlingskrise 2015. Zweite ÖVP-FPÖ-Koalition 2018–Mai 2019. Beamtenregierung unter Brigitte Bierlein. Nach Neuwahlen September 2019 Koalitionsregierung ÖVP–Grüne. 2020/21: Covid 19 – Seuche mit erheblichen ökonomischen Auswirkungen. 2. November 2020: islamistisch motivierter Terroranschlag in Wien, 4 Todesopfer. Erhebliche Ermittlungspannen im Vorfeld des Anschlags. – *Prägend:* Die Veränderung des Landschaftsbildes seit 1945: Starke Zersiedelung, Autobahnen und Schnellstraßen benötigen große Flächen. Ausgeräumte Agrarflächen, scharfe Trennung zwischen Grünland und Ackerland. 77 % aller Häuser und Wohnungen stammen aus der Zeit nach 1945. Gesellschaftliche Trends: Polarisierung, Wandel der religiösen Zusammensetzung, Alterung. Im 21. Jh. schwaches Wirtschaftswachstum.

Anmerkungen

1 STOLLBERG-RILINGER Barbara: Die Kaiserin in ihrer Zeit. Eine Biographie. München ²2017, 425.
2 MATIS Herbert, Hg.: Von der Glückseligkeit des Staates, Berlin 1981.
3 ENGELBRECHT Helmut: Geschichte des österreichischen Bildungswesens, Bd. 3, Wien 1984, 126.
4 Ebd., 228.
5 SIEMANN Wolfram: Metternich. Stratege und Visionär. Eine Biographie, München 2016, 521.
6 KOŘALKA Jiří: František Pakacký (1798–1876). Der Historiker der Tschechen im österreichischen Vielvölkerstaat, Wien 2006, 275–276.
7 Verhandlungen des österreichischen Reichstages, Wien 1848, Bd. 1, 159.
8 LENDVAI Paul: Die Ungarn. Eine tausendjährige Geschichte, München 2001, 305.
9 Reichsgesetzblatt Nr. 146, 1867.
10 KLÄGER Emil: Durch die Wiener Quartiere des Elends und Verbrechens, Wien 1908.
11 RAUCHENSTEINER Manfried: Der Erste Weltkrieg und das Ende der Habsburgermonarchie 1914–1918, Wien – Köln – Weimar 2013, 826.
12 Ebd., 941.
13 Thomas Olechowski, in: Österreich in Geschichte und Literatur 65, 2021, Heft 2.
14 LOEWENFELD-RUSS Hans: Im Kampf gegen den Hunger, Wien 1986, 250.
15 BAUER Otto: Die österreichische Revolution (1923), In: Bauer, Werkausgabe Bd. 2, 755 und 756.
16 Parteiprogramm der SDAP 1926, zit. nach Ernst Hanisch, Otto Bauer, Wien – Köln – Weimar 2011, 235r.
17 Arbeiterzeitung vom 15. Juli 1927.
18 Stenographische Protokolle NR III.GP, 7. Sitzung, 26.7.1927, 13.
19 Korneuburger Eid, bei HANISCH Ernst: Der lange Schatten des Staates. Österreichische Gesellschaftsgeschichte im 20. Jahrhundert. (Österreichische Geschichte, hg. v. Herwig Wolfram), Wien 1994, 290.
20 HANISCH Ernst: Der große Illusionist. Otto Bauer (1881–1938), Wien – Köln – Weimar 2011, 276.
21 Hans Safrian, »Wir ham die Zeit der Arbeitslosigkeit schon richtig genossen auch.« In: BOTZ Gerhard – WEIDENHOLZER Josef, Hg.: Mündliche Geschichte und Arbeiterbewegung, Wien – Köln 1984, 293.
22 https://de.wikipedia.org/wiki/Trabrennplatzrede (Zugriff: 17.5.2021).
23 HANISCH Ernst: Der lange Schatten des Staates. Österreichische Gesellschaftsgeschichte im 20. Jahrhundert. (Österreichische Geschichte, hg. v. Herwig Wolfram), Wien 1994, 339.
24 Ebd., 338.
25 https://www.demokratiewebstatt.at/thema/thema-gedenken-1938-annexion-oesterreichs/das-jahr-1938-in-oesterreich/geplante-volksbefragung-des-autoritaeren-oesterreichischen-regimes (Zugriff: 17.5.2021).
26 https://de.wikipedia.org/wiki/Kurt_Schuschnigg (Zugriff: 17.5.2021).

27 Hanisch Ernst: Der lange Schatten des Staates. Österreichische Gesellschaftsgeschichte im 20. Jahrhundert. (Österreichische Geschichte, hg. v. Herwig Wolfram), Wien 1994, 341.
28 Ebd., 345.
29 Botz Gerhard: Nationalsozialismus in Wien. Machtübernahme; Herrschaftssicherung; Radikalisierung 1938/1939. Überarb. u. erg. Neuauflage, Wien 2018, 205.
30 Hanisch Ernst: Der lange Schatten des Staates. Österreichische Gesellschaftsgeschichte im 20. Jahrhundert. (Österreichische Geschichte, hg. v. Herwig Wolfram), Wien 1994, 370.
31 Botz Gerhard: Nationalsozialismus in Wien. Machtübernahme; Herrschaftssicherung; Radikalisierung 1938/1939. Überarb. u. erg. Neuauflage, Wien 2018, 131.
32 https://austria-forum.org/af/Wissenssammlungen/Essays/Zeitgeschichte/Rosenkranzandacht_1938 (Zugriff: 17.5.2021).
33 Hanisch Ernst: Der lange Schatten des Staates. Österreichische Gesellschaftsgeschichte im 20. Jahrhundert. (Österreichische Geschichte, hg. v. Herwig Wolfram), Wien 1994, 378.
34 13.6.1991, https://de.wikipedia.org/wiki/J%C3%B6rg_Haider (Zugriff: 17.5.2021).
35 https://www.sn.at/panorama/wissen/18-august-1988-im-inlandsreport-bezeichnet-fpoe-chef-joerg-haider-die-oesterreichische-nation-als-ideologische-missgeburt-38853997 (Zugriff: 17.5.2021).
36 https://de.wikipedia.org/wiki/Thomas_Bernhard (Zugriff: 17.5.2021).
37 http://www.oeaw.ac.at/vid/download/Religionen_dr.pdf,4 (Zugriff: 17.5.2021).

Literatur

Nachschlagewerke

Bruckmüller Ernst, Hg.: Österreich-Lexikon, 3 Bde., Wien 2004.
Czeike Felix: Historisches Lexikon Wien in sechs Bänden, Wien 2004 (auch online: https://www.digital.wienbibliothek.at/wbrobv/content/titleinfo/1112764).
Österreichische Akademie der Wissenschaften: Österreichisches Biographisches Lexikon 1815–1950, Wien 1957 ff (dzt. bis »Wolf« auch online: http://www.biographien.ac.at/).

Handbücher zur Geschichte Österreichs

Brugger Eveline (u. a.): Geschichte der Juden in Österreich, Wien 2006.
Leeb Rudolf, Liebmann Maximilian, Scheibelreiter Georg, Tropper Peter G.: Geschichte des Christentums in Österreich. Von der Spätantike bis zur Gegenwart, Wien 2003.
Sandgruber Roman: Ökonomie und Politik. Österreichische Wirtschaftsgeschichte vom Mittelalter bis zur Gegenwart, Wien 1995.
Scheutz Martin – Strohmeyer Arno, Hg.: Von Lier nach Brüssel: Schlüsseljahre österreichischer Geschichte (1496–1995), Innsbruck – Wien – Bozen 2010.
Winkelbauer Thomas, Hg.: Geschichte Österreichs (gem. mit Christian Lackner, Brigitte Mazohl, Walter Pohl, Oliver Rathkolb), Stuttgart 2015.
Wolfram Herwig, Hg.: Österreichische Geschichte. 15 Bde. Die einzelnen Bände werden bei den entsprechenden Kapiteln angeführt. Drei Bände dieser Reihe behandeln ihre Themen zeitlich übergreifend.
Zöllner Erich: Geschichte Österreichs. Von den Anfängen bis zur Gegenwart, Wien ^{8}1990.

Geschichte Österreichs

Bd. 1: Pleyel Peter: Das römische Österreich, Wien 2002.
Bd. 2: Pohanka Reinhard: Österreich im Mittelalter, Wien 2002.
Bd. 3: Hengl Martina: Renaissance und Gegenreformation, Wien 2003.
Bd. 4: Sachslehner Johannes: Barock und Aufklärung, Wien 2003.
Bd. 5: Buchmann Bertrand Michael: Kaisertum und Doppelmonarchie, Wien 2003.

Bd. 6: SANDGRUBER Roman: Das 20. Jahrhundert, Wien 2003.

Habsburgermonarchie

BÉRENGER Jean: Die Geschichte des Habsburgerreiches 1273–1918, Wien – Köln – Weimar 1995.
FICHTNER Paula Sutter: The Habsburg Monarchy. 1490–1848. Attributes of Empire, Houndmills – New York 2003.
EVANS Robert J. W.: Das Werden der Habsburgermonarchie 1550–1700. Gesellschaft, Kultur, Institutionen, Wien – Köln – Graz 1986 (engl. Unter dem Titel: The Making of the Habsburg Monarchy 1550–1700, Oxford 1979).
INGRAO Charles W.: The Habsburg Monarchy 1618–1815, Cambridge/UK ²2000.
JUDSON Pieter M.: Habsburg. Geschichte eines Imperiums 1740–1918, München 2017.
KANN Robert A.: A History of the Habsburg Empire 1526–1918, Berkeley/California 1974 (dt. unter dem Titel: Geschichte des Habsburgerreiches 1526–1918, Wien – Graz ³1993).
PAUSER Josef – SCHEUTZ Martin – WINKELBAUER Thomas, Hg.: Quellenkunde der Habsburgermonarchie (16.–18. Jahrhundert). Ein exemplarisches Handbuch, Wien – München 2004.
STROHMEYER Arno: Die Habsburger Reiche 1555–1740, Darmstadt 2012.
TAPIÉ Victor-Lucien: Monarchie et Peuples du Danube, Paris 1969 (dt. unter dem Titel: Die Völker unter dem Doppeladler, Graz – Wien – Köln 1975).

Landesgeschichten

BURMEISTER Karl Heinz: Geschichte Vorarlbergs, Wien 1983.
CSENDES Peter: Geschichte Wiens, Wien 1981.
DOPSCH Heinz – SPATZENEGGER Hans: Geschichte Salzburgs. Stadt und Land. 2 Bde. in sechs Teilen, Salzburg 1981–1991.
ERNST August: Geschichte des Burgenlandes, Wien 1991.
FONTANA Josef (u.a.), Hg.: Geschichte des Landes Tirol, 4 Bde., Bozen – Innsbruck 1985–1988.
FRÄSS-EHRFELD Claudia: Geschichte Kärntens. 1: Das Mittelalter, Klagenfurt 1984; 2: Die ständische Epoche, Klagenfurt 1994.
GUTKAS Karl: Geschichte des Landes Niederösterreich, Wien ⁶1983.
HAIDER Siegfried: Geschichte Oberösterreichs, Wien 1987.
PICKL Othmar, Hg.: 800 Jahre Steiermark und Österreich 1192–1992. Der Beitrag der Steiermark zu Österreichs Größe, Graz 1992.
RIEDMANN Josef: Geschichte Tirols, Wien – München ³2001.
ZAISBERGER Friederike: Geschichte Salzburgs, Wien 1998.

Verschiedene Sachgebiete

BRAUNEDER Wilhelm: Österreichische Verfassungsgeschichte, Wien ⁷1998.
BRAUNEDER Wilhelm – LACHMAYER Friedrich: Österreichische Verfassungsgeschichte. Einführung in Entwicklung und Strukturen, Wien ⁸2001.
BRUCKMÜLLER Ernst: Sozialgeschichte Österreichs, Wien – München ²2001.
BRUCKMÜLLER Ernst – DIEM Peter: Das österreichische Nationalbewusstsein 2019, Wien 2020.
CHALOUPEK Günther K. (u.a.), Hg.: Österreichische Handelsgeschichte von den Anfängen bis zur Gegenwart, Wien – Graz – Klagenfurt 2012.
DIEM Peter: Die Symbole Österreichs. Zeit und Geschichte in Zeichen, Wien 1995.
DOMANDL Hanna: Kulturgeschichte Österreichs. Von den Anfängen bis 1938, Wien ²1993.
DRABEK Anna (u.a.), Hg.: Das österreichische Judentum. Voraussetzung und Geschichte, Wien – München ²1982.
EIGNER Peter – HELIGE Andrea: Österreichische Wirtschafts- und Sozialgeschichte im 19. und 20. Jahrhundert. 175 Jahre Städtische Versicherung, Wien – München 1999.
ENGELBRECHT Helmut: Geschichte des österreichischen Bildungswesens, 5 Bde., Wien 1982–1988.
FILLITZ Hermann, Hg.: Geschichte der bildenden Kunst in Österreich, 6 Bde., München 1998–2002.
HARTMANN Peter C.: Kulturgeschichte des Heiligen Römischen Reiches 1648 bis 1806, Wien – Köln – Graz 2001.
LEHNER Dionys (u.a.), Hg.: Österreichische Industriegeschichte, 4 Bde., Wien 2003–2005.
LEHNER Oskar: Österreichische Verfassungs- und Verwaltungsgeschichte mit Grundzügen der Wirtschafts- und Sozialgeschichte, Linz ³2002.
MORITSCH Andreas, Hg.: Alpen-Adria. Zur Geschichte einer Region, Klagenfurt/Celovec – Ljubljana/Laibach – Wien/Dunaj 2001.
PROBSZT Günther: Österreichische Münz- und Geldgeschichte von den Anfängen bis 1918, Wien – Köln – Graz ²1983.
REINGRABNER Gustav: Protestanten in Österreich. Geschichte und Dokumentation, Wien – Köln – Graz 1981.
WEISS Sabine: Die Österreicherin. Die Rolle der Frau in 1000 Jahren Geschichte, Graz 1996.
ZEMAN Herbert, Hg.: Geschichte der Literatur in Österreich. 7 Bde., Wien 1994–1999.

Nationalgeschichte von Nachbarstaaten mit Österreich-Bezug

HOENSCH Jörg K.: Geschichte Böhmens. Von der slavischen Landnahme bis ins 20. Jahrhundert, München 1987.

LENDVAI Paul: Die Ungarn. Eine tausendjährige Geschichte, München 2001.
LUTHAR Oto, (ed.): The Land Between: A History of Slovenia, Frankfurt/M. 2008.
ŠTIH Peter – SIMONITI Vasko – VODOPIVEC Peter: Slowenische Geschichte. Gesellschaft – Politik – Kultur, Graz 2008.
VODOPIVEC Peter: Od Pohlinove slovnice do samostojne države. Slovenska zgodovina od konca 18. stoletja do konca 20. stoletja, Ljubljana 2006.

1. Vor der Geschichte Österreichs

BIRKHAN Helmut: Kelten. Versuch einer Gesamtdarstellung ihrer Kultur, Wien ²1997.
BRATOŽ Rajko, Hg.: Slovenija in sosednje dežele med antiko in karolinško dobo. Začetki slovenske etnogeneze / Slowenien und die Nachbarländer zwischen Antike und karolingischer Epoche. Anfänge der slowenischen Ethnogenese 1–2, 2 Bde., Ljubljana 2000.
BRATOŽ Rajko: Severinus von Noricum und seine Zeit. Geschichtliche Anmerkungen, Wien 1983.
DAIM Falko: Die Awaren in Niederösterreich, Diss. Wien 1976.
DAIM Falko: Die Awaren am Rande der byzantinischen Welt. Innsbruck 2000.
DANNHEIMER Hermann – DOPSCH Heinz, Hg.: Die Bajuwaren. Von Severin bis Tassilo 488–788, Salzburg 1988.
DOBESCH Gerhard: Die Kelten in Österreich nach den ältesten Berichten der Antike. Das norische Königreich und seine Beziehungen zu Rom im 2. Jahrhundert v. Chr., Wien – Köln – Graz 1980.
EICHERT Stefan: Frühmittelalterliche Strukturen im Ostalpenraum. Studien zu Geschichte und Archäologie Karantaniens, Klagenfurt 2012.
FEHR Hubert – HEITMEIER Irmtraut, Hg.: Die Anfänge Bayerns. Von Raetien und Noricum zur frühmittelalterlichen Baiovaria, St. Ottilien 2012.
FISCHER Thomas: Noricum. Mainz 2002.
GASSNER Verena – JILEK Sonja – LADSTÄTTER Sabine: Am Rande des Reiches. Die Römer in Österreich (Österreichische Geschichte, hg. v. Herwig Wolfram, 15 v. Chr. – 378 n. Chr.), Wien 2002.
GLASER Franz, Hg.: Kelten – Römer – Karantanen, Klagenfurt 1998.
GLASER Franz: Frühes Christentum im Alpenraum. Eine archäologische Entdeckungsreise, Graz – Wien 1997.
GLEIRSCHER Paul: Karantanien. Das slawische Kärnten, Klagenfurt 2000.
GRAFENAUER Bogo: Die Kärntner Herzogeinsetzung, Klagenfurt – Ljubljana 2016.
HUMER Franz, Hg.: Legionsadler und Druidenstab. Vom Legionslager zur Donaumetropole, Ausstellungskatalog Carnuntum. St. Pölten – Horn 2006.
JAHN Joachim: Ducatus Baiuvariorum. Das bairische Herzogtum der Agilolfinger. Stuttgart 1991.
KAHL Hans-Dietrich: Der Staat der Karantanen. Fakten, Thesen und Fragen zu einer frühen slawischen Machtbildung im Ostalpenraum (7.–9. Jahrhundert), Ljubljana 2008.

Lenneis Eva – Neugebauer-Maresch Christine: Jungsteinzeit im Osten Österreichs, St. Pölten 1995.
Lotter Friedrich: Severinus von Noricum. Legende und historische Wirklichkeit. Untersuchungen zur Phase des Übergangs von spätantiken zu mittelalterlichen Denk- und Lebensformen, Stuttgart 1976.
Nebelsick Louis D. – Eibner Alexandrine – Lauermann Ernst – Neugebauer Johannes Wolfgang: Hallstattkultur im Osten Österreichs, St. Pölten 1997.
Neugebauer Johannes Wolfgang: Österreichs Urzeit, Salzburg 1990.
Pauli Ludwig: Die Alpen in Frühzeit und Mittelalter. Die archäologische Entdeckung einer Kulturlandschaft, München 1980.
Pittioni Richard: Urzeit von etwa 80.000 bis 15 v. Chr. Geb., 2 Bde., Wien 1980.
Pohl Walter – Erhart Peter, Hg.: Die Langobarden. Herrschaft und Identität. Forschungen zur Geschichte des Mittelalters 9 (Denkschriften der phil.-hist. Klassen der ÖAW 328) Wien 2005.
Pohl Walter: Die Awaren, ein Steppenvolk in Mitteleuropa 567–822 n. Chr., München ^{3}2015.
Pohl Walter: Die Völkerwanderung. Eroberung und Integration, Stuttgart – Berlin – Köln ^{2}2005.
Šašel Kos Marjeta – Scherrer Peter, Hg.: The Autonomous Towns of Noricum and Pannonia. Die autonomen Städte in Noricum und Pannonien, 3 Bde., Ljubljana 2002–2004.
Štih Peter: The Middle Ages between the Eastern Alps and the Northern Adriatic. Select Papers on Slovene Historiography and Medieval History, Leiden – Boston 2010.
Urban Otto H.: Der lange Weg zur Geschichte. Die Urgeschichte Österreich (Geschichte Österreichs bis 15. v. Chr., hg. v. Herwig Wolfram), Wien 2000.
Wenskus Reinhard: Stammesbildung und Verfassung. Das Werden der frühmittelalterlichen gentes, Köln – Graz $^{2 = 1(1961)}$1975.
Winckler Katharina: Die Alpen im Frühmittelalter. Die Geschichte eines Raumes in den Jahren 500–800, Wien – Köln – Weimar 2012.
Wolfram Herwig, Hg.: Conversio Bagoariorum et Carantanorum. Das Weißbuch der Salzburger Kirche über die erfolgreiche Mission in Karantanien und Pannonien mit Zusätzen und Ergänzungen, Ljubljana 2012.
Wolfram Herwig: Geschichte der Goten. Von den Anfängen bis zur Mitte des sechsten Jahrhunderts. Entwurf einer historischen Ethnographie, München 1979.
Wolfram Herwig: Grenzen und Räume. Geschichte Österreichs vor seiner Entstehung (Österreichische Geschichte, hg. v. Herwig Wolfram, 378–907), Wien 1995.
Zeller Kurt W.: Der Dürrnberg bei Hallein. Ein Zentrum keltischer Kultur am Nordrand der Alpen, Hallein 1996.

2. Von der Jahrtausendwende bis um 1300

Boor Helmut de: Die höfische Literatur (=Helmut de Boor, Richard Newald, Geschichte der deutschen Literatur Bd. II), München 1964.
Brauneder Wilhelm – Höbelt Lothar, Hg.: Sacrum Imperium. Das Reich und Österreich 996–1806, Wien 1995.
Brunner Karl: Herzogtümer und Marken. Vom Ungarnsturm bis ins 12. Jahrhundert (Österreichische Geschichte, hg. v. Herwig Wolfram, 907–1156), Wien 1994.
Brunner Karl: Leopold der Heilige – ein Porträt aus dem Frühling des Mittelalters, Wien 2009.
Brunner Otto: Land und Herrschaft. Grundlagen der territorialen Verfassungsgeschichte Österreichs im Mittelalter Darmstadt $^{6=4}$1970.
Dienst Heide: Agnes. Herzogin, Markgräfin, Ehefrau und Mutter, Wien 1975.
Dollinger Philippe: L'évolution des classes rurales en Bavière depuis la fin de l'époque Carolingienne jusqu'au milieu du XIIIe siècle, 1949, deutsche Ausgabe: Der bayerische Bauernstand vom 9. bis zum 13. Jahrhundert, München 1982.
Dopsch Heinz – Spatzenegger Hans, Hg: Geschichte Salzburgs, Stadt und Land, Bd. I Mittelalter, Salzburg 1981, 1983/84.
Dopsch Heinz – Brunner Karl – Weltin Maximilian: Das Reich und die Länder. Der Ostalpenraum im Hochmittelalter (Österreichische Geschichte, hg. v. Herwig Wolfram 1122–1278), Wien, 1999.
Klein Kurt: Daten zur Siedlungsgeschichte der österreichischen Länder bis zum 16. Jahrhundert, Wien 1980.
Lechner Karl: Die Babenberger. Markgrafen und Herzoge von Österreich 976–1246, Wien – Köln – Graz ^{4}1992.
Lohrmann Klaus: Judenrecht und Judenpolitik im mittelalterlichen Österreich, Wien 1990.
Mitterauer Michael: Markt und Stadt im Mittelalter, Stuttgart 1980.
Pferschy Gerhard, Hg.: Das Werden der Steiermark. Die Zeit der Traungauer, Graz 1980.
Riedmann Josef, Hg.: »Eines Fürsten Traum.« Meinhard II. und das Werden Tirols. Katalog der Tiroler Landesausstellung in Schloß Tirol und Stams, Innsbruck –Bozen 1995.
Scheibelreiter Georg: Die Babenberger. Reichsfürsten und Landesherren, Wien – Köln – Weimar 2010.
Schmid Peter, Hg.: Die Geburt Österreichs: 850 Jahre Privilegium minus, Regensburg 2006.
Štih Peter: Goriški grofje ter njihovi ministeriali in militi v Istri in na Kranjskem, Ljubljana 1994 (dt.: Studien zur Geschichte der Grafen von Görz. Die Ministerialen und Milites der Grafen von Görz in Istrien und Krain, Wien – München 1996).
Tropper Peter G. (u.a.), Red.: Hemma von Gurk. Katalog der Ausstellung auf Schloss Straßburg/Kärnten 14. Mai bis 26. Oktober 1988, Klagenfurt 1988.
Wadl Wilhelm: Geschichte der Juden in Kärnten im Mittelalter, Klagenfurt 1981.

WIESFLECKER Hermann: Meinhard II. Tirol, Kärnten und ihre Nachbarländer am Ende des 13. Jahrhunderts, Innsbruck 1955.

3. Haus Österreich – Die Etablierung der Habsburger im Ostalpenraum

BAUM Wilhelm: Reichs- und Territorialgewalt (1273–1437). Königtum, Haus Österreich und Schweizer Eidgenossen im späten Mittelalter, Wien 1994.
HEINIG Paul-Joachim: Kaiser Friedrich III. (1440–1493). Hof, Regierung und Politik, 3 Bde., Köln – Weimar – Wien 1997.
HÖDL Günther: Habsburg und Österreich 1273–1493. Gestalten und Gestalt des österreichischen Spätmittelalters, Wien – Köln – Graz 1988.
KOLLER Heinrich: Kaiser Friedrich III. Darmstadt 2005.
KOS Dušan: In Burg und Stadt. Spätmittelalterlicher Adel in Krain und Untersteiermark, Wien- München 2006.
LACKNER Christian: Hof und Herrschaft. Rat, Kanzlei und Regierung der österreichischen Herzoge (1365–1406), Wien – München 2002.
LHOTSKY Alphons: Geschichte Österreichs seit der Mitte des 13. Jahrhunderts (1281–1358), Wien 1967.
NIEDERSTÄTTER Alois: Die Herrschaft zu Österreich. Fürst und Land im Spätmittelalter (Österreichische Geschichte, hg. v. Herwig Wolfram, 1278–1411), Wien 2001.
NIEDERSTÄTTER Alois: Das Jahrhundert der Mitte. An der Wende vom Mittelalter zur Neuzeit (Österreichische Geschichte, hg. v. Herwig Wolfram, 1400–1522), Wien 1996.
PETRIN Silvia: Der österreichische Hussitenkrieg 1420–1434. Wien 1982.
SPITZER Schlomo: Bne Chet. Die österreichischen Juden im Mittelalter, eine Sozial- und Kulturgeschichte, Wien – Köln – Weimar 1997.
WIESFLECKER Hermann: Kaiser Maximilian I. Das Reich, Österreich und Europa an der Wende zur Neuzeit, 5 Bde., Wien 1971–1986.
WIESFLECKER Hermann: Österreich im Zeitalter Maximilians I., Wien – München 1999.
ZATSCHEK Heinz: Handwerk und Gewerbe in Wien, Wien 1949.

4. Frühe Neuzeit bis 1740

AMMERER Gerhard (u.a.) Hg.: Bündnispartner und Konkurrenten der Landesfürsten? Die Stände in der Habsburgermonarchie, Wien – München 2007.
BAHLCKE Joachim: Regionalismus und Staatsintegration im Widerstreit. Die Länder der Böhmischen Krone im ersten Jahrhundert der Habsburgerherrschaft (1526–1619), München 1994.
BÉRENGER Jean: Finances et absolutisme autrichien dans la seconde moitié du XVIIe siècle, Paris 1975.

BRUNNER Otto: Adeliges Landleben und europäischer Geist. Leben und Werk Wolf Helmhards von Hohberg 1612–1688, Salzburg 1949.
CORETH Anna: Pietas Austriaca. Ursprung und Entwicklung barocker Frömmigkeit in Österreich, Wien ²1982.
DOLINAR France M. – LIEBMANN Maximilian – RUMPLER Helmut – TAVANO Luigi, Hg.: Katholische Reform und Gegenreformation in Innerösterreich 1675–1628 / Katoliška prenova in protireformacija v notranjeavstriskih deûelah 1675–1628 / Riforma cattolica e controriforma nell'Austria Interna 1675–1628, Graz – Wien – Köln 1994.
DÖRRER Fridolin, Hg.: Die Bauernkriege und Michael Gaismair, Innsbruck 1982.
DUINDAM Jeroen: Vienna and Versailles. The Courts of Europe's Dynastic Rivals, 1550–1780, Cambridge (u.a.) 2003.
EDELMAYER Friedrich – LANZINNER Maximilian – RAUSCHER Peter, Hg.: Finanzen und Herrschaft. Materielle Grundlagen fürstlicher Politik in den habsburgischen Ländern und im Heiligen Römischen Reich im 16. Jahrhundert, Wien – München 2003.
EVANS R. J. W.: The Making of the Habsburg Monarchy 1550–1700, Oxford 1979 (dt.: Das Werden der Habsburgermonarchie 1550–1700, Wien – Köln – Graz 1985).
HENGERER Mark: Kaiser Ferdinand III. (1608–1657). Eine Biographie, Wien – Köln – Weimar 2012.
HOCHEDLINGER Michael: Austria's Wars of Emergence. War, State and Society in the Habsburg Monarchy 1683–1797, London (u.a.) 2003
HOCHEDLINGER Michael – WINKELBAUER Thomas, Hg.: Herrschaftsverdichtung, Staatsbildung, Bürokratisierung. Verfassungs-, Verwaltungs- und Behördengeschichte der Frühen Neuzeit, Wien 2010.
JERŠE Sašo: Im Schutz und Schirm des Reiches. Spielräume der Reichspolitik der innerösterreichischen Landstände im 16. Jahrhundert, Wien – Köln – Weimar 2016.
KASER Karl: Freier Bauer und Soldat. Die Militarisierung der agrarischen Gesellschaft in der kroatisch-slawonischen Militärgrenze (1535–1881), Wien – Köln – Graz ²1997.
KLUETING Harm: Das Reich und Österreich 1648–1740, Münster 1999.
KOHLER Alfred: Ferdinand I. 1503–1564. Fürst, König und Kaiser, München 2003.
KURZ Marlene – SCHEUTZ Martin – VOCELKA Karl – WINKELBAUER Thomas, Hg.: Das Osmanische Reich und die Habsburgermonarchie, Wien – München 2005.
LEEB Rudolf – PILS Susanne Claudine – WINKELBAUER Thomas, Hg.: Staatsmacht und Seelenheil. Gegenreformation und Geheimprotestantismus in der Habsburgermonarchie, Wien – München 2007.
LHOTSKY Alphons: Das Zeitalter des Hauses Österreich. Die ersten Jahre der Regierung Ferdinands I. in Österreich (1520–1527), Wien 1971.
PÁLFFY Géza: The Kingdom of Hungary and the Habsburg Monarchy in the Sixteenth Century, New York 2009.
RAUSCHER Peter, Hg.: Kriegführung und Staatsfinanzen. Die Habsburgermonarchie und das Heilige Römische Reich vom Dreißigjährigen Krieg bis zum Ende des habsburgischen Kaisertums 1740, Münster 2010.
RAUSCHER Peter – SCHEUTZ Martin, Hg.: Die Stimme der ewigen Verlierer? Aufstände,

Revolten und Revolutionen in den österreichischen Ländern (ca. 1450–1815), Wien – München 2013.
RILL Gerhard: Fürst und Hof in Österreich von den habsburgischen Teilungsverträgen bis zur Schlacht von Mohács (1521/22 bis 1526). 2 Bde., Wien – Köln – Weimar 1993/2003.
SCHUMANN Jutta: Die andere Sonne. Kaiserbild und Medienstrategien im Zeitalter Leopolds I., Berlin 2003.
STEKL Hannes: Österreichs Zucht- und Arbeitshäuser 1671–1920. Institutionen zwischen Fürsorge und Strafvollzug, Wien 1978.
STROHMEYER Arno: Konfessionskonflikt und Herrschaftsordnung. Widerstandsrecht bei den österreichischen Ständen (1550–1650), Mainz 2006.
STURMBERGER Hans: Georg Erasmus von Tschernembl. Religion, Libertät und Widerstand, Linz 1953.
STURMBERGER Hans: Kaiser Ferdinand II. und das Problem des Absolutismus, Wien 1957.
STURMBERGER Hans: Land ob der Enns und Österreich, Linz 1979.
VALENTINITSCH Helfried: Das landesfürstliche Quecksilberbergwerk Idria 1575–1659. Produktion – Technik – rechtliche und soziale Verhältnisse – Betriebsbedarf- Quecksilberhandel, Graz 1981.
WINKELBAUER Thomas: Ständefreiheit und Fürstenmacht. Länder und Untertanen des Hauses Habsburg im konfessionellen Zeitalter (Österreichische Geschichte, hg. v. Herwig Wolfram, 1522–1699), 2 Bde., Wien 2003.
WINKELBAUER Thomas – FAZEKAS István – SCHEUTZ Martin – SZABÓ Csaba: Frühneuzeitforschung in der Habsburgermonarchie. Adel und Wiener Hof – Konfessionalisierung – Siebenbürgen (Publikationen der ungarischen Geschichtsforschung in Wien 7, Wien 2013).
WINKELBAUER Thomas – HOCHEDLINGER Michael – MAT'A Petr: Verwaltungsgeschichte der Habsburgermonarchie in der Frühen Neuzeit, Bd. 1: Hof und Dynastie, Kaiser und Reich, Zentralverwaltungen, Kriegswesen und landesfürstliches Finanzwesen, 2 Teilbände (Mitteilungen des Instituts für Österreichische Geschichtsforschung, Erg.-Bd. 62), Wien 2019.

5. Maria Theresia, Joseph II. und die österreichische Staatsbildung

BADINTER Élisabeth: Le Pouvoir au féminin. Marie-Thérèrese d'Autriche 1717–1780. L'impératrice reine. Paris 2016 (dt.: Maria Theresia. Die Macht der Frau, Wien 2017).
BODI Leslie: Tauwetter in Wien. Zur Prosa der österreichischen Aufklärung 1781–1795, Wien ²1995.
CZERNIN Monika – LAVANDIER Jean-Pierre: Liebet mich immer. Maria Theresia. Briefe an ihre engste Freundin, Wien 2017.
DICKSON P. G. M.: Finance and Government under Maria Theresia 1740–1780, 2 Bde., Oxford 1987.

FELLNER Thomas – KRETSCHMAYR Heinrich – WALTER Friedrich: Die österreichische Zentralverwaltung, 12 Bde., Wien 1907–1971.
FILLAFER Franz Leander: Aufklärung habsburgisch. Staatsbildung, Wissenskultur und Geschichtspolitik in Zentraleuropa 1750–1850, Göttingen 2020.
GUTKAS Karl: Kaiser Joseph II. Eine Biographie, Wien – Darmstadt 1989.
HOLL Brigitte: Hofkammerpräsident Gundaker Thomas Graf Starhemberg und die österreichische Finanzpolitik der Barockzeit (1703–1715), Wien 1976.
KARSTENS Simon: Lehrer – Schriftsteller – Staatsreformer. Die Karriere des Joseph von Sonnenfels (1733–1817). Wien – Köln – Weimar 2011.
KLINGENSTEIN Grete – SZABO Franz A. J., Hg.: Staatskanzler Wenzel Anton von Kaunitz-Rietberg 1771–1794. Neue Perspektiven zu Politik und Kultur der österreichischen Aufklärung. Graz u. a. 1996.
MAASZ Ferdinand: Der Josephinismus, 5 Bde. (Fontes Rerum Austriacarum 2, 71-75), Wien 1950–1960.
STOLLBERG-RILINGER Barbara: Maria Theresia. Die Kaiserin in ihrer Zeit. Eine Biographie. München ²2017.
SZABO Franz: Kaunitz and Enlightened Absolutism 1753–1780, Cambridge 1994.
TELESKO Werner: Maria Theresia. Ein europäischer Mythos, Wien – Köln – Weimar 2012.
VOCELKA Karl: Glanz und Untergang der höfischen Welt. Repräsentation, Reform und Reaktion im habsburgischen Vielvölkerstaat (Österreichische Geschichte, hg. v. Herwig Wolfram, 1699–1815), Wien 2001.
WALTER Friedrich: Die theresianische Staatsreform von 1749 (Österreich Archiv), Wien 1958.
WANDRUSZKA Adam: Leopold II. Erzherzog von Österreich, Großherzog von Toskana, König von Ungarn und Böhmen, Römischer Kaiser, 2 Bde., Wien 1963/65.
WANGERMANN Ernst: Aufklärung und staatsbürgerliche Erziehung. Gottfried van Swieten als Reformator des österreichischen Unterrichtswesens 1781–1791 (Österreich Archiv), Wien 1978.
WANGERMANN Ernst: Die Waffen der Publizität. Zum Funktionswandel der politischen Literatur unter Joseph II. (Österreich Archiv), Wien – München 2004.
ZEDINGER Renate: Franz Stephan von Lothringen (1708–1865). Monarch, Manager, Mäzen, Wien 2008.
ŽOLGER Ivan v.: Der Hofstaat des Hauses Österreich, Wien – Leipzig 1917.

6. Zwischen zwei Revolutionen : 1790 – 1848

ADLGASSER Franz, Hg.: Viktor Franz Freiherr von Andrian-Werburg. Österreich wird meine Stimme erkennen wie die Stimme Gottes in der Wüste. Tagebücher 1839–1858, 3 Bde., Wien – Köln – Weimar 2011.
ANDRIAN-WERBURG Victor v.: Österreich und dessen Zukunft, Hamburg ³1843.

(ANONYM) Sociale und politische Zustände Österreichs mit besonderer Beziehung auf den Pauperismus, Leipzig 1847.

BACHLEITNER Norbert: Die literarische Zensur in Österreich von 1751 bis 1848, Wien – Köln – Weimar 2017.

BARANY George: Stephen Széchenyi and the Awakening of Hungarian Nationalism, 1791–1841, Princeton/New Jersey 1968.

CSÁKY Moritz: Von der Aufklärung zum Liberalismus. Studien zum Frühliberalismus in Ungarn, Wien 1981.

DÖLEMEYER Barbara – MOHNHAUPT Heinz, Hg.: 200 Jahre ABGB (1811–2011). Die österreichische Kodifikation im internationalen Kontext, Frankfurt/Main 2012.

DUCHHARDT Heinz: Der Wiener Kongress. Die Neugestaltung Europas, München 2013.

(FRÖHLICH Rudolph) anonym: Die gefährlichen Classen Wiens, Wien 1851.

GASSER Wolfgang: Erlebte Revolution 1848/49. Das Wiener Tagebuch des jüdischen Journalisten Benjamin Kewall, Wien – München 2010.

GOOD David: The Economic Rise of the Habsburg Empire 1750–1914, Berkeley 1984 (dt.: Der wirtschaftliche Aufstieg des Habsburgerreiches 1750–1914, Wien – Köln – Graz 1986).

HÄUSLER Wolfgang: Ideen können nicht erschossen werden. Revolution und Demokratie in Österreich 1789–1848–1918, Wien – Graz – Klagenfurt 2017.

HEINDL Waltraud: Gehorsame Rebellen. Bürokratie und Beamte in Österreich 1780 bis 1848, Wien ²2013.

KOŘALKA Jiří: František Palacký (1798–1876). Der Historiker der Tschechen im österreichischen Vielvölkerstaat, Wien 2007.

MITTENZWEI Ingrid: Zwischen Gestern und Morgen. Wiens frühe Bourgeoisie an der Wende vom 18. zum 19. Jahrhundert, Wien – Köln – Weimar 1998.

RUMPLER Helmut: Eine Chance für Mitteleuropa. Bürgerliche Emanzipation und Staatsverfall in der Habsburgermonarchie (Österreichische Geschichte, hg. v. Herwig Wolfram, 1804–1914), Wien 1997.

SANDGRUBER Roman: Die Anfänge der Konsumgesellschaft. Konsumgüterverbrauch, Lebensstandard und Alltagskultur in Österreich im 18. und 19. Jahrhundert, Wien 1982.

SIEMANN Wolfram: Metternich. Stratege und Visionär. Eine Biographie, München 2016.

SLOKAR Johann: Geschichte der österreichischen Industrie und ihrer Förderung unter Kaiser Franz I., Wien 1914.

STOCKINGER Thomas: Dörfer und Deputierte. Die Wahlen zu den konstituierenden Parlamenten von 1848 in Niederösterreich und im Pariser Umland (Seine-et-Oise), MIÖG Erg.-Bd. 57, München – Wien 2012.

VIOLAND Ernst: Die sociale Geschichte der Revolution, Wien 1850 (neu hg. v. Wolfgang Häusler, Wien 1984).

WINTER Eduard: Frühliberalismus in der Donaumonarchie. Religiöse, nationale und wissenschaftliche Strömungen von 1790–1868, Wien 1968.

7. 1848 – 1918. Das Zeitalter Kaiser Franz Josephs I.

ANDERSON Harriet: Vision und Leidenschaft. Die Frauenbewegung im Fin de Siècle Wiens, Wien 1994.
BAUER Otto: Die Nationalitätenfrage und die Sozialdemokratie, Wien ²1924 (Nachdruck der 2. Aufl. in der Werkausgabe Bd. 1, Wien 1975, 49–622).
BELLER Steven: Kaiser Franz Joseph. Eine Biographie, Wien 1997.
BLED Jean Paul: Franz Joseph. »Der letzte Monarch der alten Schule«, Wien – Köln – Graz 1988.
BOYER John W.: Political Radicalism in Late Imperial Vienna. Origins of the Christian Social Movement 1848–1897, Chicago-London 1981 (unveränderte Paperback-Ausgabe Chicago 1995).
BRANDT Harm-Hinrich, Hg.: Der österreichische Neoabsolutismus als Verfassungs- und Verwaltungsproblem, Wien – Köln – Weimar 2014.
DEÁK István: Der k. (u.) k. Offizier 1848–1918, Wien – Köln – Weimar 1991.
DROBESCH Werner – STAUBER Reinhard – TROPPER Peter G., Hg.: Mensch, Staat und Kirchen zwischen Alpen und Adria 1848–1938. Einblicke in Religion, Politik, Kultur und Wirtschaft einer Übergangszeit, Klagenfurt/Celovec 2007.
EIGNER Peter – HELIGE Andrea, Hg.: Österreichische Wirtschafts- und Sozialgeschichte im 19. und 20. Jahrhundert. 175 Jahre Wiener Städtische Versicherung, Wien – München 1999.
FISCHER Lisa – BRIX Emil, Hg.: Die Frauen der Wiener Moderne, Wien – München 1997.
FUCHS Albert: Geistige Strömungen in Österreich 1867–1918. Wien ⁴⁼¹ ⁽¹⁹⁴⁹⁾1996.
GRANDNER Margarete: Kooperative Gewerkschaftspolitik in der Kriegswirtschaft. Die freien Gewerkschaften Österreichs im ersten Weltkrieg, Wien – Köln – Weimar 1992.
Die HABSBURGERMONARCHIE 1848–1918, Band I bis VI hg. v. Adam WANDRUSZKA und Peter URBANITSCH;
– Bd. I: Die wirtschaftliche Entwicklung, hg. v. Alois Brusatti, Wien 1973;
– Bd. II: Verwaltung und Rechtswesen, Wien 1975;
– Bd. III: Die Völker des Reiches, 2 Teilbände, Wien 1980;
– Bd. IV: Die Konfessionen, Wien 1985;
– Bd. V: Die bewaffnete Macht, Wien 1987;
– Bd. VI: Die Habsburgermonarchie im System der internationalen Beziehungen, 2 Teilbände., Wien 1989 und 1993;
– Bd. VII: Verfassung und Parlamentarismus, hg. v. Helmut RUMPLER; Peter URBANITSCH, 1. Teilband: Verfassungsrecht, Verfassungswirklichkeit, zentrale Repräsentativkörperschaften; 2. Teilband: Die regionalen Repräsentativkörperschaften, beide Wien 2000;
– Bd. VIII: Politische Öffentlichkeit und Zivilgesellschaft, hg. v. Helmut RUMPLER und Peter URBANITSCH; 1. Teilband: Vereine, Parteien und Interessenverbände als Träger der politischen Partizipation; 2. Teilband: Die Presse als Faktor der politischen Mobilisierung, beide Wien 2006;

- Bd. IX: Soziale Strukturen, hg. v. Helmut RUMPLER und Peter URBANITSCH; Teilband in zwei Bänden: Von der feudal-agrarischen zur bürgerlich-industriellen Gesellschaft, Wien 2010; Teilband: Die Gesellschaft der Habsburgermonarchie im Kartenbild. Verwaltungs-, Sozial- und Infrastrukturen nach dem Zensus von 1910, bearb. von Helmut Rumpler und Martin Seger, Wien 2010;
- Bd. X: (in Bearbeitung)
- Bd. XI: Die Habsburgermonarchie und der Erste Weltkrieg, 1. Teilband Teil 1 und 2, 2016, hg. v. Helmut Rumpler, Wien 2016; 2. Teilband: Weltkriegsstatistik Österreich-Ungarn 1914–1918. Bevölkerungsbewegung, Kriegstote, Kriegswirtschaft, hg. v. Helmut Rumpler und Anatol Schmied-Kowarzik Wien 2013;
- Bd. XII: Bewältigte Vergangenheit? Die nationale und internationale Historiografie zum Untergang der Habsburgermonarchie als ideelle Grundlage für die Neuordnung Europas, hg. von Helmut Rumpler und Ulrike Harmat, Wien 2018.

HAMANN Brigitte: Hitlers Wien. Lehrjahre eines Diktators, München – Zürich 1996.

HANÁK Peter: Ungarn in der Donaumonarchie. Probleme der bürgerlichen Umgestaltung eines Vielvölkerstaates, Wien – München – Budapest 1984.

HYE Hans Peter: Das politische System in der Habsburgermonarchie. Konstitutionalismus, Parlamentarismus und politische Partizipation, Praha 1998.

JANIK Allan – TOULMIN Stephen: Wittgensteins Wien, München – Zürich 1984.

JOHNSTON William M.: Österreichische Kultur- und Geistesgeschichte. Gesellschaft und Ideen im Donauraum 1848 bis 1938, Köln – Wien ^{4}2006.

KOŘALKA Jiří: Tschechen im Habsburgerreich und in Europa 1815–1914. Sozialgeschichtliche Zusammenhänge der neuzeitlichen Nationsbildung und der Nationalitätenfrage in den böhmischen Ländern, Wien – München 1991.

LE RIDER Jacques: Modernité viennoise et crises de l'identité, Paris ^{2}1990.

MELIK Vasilij: Wahlen im alten Österreich. Am Beispiel der Kronländer mit slowenischsprachiger Bevölkerung, Wien – Köln – Weimar 1997.

MELINZ Gerhard – ZIMMERMANN Susan, Hg.: Wien – Prag – Budapest. Blütezeit der Habsburgermetropolen. Urbanisierung, Kommunalpolitik, gesellschaftliche Konflikte, Wien 1996.

RAUCHENSTEINER Manfried: Der Erste Weltkrieg und das Ende der Habsburgermonarchie 1914–1918, Wien – Köln – Weimar 2013.

REDLICH Josef: Das österreichische Staats- und Reichsproblem. Geschichtliche Darstellung der inneren Politik der habsburgischen Monarchie von 1848 bis zum Untergang der Monarchie, 2 Teilbände, Leipzig 1920 u. 1926.

REDLICH Josef: Kaiser Franz Joseph von Österreich, Leipzig 1928.

ROZENBLIT Marsha L.: Die Juden Wiens 1867–1914. Assimilation und Identität, Wien – Köln – Graz 1989.

SANDGRUBER Roman: Traumzeit für Millionäre. Die 929 reichsten Wienerinnen und Wiener im Jahr 1910, Wien – Graz – Klagenfurt 2013.

SANDGRUBER Roman: Rothschild. Glanz und Untergang des Wiener Welthauses, Wien 2018.

SEIDERER Georg: Oesterreichs Neugestaltung. Verfassungspolitik und Verwaltungsre-

form im österreichischen Neoabsolutismus unter Alexander Bach 1849–1859, Wien 2015.
Tietze Hans: Die Juden Wiens. Gesellschaft, Wirtschaft, Kultur, Wien ¹1933 = ²1987.
URBAN Otto: Die tschechische Gesellschaft 1848–1918, 2 Bde., Wien – Köln – Weimar 1994.
WEINZIERL Erika: Die österreichischen Konkordate 1855 und 1933, Wien 1960.

8. 1918 – 1938 Erste Republik und Diktatur

ASPETSBERGER Friedbert, Literarisches Leben im Austrofaschismus. Der Staatspreis, Königstein/Taunus 1980.
BAUBÖCK Rainer: Wohnungspolitik im sozialdemokratischen Wien 1919–1934, Salzburg 1979.
BAUER Kurt: Elementar-Ereignis. Die österreichischen Nationalsozialisten und der Juliputsch 1934, Wien 2003.
BAUER Kurt: Hitlers zweiter Putsch. Dollfuß, die Nazis und der 25. Juli 1934. St. Pölten – Salzburg 2014.
BAUER KURT: Der Februaraufstand 1934. Fakten und Mythen, Wien 2019.
BAUER Otto: Die österreichische Revolution. Wien 1923 (= Bauer, Werkausgabe Bd. 2, 1976, 489–866).
BERGER Peter: Kurze Geschichte Österreichs im 20. Jahrhundert. Wien ²2008.
BOTZ Gerhard: Gewalt in der Politik, Attentate. Zusammenstöße, Putschversuche, Unruhen in Österreich 1918 bis 1938, München ²1983.
BOTZ Gerhard – HAUTMANN Hans – KONRAD Helmut – WEIDENHOLZER Josef, Hg.: Bewegung und Klasse. Studien zur österr. Arbeitergeschichte, Wien 1978.
BULLOCH Jamie: Karl Renner – Austria (The Peace Conferences 1919–1923 and their Aftermath), London 2009.
BURZ Ulfried, Hg.: Die Republik (Deutsch)-Österreich im ersten Nachkriegsjahrzehnt. Innen- und Außenperspektiven, Wien 2020.
BUTSCHEK Felix: Die österreichische Wirtschaft im 20. Jahrhundert, Stuttgart 1985.
DREIDEMY Lucile: Der Dollfuß-Mythos: Eine Biographie des Posthumen, Wien 2014.
GULICK Charles A: Österreich von Habsburg zu Hitler, 5 Bde., Wien 1950.
HANISCH Ernst: Die Ideologie des politischen Katholizismus in Österreich 1918–1938, Wien – Salzburg 1977.
HANISCH Ernst: Der lange Schatten des Staates. Österreichische Gesellschaftsgeschichte im 20. Jahrhundert. (Österreichische Geschichte, hg. v. Herwig Wolfram), Wien 1994.
HANISCH Ernst: Der große Illusionist. Otto Bauer (1881–1938), Wien – Köln – Weimar 2011.
HAUTMANN Hans: Geschichte der Rätebewegung in Österreich, 1918–1924, Wien – Zürich 1987.
HERTZ Friedrich: Ist Österreich wirtschaftlich lebensfähig?, Wien 1921.
JAHODA Marie – LAZARSFELD Paul F. – ZEISEL Hans: Die Arbeitslosen von Marienthal.

Ein soziographischer Versuch über die Wirkungen langandauernder Arbeitslosigkeit, Frankfurt/Main ²1978 (1. Aufl. Leipzig 1933).

KARNER Stefan, Hg.: Die umkämpfte Republik. Österreich von 1918–1938. Innsbruck – Wien – Bozen 2017.

LEICHTER Käthe: So leben wir ... 1320 Industriearbeiterinnen berichten über ihr Leben, Wien 1932.

MÄRZ Eduard: Österreichische Bankpolitik in der Zeit der großen Wende 1913-1923 am Beispiel der Creditanstalt für Handel und Gewerbe, Wien 1981.

MATTHES Reinar: Das Ende der Ersten Republik Österreich, Hamburg 1979.

OLECHOWSKI Thomas (u.a.): Hans Kelsen. Biographie eines Rechtswissenschaftlers, Tübingen 2020.

RAUCHENSTEINER Manfried: Unter Beobachtung. Österreich 1918–2018. Wien – Köln – Weimar 2017.

REITER-ZATLOUKAL Ilse – ROTHLÄNDER Christiane – SCHÖLNBERGER Pia, Hg.: Österreich 1933–1938. Interdisziplinäre Annäherungen an das Dollfuß-Schuschnigg-Regime, Wien (u.a.) 2012.

SCHAFRANEK Hans: Sommerfest mit Preisschießen. Die unbekannte Geschichte des NS-Putsches im Juli 1934, Wien 2006.

SCHAFRANEK Hans: Söldner für den Anschluss. Die österreichische Legion 1933–1938, Wien 2011.

SENFT Gerhard: Im Vorfeld der Katastrophe. Die Wirtschaftspolitik des Ständestaates Österreich 1934–1938, Wien 2002.

STIEFEL Dieter: Finanzdiplomatie und Weltwirtschaftskrise. Die Krise der Credit-Anstalt für Handel und Gewerbe 1931, Frankfurt/Main 1989.

SUPPAN Arnold: Jugoslawien und Österreich 1918–1938. Bilaterale Außenpolitik im europäischen Umfeld, Wien – München 1996.

TÁLOS Emmerich – DACHS Herbert – HANISCH Ernst – STAUDINGER Anton, Hg.: Handbuch des politischen Systems Österreichs Erste Republik 1918–1933, Wien 1995.

TÁLOS Emmerich: Das austrofaschistische Herrschaftssystem. Österreich 1933–1938, Wien 2013.

WEBER Wilhelm, Hg.: Österreichs Wirtschaftsstruktur, gestern – heute – morgen, 2 Bde., Berlin 1961.

WEINZIERL Erika – SKALNIK Kurt, Hg.: Österreich 1918–1938, 2 Bde., Graz 1983.

WOHNOUT Helmut: Regierungsdiktatur oder Ständeparlament? Gesetzgebung im autoritären Österreich, Wien – Köln – Graz 1993.

9. 1938 – Der »Anschluss« und die Folgen

BAUER Kurt: Die dunklen Jahre: Politik und Alltag im nationalsozialistischen Österreich 1938 bis 1945, Frankfurt am Main 2017.

BERGER Karin: Zwischen Eintopf und Fließband. Frauenarbeit und Frauenbild im Faschismus, Österreich 1938–1945, Wien 1984.
BERNT–KOPPENSTEINER Ines, Hg.: nirgendwohin. Todesmärsche durch Oberösterreich 1945.Eine Spurensuche in die Zukunft, Steyr 2015.
BOTZ Gerhard: Nationalsozialismus in Wien. Machtübernahme; Herrschaftssicherung; Radikalisierung 1938/1939. Überarb. u. erg. Neuauflage Wien 2018.
BUKEY Evan Burr: Hitlers Österreich. »Eine Bewegung und ein Volk«. Hamburg – Wien 2001 (engl. Originalausgabe 2000).
BUTSCHEK Felix: Die österreichische Wirtschaft 1938-1945, Stuttgart – Wien 1978.
FORM Wolfgang – NEUGEBAUER Wolfgang – SCHILLER Theo, Hg.: NS-Justiz und politische Verfolgung in Österreich 1938–1945, München 2006.
FREUND Florian – SAFRIAN Hans: Expulsion and Extermination. The Fate of the Austrian Jews 1938–1940, Wien 1997.
HANISCH Ernst: Gau der guten Nerven. Die nationalsozialistische Herrschaft in Salzburg 1938–1945, Salzburg-München 1997.
KARNER Stefan: Die Steiermark im Dritten Reich 1938–1945. Aspekte ihrer politischen, wirtschaftlich-sozialen und kulturellen Entwicklung, Graz ³1994.
LUŽA Radomir V.: Widerstand in Österreich 1938–1945, Wien 1983 (engl.: The Resistance in Austria. 1938–1945, Minneapolis 1984.)
LUŽA Radomir V.: Österreich und die großdeutsche Idee in der NS-Zeit, Wien – Köln – Graz 1977.
MANOSCHEK Walter, Hg.: Opfer der NS-Militärjustiz. Urteilspraxis – Strafvollzug – Entschädigungspolitik in Österreich, Wien 2003.
MOSER Jonny: Demographie der jüdischen Bevölkerung Österreichs 1938–1945, Wien 1999.
RATHKOLB Oliver: Schirach. Eine Generation zwischen Goethe und Hitler, Wien 2020.
SAFRIAN Hans: Eichmann und seine Gehilfen, Frankfurt/M. 1995.
STEINER Herbert: Gestorben für Österreich. Widerstand gegen Hitler (Eine Dokumentation), Wien 1995.
TÀLOS Emmerich – HANISCH Ernst – NEUGEBAUER Wolfgang, Hg.: NS-Herrschaft in Österreich 1938–1945, Wien 1988.
WEINZIERL Erika: Zu wenig Gerechte. Österreicher und Judenverfolgung 1938–1945, Graz – Köln – Wien ⁴1997.

10. Die Zweite Republik

ALBRICH Thomas – GARSCHA Winfried R. – POLASCHEK Martin, Hg.: Holocaust und Kriegsverbrechen vor Gericht. Der Fall Österreich, Innsbruck – Wien – Bozen 2006.
BAILER Brigitte: Wiedergutmachung – kein Thema. Österreich und die Opfer des Nationalsozialismus, Wien 1993.
BAILER Brigitte, Hg.: Handbuch des österreichischen Rechtsextremismus, Wien ²1996.

BISCHOF Günter – STIEFEL Dieter, Hg.: 80 Dollar. 50 Jahre ERP-Fonds und Marshall-Plan in Österreich 1948–1998, Wien 1999.
BRAIT Andrea – GEHLER Michael, Hg.: Grenzöffnung 1989. Innen- und Außenperspektiven und die Folgen für Österreich, Wien – Köln – Weimar 2014.
BUTSCHEK Felix: Vom Staatsvertrag zur EU. Österreichische Wirtschaftsgeschichte von 1955 bis zur Gegenwart, Wien – Köln – Weimar 2004.
DACHS Herbert – GERLICH Peter – GOTTWEIS Herbert – HORNER Franz – KRAMER Helmut – LAUBER Volkmar – MÜLLER Wolfgang C. – TÁLOS Emmerich, Hg.: Handbuch des politischen Systems Österreichs. Die Zweite Republik, Wien ³1997.
DACHS Herbert – GERLICH Peter – MÜLLER Wolfgang C., Hg.: Die Politiker. Karrieren und Wirken bedeutender Repräsentanten der Zweiten Republik, Wien 1995.
GARSCHA Winfried R.: Die Verfahren vor dem Volksgericht Wien (1945–1955) als Geschichtsquelle, Wien 1993.
GEHLER Michael: Österreichs Außenpolitik der Zweiten Republik. Von der alliierten Besatzung bis zum Europa des 21. Jahrhunderts, 2 Bde., Innsbruck – Wien – Bozen 2005.
GEHLER Michael – STEININGER Rolf: Österreich und die europäische Integration 1945–1993. Aspekte einer wechselvollen Entwicklung, Wien – Köln – Weimar ²2014.
GRANDNER Margarete – HEISS Gernot – RATHKOLB Oliver, Hg.: Zukunft mit Altlasten. Die Universität Wien 1945 bis 1955, Innsbruck – Wien – München – Bozen 2005.
HALLER Max, Hg.: Identität und Nationalstolz der Österreicher. Gesellschaftliche Ursache und Funktionen. Herausbildung und Transformation seit 1945. Internationaler Vergleich, Wien-Köln-Weimar 1996.
HÖBELT Lothar: Die zweite Republik Österreich und ihre Besonderheiten, Wien 2020.
JABLONER Clemens – BAILER-GALANDA Brigitte – BLIMLINGER Eva – GRAF Georg – KNIGHT Robert – MIKOLETZKY Lorenz – PERZ Bertrand – SANDGRUBER Roman – STUHLPFARRER Karl – TEICHOVA Alice: Schlussbericht der Historikerkommission der Republik Österreich (=Vermögensentzug während der NS-Zeit sowie Rückstellungen und Entschädigungen seit 1945 in Österreich, Bd. 1), Wien – München 2003. – Die gesamte Reihe umfasst 32 Titel in insgesamt 49 Bänden (erschienen bis 2006).
KARNER Stefan, Hg.: Geheime Akten des KGB »Margarita Ottilinger«, Graz 1992.
KARNER Stefan – STELZL-MARX Barbara, Hg.: Die Rote Armee in Österreich. Sowjetische Besatzung 1945–1955. 2 Bde., Graz – Wien – München 2005.
KRIECHBAUMER Robert – SCHAUSBERGER Franz, Hg.: Volkspartei – Anspruch und Realität. Zur Geschichte der ÖVP seit 1945, Wien – Köln – Weimar 1995.
KURETSIDIS-HAIDER Claudia: »Das Volk sitzt zu Gericht«. Österreichische Justiz und NS-Verbrechen am Beispiel der Engerau-Prozesse 1945–1954, Innsbruck – Wien – Bozen 2006.
LEHNGUT Cornelius: Waldheim und die Folgen. Der parteipolitische Umgang mit dem Nationalsozialismus in Österreich, Graz – Wien – München 2005.
MÄHR Wilfried: Der Marshallplan in Österreich, Graz – Wien – Köln 1989.
MANTL Wolfgang, Hg.: Politik in Österreich. Die Zweite Republik: Bestand und Wandel, Wien – Köln – Graz 1992.

MESCH Michael: Der Berufs- und Branchenstrukturwandel der Beschäftigung in Österreich 1991–2012 (Materialien zu Wirtschaft und Gesellschaft Nr. 140, working paper – Reihe der AK Wien), Wien 2015.
MÜLLER Wolfgang: Die sowjetische Besatzung in Österreich und ihre politische Mission. Wien – Köln – Graz 2005.
MÜLLER Wolfgang: A Good Example of Peaceful Coexistence? The Soviet Union, Austria, and Neutrality, 1955–1991, Wien 2011.
PAPE Matthias: Ungleiche Brüder. Österreich und Deutschland 1945–1965, Köln – Weimar – Wien 2000.
PELINKA Anton – PLASSER Fritz, Hg.: Das österreichische Parteiensystem, Wien – Köln – Graz 1988.
PELINKA Anton – ROSENBERGER Sieglinde: Österreichische Politik. Grundlagen – Strukturen – Trends, Wien 2000.
PERZ Bertrand: Die KZ-Gedenkstätte Mauhausen. 1945 bis zur Gegenwart. Innsbruck 2006.
PETRITSCH Wolfgang: Bruno Kreisky. Die Biographie, Wien 2010.
RATHKOLB Oliver: Washington ruft Wien. US-Großmachtpolitik gegenüber Österreich 1953–1963, Wien 1997.
RATHKOLB Oliver: Die paradoxe Republik. Österreich 1945–2015, Wien ²2015.
RAUCHENSTEINER Manfried: Der Sonderfall. Die Besatzungszeit in Österreich 1945 bis 1955, Wien ²1985.
REITER Margit: Die Ehemaligen. Der Nationalsozialismus und die Anfänge der FPÖ, Göttingen 2019.
SIEDER Reinhard – STEINERT Heinz – TÁLOS Emmerich, Hg.: Österreich 1945–1995. Gesellschaft – Politik – Kultur. Wien ²1996.
STOURZH Gerald – MÜLLER Wolfgang: Der Kampf um den Staatsvertrag 1945-1955. Ost-West-Besetzung, Staatsvertrag und Neutralität Österreichs, Wien – Köln – Graz ⁶2020.
SUPPAN Arnold – STOURZH Gerald – MÜLLER Wolfgang, Hg.: Der österreichische Staatsvertrag. Internationale Strategie, rechtliche Relevanz, nationale Identität, Wien 2005.
ZIEGLER Meinrad – KANNONIER-FINSTER Waltraud, Hg.: Österreichisches Gedächtnis. Über Erinnern und Vergessen der NS-Vergangenheit, Wien – Köln – Weimar 1992.

Verzeichnis der Infotafeln

Severin von Noricum	S. 16
Der Tassilo-Liutpirc-Kelch	S. 18
Das Privilegium minus	S. 36
Die Schlacht bei Dürnkrut und Jedenspeigen oder auf dem Marchfeld	S. 43
Die Herzogseinsetzung beim Fürstenstein	S. 44
Das Privilegium maius	S. 51
Die Wiener Gesera 1421	S. 60
Maximilian I.	S. 65
Ferdinand I. und das Wiener Neustädter Blutgericht	S. 68
Der oberösterreichische Bauernkrieg 1626	S. 77
Prinz Eugen	S. 82
Auf dem Weg zum Absolutismus	S. 91
Die Logen der Freimaurer	S. 95
Kaiser Franz Joseph	S. 131
Die Opfer des Ersten Weltkrieges	S. 163
Die Opfer von Nationalsozialismus und Zweitem Weltkrieg	S. 228
Leopold Figl (1902–1965)	S. 231
Karl Renner (1870–1950)	S. 232
Der Staatsvertrag von Wien 1955	S. 240
Bruno Kreisky (1911–1990)	S. 250

Zeittafel

vor mehr als 100.000 Jahren	Erste Spuren von Frühmenschen (Neandertalern) in Höhlen.
ab etwa 40.000 v. Chr.	Cro-Magnon-Mensch (homo sapiens) – jüngere Altsteinzeit.
um 30.000 v. Chr.	»Venus« von Stratzing weltweit älteste anthropomorphe Figur.
um 22.000 v. Chr.	»Venus« von Willendorf.
6. Jahrtausend v. Chr.	Beginn der Jungsteinzeit (Neolithikum) – älteste Häuser.
5. Jahrtausend v. Chr.	Kreisgräben.
4.–3. Jahrtausend v. Chr.	Kupferzeit (Spätneolithikum), inneralpine Pfahlbaukulturen (Mondseekultur).
3350–3100 v. Chr.	Similaun-Mann (»Ötzi«).
2. und beginnendes 1. Jahrtausend v. Chr.	Bronzezeit. Alpiner Bergbau auf Kupfer. Salzgewinnung.
800 v. Chr.–Christi Geburt	Eisenzeit.
800–400 v. Chr.	Hallstattkultur.
um 600 v. Chr.	Kultwagen von Strettweg.
400–15 v. Chr.	La-Tène-Zeit – Keltische Stämme.
2./1. Jh. v. Chr.	regnum Noricum.
15 v. bis 6. Jh. n. Chr.	Römer in Österreich südlich der Donau.
41–54 n. Chr.	In der Regierungszeit K. Claudius Rätien, Noricum (und Pannonien) röm. Provinzen.
166–180 n. Chr.	Markomannenkriege unter K. Mark Aurel.
um 360 n. Chr.	»Heidentor« bei Carnuntum.
482 n. Chr.	Severin von Noricum †.
um 488	Abzug der Romanen aus der Donauregion.
bis 500	Ethnogenese der Bajuwaren.
568	Awaren nehmen Pannonien in Besitz.
um 590	Im Zusammenhang mit der awarischen Expansion: Einwanderung von Slawen, Ende der binnennorischen Bistümer.
7. Jh.	Ethnogenese der Karantanen.

757–788	Tassilo III. Hg. der Bayern, Beginn der Christianisierung der Karantanen, Karantanien bayrisches Einflussgebiet.
777	Gründung von Kremsmünster.
788	Tassilo III. von Karl d. Gr. abgesetzt, Bayern unter fränkischer Herrschaft.
798	Salzburg Erzbistum, Ebf. Arn.
um 800	Unter Karl d. Gr. Vernichtung des Awarenreiches, Expansion in den Ostalpen und Donauraum. Bayern, Karantanien und das Ostland bis zur Donau in Ungarn Teilreich des Frankenreiches.
9. Jh.	Mährerreich nördlich der Donau, Konflikte um Konstantin und Methodios.
907	Schlacht bei Pressburg, Niederlage der Bayern gegen die Ungarn, Land östlich der Enns geht verloren.
955	Schlacht auf dem Lechfeld, neue kleine Marken vor Bayern und Karantanien.
976	Kärnten erhält eigenen Hg., von Bayern getrennt.
976–1246	Babenberger in der Mark östlich der Enns, seit 1156 Herzöge von Ö.
10. Jh. (2. Hälfte) bis 13. Jh. (Ende)	Rodung und Kolonisation, Bevölkerungswachstum, Städtegründungen.
1056–1192	Otakare Markgrafen der karantanischen Mark, seit 1180 Herzöge von Steiermark.
1186	Erbvertrag vom Georgenberg bei Enns, Babenberger folgen Otakaren in der Steiermark nach.
1250–1276	Otakar II. Přemysl; Mgf. v. Mähren, Kg. v. Böhmen, Hg. von Österreich, später auch von Steiermark.
1278	Kg. Otakar fällt in der Schlacht auf dem Marchfeld gegen König Rudolf von Habsburg.
1282	Kg. Rudolf verleiht Österreich und Steiermark an seine Söhne, dann nur an Albrecht I.
1298–1358	Söhne Albrechts I. (Rudolf, Friedrich, Otto, Albrecht II.) herrschen in Österreich, Steiermark und in den habsburgischen Besitzungen in Schwaben. 1335 Habsburger werden Hzge. von Kärnten und Herren von Krain.
1358–1365	Rudolf IV. der Stifter. Fälschung des Privilegium maius. Erwerbung Tirols 1363, Gründung der Wiener Universität, neuer Plan für St. Stephan in Wien.

1379	Teilungsvertrag von Neuberg zwischen den Brüdern Rudolfs, Albrecht III. und Leopold III., Albrecht erhält Österreich samt dem Land ob der Enns, Leopold den Rest.
1382	Triest unterstellt sich den Habsburgern.
seit 1411	drei Linien der Habsburger: Albertiner (Albrecht V.) in Österreich ob und unter der Enns, Friedrich IV. (Friedel »mit der leeren Tasche«) in Tirol und den Vorlanden, Ernst (d. Eiserne) in Steiermark, Kärnten und Krain.
1433	Fertigstellung des Hohen Turmes von St. Stephan in Wien.
1439–1493	K. Friedrich III. a. d. steirischen Linie. Ab 1490 alle habsburgischen Gebiete wieder in einer Hand. Bestätigung des Privilegium maius (Titel »Ehzg.«).
1493–1519	K. Maximilian I. Beginn einer Zentralverwaltung. Gemeinsame Landtage der österreichischen Länder.
1522–1564	Ferdinand I., Ehzg., später römisch-deutscher Kg., seit 1558 K. Nach dem Tod seines Schwagers Ludwig II. in der Schlacht bei Mohács Kg. von Böhmen und Ungarn.
ab etwa 1525	Reformation breitet sich erfolgreich aus. Mehrere Bauernaufstände.
16. Jh.	Stände der einzelnen Länder errichten Landhäuser. Adel modernisiert Burgen zu Renaissance-Schlössern.
1564	2. Teilung: Maximilian II. in Österreich, Böhmen und Ungarn, Karl in Innerösterreich (Steiermark, Kärnten, Krain, Görz und Triest), Ferdinand in Tirol und den Vorlanden.
ab 1600	Gewaltsame Rekatholisierung in Innerösterreich.
1606–1612	Bruderzwist in Habsburg zwischen K. Rudolf II. und seinem Bruder Matthias, Erfolge für protestantische Stände Böhmens, Ober- und Niederösterreichs.
1619	Ehzg. Ferdinand III. von Innerösterreich folgt K. Matthias nach, Ständerevolte in Böhmen, Absetzung Ferdinands, der fast gleichzeitig zum K. (Ferdinand II.) gewählt wird.
1620	Schlacht am Weißen Berg bei Prag, Sieg der Kaiserlichen und der Bayern. Beginn der systematischen Rekatholisierung in den böhmischen und österreichischen Ländern. Hinrichtungen und Konfiskationen. Der »dreißigjährige Krieg« geht weiter.

1648	Westfälischer Friede: K. Ferdinand III. im Reich fast machtlos, in seinen Erblanden Alleinherrscher. Schutz für Protestanten in Schlesien.
1658–1705	K. Leopold I.
1683	2. Belagerung Wiens durch die Osmanen. Polnische, kaiserliche und Reichstruppen unter König Jan Sobieski und Karl von Lothringen befreien Wien. Beginn der Rückeroberung Ungarns, Friede von Karlowitz (Sremski Karlovci) 1699.
ca. 1690–1750	Barocke Bauwelle in Österreich (Karlskirche, Nationalbibliothek, Stifte Melk, Klosterneuburg, Göttweig u.a.m.).
1704–1714	Spanischer Erbfolgekrieg: K. Karl VI. wird nicht König von Spanien, erhält dafür die Spanischen Niederlanden (mit Luxemburg), Mailand und Unteritalien.
1716–1718	Krieg gegen die Osmanen, Frieden von Passarowitz (Požarevac): Banat von Temesvar, kleine Walachei und Nordserbien habsburgisch (gehen 1739 wieder verloren).
1720–1722	Pragmatische Sanktion über Unteilbarkeit der Habsburgermonarchie und weibliche Erbfolge von den Ständen aller habsburgischen Königreiche und Länder bestätigt.
1740–1780	Maria Theresia, Kgin. von Böhmen und Ungarn, Ehzgin. von Österreich usw., Reformen.
1745	Franz Stephan von Lothringen, Gemahl Maria Theresias, zum römisch-deutschen K. gewählt (K. Franz I.).
seit 1765	Franz I. †, Joseph II. römisch-deutscher K., in der Monarchie Mitregent Maria Theresias.
1780–1790	Alleinherrschaft Josephs II. Reformtempo beschleunigt: Toleranzedikt, Aufhebung der Leibeigenschaft, Klosteraufhebungen, Pfarr- und Schulgründungen usw.
1790–1792	Leopold II.
1792–1835	Franz II.(I.), bis 1815 häufige Kriege gegen das revolutionäre Frankreich bzw. Napoleon, bis 1809 Niederlagen und Gebietsverluste.
1804	Kaisertum Österreich (K. Franz. I.).
1805	Napoleon siegt bei Austerlitz in Mähren (Tschech. Republik).

1806	Kaiser Franz erklärt das Ende des Hl. Römischen Reiches Deutscher Nation.
1809	Parallel zum Krieg Österreichs gegen Frankreich Aufstand der Tiroler gegen bayerische Herrschaft, Sieg der Österreicher bei Aspern, Niederlage bei Wagram. Metternich Außenminister.
1810	Napoléon heiratet Marie-Louise, Tochter K. Franz I.
1813	Österreich tritt auf die Seite Russlands und Preußens gegen Napoleon, Schlacht bei Leipzig.
1814	Friede von Paris, Beginn des Wiener Kongresses.
1815	Napoleons »100 Tage«, Wiener Kongress beendet. Österreich verzichtet auf Vorlande, bekommt Vorarlberg, Tirol, Salzburg, Oberkärnten, Innviertel, Krain, Istrien, Dalmatien, Küsten-Kroatien, Venetien und Lombardei zurück.
1835–1848	K. Ferdinand I. An seiner Stelle regiert die Staatskonferenz.
1820er Jahre (2. Hälfte)	Beginn der Industriellen Revolution.
1837	erste Eisenbahnlinie mit Dampflokomotiven (Nordbahn).
1848	Revolutionen in Europa, 13. März auch in Wien. Verfassung und eigene Regierung für Ungarn, Reichstag – das erste gewählte Parlament (Winterreitschule), Radetzky siegt in Italien, Bauernbefreiung (Grundentlastung), Oktoberrevolution in Wien, Sieg der Reaktion. Franz Joseph nach Abdankung Ferdinands I. neuer K. Krieg in Ungarn nach russischer Intervention im Sommer 1849 beendet.
1849–1860	Neoabsolutismus, Einrichtung von Gemeinden, Bezirksverwaltung, Gerichtsbarkeit, Gendarmerie. Einheitsstaat bezieht auch Ungarn ein. Gymnasial- und Hochschulreform. Konkordat mit dem Hl. Stuhl.
1860	nach Niederlage gegen Frankreich in Oberitalien (1859 Solferino) Oktoberdiplom.
1861	Februarpatent – gewählte Landtage delegieren Abgeordnete ins Parlament (Reichsrat).
1866	Niederlage gegen Preußen bei Königgrätz in Böhmen.
1867	Ausgleich mit Ungarn, Dezemberverfassung für die im Reichsrat vertretenen Königreiche und Länder (»Cisleithanien«), Österreich wird konstitutionelle Monarchie. »Bürgerministerium«.

1867–1873	starker Wirtschaftsaufschwung »Gründerzeit«, danach Krach und Krise.
1868	Konfessionelle Gesetze.
1869	Reichsvolksschulgesetz.
1870	Kündigung des Konkordates.
1878	Berliner Kongress, Österreich-Ungarn okkupiert Bosnien und Herzegowina.
1879	Zweibund Deutsches Reich – Österreich-Ungarn.
1885–1888	erste Sozialgesetze.
Seit 1870er Jahre	wachsendes Nationalbewusstsein bei den Völkern der Monarchie.
1897	Badeni'sche Sprachenverordnungen für Böhmen und Mähren, Radikalisierung des deutschen Nationalismus.
1912/13	Balkankriege.
1914, 28. Juni	Attentat von Sarajewo, Thronfolger Ehzg. Franz Ferdinand und seine Gemahlin †. Beginn des ersten Weltkrieges. Niederlagen der k.u.k. Truppen gegen Russen.
1916	Kaiser Franz Joseph †, Nachfolger Ehzg. Karl. Ernährungsprobleme.
1917	Revolutionen in Russland, Friedensfühler des Kaisers (»Sixtus-Briefe«).
1918	
	Streiks und Meutereien, Arbeiterräte, Auflösungserscheinungen.
16. Oktober	Kaiserliches Manifest zur Umgestaltung Cisleithaniens.
21. Oktober	prov. Nationalversammlung Deutschösterreichs.
30. Oktober	Staatsgründung Deutschösterreichs.
3. November	Waffenstillstand.
11. November	K. Karl verzichtet auf seinen Anteil an den Regierungsgeschäften.
12. November	Ausrufung der Republik.
1918/19 Herbst–Winter	Hunger und Kälte, zahlreiche Todesfälle, Spanische Grippe.
1919	
16. Februar	Wahlen zur konstituierenden Nationalversammlung, relative Mehrheit für SD, Koalitionsregierung SD – CS.

10. September	Unterzeichnung des (Staats-)Vertrages von St. Germain, Abtretung Südtirols an Italien, der Untersteiermark an den SHS-Staat, Volksabstimmung für Unterkärnten.
1920	
1. Oktober	Beschluss der Bundesverfassung.
10. Oktober	Volksabstimmung in Unterkärnten, 59 % für Österreich.
17. Oktober	Wahlen zum Nationalrat, relative Mehrheit für CS, SD in Opposition.
1921, 14./15. Dezember	Volksabstimmung in Ödenburg/Sopron zugunsten Ungarns, danach Burgenland ohne Ödenburg an Österreich. Damit stehen die Grenzen der Republik Österreich fest.
1921–1922	Inflation, rasche Entwertung der Krone.
1922–1924	BK Ignaz Seipel.
1922, 4. Oktober	Genfer Protokolle: Österreich erhält vom Völkerbund garantierten Kredit, verzichtet für 20 Jahre auf den Anschluss an Deutschland. Stabilisierung der Währung.
1923	Neuwahlen: Erfolg der CS, Koalition CS – Großdeutsche.
1924	Attentat auf Seipel.
1924–1926	»Länderregierung« Rudolf Ramek.
1925	Verfassungsänderungen klären Kompetenzen Bund – Länder.
1926–1929	BK Ignaz Seipel.
1927, 15. Juli	Unruhen in Wien nach Schattendorf-Urteil, nach Polizeieinsatz zahlreiche Todesopfer. Aufstieg der Heimwehren.
1929	Verfassungsreform: Stellung des Bundespräsidenten gestärkt.
1929ff.	Weltwirtschaftskrise. Bankenzusammenbrüche (1931: Creditanstalt) hohe Arbeitslosenzahlen.
1932–1934	BK Engelbert Dollfuss.
1933	
4. März	Ausschaltung des Nationalrates durch die Regierung nach Rücktritt aller drei Präsidenten. Beginn der Regierungsdiktatur.

Juni	Verbot der NSDAP, der KPÖ und des Republikanischen Schutzbundes
September	Katholikentag, Trabrennplatzrede Dollfuß'.
1934	
12. Februar	Aufstand von Teilen des Republikanischen Schutzbundes, scheitert nach wenigen Tagen. Verbot der SDAP.
1. Mai	Ständestaatliche Verfassung, »Bundesstaat Österreich«.
25. Juli	Gescheiterter Nationalsozialistischer Putschversuch, Dollfuss im Bundeskanzleramt getötet. Schuschnigg Bundeskanzler.
Juli 1936	Abkommen zwischen Österreich und dem Deutschen Reich. – Ausschaltung der Heimwehren durch Schuschnigg.
1938	
12. Februar	Ultimatum Hitlers an Schuschnigg: Nationalsozialist wird Innenminister.
9. März	Schuschnigg kündigt Volksabstimmung über Selbstständigkeit Österreichs an.
10. März	Hitler verlangt Rücknahme der Volksabstimmung.
11. März	Rücktritt Schuschniggs unter starkem Druck des Deutschen Reiches, Machtübernahme der österreichischen Nationalsozialisten in den Landeshauptstädten, der Nationalsozialist Seyß-Inquart BK.
12. März	Einmarsch der deutschen Wehrmacht, Hitler in Linz.
13. März	Österreich Teil des Deutschen Reiches. Beginn der Verfolgung von Juden und politischen Gegnern.
1. April	Prominententransport in das KZ Dachau.
10. April	Volksabstimmung über den vollzogenen »Anschluss«, 99 % Ja-Stimmen. Bischöfe und Karl Renner forderten zur zustimmenden Stimmabgabe auf.
9./10. November	Novemberpogrom, Zerstörung der jüdischen Bethäuser; Intensivierung der Judenverfolgung, etwa 120.000 können/müssen emigrieren.
1939	
14. April	Ostmarkgesetz. »Land Österreich« wird aufgelöst, die ehemaligen Bundesländer als »Reichsgaue« direkt Berlin unterstellt. Gauleiter der NSDAP gleichzeitig Chefs der staatlichen Behörden.

1. September	Hitler löst durch Überfall auf Polen Zweiten Weltkrieg aus.
1941–1945	Deportationen von mehr als 60.000 Juden nach Theresienstadt, Polen und Weißrussland, die meisten werden dort getötet.
1943	ab Sommer alliierte Luftangriffe auf Ziele in Österreich.
1944, Juli	nach Attentat auf Hitler intensivierter Terror der NS.
1945	
31. März	Sowjetische Truppen überschreiten Reichsgrenze im Burgenland.
6.–13. April	Schlacht um Wien.
27. April	Unabhängigkeitserklärung, provisorische Regierung Renner.
Sommer	Alliierte Truppen rücken in ihre Besatzungszonen ein.
11. September	Konstituierung des Alliierten Rates für Österreich.
24.–26.	Erste Länderkonferenz, Umbildung der Regierung, Einbindung der westl. Bundesländer.
20. Oktober	Anerkennung der prov. Regierung Renner durch Alliierten Rat.
25. November	Erste freie Wahlen in der 2. Republik, ÖVP 85 Abg., SPÖ 76, KPÖ 4.
Dezember	erste verfassungsmäßige Regierung, BK Leopold Figl, Vizekanzler Adolf Schärf; Karl Renner Bundespräsident.
1946, 28. Juni	Zweites Kontrollabkommen der Besatzungsmächte: Verfassungsgesetze müssen einstimmig vom Rat genehmigt werden, einfache Gesetze nur einstimmig vom Rat beeinspruchbar.
1946	UNRRA-Hilfe setzt ein; ab 1948 Hilfe durch ERP.
1949	Neuwahlen, vierte Partei (VdU) tritt an, Verluste für ÖVP und SPÖ.
1950, 31. Dezember	Karl Renner †.
1951	Theodor Körner BP.
1953	Neuwahlen, Verluste für ÖVP und VdU, BK Julius Raab.
1955, 15. Mai	Staatsvertrag von Wien, Österreich erhält volle Souveränität.
1955, 27. Juli	Staatsvertrag tritt in Kraft, Abzug der Besatzungstruppen.
1955, 26. Oktober	Gesetz über die immerwährende Neutralität.

1956	Oktober/November Aufstand in Ungarn gegen kommunistische Herrschaft, von sowjetischen Truppen niedergeschlagen.
1959	Nach Neuwahlen Bruno Kreisky Außenminister.
1961–1964	BK Alfons Gorbach (ÖVP).
1964–1970	BK Josef Klaus (ÖVP), nach absoluter Mehrheit 1966 ÖVP-Alleinregierung, Rundfunkreform.
1970–1983	BK Bruno Kreisky (SPÖ), 1970 Minderheitsregierung mit FPÖ-Duldung, seit 1971 absolute Mehrheit der SPÖ. Reformen im Straf- und Zivilrecht. Seit Ölpreisschock steigende Staatsverschuldung und Arbeitslosigkeit.
1983–1986	BK Fred Sinowatz, Koalition SPÖ – FPÖ.
1986	BP Kurt Waldheim, international isoliert.
1986–1997	BK Franz Vranitzky, Koalition SPÖ – ÖVP. Beginn des Aufstiegs der FPÖ Jörg Haiders.
1989	Zusammenbruch des sowjet-kommunistischen Herrschaftssystems in Osteuropa.
1991	Krisenhafter Zerfall Jugoslawiens, Slowenien und Kroatien selbstständig, Krieg in Bosnien und Kroatien, Fluchtbewegungen.
1994, Juni	Volkabstimmung über EU-Beitritt, zwei Drittel Pro-Stimmen.
1995, 1. Jänner	Beitritt Österreichs zur EU.
1997–2000	BK Viktor Klima, Koalition SPÖ – ÖVP.
2000–2006	BK Wolfgang Schüssel, Koalition ÖVP – FPÖ (nach Parteispaltung BZÖ).
2006–2008	BK Alfred Gusenbauer, Koalition SPÖ – ÖVP.
2008–2016	BK Werner Faymann, Koalition SPÖ – ÖVP.
2008/09	internationale Finanzkrise, Bankzusammenbrüche.
2015	Flüchtlingsjahr, 88.000 Asylwerber in Österreich.
2016–2017	BK Christian Kern, Koalition SPÖ–ÖVP.
2017–2019	BK Kurz, Koalition ÖVP–FPÖ.
2019, Juni	Ibiza-Affaire, Rücktritte von FPÖ-Politikern und Misstrauensvotum gegen Regierung Kurz, danach Abberufung und Übergangsregierung Brigitte Bierlein.
2019, September	Neuwahlen, ÖVP-Gewinne, Verluste für SPÖ und FPÖ, Grüne wieder im Parlament.

2020, 7. Jänner	Koalitionsregierung ÖVP – Grüne, BK Sebastian Kurz, Vizekanzler Werner Kogler.
2020–21	Covid-19-Pandemie.

Abbildungsnachweis

Abb. 1   Naoag, Wikimedia creative commons CC BY-SA 4.0
Abb. 2   Stift Kremsmünster, Foto: The Best Kunstverlag
Abb. 3   Burgerbibliothek Bern, Cod. A 45, f. 66v; Foto: Codices Electronici AG, www.e-codices.ch
Abb. 4   Dom Museum Wien
Abb. 5   Kunsthistorisches Museum Wien/KHM Museumsverband
Abb. 6   ÖNB/Wien, Signatur: PORT_00077862_02 POR MAG
Abb. 7   Gemäldegalerie der Akademie der bildenden Künste Wien
Abb. 8   ÖNB/Wien, Signatur: Pk 1131, 1218
Abb. 9   ÖNB/Wien, Signatur: NB 508.190 – B
Abb. 10 ÖNB/Wien, Signatur: PORT_00049360_01
Abb. 11 ÖNB/Wien, Signatur: NL Redlich, f71
Abb. 12 ÖNB/Wien, Signatur: 427.942-B
Abb. 13 Ludwigsforum Aachen
Abb. 14 United States Holocaust Memorial Museum
Abb. 15 ÖNB/Wien, Signatur: B 605/3
Abb. 16 ÖNB/Wien, Signatur: CE 162/1 POR MAG

Personenregister

Verzeichnis der Abkürzungen

Abg.	Abgeordneter	Kg.	König
Bf.	Bischof	Kgin.	Königin
BK	Bundeskanzler	Ktn.	Kärnten
Bö	Böhmen	komm., KPÖ	kommunistisch; Kommunistische Partei Österreichs
BRD	Bundesrepublik Deutschland		
cs.	christlichsozial	lib.	liberal
dn.	deutschnational	Mgf.	Markgraf
Ebf.	Erzbischof	Min.	Minister
Ehzg.	Erzherzog	MP	Ministerpräsident
FPÖ	Freiheitliche Partei Österreichs	Ndlde.	Niederlande
		NS	Nationalsozialismus
gd.	großdeutsch	ns.	nationalsozialistisch
Gem.	Gemahl, Gemahlin	Ö	Österreich
Gf., Gfin, Gfn.	Graf, Gfäfin, Grafen	ÖVP	Österreichische Volkspartei
Hzg.	Herzog	Pol.	Politiker
Hzgin.	Herzogin	sd.	sozialdemokratisch
HH	Herrenhaus	SPÖ	Sozialistische (jetzt: Sozialdemokrat.) Partei Österreichs
Hl.	Heilige, Heiliger		
HRR	Heiliges Römisches Reich	U.	Ungarn
K.	Kaiser	VK	Vizekanzler
Karantan.	Karantanien, karantanisch		

Adalbero von Eppstein, Mgf. d. Karantanischen Mark 31
Adalbert (Albert), Vizedom v. Freising 39, 57
Adalbert d. Siegreiche, Mgf. v. Ö. 35
Adalwin, Ebf. v. Sbg. 19
Adenauer, Konrad BK d. BRD 239, 240
Adler, Alfred, Arzt u. Psychotherapeut, Begründer d. Individualpsychologie 151
Adler, Friedrich, sd. Pol. 160
Adler, Viktor, sd. Pol. 140, 141, 160, 164
Adolf von Nassau, röm.-dt. Kg. 43
Agnes von Waiblingen, Hzgin. v. Schwaben, Mgfin. v. Ö., Gem. Mgf. Leopolds III. 36
Ahrer, Jakob, Min. 178
Aichinger, Ilse, Schriftstellerin 268
Albert III., Gf. v. Tirol 39

Albrecht I., Hzg. v. Ö., röm.-dt. Kg. 42–45, 50, 299
Albrecht II. d. Weise od. d. Lahme, Hzg. v. Ö. 44, 45, 59, 61, 63, 299
Albrecht III., Hzg. v. Ö. 46–49, 300
Albrecht IV., Hzg. v. Ö. 48, 49
Albrecht V., Hzg. v. Ö. (= Albrecht II röm.-dt. Kg., Kg. v. U. u. Bö.) 48–50, 55, 60, 300
Albrecht VI., Hzg. v. Ö 49, 52, 57
Alexander I., russ. Zar 107
Alkuin, Berater Karls d. Gr 19
Altdorfer, Albrecht, Maler, Kupferstecher u. Baumeister 65
Altmann, Karl, Min. 230
Alxinger, Johann Baptist, Schriftsteller 95
Amerling, Friedrich v., Maler 120

Andrássy, Julius (Gyula) d. J., Gf., Außenmin. 163
Andrássy, Julius (Gyula) Gf., Außenmin. 136, 154, 157
Andrian-Werburg, Victor Frh. v., Pol. 120
Androsch, Hannes, Min., VK, Unternehmer 256
Anna v. U., Kgin., Gem. Ferdinands I. 65
Anschober, Rudolf, Gesundheitsmin. 265
Ar(i)bo, Gf. 22
Arn (Arno), Ebf. v. Sbg. 19
Arnulf v. Kärnten, ostfränk. Kg., röm. K. 22
Auersperg, Carlos Fürst, MP 137
Augustus, römischer Kaiser 14
Austerlitz, Friedrich, sd. Redakteur 181

Bach, Alexander, Min. 129, 151
Bachmann, Ingeborg, Schriftstellerin 268
Badeni, Kasimir, Gf., MP 143
Bárány, Robert, Neurootologe, Nobelpreisträger 151
Barbara v. Cilli, Gem. K. Sigismunds 49
Batthyány, Karl Josef Gf., General, Feldmarschall u. Prinzenerzieher 100
Batthyány, Lajos Gf., ung. MP 123, 127
Bauernfeld, Eduard von, Schrifsteller 151
Bauernfeld, Eduard v., Schriftsteller 113, 120
Bauer, Otto, sd. Pol., Außenmin. 167, 178, 179, 181, 184, 191, 194
Beethoven, Ludwig van, Komponist 111, 128
Béla IV., Kg. v. Ungarn 38
Bellen, Alexander Van der, Pol., BP 264
Bernaschek, Richard, sd. Schutzbundführer 194
Bernhard II., Hzg. v. Ktn. 57
Bernhard, Thomas, Schriftsteller 268, 269
Berry, Charles Ferdinand Duc de, frz. Thronfolger 108
Beust, Friedrich Ferdinand Frh. v., Außenminister 136, 154
Biedermann, Karl, Offizier 221
Bierlein, Brigitte, Präs. Verf.gerichtshof 265, 276, 307
Bismarck, Otto, Gf. (Fürst), preuß. MP, Reichskanzler 132, 134, 135, 157
Blumauer, Aloys, Schriftsteller 95

Bonaparte, Napoléon, fr. General, Diktator u. Kaiser 103–105, 107, 110, 112
Bonifatius, Hl. 18
Born, Ignaz von, Mineraloge, Geologe u. Freimaurer 95
Bourbon-Parma, Sixtus v., Prinz 161
Brandstetter, Alois, Schriftsteller u. Philologe 18
Braun, Felix, Schriftsteller 151
Brauer, Arik (Erich), Maler, Grafiker, Sänger u. Dichter 270
Braunsteiner, Herbert, Mediziner u. Widerstandskämpfer 227
Broch, Hermann, Schriftsteller 210, 267
Brunner, Alois, SS-Funktionär 212
Bürckel, Josef, ns. Pol. 202–204, 206
Buresch, Karl, nö. LH., BK 185, 186
Burgkmair, Hans d. Ä., Maler u. Zeichner 65

Carl, Ehzg. v. Ö., Heerführer 104, 113
Castelli, Ignaz, Franz, Schriftsteller 120
Castlereagh, Robert Stewart, Viscount of, brit. Außenminister 106
Celan, Paul, Lyriker 268
Chotek v. Chotkowa u. Wognin, Sophie Gfin., Gem. Franz Ferdinands v. Ö.-Este, Fürstin v. Hohenberg 158
Chruschtschow, Nikita, sowjet. Pol. 238, 257
Constantius II., römischer Kaiser 14, 15
Csokor, Franz Theodor, Schriftsteller 210
Curtius, Julius, Außenmin. 184
Cymburgis v. Masowien, Gem. Ernsts d. Eiserne 49
Czernin, Ottokar Gf., Außenmin. 162

Danhauser, Josef, Maler 120
Danneberg, Robert, sd. Pol. 183
Daun, Leopold Joseph Gf., Heerführer 88
Deák, Ferenc, ungar. Pol. 136
Delors, Jacques, Kommissionspräsident der EG 258
Desiderius, Langobardenkg. 18
Deutsch, Julus, sd. Pol. 194
Dienstbier, Jiří, tschech. Außenminister 259
Doderer, Heimito v., Schriftsteller 267, 268
Dollfuß, Engelbert, cs. Pol., BK 186, 191–194, 196, 199, 231

Domenico dell'Aglio, Architekt u. Baumeister 73
Dulles, John Foster, amerikan. Außenmin. 238, 240
Dumas, Roland, frz. Pol., Ratspräsident der EG 258
Dunant, Henry, Gründer des Roten Kreuzes 132
Dürer, Albrecht, Maler, Grafiker, Mathematiker u. Kunsttheoretiker 65
Eberhard II., Ebf. v. Sbg. 55
Ehn, Karl, Architekt 187
Eichmann, Adolf, SS-Funktionär 209, 212
Eifler, Alexander, sd. Schutzbundführer 194
Eigruber, August, ns. Gauleiter 205
Eizenstat, Stuart, Regierungsbeauftragter der USA 264
Eleonore v. Portugal, Gem. K. Friedrichs III. 52
Elisabeth, Kaiserin, Gem. K. Franz Josephs 136
Elisabeth, Kgin., Gem. Kg. Albrechts II. 49, 50, 52, 54
Ender, Otto, LH v. Vbg., BK 184, 191
Ernst d. Eiserne, Hg. v. Ö. u. Ktn. 48, 49, 300
Ernst d. Tapfere, Mgf. v. Ö. 35
Eugen Franz v. Savoyen-Carignan, Prinz, Heerführer 82, 83
Eugippius, Biograph Severins 16

Eysler, Edmund, Komponist 151
Faymann, Werner, SPÖ-Pol., BK 264, 267, 307
Felbiger, Johann Ignaz v., Abt, Naturforscher, Schulreformer 97
Ferdinand I., Kg. u. K. (HRR) 65, 69, 300
Ferdinand I., K. v. Ö., als ungar. Kg. Ferdnand V. 110, 119, 302
Ferdinand II., K. (HRR), als Ehzg. Ferdinand III. 68, 70, 71, 76, 80, 300
Ferdinand II. von Tirol, Ezhg. 68, 300
Ferdinand III., K. (HRR) 301
Fey, Emil, Heimwehrführer, VK 193
Figl, Leopold, ÖVP-Pol., nö. LH., BK, Außenmin. 202, 213, 221, 222, 225, 226, 230–232, 239, 240, 243, 306
Fink, Jodok, cs. Pol., VK 166
Firnberg, Hertha, sd. Politikerin 251
Fischer, Heinz, SPÖ-Pol., BP 264

Fischer v. Erlach, Johann Bernhard, Architekt 80
Frank, Hans Michael, ns. Pol. 192
Frank, Josef, Architekt u. Designer 187
Franz Ferdinand v. Österreich-Este, Ehzg.-Thronfolger 158, 303
Franz I., K. (HRR), Franz Stephan v. Lothringen 86, 89, 107, 301
Franz II., K. (HRR), als K. v. Ö. Franz I. 95, 96, 102, 103, 111, 301
Franz Joseph, K. v. Ö., Kg. v. U. 127, 129–134, 136, 142, 157, 160, 302, 303
Freud, Anna, Psychoanalytikerin 210
Freud, Sigmund, Arzt, Neurophysiologe, Tiefenpsychologe, Kulturtheoretiker u. Religionskritiker, Begründer der Psychoanalyse 151, 210
Fried, Erich, Lyriker, Übersetzer u. Essayist 210
Friedjung, Heinrich, Historiker 140
Friedrich der Schöne, Hzg. u. röm.-dt. Kg. 43, 44, 299
Friedrich I. Barbarossa, K. (HRR) 33, 37, 51
Friedrich II. der Große, Kg. v. Preußen 86, 88, 89, 99
Friedrich II. d. Streitbare, Hzg. v. Ö u. d. Stmk. 38
Friedrich II., K. (HRR) 38, 40, 51
Friedrich II. von Walchen, Ebf. v. Sbg. 55
Friedrich III., K. (HRR), als röm.-dt. Kg. Friedrich IV., als Hzg. v. Ö. Friedrich V. 49–55, 57, 63, 300
Friedrich III. von Leibnitz, Ebf. v. Sbg. 56
Friedrich IV. mit der leeren Tasche, Hzg. v. Ö. 48, 49
Friedrich Wilhelm III., Kg. v. Preußen 107
Frisch, Max, Schriftsteller u. Architekt 268
Fritsch, Gerhard, Schriftsteller 269
Fromiller, Josef Ferdinand, Künstler 20, 74
Fuchs, Ernst, Maler, Grafiker u. Bildhauer 270

Ganghofer, Ludwig, Schriftsteller 151
Garibaldi, Giuseppe, ital. Freiheitskämpfer 132
Gentz, Friedrich v., Pol. u. Schriftsteller 104
Georg v. Podiebrad, Gubernator u. Kg. v. Bö. 51, 52

Gertrud v. Babenberg, Nichte Herzog Friedrichs II. des Streitbaren 38
Gisela von Bayern, Kgin. von Ungarn 22
Gombrich, Ernst, Kunsthistoriker 152
Gomperz, Julius, Gutsbesitzer, Mitgl. d. HH 151
Gomperz, Max, Großindustrieller, Mitgl. d. HH 151
Gomperz, Philipp, Bankier 151
Gomperz, Theodor, Altphilologe, Mitgl. d. HH. 151
Gorbach, Alfons, steir. Pol., BK 246, 247, 307
Görgey, Arthur, ungar. Heerführer 127
Göring, Hermann, ns. Pol. 201
Gratz, Leopold, sd. Pol. 253
Greiffenberg, Catharina Regina, Lyrikerin 75
Grillparzer, Franz, Schriftsteller 112, 113, 120, 125, 128
Gruber, Karl, ÖVP-Pol. 226, 227, 230, 235
Grünbaum, Fritz, Kabarettist 202
Gusenbauer, Alfred, SPÖ-Pol., BK, Unternehmer 264, 307
Gütersloh, Albert Paris, Maler u. Schriftsteller 270
Gyulai v. Maros-Németh und Nádaska, Franz Gf., Heerführer 132

Habicht, Theodor, ns. Pol. 192, 193
Hadmar II. von Kuenring, Ministeriale 28
Haider, Jörg, FPÖ-Pol., LH v. Ktn. 255, 256, 258, 262, 263, 266, 307
Hainisch, Michael, BP 174
Hanisch, Ernst, Historiker 205
Hanusch, Ferdinand, sd. Pol. 173
Hasner v. Artha, Leopold, Unterrichtsmin. 137
Haswell, John, Ingenieur u. Unternehmer 116
Haugwitz, Friedrich Wilhelm Gf., Staatsmann 86, 88
Hausner, Rudolf, Maler u. Grafiker 270
Havel, Václav, tschech. Schriftsteller u. Staatspräsident 259
Haydn, Joseph, Komponist 95, 111
Hecht, Robert, Beamter, NS-Opfer 191
Heinrich d. Löwe, Hzg. 34
Heinrich d. Stolze, Hzg. 37
Heinrich I. d. Starke, Mgf. v. Ö. 35
Heinrich II. d. Zänker, Hzg. 22, 31

Heinrich II. Jasomirgott, Mgf. u. Hzg. v. Ö. 37
Heinrich III., K. (HRR) 33, 35
Heinrich IV., K. (HRR) 51
Heinrich V., K. (HRR) 36
Heinrich VI., K. (HRR) 37
Heinrich VII., Kg. 51
Heinrich v. Kärnten, Hzg. v. Kärnten, Gf. v. Tirol 44, 45, 58
Hemma von Gurk, Hl., Gem. d. Wilhelm v. Saunien 32
Hess, Victor Franz, Physiker u. Nobelpreisträger 209
Hitler, Adolf 192, 196, 197, 199–204, 206, 211, 213, 219, 221, 226, 269, 305, 306
Hofer, Andreas, Tiroler Freiheitskämpfer 104
Hofer, Norbert, FPÖ-Pol. 264
Hofmannsthal, Hugo v., Schriftsteller 151, 152
Hohberg, Wolf Helmhard v., Schriftsteller 75
Hohenwart, Karl Gf., Pol. 154
Hollegha, Wolfgang, Maler 270
Holzer, Wolfgang, Wiener \ 52
Hormayr zu Hortenburg, Joseph Frh. v., Historiker 110, 113
Horn, Gyula, ungar. Außenmin. 259
Hörnigk, Philipp Wilhelm v., Merkantilist 84, 94
Hunyadi, János, Heerführer 51, 53
Hunyadi, Matthias Corvinus, Kg. v. U. 53
Hus, Jan, Theologe, Prediger u. Reformator 50
Huth, Alfred, Offizier, NS-Opfer 221
Hutter, Wolfgang, Maler u. Grafiker 270

Ilg, Ulrich, LH v. Vbg. 226
Ilsung, Georg, Patrizier u. Ritter 73
Innitzer, Theodor, Ebf. v. Wien, Kardinal 202, 203, 219

Jandl, Ernst, Lyriker 269
Jelačić v. Bužim, Josip, Banus v. Kroatien 123, 126
Johann Parricida 43
Johann v. Luxemburg, Gf. v. Tirol 45
Johannes XXIII., Papst 49
Jonas, Franz, Bgm. v. Wien, BP 251, 255
Joseph I., K. (HRR) 72
Joseph II., K. (HRR) 77, 81, 89, 90, 92–96, 99, 101–103, 111, 119, 121, 151, 301

Juana, Königin v. Spanien, Gem. Philipps. I. 65
Jury, Hugo, ns. Gauleiter 223

Kádár, János, ungar. KP-Chef 246, 259
Kafka, Franz, Schriftsteller 151
Kaltenbrunner, Ernst, SS-Führer 234
Kamitz, Reinhard, Finanzmin. 244
Kapp, Martin, gen. Siebenbürger 68
Karl d. Gr., Kg. d. Franken, K. 18–21, 299
Karl I. d. Kühne, Hzg. v. Burgund 54
Karl I., K. v. Ö., als Kg. v. U. Karl IV. 160–163, 165, 166, 303
Karl II. v. Innerösterreich, Ehzg. 68, 300
Karl IV., böhm. Kg., K. (HRR) 45, 46
Karl V., Kg. v. Spanien, K. (HRR) 65, 67–69, 79
Karl VI., K. (HRR) 72, 84, 86, 301
Karl VII., K., als Kf. v. Bayern Karl Albrecht 86
Karl Ludwig, Ehzg., Bruder K. Franz Josephs 158
Kastelic, Jakob, Widerstandskämpfer, NS-Opfer 220
Kastner, Walther, Jurist 207
Katharina, russ. Zarin 101
Katharina, Tochter K. Karls IV., Gem. Hg. Rudolfs IV. 45
Kaunitz-Rietberg, Wenzel Anton Gf. (Fürst), Staatskanzler 88
Kelsen, Hans, Rechtswissenschaftler 166
Kern, Christian, SPÖ-Pol., BK 264, 307
Kirchl, Otto, Polizist, NS-Opfer 222
Kirchschläger, Rudolf, Diplomat, BP 248, 251, 255
Klaus, Josef, ÖVP-Pol., LH v. Sbg., BK 246–249, 253, 255, 261, 307
Klesl, Melchior, Bf. u. Kardinal 69
Klima, Viktor, Manager, BK 262, 307
Koerber, Ernest v., MP 143
Kogler, Werner, Vizekanzler 265, 308
Koloman, Hl., Landespatron 35, 47
Kolowrat-Liebsteinsky, Franz Anton Gf., Staats- u. Konferenzmin. 110, 122
Konrad I., Ebf. v. Sbg. 55
Konrad III., K. (HRR) 36, 37
Konstantin (Kyrill von Saloniki) 19
Koref, Ernst, sd. Bgm. v. Linz 227

Koren, Stephan, Wirtschaftswissenschaftler 245
Körner, Theodor, General, Bgm. v. Wien, BP 232, 246, 306
Körner, Theodor, Schriftsteller 104
Kossuth, Lajos, ungar. Pol. 119, 120, 126, 127
Kottanner, Helene, Hofdame 50
Kotzebue, August, Schriftsteller 108, 109
Kreisky, Bruno, SPÖ-Pol., Außenmin., BK 238, 239, 246, 248–255, 262, 307
Kriehuber, Josef, Lithograf u. Maler 120
Kudlich, Hans, Pol. 125, 126
Kuefstein, Johann Georg v. u. Hanns Jakob v., Adelige 73
Kunschak, Leopold, cs. Pol. 193, 225
Kupelwieser, Familie von Künstlern und Unternehmern 147
Kurz, Sebastian, ÖVP-Pol., Außenmin., BK 264, 265, 267, 307, 308

Ladislaus Posthumus, Hzg. v. Ö., Kg. v. Bö u. U. 48, 50–52, 55
Lamberg, Franz Philipp Gf., Offizier 126
Lammasch, Heinrich, Jurist, MP 175
Landsteiner, Karl, Pathologe, Hämatologe, Serologe, Entdecker des ABo-Systems der Blutgruppen, Nobelpreisträger 209
Lang, Matthäus, Kanzler, Ebf. v. Sbg. 66
Lassnig, Maria, Malerin 270
Latour, Theodor Gf. Baillet de, Kriegsmin. 126
Lazarsfeld, Paul, Soziologe 210
Lebert, Hans, Schriftsteller 269
Lederer, Karl, Widerstandskämpfer, NS-Opfer 220
Lehmden, Anton, Maler 270
Leopold I., K. (HRR) 72, 83, 301
Leopold I., Mgf. v. Ö. 35
Leopold I. (v. Habsburg), Hzg. v. Ö. 43
Leopold II., K. (HRR), Ghzg. d. Toskana 101, 103, 301
Leopold II., Mgf. v. Ö. 35
Leopold III. d. Gerechte, Hzg. v. Ö. 47, 48, 300
Leopold III., Hl., Mgf. v. Ö. 36, 37, 53
Leopold IV., Hzg. v. Ö. 48, 49
Leopold IV., Mgf. v. Ö. 37
Leopold V., Hzg. v. Ö. u. Stmk. 34, 37
Leopold VI., Hzg. v. Ö. u. Stmk. 37, 38

Leopold Wilhelm, Ehzg. 54
Lieben, Robert von, Physiker 151
Liupramm, Ebf. v. Sbg. 19
Liutberga, Hzgin. v. Bayern 18
Loewi, Otto, Pharmakologe, Nobelpreisträger 151, 209
Löhr, Alexander, General 214
Loos, Adolf, Architekt 186, 187
Losenstein, Hans Wilhelm v., nö. Adeliger 72
Loudon, Gideon Ernst Frh., General 101
Ludwig d. Brandenburger, Gf. v. Tirol 45, 61
Ludwig II. d. Deutsche, Kg. v. Bayern 19
Ludwig II., Kg. v. U 65, 69, 300
Ludwig IV. (=Ludwig der Bayer), K. (HRR) 43, 44
Ludwig XIV., Kg. v. Fr. 77
Lueger, Karl, cs. Pol., Bgm. v. Wien 140

Machold, Reinhard, SPÖ-Pol. 226
Macmillan, Harold, brit. Außenmin. 240
Mahler, Gustav, Komponist 151
Makart, Hans, Maler u. Dekorationskünstler 152
Mandl, Ignaz, Pol. 140
Margarete Maultasch, Gfin. v. Tirol 45
Margarete v. Babenberg, Kgin. v. Böhmen, Gem. Heinrichs (VII.) 38, 112
Maria, Kgin. v. U., Gem. Ludwigs II. 65
Maria Theresia, Kaiserin u. Kgin. 77, 79, 83, 86, 88, 89, 93, 94, 96, 98–102, 118, 250, 301
Maria v. Burgund, 1. Frau K. Maximilians I. 51, 63
Marie-Antoinette, Kgin. v. Frankreich 103
Marie-Louise, Gem. Napoléons I. 112, 302
Masaryk, Tomáš Garrigue, tschech. Pol., Präs. 154, 174
Matthias, Ehzg., K. (HRR) 68, 70, 300
Maximilian II., K. (HRR) 68, 300
Maximilian I., Kg., \"erwählter\" K. (HRR) 51, 52, 54, 60, 63–68, 74, 300
Maximilian v. Celeia (vom Pongau), Hl., Bf. v. Lauriacum 52
Mayr, Michael, BK 171, 174
Mehmed II., osman. Sultan 53
Meinhard II., Gf. v. Tirol, als Meinhard IV. Gf. v. Görz, als Meinhard I. Hzg. v. Ktn. 39–42, 44, 58

Meinhard III., Gf. v. Görz, als Meinhard I. Gf. v. Tirol 39
Meinhard III., Gf. v. Tirol, Hzg. von Oberbayern 45
Meitner, Lise, Physikerin 151
Merkel, Angela, BK d. BRD 267
Merz, Carl, Kabarettist u. Schriftsteller 269
Methodios von Saloniki, Mönch u. Bf. 19, 299
Metternich, Clemens Wenzel Lothar, Fürst, Staatskanzler 105–111, 113, 120, 122, 128, 302
Miklas, Wilhelm, BP 201
Mikl, Josef, Maler u. Grafiker 270
Miles, Sherman, amerik. Offizier 168
Mock, Alois, Außenmin. VK 249, 256, 258–260
Modestus, Bf. in Karantanien 19
Moimir (Mojmir I.), Mährerfürst 19
Molden, Fritz, Publizist u. Verleger 221
Molotow, Wjatscheslaw. M., sowjet. Pol. 213, 238, 240
Morgenstern, Oskar, Wirtschaftswissenschaftler 210
Mozart, Wolfgang Amadeus, Komponist 95, 111
Münichreiter, Karl, Schutzbündler, Justizopfer 194
Murad, osman. Sultan 50
Musil, Robert, Schriftsteller 210
Mussolini, Benito, ital. Diktator 182, 186, 192, 193, 197, 201, 213

Nagy, Imre, ungar. MP 246
Napoleon III., K. d. Franzosen 132, 134, 135
Nāser ad-Din, Schah von Persien 144
Nenni, Pietro, ital. Pol. 249
Nestroy, Johann, Dramatiker, Schauspieler u. Opernsänger 112, 128
Niclas Gerhaert van Leyden (Nikolaus von Leyden), Bildhauer u. Architekt 54, 63

Olah, Franz, Gewerkschafter 202, 243, 247
Otakar I., II., III., Mgfn. d. Karantan. Mark 27, 33, 299
Otakar II. Přemysl, Kg. v. Bö, Hzg. v. Ö. u. d. Stmk. 38, 42, 43, 56, 299
Otakar IV., Mgf., Hg. v. Steiermark 34, 37

Ottillinger, Margarete, Beamtin. U. Managerin 240
Otto Habsburg-Lothringen, Ehzg., Sohn K. Karls I. 246
Otto I., Kg. d. Ostfranken, röm.-dt. K. 22, 31
Otto IV., d. Fröhliche, Hzg. v. Ö. u. Stmk. 44, 45, 299
Otto VIII. von Andechs, als Otto II. Hzg. v. Meranien, als Otto III. Pfgf. v. Burgund 39
Otto von Freising, Bf. u. Geschichtsschreiber 36
Pacher, Michael, Maler u. Bildschnitzer 63
Palacký, František, Historiker u. Pol. 118, 124
Palme, Olof, schwed. MP 253
Papen, Franz v., deutscher Gesandter in Ö. 197
Pappenheim, Gottfried Frh. v., Heerführer 77
Pašić, Nikola, serb. MP 159
Pattai, Robert, cs. Pol. 140
Pauli, Wolfgang, Physiker, Nobelpreisträger 151
Pergen, Johann Baptist Anton Gf., Min. 96
Pernerstorfer, Engelbert, sd. Pol. 140
Peter, Friedrich, Obmann d. FPÖ 249, 252, 255
Petrarca, Francesco, Dichter u. Geschichtsschreiber 51
Peymann, Claus, Regisseur, Dir. d. Burgtheaters 269
Pfrimer, Walter, Heimwehrführer 185
Philipp I., d. Schöne, span. Kg., Sohn Maximilians I. 64, 65
Piesch, Hans, SPÖ-Pol. 227
Piffl-Perčević, Theodor, ÖVP-Pol., Min. 269
Pilgrim II., Ebf. v. Sbg. 56
Pillersdorf, Franz Baron, Innenminister 122
Pilz, Peter, Pol. 263
Pinay, Antoine, frz. Außenminister 240
Pittermann, Bruno, SPÖ-Pol., VK 246
Pius II., Papst (Äneas Silvius Pccolomini) 53
Plečnik, Jože, Architekt 154
Pomis, Giovanni Pietro de, italienischer Maler, Medailleur, Architekt und Festungsbaumeister 80
Prachensky, Makrus, Maler u. Grafiker 270
Prešeren, France, slowen. Dichter 153
Princip, Gavrilo, serb. Attentäter 159
Privina (Pribina), Salwenfürst 19

Proksch, Udo, Designer 253
Pusika, Peter, Baumeister u. Steinmetz 63

Qualtinger, Helmut, Schauspieler, Schriftsteller u. Kabarettist 269

Raab, Franz v., Hofrat 92
Raab, Julius, BK 232, 238, 239, 244, 246, 248, 306
Radetzky von Radetz, Johann Josef Wenzel, Heerführer 122, 125, 127, 302
Rafelsberger, Walter, ns. Funktionär 206
Raimund, Ferdinand, Schauspieler u. Dramatiker 112
Rainer, Arnulf, Maler 270
Rainer, Friedrich, ns. Gauleiter 227, 234
Ramek, Rudolf, cs. Pol., BK 178, 191, 304
Raschke, Rudolf, Offizier, NS-Opfer 221
Ratschky, Joseph Franz, Schriftsteller, Freimaurer 95
Rauscher Othmar, Ebf. v. Wien 130
Rehor, Grete, Ministerin 248
Rehrl, Franz, LH v. Sbg. 189
Reither, Josef, nö. Bauernführer 191, 231
Renner, Karl, sd. Pol., Kanzler, BP 165, 166, 171, 184, 191, 193, 202, 203, 225–227, 230–233, 271, 305, 306
Rhomberg, Franz M., Textilunternehmer 207
Richard Löwenherz, Kg. v. England 37
Riedel, Andreas, Offizier u. Mathematiker, \ „Jakobiner\" 103
Rintelen, Anton, LH. d. Stmk. 178, 196
Rosthorn, Brüder August und Franz, Unternehmer 116
Roth, Joseph, Schriftsteller 210
Rothschild, Louis Nathaniel, Bankier 183, 207
Rothschild, Salomon Meyer v., Bankier 151
Rudolf, Ehzg., Ebf. v. Olmütz 111, 116
Rudolf, Ehzg., Thronfolger 158
Rudolf I. (Rudolf v. Habsburg), Gf. u. Kg. 38, 42, 43, 51, 55, 299
Rudolf II., K. (HRR) 68, 70, 73, 300
Rudolf II., Sohn Rudolfs v. Habsburg 42, 43
Rudolf III., Hzg. v. Ö, als Rudolf I. Kg. v. Bö. 43, 299
Rudolf IV., d. Stifter, Hzg. v. Ö. 36, 45–47, 51, 62, 63, 299

Rupert (Hrodpert), Hl. 18

Saar, Ferdinand v., Schriftsteller, Dramatiker u. Lyriker 152
Sand, Carl, Student 108, 109
Sander, Friedrich, Buchbindergeselle 126
Saphoy, Hans, Steinmetzmeister, Festungs- u. Dombaumeister 74
Saragat, Giuseppe, ital. Pol. 249
Schärf, Adolf, SPÖ-Pol., VK 225, 230, 232, 238, 239, 246, 306
Schaumayer, Maria, Managerin 264
Schirach, Baldur von, ns. Gauleiter 204
Schmerling, Anton v., Min. 133, 151
Schmitz, Richard, cs. Pol., Min. 202
Schnitzler, Arthur, Arzt, Erzähler u. Dramatiker 151, 152
Schober, Johann, Polizeipräs., BK 174, 183, 184, 186
Scholz, Roman Karl, Augustiner-Chorherr, Widerstandskämpfer, NS-Opfer 220
Schönberg, Arnold, Komponist, Musiktheoretiker, Kompositionslehrer, Maler, Dichter u. Erfinder 151
Schönerer, Georg v., dn. Pol. 140, 141
Schrödinger, Erwin, Physiker, Nobelpreisträger 210
Schubert, Franz, Komponist 111, 128, 198
Schuschnigg, Kurt, cs. Pol., BK 197, 199, 200, 305
Schüssel, Wolfgang, ÖVP-Pol., BK 262, 264, 307
Schütte-Lihotzky, Grete, Architektin 187
Schwarzenberg, Felix Fürst, MP 124, 127, 129, 130, 134
Sedlnitzky, Josef Gf., Polizeipräsident 113
Seipel Ignaz, Prälat, BK 167, 175–184, 186, 304
Seitz, Karl, sd. Bgm. v. Wien 181, 191, 221
Severin, Hl. 16, 298
Seyß-Inquart, Arthur, ns. Pol. 200, 201, 204, 234, 305
Sigismund v. Luxemburg, Kg. u. K. (HRR) 49, 50, 54
Sigl, Georg, Unternehmer 116
Sigmund v. Tirol, d. Münzreiche, Hzg. v. Ö. 49, 50, 57, 64

Silvester II., Papst (Gerbert von Aurillac) 22
Sima, Hans, LH v. Ktn. 252
Sinowatz, Fred, BK 255, 256, 276, 307
Slomšek, Anton Martin, Bf. v. Lavant 155
Sonnenfels, Joseph v., Schriftsteller, Aufklärer 95, 96
Sophie v. Wittelsbach, Mutter K. Franz Josephs 131
Spiel, Hilde, Schriftstellerin u. Übersetzerin 210
Stalin, Josef, Diktator 225, 238
Stangl, Franz, KZ-Kommandant 212
Starhemberg, Ernst Rüdiger, Heimwehrführer, VK 184, 193, 197, 198
Staud, Johann, cs. Gewerkschafter 202
Steger, Norbert, Chef d. FPÖ 255, 256
Steidle, Richard, Heimwehrführer 182
Stephan I. (Vajk), Hl., Kg v. Ungarn 22
Stiefel, Dieter, Historiker 218
Stifft, Andreas, Leibarzt 113
Straffner, Sepp, gd. Pol. 192
Straus, Oscar, Komponist 151
Streeruwitz, Ernst, BK 183
Streitenfeld, Franz Hebenstreit v., Jakobiner 103
Strigel, Bernhard, Maler 65
Stronach, Frank, Unternehmer 263, 267
Stürgkh, Karl Gf., MP 143, 160
Széchenyi István, ungar. Patriot 119
Szokoll, Carl, Offizier, im Widerstand 221

Taaffe, Eduard Gf., MP 142
Talleyrand, Charles-Maurice de, frz. Außenmin. 106
Tardieu, André, frz. MP 186
Tassilo III., Hzg. d. Bayern 17, 18, 20, 21, 299
Tegetthoff, Wilhelm v., Admiral 135
Theoderich, Kg. d. Ostgoten 15
Thun-Hohenstein, Leo Gf., Minister 129
Tischler, Joško, Prof., Slowenenvertreter 251
Tisza, István d. J., ungar. MP 163
Tito, Josip Broz, Präs. v. Jugoslawien 238, 259
Todesco, Sophie Baronin, geb. Gomperz, Gem. Eduards v. T., Salonnière 151
Torberg, Friedrich, Schriftsteller 210
Trautmansdorff-Weinsberg, Josef Gf., NS-Opfer 222

Trautson, Johann Frh. v., nö. Adeliger 73

Uiberreither, Siegfried, ns. Gauleiter 204
Ulrich II., Gf. v. Cilli 52
Ulrich von Eytzing 52
Ursus, vir spectabilis u. Gem. Ursina 15
Valvasor, Johann Weichard, Universalgelehrter 80
Vaugoin, Carl, cs. Pol. 180, 184, 193
Vetsera, Mary, ö. Adelige, Geliebte d. Kronprinzen Rudolf 158
Virgil (Feirgil), Hl., B. v. Sbg. 18
Viridis Visconti, Hzgin. v. Mailand, Gem. Hzg. Leopolds III. 48
Vorlauf, Konrad, Bgm. v. Wien 49
Vranitzky, Franz, SPÖ-Pol., Banker, BK 256, 260, 262, 307

Wagner, Otto, Architekt 164
Waldheim, Kurt, Diplomat, Gen.-Sekr. d. UNO, BP 249, 255, 256, 307
Wallisch, Koloman, sd. Pol. 194
Wedenig, Ferdinand, LH v. Ktn. 251
Weigel, Hans, Publizist, Übersetzer 268
Wellington, Arthur Wellesley 1. Duke of, Heerführer 108

Wenzel, böhm. u. röm.-dt. Kg. 50
Werfel, Franz, Schriftsteller 151, 152, 210
Wertheimstein, Josephine v., Salonnière 152
Wiesenthal, Simon, Leiter d. Dokumentationszentrum über NS-Verbrechen 252, 253, 276
Wilhelm d. Ehrgeizige, Hzg. v. Stmk. 48, 49
Wilhelm I., Kg. v. Preußen, dt. K. 134
Wilhelm II., dt. K. 162, 163
Wilhelm, Mgf. v. Saunien 32
Wilson, Thomas Woodrow, amerik. Präs 168
Windisch-Graetz, Alfred Fürst, Feldmarschall 126, 127
Withalm, Hermann, ÖVP-Pol., VK 248
Wittgenstein, Karl, Unternehmer 148
Wolfgang von Regensburg, Bf. u. Hl. 31
Wolfram, Herwig, Historiker 13
Wotruba, Fritz, Bildhauer 240, 270

Zehner, Wilhelm, General, NS-Opfer 209
Zemlinsky, Alexander, Komponist 151
Zimmermann, Alfred R., Völkerbundkommissar 177
Zweig, Stefan, Schriftsteller 151, 152, 210

Ortsregister

Verzeichnis der Abkürzungen

Staaten
AL	Albanien
AT	Österreich
BA	Bosnien und Herzegowina
BE	Belgien
BG	Bulgarien
CH	Schweiz
CZ	Tschechische Republik
DE	Deutschland
ES	Spanien
FI	Finnland
FR	Frankreich
HU	Ungarn
HR	Kroatien
IL	Israel
IT	Italien
LT	Litauen
NL	Niederlande
PL	Polen
RO	Rumänien
RS	Serbien
SI	Slowenien
SK	Slowakei
TR	Türkei
UA	Ukraine

Länder
BY	Bayern
Bgld.	Burgenland
BW	Baden-Württemberg
Ktn.	Kärnten
NÖ	Niederösterreich
NW	Nordrhein-Westfalen
OÖ	Oberösterreich
Sbg.	Salzburg
Stmk.	Steiermark
T	Tirol
Vbg.	Vorarlberg
W	Wien

Aachen, NW 43, 45, 86, 108
Admont, Stmk. 30, 32, 83, 208
Aguntum (bei Lienz), T 20
Akkon, IL 37
Altenburg, NÖ 27, 83
Aquileja, IT 57, 98
Arad, RO 127
Arlberg, T und Vbg. 48
Artstetten, NÖ 159
Aschbach, NÖ 29
Aspern, W 104, 302
Augsburg, BY 65, 67, 73, 98
Auschwitz, PL 212, 214, 228
Austerlitz/Slavkov u Brna, CZ 301

Baden bei Wien, NÖ 21, 62

Bamberg, BY 57, 58, 66
Belgrad/Beograd, RS 52, 55, 82, 101, 158, 214, 260
Belluno, IT 48
Berchtesgaden, BY 200
Bischoflack/Škofja Loka, SI 28
Bleiburg, Ktn. 75
Bludenz, Vbg. 48
Bonn, NW 111, 239
Bozen, Südtirol, IT 39, 40
Bratislava/Pressburg/Pozsony, SK 22, 120
Braunau am Inn, OÖ 63
Brenner, Pass IT–AT 40, 75, 197
Brest-Litowsk, Belarus 160
Brixen, Südtirol, IT 39, 45, 98, 138
Bruck an der Mur, Stmk. 194

Brünn/Brno, CZ 103, 224
Brüssel, BE 54, 258
Budapest, Buda (Ofen), (Buda-)Pest, HU 101, 116, 119, 122, 136, 149, 156, 163, 215

Carnuntum, NÖ 14, 23, 298
Celje/Cilli/Celeia, SI 49, 52, 54, 57
Chaumont, FR 105
Chur/Cuira, CH 39, 45
Cluny, FR 30
Custozza, IT 125, 134

Dachau, BY 202, 205, 208, 211, 213, 218, 231, 305
Deutsch-Wagram, NÖ 104, 116
Donawitz, Stmk. 148, 220, 262
Dresden, Sachsen 105
Dürnstein, NÖ 83

Ebensee, OÖ 216, 222
Eckartsau, NÖ 166
Eferding, OÖ 63
Eggenburg, NÖ 28, 29, 49
Ehrenhausen, Stmk. 73
Eisenburg/Vasvár, HU 38
Eisenkappel-Vellach/Železna Kapla-Bela, Ktn. 220
Engerau/Petržalka, SK 234
Ennsburg, OÖ 22, 28
Enns, Fluss 14, 17, 20, 22, 31–33, 38, 227, 299
Enns, OÖ 25, 28, 29, 37, 60, 65
Erdberg, W 37, 60
Erlauf, NÖ 223
Erzberg, Stmk. 75
Essling, W 104
Favianis/Mautern, NÖ 16, 22
Feldkirch, Vbg. 48
Feltre, IT 48
Fiume/Rijeka/Reka, HR 84, 148, 156
Flavia Solva (bei Leibnitz), Stmk. 21
Florenz, IT 113
Floridsdorf, W 116, 215, 221
Frankfurt, Hessen 18, 120, 124, 134
Frantschach, Ktn. 116
Freiburg im Breisgau, BW 28, 52, 64
Freising, BY 19, 25, 27, 35, 36, 39
Freistadt im Mühlviertel, OÖ 28, 29, 37, 63

Friesach, Ktn. 27, 55, 57
Fünfkirchen/Pécs, HU 19
Fürstenfeld, Stmk. 29

Gaming, NÖ 45
Genf, CH 177, 253
Georgenberg bei Enns, OÖ 34, 37, 299
Geras, NÖ 31
Gerolding, NÖ 21
Glasenbach, Sbg. 234
Gleinstätten, Stmk. 13
Gloggnitz, NÖ 225
Gmünd, Ktn. 55, 57
Gmünd, NÖ 28
Goggau/Coccau/Kokova, IT 53
Göllheim, Rheinland-Pfalz 43
Gorlice, PL 159
Görz/Gorizia/Gorica, IT 39, 41, 42, 44, 57, 64, 98, 99, 155, 300
Gottschee/Kočevje, SI 57
Göttweig, NÖ 30, 301
Graz, Stmk. 33, 59, 63, 69, 74, 79, 80, 114, 128, 143, 149, 164, 200, 210, 214, 226, 267
Greillenstein, NÖ 73
Griffen, Ktn. 31
Groß-Enzersdorf, NÖ 28
Gurk, Ktn. 31, 32, 57, 58, 98, 138

Hainburg, NÖ 37, 38, 84, 255
Hainfeld, NÖ 84, 141
Hallein, Sbg. 56, 62, 75
Hallstatt, OÖ 13, 48, 62
Hall, T 40, 62, 69, 75
Hartberg, Stmk. 33
Hartheim, OÖ 212
Heiligenkreuz, NÖ 31
Helsinki, FI 253
Hochosterwitz, Ktn. 73
Hohenems, Vbg. 73
Holzleithen, OÖ 194
Horn, NÖ 28
Hubertusburg, Sachsen 89
Hüttenberg, Ktn. 75

Iglau/Jihlava, CZ 224
Innichen, Südtirol, IT 17, 18

Innsbruck, T 29, 39, 40, 53, 65, 69, 74, 79, 89,
 123, 125, 155, 214, 223
Izbica, PL 212

Jena, Thüringen 108
Judenburg, Stmk. 13, 28, 185
Judendorf, Stmk. 59

Kapfenberg, Stmk. 194, 218
Kaprun, Sbg. 215
Karlowitz/Sremski Karlovci, RS 82, 301
Karnburg, Ktn. 20, 44
Kaunas/Kowno, LT 212
Kefermarkt, OÖ 63
Kitzbühel, T 62, 64, 190
Klagenfurt, Ktn. 57, 58, 74, 79, 169, 251
Kleinklein, Stmk. 13
Klosterneuburg, NÖ 27, 28, 30, 31, 36, 208,
 301
Komorn/Komárom/Komárno, SK 127
Königgrätz/Hradec Králové, CZ 131, 134, 136,
 143, 302
Konstantinopel/Istanbul, TR 53
Konstanz, BW 49
Korneuburg, NÖ 28, 183
Krakau/Kraków, PL 116, 125, 138, 155
Krems an der Donau, NÖ 21, 25, 28, 29, 222
Kremsier/Kroměříž, CZ 127
Kremsmünster, OÖ 17, 18, 21, 208, 299
Kuchl/Cucullae, Cucullis, Sbg. 14
Kufstein, T 64, 103

Laibach/Ljubljana, SI 53, 58, 99, 108, 155, 234
Lambach, OÖ 30, 33, 37
Landeck, T 39
Landstraß/Kostanjevica, SI 58
Laufen, BY 55, 56
Lavant, T 58, 98, 155
Leibnitz, Stmk. 21, 25, 216
Leipzig, Sachsen 105, 112, 120, 302
Lemberg/Lwów/Lwiw, UA 155
Lenzing, OÖ 208, 218, 242
Leoben, Stmk. 98, 114, 220, 262
Leobersdorf, NÖ 62
Lilienfeld, NÖ 37
Linz, OÖ 14, 22, 37, 44, 54, 57, 65, 74, 98,

116, 164, 166, 201, 207, 214, 215, 218, 227,
 242, 305
Lipan/Lipany, CZ 50
Lippitzbach, Ktn. 116
Lissa/Vis, HR 134
Lobau, W 190
London, GB 108
Loosdorf bei Melk, NÖ 73
Lorch bei Enns, OÖ 14, 16
Lublin, PL 212

Madeira, PT 166
Magdalensberg, Ktn. 23
Magenta, IT 132
Mährisch-Ostrau/Ostrava, CZ 116, 170
Mailand, IT 94, 104, 106, 122, 125, 301
Mainz, Rheinland-Pfalz 109
Maly Trostinez, Belarus 212
Mantua, IT 104
Marburg/Maribor, SI 114, 155, 168
Maria Laach, NÖ 73
Maria Saal, Ktn. 21, 44, 57, 63
Marienthal, NÖ 190
Mauer bei Melk, NÖ 63
Mauer bei Wien, NÖ 240
Mauthausen, OÖ 202, 205, 216, 221–223,
 229, 234
Mehrerau bei Bregenz, Vbg. 208
Melk, NÖ 26–28, 30, 35, 47, 83, 216, 229, 301
Meran, IT 40, 114
Micheldorf, OÖ 116
Mitterburg/Pazin/Pisino, HR 64
Mittersill, Sbg. 55
Modena, IT 106
Mödling, NÖ 35, 121, 216
Mohács, HU 65, 300
Mondsee, OÖ 64
Moosburg, Ktn. 20
Morgarten, CH 43, 61
Morimond, FR 36
Moskau, RU 213, 237, 238, 240, 243
München, BY 110
Mürzzuschlag, Stmk. 64

Neapel, IT 16, 106
Neuberg an der Mürz, Stmk. 300
Neuhaus an der Mühl, OÖ 64

Neunkirchen, NÖ 48
New Haven, USA 267
New York, USA 209, 253, 267
Niederweiden, NÖ 82
Nikolsburg/Mikulov, CZ 135, 232
Noricum 14, 20, 298
　Noricum mediterraneum 15, 20
　Noricum ripense 16, 20
Nürnberg, BY 75

Oberzeiring, Stmk. 75
Ödenburg/Sopron, HU 38, 169, 304
Olmütz/Olomouc, CZ 79, 111, 126, 127, 134, 138
Ossiach, Ktn. 30
Oxford, GB 210

Pannonien 14, 19, 20, 22, 298
Paris, FR 36, 82, 103, 105, 107, 120, 162, 168–171, 211, 235, 260, 302
Parma, IT 86, 106
Passarowitz/Požarevac, RS 82, 84, 301
Passau, BY 19, 25, 30, 35, 98, 99
Peggau, Stmk. 216
Peilstein, NÖ 30
Perchtoldsdorf, NÖ 121
Pernegg, NÖ 31
Persenbeug, NÖ 215
Petronell, NÖ 14
Pettau/Ptuj, SI 19, 21, 27
Piacenza, IT 86
Pitten, NÖ 21, 33
Pöchlarn, NÖ 25, 28
Pordenone, IT 43
Posen/Poznań, PL 106
Pottendorf, NÖ 115
Prag, CZ 46, 50, 52, 120, 125, 138, 149, 153, 176, 213, 248
Prävali/Prevalje, SI 116
Pula/Pola, HR 163
Pulkau, NÖ 63
Pürgg, Stmk. 33
Purgstall, NÖ 73

Raabs, NÖ 37
Radkersburg, Stmk. 168
Radstadt, Sbg. 56

Rannariedl, OÖ 64
Rann/Brežice, SI 27
Rannersdorf, NÖ 84
Ranshofen, OÖ 207, 218, 229, 242
Rätien 14, 20, 298
Rattenberg, T 64
Rauris, Sbg. 62
Ravelsbach, NÖ 35
Redl-Zipf, OÖ 216
Regensburg, BY 19, 25, 28, 35, 75
Reichenberg/Liberec, CZ 143
Reichenhall, BY 22
Rein, Stmk. 31
Reschenpass, AT–IT 40
Retz, NÖ 29
Rom, IT 32, 52, 53, 67, 69, 104, 203, 249
Rosenburg, NÖ 73

Salzburg, Sbg. 17–21, 25, 27, 28, 35, 55–58, 64, 83, 98, 104, 106, 138, 166, 208, 214, 234, 299
Santa Lucia, IT 125
Sarajevo, BA 158
Sargans, CH 48
Schallaburg (Schala), NÖ 30, 72
Schattendorf, Bgld. 180
Scheibbs, NÖ 145
Schladming, Stmk. 62, 75
Schlägl, OÖ 31
Schloss Hof, NÖ 82
SchÖNB/Wienrunn, W 83, 104, 157, 160
Schwaz, T 39, 62, 75
Schwechat, NÖ 84, 121, 126
Seckau, Stmk. 98, 138
Semendria/Smederevo, RS 50
Semmering, NO–Stmk. 33
Sempach, CH 48, 61
Sobibor, PL 212
Solferino, IT 131, 132, 135, 302
Somogy, HU 100
Spa, BE 162
Spittal an der Drau, Ktn. 20, 57, 73
Stainz, Stmk. 114
Stalingrad, RU 214
Steinamanger/Szombathely/Savaria, HU 21
Steyr, OÖ 28, 33, 35, 38, 48, 49, 56, 62, 76, 145, 164, 194, 222

St. Florian, OÖ 27, 30, 208
St. Lambrecht, Stmk. 33
Stockerau, NÖ 35
St. Paul im Lavanttal, Ktn. 31, 208
St. Pölten, NÖ 25, 30, 98, 214, 222, 223, 236
Stratzing, NÖ 298
Stuhlweißenburg/Székesfehérvár, HU 50
St. Valentin, NÖ 215
St. Wolfgang, OÖ 63

Tarnów, PL 159
Tarvis/Travisio, IT 57, 168
Tegernsee, BY 21
Ternitz, NÖ 236
Teurnia, Ktn. 20, 21, 23
Theresienstadt/Terezín, CZ 159, 212, 306
Tittmoning, BY 55, 56
Traiskirchen, NÖ 35, 62
Traismauer, NÖ 19, 21, 25, 27, 28
Tratzberg, T 73
Traunkirchen, OÖ 33
Treblinka, PL 212
Trient/Trento, IT 39, 45, 69, 98, 124, 138
Triest/Trieste/Trst, IT 48, 64, 84, 94, 124, 143, 148, 149, 155, 170, 300
Troppau/Opava, CZ 108
Tulln, NÖ 14, 28, 31
Turin, IT 132

Udine, IT 98

Varna, BG 50, 61
Venedig, IT 46, 48, 53, 64, 106, 108, 122, 127, 169
Verona, IT 108, 176
Viktring, Ktn. 27

Villach, Ktn. 57, 58, 214
Virunum 21
Visegrád, HU 50
Völkermarkt, Ktn. 57–59
Vordernberg, Stmk. 113, 114

Waidhofen an der Thaya, NÖ 50
Waidhofen an der Ybbs, NÖ 28
Walpersdorf, NÖ 73
Wechsel, Pass, Stmk.–NÖ 33
Weikendorf, NÖ 35
Weitra, NÖ 28, 73
Wels, OÖ 14, 29, 37
Wiener Neustadt, NÖ 28, 29, 37, 48, 52–54, 59, 63–65, 69, 92, 98, 115, 116, 160, 182, 214, 215, 218, 223
Wieselburg, NÖ 31
Wildeneck, OÖ 64
Wilhelmsburg, NÖ 21
Willendorf, NÖ 13, 23, 298
Wilten, T 14, 31, 208
Windisch-Matrei, T 55
Wolfsberg, Ktn. 57, 234
Wöllersdorf, NÖ 196
Wullersdorf, NÖ 35

Ybbs, NÖ 28, 56

Zagreb, HR 158, 162
Zenta/Senta, RS 82
Zillingdorf, NÖ 152
Znaim/Znojmo, CZ 213
Zöbern, NÖ 21
Zwentendorf, NÖ 252, 255
Zwettl, NÖ 28, 31